고구려통사 3

고구려 중기의 정치와 사회

고구려통사 ❸

고구려 중기의 정치와 사회

동북아역사재단 한국고중세사연구소 편

동북아역사재단
NORTHEAST ASIAN HISTORY FOUNDATION

『고구려통사』의 편찬 목적과 주안점

고구려사는 한국고대사에서 지난 10년간 가장 큰 변화상을 보였던 분야이다. 『삼국사기(三國史記)』 고구려본기(高句麗本紀)의 초기 기사를 적극 활용하여 고구려사 연구의 방향과 방법론이 새롭게 모색되었으며, 정치사와 대외관계사를 중심으로 연구주제가 세분화되고 다양해지면서 괄목할 만한 성과를 거두었다. 또한 고고학에서는 북한의 연구성과에 기초하여 개설적인 정리를 시도하던 경향에서 벗어나, 중국에 남아 있는 고구려 고고자료가 소개되고 임진강 이남의 한반도 중부지역에서 고구려 유적에 대한 조사가 늘어나면서 고분벽화·고분·토기 등 여러 분야에서 독자적인 연구성과물이 나오는 단계에까지 이르고 있다.

이에 현시점에서 그간의 연구성과를 정리·집약하여 고구려사에 대한 우리의 이해가 어디에 이르렀는지를 파악하고, 남은 과제는 무엇이며, 새로운 연구는 어디로 나아가야 할 것인지를 따져 봐야 할 필요가 있다. 이 책은 다음과 같은 목적을 가지고 편찬하였다.

첫째, 축적된 연구성과를 정리해야 할 필요성이다. 현재 학계가 이용하고 있는 고구려사 개설서나 개인 연구자의 연구서들은 발간 당시의 성과를 반영한 결과물이지만, 담고 있는 내용이 제한적이거나 과거의 이해에 머물고 있다. 지난 10여 년 동안 연구범위가 넓어지고 새로운 이해가 더해졌지만, 학문적 성과를 잘 담지 못하고 있는 것이다. 그러므로 최근 연구 성과를 반영한 새로운 정리물이 절실하다.

둘째, 역사상에 부합하는 이해를 제시할 필요성이다. 그동안 고구려사 연구가 커다란 성과를 거두었음은 의심할 나위가 없다. 하지만 일부 연구에서는 재검토가 요청되는 섣부른 결론도 보인다. 이 경우 역사상에 부합하는 이해를 제시하여 이제 막 연구자의 길에 들어선 이나 역사에 관심 있는 이들이 학술적으로 타당한 이해를 토대로 고구려사를 고찰할 수 있도록 해주어야 한다.

이러한 문제의식에서 『고구려통사』기획위원회를 구성하였다. 위원회가 가장 고민한 지점은 어떻게 하면 역사상에 충실하며 특정 이해에 치우치지 않는 집필이 가능할 것인가였다. 기획위원으로는 임기환(서울교육대학교 교수), 여호규(한국외국어대학교 교수), 김기섭(한성백제박물관 관장), 정호섭(고려대학교 교수), 양시은(충북대학교 교수), 김현숙(동북아역사재단 연구정책실장), 이성제(동북아역사재단 한국고중세사연구소장)가 참여하였다. 『고구려통사』 총서는 시대별 특징과 고고자료의 중요성을 고려하여 초기사(전 2권), 중기사(전 2권), 후기사(전 3권), 고고자료(전 2권), 그리고 총론(1권)으로 구성하였다.

각 권은 주제와 시기를 달리하지만, 체계와 내용의 주안점에서 기획위원회가 마련한 일관된 기준에 따르도록 하였다. 관련 연구를 진행한 연구자가 책임지고 해당 장절을 집필하는 방식이 아니라, 위원회가 여러 차례 논의를 거쳐 마련한 편목별 내용구성안과 집필기준에 따라 원고를 작성토록 하였다.

한편, 고구려사 연구가 짧은 시간 내에 이토록 발전하게 된 데에는 중국의 동북공정식 연구가 추동한 위기의식 때문이기도 하였다. 이들 연구는 고구려사를 핵심과제로 다루었고, 자연히 고구려사를 구성한 제 분야를

섭렵하는 연구가 쏟아져 나왔던 것이다. 최근에는 유민 묘지(遺民墓誌)나 『한원(翰苑)』 등 1차사료에 대한 활발한 연구와 고고자료를 활용한 새로운 논리 개발도 적극적으로 전개되고 있다. 이 점에서 『고구려통사』는 세 번째 주안점을 새로운 문헌자료와 고고자료의 충실한 소개와 중국 측 논거에 대한 학술적 비판과 정합적 이해의 제시에 두었다.

『고구려통사』 발간은 이러한 고구려사의 연구성과를 충실하게 정리하여 학계와 일반에게 제공하는 데 목적을 두고 있다. 연구에 막 입문한 이들에게는 고구려사의 주요 맥락과 과제에 보다 수월하게 접근할 수 있는 지침서가 되길 바라며, 역사에 관심을 가진 이들에게는 그간 알지 못했던 고구려의 새로운 모습을 살필 수 있는 자료가 되기를 희망한다.

2020년 12월

기획위원회를 대신하여 이성제

차례

2 영토의 확장과 지방 통치

1

중앙집권체제 정비와 왕권 강화

1장
태왕권과 정치이념의 확립

안정준 | 서울시립대학교 국사학과 조교수

전근대 왕조국가에서 군주에 대한 호칭은 왕권의 대내적·대외적 위상을 상징적으로 나타낸다. 고구려에서 사용된 군주호의 사례는 당대에 작성된 것으로 보이는 금석문에서 '왕(王)'호 혹은 '태왕(太王)'호의 형태로 나타난다. 특히 '태왕(혹은 대왕)'이라는 호칭은 단순한 미칭(美稱)이 아닌, 고구려 국왕의 대내적·대외적 권위의 상승과 더불어 붙인 것으로 보는 의견이 다수이다. 즉 중앙집권적 지배체제의 확립, 주변으로의 영토 확대, 독자 연호의 제정 등 정치적 변화 속에서, 그 정점에 있던 고구려 왕권이 초월적 위상을 확보하게 되었고, 이에 '태왕(太王)'으로 상징되는 절대적 권력과 지위를 과시하게 되었다는 것이다.

고구려의 '태왕'호는 주로 4세기~5세기에 작성된 금석문에 보이는데, 이와 관련해 당시 '태왕'호의 현실적 기반과 당대 정치체제의 성격에 접근하려는 연구가 이루어졌다. 구체적으로는 4세기~5세기 고구려의 대외관계 및 고구려 중심의 국제질서 인식에 대한 검토가 이루어졌으며, 태왕의 대내적 기반, 즉 태왕과 노객(奴客)으로 지칭하기도 했던 군신 관계, 태왕국토(太王國土)라는 영역적 기반, 태왕과 민(民)의 관계를 다루는 방식으로 이루어졌다. 이러한 '태왕'호의 기원과 현실적 기반에 대한 연구는 궁극적으로 고구려의 정치체제 변화와 더불어 국가적 성격에 접근하는 중요한 통로이기도 하다.

1. 나부의 해체와 중앙귀족의 형성

2세기 후반에서 3세기 전반에 이르는 시기에 고구려의 중앙지배체제는 외형상 나부체제의 기본 골격을 유지하였으나, 계루부 왕권이 전반적으로 강화되는 가운데 다른 나부의 자치권이 상대적으로 약화되는 추세가 이어졌다. 특히 2세기 후반 이래의 대외정복활동 및 복속민의 지배에 따른 수취물 분배가 왕실인 계루부와 왕비를 배출했던 연나부 등 특정 부에만 집중되었고, 이러한 경제적 불균형은 나부세력 간 정치적 우열이 심화되는 한 원인이 되었다. 결국 세력기반이 약해진 나부들은 단위정치체로서의 기능을 점차 상실했던 것으로 생각된다.

또한 3세기 중반까지 진행된 사회경제적 발전도 나부 해체의 한 원인이 되었다. 이 시기에 철기의 대량생산이 가능해지면서 철제 무기뿐만 아니라 농기구가 널리 보급되었던 것으로 보인다. 이에 따라 농업생산량이 늘어나면서 사회적 계층 분화가 심화되었을 것으로 추정된다. 각 읍락의 공동체적 관계는 점차 해체되었고, 각 지배집단은 축소된 친족집단의 형태로 분화되는 과정을 밟았을 것이다. 이는 제가세력의 기반이었던 나 집단과 곡 집단이 단위정치체로서의 성격을 상실하는 한 원인으로 작용했다고 추정된다. 이처럼 농업생산력의 증대에 따른 사회·경제적 발전과 공동체적 유대관계의 소멸도 나부의 점진적 해체에 일정한 영향을 끼쳤던 것으로 보인다(여호규, 2014).

나부 내의 제가세력이 예하 지배집단과 읍락민에 대한 자치적 지배 권한을 상실하면서, 지배세력들은 더이상 독자적 세력기반에 근거하여 존립하는 것이 아니라, 왕권과의 결합을 기초로 한 중앙정치에의 참여를 통해 얻을 수 있는 정치·경제적 성과에 관심을 두었을 것이다. 처음에 왕도로 결집한 세력은 왕의 가신적 성격이 강한 계루부 출신들이었을 것이나, 다른 나부의 제가세력도 집권체제 정비에 따라 중앙관계조직의 운영체계 속에 점차 흡수되어 왕도로 이거했을 것이다. 지배층이 이탈한 나부 지역은 단위정치체로서의 기능을 잃고 차츰 국가권력의 통치력이 직접 미치는 공간으로 변모했을 것이다.

한편, 각 나부의 제가세력이 왕도를 중심으로 결집해 편제되는 모습은 방위명부(部) 관련 기록을 통해 살펴볼 수 있다. 『삼국사기』 고구려본기에 따르면 고국천왕대(179~197년) 이래로 동·서·남·북의 방위가 붙는 방위명부가 등장하기 시작한다. 이는 수도인 국내성 일대의 지역 구분 내지 행정적 편제로서 왕의 정치·군사적 세력 기반으로 파악된다. 특히 서천왕대(270~292년)부터는 일반 신료들뿐만 아니라 정치적으로 중요한 위상을 갖는 왕비나 국상의 자리에도 방위부 출신의 인물이 등장하는데, 이는 정계 운영의 주도권이 나부 출신에서 방위부 출신으로 넘어갔음을 보여준다.

3세기 말에 이르면 사료상으로 나부 출신의 인물이 더이상 확인되지 않으며, 대신 왕도에 거주하는 지배세력은 대부분 자기 출신지로 방위부를 내세우게 된다. 이는 나부의 지배세력이 왕도로 점차 결집한 결과 방위부로의 편제가 완료되었음을 의미하는 것이며, 지배세력이 왕권 아래 중앙귀족으로 전화했음을 보여주는 것이다. 즉 초기의 나부지배세력과는 성격을 달리하는 새로운 지배세력이 왕도를 중심으로 형성된 것이다.

이러한 지배세력은 이전에 비해 축소된 친족집단 형태인 가문(家門) 단위로 분화하였을 것이다. 이미 3세기 중엽인 동천왕대에 조위(曹魏) 관구검(毌丘儉)의 침입 당시에 활약했던 밀우(密友)·유옥구(劉屋句)·유유(紐由), 그리고 봉상왕대에 모용외의 침입 시에 활약했던 고노자(高奴子) 등은 국가와 왕실에 대한 공훈을 배경으로 왕권과 밀착했던 귀족가문의 유형으로 파악되기도 한다. 특히 5세기 중반의 〈모두루묘지(牟頭婁墓誌)〉, 그리고 7세기 말 당나라 때에 제작된 〈고질묘지(高質墓誌)〉·〈고자묘지(高慈墓誌)〉 등에는 뚜렷한 가계의식을 남긴 귀족가문의 사례가 보인다. 이들은 모용선비의 침략으로 인한 국가적 위기의 기억을 공유하는 가운데, 이때의 공적을 계기로 가문의 정치적 위상을 확립한 사례이다.

이 가운데 〈모두루묘지〉에 등장하는 염모(冉牟)는 4세기 중반 모용선비의 북부여 지역 침공을 격퇴하는 데 일정한 공을 세웠는데, 이는 그의 후손인 모두루 때까지 대대로 국왕으로부터 관은(官恩)을 입는 중요한 계기가 되었던 것으로 보인다. 또 부자 관계인 〈고질묘지〉와 〈고자묘지〉에서는 이 가문의 중시조격인 고밀(高密)의 활약상을 기록하였는데, 이에 따르면 과거 모용선비가 고구려를 침입했을 때 고밀이 공을 세워서 국왕으로부터 식읍 3,000호와 더불어 자손을 대대로 후(侯)에 봉한다는 교서를 받았다고 전한다. 모두루와 고질·고자의 가문은 모두 선대의 전공에 따른 '관은'과 '식읍'을 매개로 한 정치·경제적 기반을 통해 성장한 것으로 보이는데, 이러한 귀족들의 가계 의식과 전승은 기본적으로 당시 지배층이 가문 단위로 분화된 상태를 배경으로 해서 형성되었던 것이다.

또한 모두루와 고질·고자 두 가문은 집안의 시원(始原)에 대한 서술에서 나부체제하의 제가 시절이 아닌, 고구려 왕실의 건국 시조인 주몽설화를 배경으로 서술하였다. 주몽은 원래 계루부 왕실의 시조신에 불과했으나, 왕권의 강화 과정에서 동명(東明)전승과 결합하였고, 이후 고구려 전체의 종족 시조신이자 국가의 시조신으로 확대되었다. 이 과정에서 여러 나부집단의 개별적인 시조전승은 부정되었고, 각 가문별로 분화된 귀족집단의 시조의식은 점차 국가와 왕실의 시조인 주몽전승으로 모아졌던 것으로 추측된다(임기환, 2004).

요컨대 나부의 분화·해체 속에서 그 지배세력은 도성으로 집주하여 왕권 아래의 중앙귀족으로 변화했다. 중앙귀족들이 국왕을 중심으로 편제되는 과정에서 사자계(使者系)와 형계(兄系) 관등을 포함한 일원적 관등제가 성립되었고, 이를 기반으로 한 관료체제가 운영됨으로써 결과적으로 중앙집권적 지배체제가 구축되었다. 그리고 대내적 정치체제 변화의 정점에 있었던 고구려의 왕권은 귀족세력 위에 군림하는 초월적 위상을 확보하게 되면서 '태왕'으로 상징되는 절대적 권력과 지위를 과시할 수 있게 되었던 것이다.

2. 고구려 '태왕'호의 등장과 유형

전근대 왕조국가에서 군주에 대한 호칭은 왕권의 대내적·대외적 위상을 상징적으로 나타낸다. 고대 동아시아에서는 한족 왕조의 황제(천자), 흉노의 선우(單于), 돌궐의 가한(可汗)과 같은 군주호를 사용한 사례가 있으며, 신라에서도 거서간·차차웅·이사금·마립간 등 다양한 군주호를 사용했다. 반면 고구려의 군주호는 『삼국사기』·『삼국유사』와 중국 측 문헌자료, 그리고 금석문 자료에서도 (앞에 수식어가 있든 없든) '왕(王)'호로만 표현되는 점이 눈에 띈다.

고구려에서 사용한 군주호에 대해서는 주로 4세기~5세기에 고구려인들이 직접 작성한 것으로 보이는 금석문을 통해 연구가 이루어져 왔다. 태왕이라는 호칭이 보이는 대표적인 금석문 자료로는 〈광개토왕비(廣開土王碑)〉를 들 수 있으며, 이외에도 태왕릉출토동령(太王陵出土銅鈴), 〈집안고

표1 고구려 '태왕'호 관련 금석문

자료명	작성 연대	명문(銘文)	해당 인물
태왕릉출토동령	391년(추정)	辛卯年/好太王/敎造鈴/九十六	(불분명)
집안고구려비	광개토왕대 (391~412년)	國岡上太王	고국원왕
		丁□□好太□王	광개토왕
광개토왕비	414년	國岡上廣開土境平安好太王 永樂太王 太王 國岡上廣開土境好太王	광개토왕
호우총출토호우명	415년	國岡上廣開土地好太王	광개토왕
모두루묘지	5세기 전반	國岡上聖太王	고국원왕
		國岡上大開土地好太聖王	광개토왕
충주고구려비	449~450년, 481년, 문자명왕대	高麗太王 太王國土	장수왕, 문자명왕
서봉총출토은합우명	451년	太王敎造合杅	장수왕
태왕릉출토전명	4세기~5세기	願太王陵安如山固如岳	(불분명)

구려비(集安高句麗碑)〉, 호우총출토호우명(壺杅塚出土壺杅銘), 〈모두루묘지〉, 〈충주고구려비(忠州高句麗碑)〉, 서봉총출토은합우명(瑞鳳冢出土銀合杅銘), 태왕릉출토전명(太王陵出土塼銘)이 있다. 그 구체적인 표현 사례를 정리하면 표 1과 같다.

이 자료들의 제작 시기는 대체로 4세기~5세기에 해당하는데, 고구려의 군주호로서 호태왕, 호태성왕, 태왕 등의 표현이 보인다. 우선 '태왕'호로 표기된 사례를 살펴보면, 태왕릉출토동령의 경우에 호태왕이라는 호칭이 나오며, 태왕릉출토전명에도 태왕이라는 호칭이 등장한다. 집안 지역의 가장 마지막 단계 왕릉인 장군총의 묘주를 광개토왕으로 비정하는 다수설에 따른다면, 그 이전 단계의 왕릉인 태왕릉에서 출토된 태왕릉출토전명의 태왕은 분명 광개토왕보다 이전인 고국양왕(384~391년) 혹은 그 이전의 왕으로 생각해볼 수 있다.

한편, 〈모두루묘지〉에는 시조를 추모성왕, 광개토왕을 국강상대개토지호태성왕으로 표기하였다. 〈광개토왕비〉에서 광개토왕을 국강상광개토경(평안)호태왕이라고 표기한 것과 비교한다면, 광개토왕의 훈적을 표기한 문구가 의미상 통하며, '성(聖)'이라는 존칭이 부가되었을 뿐이다. 그런데 같은 묘지에 국강상성태왕이라는 또 다른 왕의 호칭이 나타난다. 이는 고구려 시조인 추모성왕보다는 이후 시기, 묘주인 모두루가 섬겼던 광개토왕보다는 이전 시기의 왕이었으며, 모두루 일족을 중흥시킨 조상인 염모가 군사적으로 활약했던 330~340년대에 재위했다고 볼 수 있다. 또한 〈집안고구려비〉에서 추모왕과 광개토왕 사이에 재위했던 것으로 보이는 국강상태왕, 그리고 『삼국사기』 고구려본기의 분주에 등장하는 국강상왕(國岡上王)과도 동일한 인물로 판단되는데, 그렇다면 이 국강상성태왕은 제16대 고국원왕대(331~371년)에 해당할 것이다(여호규, 2014).

위에서 살핀 바에 따르면 고구려에서 국왕에게 '태왕'호를 붙이는 전통이 있었음은 분명해 보인다. 다만 이 호칭은 국왕의 사망 직후에 시호(諡號)로 붙였거나, 혹은 사망한 지 한참 시간이 흐른 뒤에 추존된 결과일 수도 있다. 예컨대 여러 금석문에서 광개토왕을 태왕으로 호칭한 사례가 있는데, 이 가운데 국강상이라는 장지(葬地) 이름, 그리고 광개토경, 대개토지 등 왕의 살아 생전 훈적을 표현한 호칭이 보인다. 〈광개토왕비〉의 국강상광개토경평안호태왕과 '평안'을 생략한 국강상광개토경호태왕, 그리고 호우총출토호우명의 국강상광개토지호태왕, 〈모두루묘지〉의 국강상대개토지호태성왕을 그 사례로 들 수 있다. 당시 고구려는 국내성(집안) 주변에 능묘를 만들고 그 소재지를 죽은 왕의 시호에 관칭하는 전통이 있었으므로 위 호칭은 모두 국왕 사후에 붙였을 가능성이 높다.

그런데 국왕의 재위 시에 태왕이라는 호칭을 붙인 사례도 논의된 바 있다. 우선 태왕으로 호칭된 가장 이른 사례는 〈집안고구려비〉와 〈모두루묘지〉에서 고국원왕을 각각 국강상태왕, 국강상성태왕으로 호칭한 것이다.

만약 이때의 '태왕'호가 후대에 추존한 것이라고 가정할 경우, 그것은 대체로 종전의 왕계나 '왕'호를 정리했다고 보이는 시점, 즉 『유기(留記)』의 편찬 시기인 소수림왕대, 혹은 종묘를 수건한 고국양왕대에 이루어졌을 것이다. 그런데 414년에 만들어진 〈광개토왕비〉에서는 추모왕·유류왕(유리명왕)·대주류왕(대무신왕) 등 신성한 왕실의 권위를 이어온 초기 국왕들이 여전히 '왕'으로 호칭되어 있다.

4세기 중·후반인 소수림왕·고국양왕대에 왕계를 재정립하면서 전왕들을 태왕으로 추존하는 과정이 있었다면, 위의 초기 세 왕들만 '왕'호로 두고 이후의 고국원왕만 태왕으로 격상했다고 볼 이유는 없다고 생각된다. 게다가 고국원왕이 재위기에는 '왕'호로 부르다가 사후에 갑자기 시호로 '태왕'호를 붙였다고 보는 것도 어색하다. 국강상(성)태왕이라는 호칭은 고국원왕이 재위 시부터 '태왕'호로 불렸고, 그것이 사후의 시호로 이어진 결과라고 보는 것이 자연스러울 것이다. 그렇다면 현재 사료상으로 재위 시에 '태왕'으로 불렸다고 볼 수 있는 가장 이른 시기의 국왕은 고국원왕이라고 할 수 있다(武田幸男, 1989; 여호규, 2014).

한편, 〈광개토왕비〉에는 광개토왕을 영락태왕(永樂太王) 혹은 태왕이라고 호칭한 사례가 보인다. 이 가운데 영락태왕의 경우 '영락'이라는 고구려 연호가 광개토왕의 재위 시에 존재했다면 그의 생존 시에 붙여진 호칭일 가능성이 높다. 그런데 덕흥리벽화고분의 묘주 진(鎭)에 대한 묘지에서 "영락(永樂) 18년(무신년) 초하루가 신유일인 12월 25일(을유)에 (무덤을) 완성해서"라고 기록된 사실을 참고할 필요가 있다. 이때 영락 18년(무신년)은 408년으로 광개토왕 재위 18년에 해당하므로 〈광개토왕비〉의 영락 연호가 전하는 연대와 일치한다. 따라서 〈광개토왕비〉의 영락태왕은 광개토왕이 재위기에 독자적으로 건원해 사용했던 영락 연호에 기반하여 붙인 '태왕'호였을 것이다.

광개토왕이 재위기에 태왕으로 불린 사실은 〈집안고구려비〉에서도 확인할 수 있다. 이 비의 건립 시기에 대해서는 많은 논란이 있다. 그런데 대체로 7행 4~8자를 "호태□왕왈(好太□王曰)"로 판독하는 가운데, 여기에 비의 건립에 대한 교령을 내린 주체가 광개토왕으로 보인다는 점, 〈집안고구려비〉의 수묘제 규정이 〈광개토왕비〉보다 상세하지 않으므로 더 이전 시기에 만들어졌다고 보이는 점 등을 근거로 하여 광개토왕대에 건립되었다고 보는 설이 일반적이다. 이 비에 보이는 '호태□왕'은 〈모두루묘지〉의 국강상대개토지호태성왕이라는 표현을 감안할 때 '호태성왕'으로 볼 수 있으며, 이 역시 광개토왕 재위 시의 '태왕'호로 볼 수 있을 것이다(여호규, 2013).

광개토왕 이후인 장수왕대에도 재위기에 '태왕'호로 호칭한 사례가 있다. 서봉총출토은합우명은 은합우의 덮개와 몸에 각각 '태왕'이 라는 명문이 있고, 양쪽의 명문을 합쳐보면 제작 연월이 "연수 원년 신묘 3월"이 된다. 이것이 출토된 서봉총은 신라 왕릉 수준의 고분이므로, 은합우에 보이는 '연수'라는 연호 역시 지증왕 22년(511년), 눌지왕 35년(451년), 나물왕 36년(391년) 등 신라 연호일 가능성도 있다. 그러나 『삼국사기』는 신라 연호의 시작을 법흥왕 23년(536년)의 건원(建元)으로 전하며, 그 이후 첫 번째 신묘년에 해당하는 571년(진흥왕 32년)에는 태창(太昌)이라는 연호를 사용했다고 전한다. 따라서 은합우 명문의 연수를 신라의 연호로 보기는 어렵다.

오히려 고구려에서는 〈광개토왕비〉의 영락 연호로 인해 4세기 이후 연호가 사용되었음이 분명해졌고, 경주 호우총에서 국강상광개토지호태왕명의 고구려 호우가 발굴되어 4세기~5세기대의 고구려와 신라의 긴밀한 관계가 알려지면서 '연수' 역시 고구려 연호로 보는 설이 유력해졌다. 즉 연수 1년은 신묘년에 해당하는 391년, 451년, 511년 가운데 451년(장수왕 39년)에 해당하는 것으로 추정된다. 그렇다면 서봉총출토은합우명의 '태왕'은 곧 장수왕이 재위 시에 태왕으로 불렸던 하나의 근거가 될 수 있다(여호규, 2014).

또한 〈충주고구려비〉에도 '고려태왕'과 '태왕국토'라는 표현이 등장한다. 이것은 이 비의 건립 당시에 재위 중이던 고구려 국왕을 호칭한 것으로 생각되는데, 비의 건립 연대에 대해서는 기존에 장수왕대(5세기 중·후반)로 보는 설과 문자명왕대로 보는 설 등이 제기되어 왔다.[1] 건립 시기에 대한 논란과 더불어 비문에 기록된 사건이 비의 건립 시점보다 훨씬 과거의 일일 수도 있는 만큼 태왕으로 호칭된 명확한 대상을 확정하기는 어려우나, 대체로 고려태왕은 장수왕 혹은 문자명왕에 해당한다고 보는 설이 다수이다. 이처럼 금석문에 보이는 '태왕'호를 검토해볼 때, 고구려에서는 고국원왕·광개토왕·장수왕의 재위기에 태왕으로 호칭되었을 가능성이 있다.

한편, 장수왕 이후인 문자명왕·양원왕·평원왕 등도 『삼국사기』에서 각각 명치호왕(明治好王)·양강상호왕(陽崗上好王)·평강상호왕(平岡上好王) 등 호왕으로 불린 기록이 나타난다. 그런데 이는 광개토왕의 공식 명칭에 보이는 호태왕에서 '태'자를 생략한 줄임말일 가능성이 있다. 그렇다면 6세기에 재위했던 고구려왕들 역시 본래 태왕으로 명명되었을 가능성이 있다.

이처럼 4세기 이후에 주로 사용된 것으로 보이는 고구려의 '태왕'호는

---

1 〈충주고구려비〉의 건립 연대와 관련해서 전면의 "12월 23일 갑인(甲寅)"과 좌측면의 "신유(辛酉)"라는 표현에 주목해왔다. 그런데 2019년에 동북아역사재단 등의 주도로 3차원 스캐닝 기술을 통해 비문에 대한 정밀한 판독이 이루어지면서 위 표현의 판독에 대한 이견도 제기되고 있는 실정이다(고광의, 2020, 「충주고구려비의 판독문 재검토」, 『한국고대사연구』 98, 88~92쪽). 또한 비문 내에 서술된 사건들의 시점과 비문을 최종적으로 작성한 연대 사이에 큰 격차가 있다는 의견도 있었다(김현숙, 2002, 「4~6세기 소백산맥 이동지역의 영역 향배」, 『한국고대사연구』 26, 98~99쪽; 여호규, 2020, 「충주고구려비의 단락구성과 건립시기」, 『한국고대사연구』 98, 131쪽). 따라서 현재로서는 분명한 건립 연대를 설정하기 어려운 상황이다.

정치적 지위와 위상 면에서 종전과 구별되는 군주호였을 가능성이 높다. 앞서 언급한 대로 〈광개토왕비〉에서는 시조 추모왕, 2대 유류왕(유리명왕), 3대 대주류왕(대무신왕)에 이르는 계보가 제시되어 있는데, 이들은 그냥 '왕'호로 표기한 반면, 광개토왕은 '태왕'으로 호칭하고 있다. 또한 〈모두루묘지〉에서도 시조 주몽은 추모성왕, 고국원왕은 국강상성태왕, 광개토왕은 국강상대개토지호태성왕으로 표기되어 있는데, 여기서 '성(聖)'이라는 존칭만 제거하면 〈광개토왕비〉처럼 추모왕은 '왕'호, 고국원왕과 광개토왕은 '태왕'호로 구분하여 호칭한 것이 된다.

또한 2013년에 소개된 〈집안고구려비〉에서도 주몽왕을 추모왕, 광개토왕을 호태□왕으로 칭하고 있다. 여기서 '□'을 존칭인 '성(聖)'으로 본다면, 광개토왕의 재위 시에 '태왕'호에 미칭인 '호(好)'와 존칭인 '성(聖)'을 결합시킨 '호태성왕'이라는 왕호를 사용했을 가능성이 있다. 그렇다면 광개토왕·장수왕대의 재위 시에 사용된 공식 군주호인 '태왕'은 초기 왕들의 '왕'호와 정치적 위상면에서 구분되는 호칭이었음을 알 수 있다. 요컨대 5세기 금석문에 보이는 '태왕'호는 초기 왕들의 '왕'호와 명확히 구분되는 권위의 새로운 군주호로 등장한 것이며, 그것은 고국원왕 이래로 평원왕대까지 적어도 2세기 이상 유지되었던 것으로 볼 수 있다(시노하라 히로카타, 2005; 여호규, 2014).

3. 고구려 태왕의 대내적·대외적 기반

보통 중국에서는 태왕이 군주의 호칭으로 사용된 사례가 드물다. 반면에 고구려·백제·신라와 왜에서는 금석문 등을 통해 태왕 혹은 대왕(大王)이 사용되었음을 살펴볼 수 있다. 예컨대 왜의 경우 471년으로 비정되는

도하산고분출토철검명(稻荷山古墳出土鐵劍銘)과 강전선산고분출토태도명(江田船山古墳出土太刀銘)에서 '대왕'이라는 호칭이 등장하며, 신라의 경우 535년(법흥왕 22)에 작성된 울주천전리각석을묘명(川前里書石乙卯銘)에 "성법흥태왕(聖法興太王)"이라는 호칭이 보인다. 백제에서도 『송서(宋書)』·『남제서(南齊書)』 백제전에서 예하에 '왕'호를 수여받은 신하들의 존재가 보임에 따라 백제국왕의 지위가 이들의 상위에 있었음을 추정할 수 있으며, 639년에 제작된 것으로 알려진 익산미륵사지석탑 사리봉영기 뒷면에는 백제국왕을 "대왕폐하(大王陛下)"로 표현한 것이 보인다.

이러한 '태왕'호의 성격에 대해서 동아시아의 태왕은 모두 중국의 '왕'호에 기초하며 그것에서 파생된 존칭·경칭에 불과하다고 보는 의견도 있었다. 즉 고구려의 경우에도 제도적 형태로서 태왕제는 존재하지 않았으며, 한자문화의 확산과 더불어 한대 이래로 외이(外夷) 군장에게 내려준 책봉호(왕호)를 근간으로 해서 만든 일종의 미칭(美稱)이었다는 것이다(宮崎市定, 1978; 武田幸男, 1989). 그러나 고구려 '태왕'호는 광개토왕대의 영토 확대, 주변 여러 나라의 복속, 독자 연호 제정 등의 계기를 중시하여 만든 제도적 기반 위에서 탄생했다는 입장도 있다(坂元義種, 1978). 최근에는 주로 후자의 견해를 기반으로 하여 '태왕'호의 성립이 갖는 대내적·대외적 기반에 대한 구체적인 논의가 진행되고 있다.

우선 고구려 '태왕'호의 대내적 의미를 살펴보면, 고구려는 4세기 이래로 일원적 관등제를 기반으로 한 집권적 관료제의 운영이 이루어졌으며, 소수림왕 이후 율령의 반포와 중앙집권적 지배체제의 구축이 진행되면서 그 정점에 있던 존재인 고구려왕의 위상과 권한이 점차 강화되었던 것으로 보인다. 고국원왕 재위기부터 태왕(太王)으로 상징되는 절대적 권력과 지위를 누린 고구려 국왕과 예하 관료적 성격을 지닌 지배층과의 관계는 철저한 상하관계에 있었고, 양자 관계는 이념적·상징적으로나마 인격적 예속관계로도 인식된 것으로 보인다.

예컨대 5세기 초·중반에 중상층의 귀족가문이 남긴 〈모두루묘지〉에 따르면, 모두루 일가는 시조 추모왕 때부터 고구려 왕가와 인연이 닿았으며, 이후 본격적으로 국강상성태왕(고국원왕), 국강상대개토지호태성왕(광개토왕)을 거쳐 장수왕까지 섬겼다고 기록하였다. 여기서 고구려의 왕가는 건국설화에 나오는 하백(河伯)과 일월(日月)의 자손으로 상징되는 신성한 존재로 그려지고 있다. 그런데 이 묘지에서 중시조격인 대형(大兄) 염모를 비롯해 모두루 일족이 고구려 태왕의 휘하에서 복무했음을 서술하면서 종종 쓰인 표현이 바로 '노객(奴客)'이다.

노객이란 중국의 삼국시대 즈음부터 사용되기 시작하여 남북조시대까지 노비와 양인의 중간적 존재인 사적(私的) 예속인을 가리키는 단어로 널리 쓰였다. 따라서 고구려의 귀족가문이었던 모두루 일족의 신분적 지위를 객관적으로 표현한 단어는 아니다. 다만 〈모두루묘지〉에서 노객조선(奴客祖先)(제7행), 노객모두루(奴客牟頭婁)(제46행), 노객재원(奴客在遠)(제50행), 교노노객(敎老奴客)(제57행) 등의 형태로 표현된 '노객'은 고구려 국왕과의 관계 속에서 자기 일족을 표현할 때 수식어 혹은 대칭(代稱)으로 쓰였다. 즉 성왕 내지 태왕에 대비되는 존재로서의 모두루 일가를 노객으로 표현한 것이다.

이러한 성왕(태왕)과 노객의 관계는 4세기 이후 일정하게 성장한 고구려 왕권과 관료적 성격의 고구려 귀족가문 사이에 형성된 '충(忠)'과 '절(節)'로 상징되는 인격적 군신 관계를 드러낸 것이다. 묘지에 따르면 모두루 일족은 태왕과의 긴밀한 상호관계에 기인한 관은(官恩)을 통해 정치적 지위를 유지하는 것이 가능했다고 한다. 국왕의 정치적 우위에 대해 이 귀족가문은 스스로를 노객으로 칭함으로써 태왕에게 인격적인 지배·예속 관계에 있는 것처럼 표현했던 것이다.

이러한 관계는 단순히 상징적인 호칭으로만 표현된 것이 아니라, 모두루 일족의 구체적인 사적과 사상에 입각해 강조되었다. 즉 묘지에서 모두루 일족의 국왕에 대한 종속성은 태왕의 '교(教)'에 의거해 수행했던 정치활동 속에서 구체적으로 구현되었으며, 그 충성심은 광개토왕(성왕)의 죽음에 대한 슬픔의 감정으로 뒷받침되고 있었던 것이다(武田幸男, 1989).

요컨대 태왕과 노객으로 상징되는 국왕과 신료 사이의 군신 관계는 4세기~5세기에 이르러 고구려왕의 위상이 종전보다 크게 격상되었음을 의미하는 것이다. 왕은 다른 지배세력과 함께 제가회의의 구성원으로 활약했던 초기와 달리 귀족세력을 초월한 존재로 크게 부각되었으며, 왕권의 초월화에 따라 귀족세력은 점차 국왕 아래의 관료적 성격을 띠면서 그에 인격적 예속관계를 자처하는 데 이르렀을 것이다(여호규, 2014).

한편, 태왕의 정치적 기반은 지방관을 파견해서 통치하는 영토와 주민을 근간으로 한 것이기도 했다. 태왕권을 뒷받침하는 고구려 영토에 대한 표현은 〈충주고구려비〉에 잘 나타난다. 이 비문에는 고려태왕(高麗太王), 태왕국토(太王國土)라는 표현이 각각 '신라 매금(新羅寐錦)'과 '동이매금토(東夷寐錦土)'라는 표현과 대비되어 서술되어 있다.

본래 동이라는 것은 중원 왕조의 입장에서 화(華)와 이(夷)를 구분하는 의식에서 비롯된 것이다. 즉 화(華)는 정치·사회·문화·지리적으로 여타의 집단과 구별되는 우월한 가치를 지닌 실체를 의미하는 중국적 천하관의 근간으로서, 고구려가 이를 자기중심의 천하관에 습용했던 것이다. 그러나 5세기 고구려의 경우 신라와 사회·문화적으로 뚜렷하게 구분될 만큼 존재 양태상에 확연한 차이가 있었다고 보기 어려우므로 〈충주고구려비〉에서 신라를 동이로 지칭한 것은 주민 사이의 실질적인 존재 양태 혹은 종족적 차이에 의거한 것으로 보기 어렵다.

아마도 이 비에서 태왕국토와 동이매금토를 구분한 기준은 고구려 국왕의 직접 통치가 미치는 영역과 그렇지 않은 지역의 구분이었을 것이다. 즉 5세기 당시 고구려는 그 영토를 성(城)·곡(谷) 단위로 구획하고 중앙의 지방관을 파견해 다스리는 일원적 지배체제를 구축해가고 있었다. 〈충주 고구려비〉에서는 바로 그러한 태왕의 직접적인 통치 영역을 태왕국토라고 지칭하였고, 그 외부인 신라 영역은 '이(夷)'로서 동이매금토라고 지칭하여 조공 관계를 통한 고구려 태왕의 간적접인 영향력이 미치는 공간으로 인식했던 것이다(노태돈, 1999).

한편, 태왕의 지배가 미치는 영토의 백성(民)도 태왕권이 성립하는 기반이 되었다. 본래 3세기대까지 고구려의 지방 지배 형태는 대체로 나부 연맹체 지역과 연맹체에 예속된 지역(피정복지)의 주민집단에 대한 지배로 크게 구분하였으며, 양자 모두 간접적인 통치 대상이었다고 보아왔다. 그러나 4세기 중반 이후 고구려의 국가체제 및 지방통치방식이 질적으로 큰 변화를 맞았다. 제가의 예속민 성격이었던 나부의 주민들은 나부체제의 붕괴와 중앙집권적 통치체제로의 변화에 따라 중앙에서 파견한 지방관의 지배하에 들어가게 된 것이다.

이는 새롭게 영역화된 지역의 주민(피정복민)에게도 확대되었다. 3세기 중반까지도 예·옥저 지역의 주민은 일종의 집단예속민 형태(간접지배)였으나, 나부 해체와 더불어 국왕 아래에 일원적으로 재편하는 작업이 진행되었다. 이에 제가에 의해 집단적으로 부용된 상태가 아닌, 지방관의 파악하에 개별 민호가 조세를 부담하고 각종 부역과 군역에 참여하는 형태로 전환되었을 것이다. 이로써 4세기 이후에는 고구려 영역의 주민들이 대부분 국왕의 통치를 받는 존재라는 인식이 분명하게 정립되었다. 373년(소수림왕 3)의 율령 반포는 고구려 영토 내에 거주하는 민의 존재를 법적으로 규정한 절차였을 것이다. 즉 국가의 모든 구성원을 일원적인 공법질서체계하에 편입시킴으로써 태왕의 통치하에 있는 공민(公民)으로서의 위치를 법제적으로 확정했던 것이다. 이러한 대민관의 발전은 곧 국가 발전과 왕권강화의 결과로 성립된 태왕권을 뒷받침하는 현실적 기반이었다고 할 수 있다(김현숙, 2005).

예컨대 5세기 초에 작성된 〈광개토왕비〉에서는 영락태왕(광개토왕)에 의해 "나라가 부유하고 백성은 윤택하며 오곡이 풍성하게 익었다(國富民殷五穀豊熟)"라고 서술하였다. 이는 고구려의 태왕이 민에 대해 선정을 베풀고 군사적 역할을 하는 등 현실적인 과제를 짊어졌던 존재였으며, 그 과제의 실행은 곧 '영락'이라고 하는 치세와 관련되었음을 보여준다(武田幸男, 1989).

태왕권의 대외적 기반, 즉 군사적 정복과 주변 복속국의 조공(朝貢) 등을 바탕으로 성립한 국제적 지위에 대한 논의도 진행되었다. 고구려는 4세기 이래로 활발한 대외정복전쟁을 통해 영토를 넓히고 세력을 확대하였다. 4세기 초에 낙랑군과 대방군을 차례로 축출하여 현재의 대동강과 재령강 유역으로 영역을 넓혔으며, 400년경에는 후연(後燕)을 서쪽으로 몰아내고 요동 지역을 차지하게 되었다.

4세기~5세기 고구려는 주변국에 대한 세력 우위를 바탕으로 〈광개토왕비〉에서 영락태왕(광개토왕)의 위무(威武)가 사해(四海)에 떨쳤다고 기록했다. 이는 자국이 사방, 사해라는 넓은 공간의 중심국이라는 인식을 드러낸 것이다. 또한 이어지는 무훈 기사에서는 백제·신라·동부여 등의 국가를 태왕의 지배하에 조공(朝貢)을 바치는 속민(屬民)으로 설정하였다. 이에 영락 9~10년조에서는 신라왕인 '매금(寐錦)'의 구원 요청에 태왕이 5만 명의 군대를 이끌고 내려가 왜군을 응징하기도 했으며, 영락 20년조에서는 중도에 배반하여 조공을 바치지 않는 동부여에 군대를 이끌고 가서 정벌하기도 하였다고 서술했다. 즉 고구려의 태왕은 고구려 중심 천하 질서의 정점에 있는 존재로서 주변의 여러 세력들 위에 군림하는 가운데 일정한 통치 권한을 지닌 것처럼 인식되었던 것이다.

예컨대 〈모두루묘지〉에서는 모두루 일족과 고구려 왕실 사이의 인격적 예속관계를 드러내기 위해 노객이라는 표현이 사용된 바 있는데, 〈광개토왕비〉과 〈충주고구려비〉에서도 고구려의 태왕에 대한 백제왕(백잔주)과 신라왕(매금)의 예속적 처지를 드러내는 데 동일한 표현이 사용되었다. 즉 고구려 국내의 군신 관계뿐만 아니라, 고구려와 주변국의 국제적 관계도 태왕과 노객의 관계가 적용되기도 했다. 이를 통해 고구려는 주변국들에 대한 세력 우위를 통해 확립한 국제적 권위를 태왕권의 또 다른 기반으로 삼았다고 볼 수 있다.

이러한 태왕의 태생적 기원에 대해 〈광개토왕비〉에서는 고구려 왕가가 "천제의 아들이요, 어머니는 하백의 딸인 추모왕의 자손"이라고 기록하였다. 이를 통해 볼 때 고구려는 태왕을 중심으로 하는 천하관의 기저를 전통적인 주몽설화에 두었음을 알 수 있다. 즉 고구려의 태왕은 하늘의 자손으로서 정치적으로는 자국 영토뿐만 아니라, 주변의 여러 나라를 지배하는 최고 권력자였다. 이러한 인식은 대내적으로는 왕권의 강대함과 중앙집권적 지배체제에 의해서, 대외적으로는 고구려의 주변국들에 대한 현실적인 힘의 우위에 의해서 뒷받침되었다고 할 수 있다(노태돈, 1999).

4. 왕계의 일원화와 유학교육

〈집안고구려비〉, 〈광개토왕비〉 등에서는 고구려의 건국 시조를 추모왕(주몽·동명왕)으로 전하고 있다. 이것은 늦어도 4세기 후반~5세기 초에는 고구려 왕실이 주몽을 기원으로 하는 건국설화를 공식화했음을 보여준다. 또한 이때 공식화된 건국설화의 내용은 시조 주몽으로부터 이어지는 고구려의 초기 왕계가 확립된 것과도 깊은 관련성을 갖는다. 이것은 건국 시조로부터 당대의 왕까지 이어지는 일원적 계보로서 왕권의 역사적 정통성을 드러냄과 동시에 정치권력의 이념적 기반을 보장하는 핵심적인 표상이다. 따라서 고구려 중기의 태왕권 확립과 관련해 건국 시조 및 왕실의 시조가 일치화되는 시점이 언제인지를 주목할 필요가 있다.

우선 고구려의 건국설화 계통은 주몽의 출신지 서술을 중심으로 크게 세 계통으로 분류한다. 첫째는 〈광개토왕비〉과 〈모두루묘지〉에 전하는 북부여출자설이며, 둘째는 『삼국사기』와 『삼국유사』 등에 전하는 동부여출자설, 그리고 『위서(魏書)』 고구려전과 『주서(周書)』·『수서(隋書)』 고려전 등에 전하는 부여출자설이다. 이 가운데 부여출자설은 곧 길림 중심의 부여국 출자를 말하는 것으로 북부여출자설과 동일한 것으로 본다(노태돈, 1999). 이처럼 (북)부여출자설과 동부여출자설로 대별할 수 있는 건국설화의 두 유형 가운데 5세기 초반의 인식을 반영한 것으로 보이는 〈광개토왕비〉과 〈모두루묘지〉, 『위서』 고구려전 등의 기록에 공통적으로 보이는 (북)부여출자설을 현전하는 가장 이른 시기의 건국설화로 볼 수 있다.

한편, 5세기 초반을 전후한 시기에 확립된 고구려 건국설화의 내용에는 고구려 초기에 (북)부여와의 관계를 담은 기사들이 보이는데, 여기에 서술된 왕들을 통해 초기 왕계에 대한 인식에도 접근이 가능하다. 우선 『삼국사기』 고구려본기에서 고구려 초기에 (북)부여와의 관계를 담은 기사들이 내용상 크게 3단계의 구성을 보인다. 첫째는 주몽이 부여에서 태어나 박해를 받다가 졸본 지역에 내려와서 건국한 과정, 둘째는 주몽의 아들인 유리가 부여로부터 와서 왕위를 계승한 과정, 셋째는 대무신왕대에 이르러 줄곧 고구려를 압도했던 부여를 격파한 뒤 강한 나라로 발돋움했던 과정으로 구성되어 있다.

또한 〈광개토왕비〉에서도 앞부분에 시조 추모왕이 북부여에서 태어나

남쪽으로 내려가 나라를 세운 과정을 언급하고, 이어서 세자인 유류왕과 대주류왕으로 이어지는 3대를 언급하고 있다. 즉 시조 추모왕에 의한 고구려의 건국 및 그의 계보를 잇는 유류왕의 '이도흥치(以道興治)', 그리고 대주류왕의 '소승기업(紹承基業)'을 강조한 뒤 이어서 17세손인 광개토왕의 업적을 기술하고 있는 것이다.

이처럼 『삼국사기』 고구려본기와 〈광개토왕비〉에 나오는 초기 세 왕을 각각 비교하면 시조 추모왕은 1대 동명성왕인 주몽, 유류왕은 2대 유리명왕(유리), 대주류왕은 3대 대무신왕(분주명: 대해주류왕)에 각각 대응시킬 수 있다. 더욱이 〈광개토왕비〉의 유류왕과 『삼국사기』의 유리명왕은 모두 시조 추모왕(주몽)의 세자이며, 『삼국사기』의 대무신왕이 부여를 정벌했다는 내용은 왕업을 계승하여 발전시켰다는 〈광개토왕비〉의 대주류왕이 행한 업적에 상응한다. 이렇듯 초기 세 왕만 두고 본다면 〈광개토왕비〉과 『삼국사기』는 동일한 왕계를 전하고 있다(노태돈, 1999; 여호규, 2014).

위와 같이 〈광개토왕비〉과 『삼국사기』 고구려본기에 등장하는 초기 세 왕 중심의 설화는 비슷한 시점에 성립되었을 가능성이 높은데, 여기에는 대무신왕대에 (북)부여가 고구려에 정벌 내지 종속되었다는 인식이 나타난다. 그런데 길림 일대의 부여는 4세기 초까지도 고구려에 정치적으로 종속되지 않은 상태였다. 그렇다면 3왕 전승이 고구려 조정의 공식 전승으로 굳어진 것은 적어도 부여가 현실적으로 고구려와 적대하거나 경쟁했던 시기가 아닌, 고구려에 복속된 이후였을 가능성이 높다.

길림 일대의 부여는 4세기 전반에 고구려의 침공으로 중심지를 농안 지역으로 옮겼다가 346년 모용선비에 의해 큰 타격을 입고 이후 고구려에 종속되는 과정을 밟았다.[2] 이를 감안할 때, 고구려 조정에서 부여를 종속시킨 역사상을 담은 건국설화를 공식화한 것은 빨라야 4세기 전·중반 이후에나 가능했을 것이다. 〈광개토왕비〉가 414년에 만들어졌음을 감안할 때, 대략 4세기 전반~5세기 초반의 어느 시기에 북부여출자설에 입각한 주몽·유리왕·대무신왕의 3왕 중심 건국설화가 고구려에서 공식화되었던 것으로 추정할 수 있다.[3]

이처럼 시조부터 대무신왕에 이르는 건국설화가 성립된 것은 시조 주몽 이래의 왕계가 정립된 시점과 관련이 있을 것이다. 〈광개토왕비〉에 의하면 추모왕·유리왕·대무신왕으로 이어지는 3왕의 세계는 광개토왕으로 이어지는 것으로 기록되었다. 구체적으로 "17세손(世孫)에 이르러(遝至) 국강상광개토경평안호태왕(광개토왕)이 18세에 왕위에 올랐다"고 표현되었는데, 이때 '17세손'의 기준은 바로 앞에서 언급된 대주류왕(대무신왕)부터라고 파악된다.

'17세손'은 표현 자체로는 혈연상의 세대수를 의미하는 것으로 보이지만, 실제로 『삼국사기』에서 대무신왕을 기준으로 볼 때 광개토왕은 11세손에 해당하므로 혈연적 세대수로 보기 어렵다. 광개토왕대에 건립된 것으로 보이는 〈집안고구려비〉에서도 고구려의 왕위 계승을 '계윤상승(繼胤相承)'이라고 압축적으로 표현하였는데, '윤(胤)'은 보통 부조의 뒤를 잇는

---

2 『삼국지』 동이전 부여조에 따르면 부여는 2세기 말~3세기 초까지도 외침으로 인해 파괴된 적이 없었다고 전한다. 그러나 부여는 285년경에 모용선비에게 침공을 당해 왕실이 일시 북옥저 방면으로 갔다가 다시 복국(復國)한 적이 있었고, 4세기 전반에는 고구려의 압박으로 농안 지역으로 옮겼으나 346년 모용선비에 의해 큰 타격을 입었다. 이후 농안 일대에 중심지를 둔 부여는 고구려에 종속된 채 5세기 말까지 명맥을 유지했다.

3 『삼국사기』 고구려본기에 등장하는 국왕의 귀족세력에 대한 사성(賜姓) 관계 기사는 모두 동명왕기에서 대무신왕기까지의 건국 과정과 부여 관계 기사에서 보이는데, 이는 4세기 후반에 북부여출자 계통의 건국설화가 만들어지는 과정에서 포함되었던 것으로 보인다. 이것은 동명왕(주몽)-유리명왕-대무신왕에 대한 전승들을 취합하여 건국설화를 체계화하면서 당시까지 전해지던 일부 귀족들의 가계전승을 '사성'을 매개고리로 해서 왕실 가계 전승의 하위 파트로 흡수한 결과로 보인다. 이는 곧 소수림왕대에 추모왕계와 태조왕계의 결합을 통한 일원적 왕계의 확립과 동반하여, 고구려를 구성하고 있던 여러 귀족가문이나 지배층의 전승을 결집시켜 국가적 단결을 도모하기 위한 방편으로 생각된다(노태돈, 1999, 28~52쪽).

후사 혹은 적장자로 책립한 태자 등을 지칭한다. 그러나 고구려 왕위의 부자 계승 원칙이 3세기에도 명확하게 확립되었다고 보기 어렵다면, 이때의 '윤(胤)'은 혈연관계에 입각한 후사를 지칭한다기보다는 단순히 선왕과 차기 왕과의 관계를 '사자(嗣子)'로 파악하는 인식에 근거한 표현일 가능성이 높다. 〈광개토왕비〉의 '17세손' 역시 찬자가 각 왕을 선왕의 왕위계승자(嗣子)로 상정한 결과로 실제로는 대무신왕을 기준으로 한 왕대수를 표현한 것으로 보는 것이 자연스러울 것이다(여호규, 2014).

그렇다면, 광개토왕은 시조 추모왕을 기준으로 19대가 되는데, 이는 동일하게 광개토왕을 19대로 기록한 『삼국사기』 고구려본기의 왕계 순서와 기본적으로 일치한다고 할 수 있다. 이것은 능비가 세워지던 5세기 초반에는 이미 『삼국사기』에 보이는 일계적(一系的) 왕통의식(王統意識)이 성립되어 있었음을 보여주는 것이다.

지금까지의 내용을 종합할 때 능비가 제작된 5세기 초반에는 공식적으로 시조 추모왕으로부터 광개토왕까지를 19대로 보는 왕계가 일원적으로 정리되어 있었다고 볼 수 있을 것이다. 『삼국사기』에 보이는 19대까지의 왕호와 휘(諱)·장지명을 제시하면 표2와 같다.

표2에 따르면 9대 고국천왕과 16대 고국원왕의 본문 왕호에는 평양 천도(427년) 이후의 국내성을 지칭한 것으로 보이는 '고국(故國)'이라는 용어가 붙었다. 따라서 본문 왕명은 평양 천도 이후의 어느 시점에 재정리된 계통으로 보인다. 반면에 두 왕의 분주 왕명은 각각 국양왕과 국강상왕으로서 국내성에 수도를 뒀던 시기에 붙여진 왕호로 볼 수 있다. 특히 분주 왕호들의 경우 대무신왕의 '대해주류왕'이 〈광개토왕비〉의 '대주류왕'과 비슷하고, 16대 고국원왕의 '국강상왕'이 〈집안고구려비〉와 〈모두루묘지〉에 각각 등장하는 '국강상태왕'·'국강상성태왕'과 상통하여 대략 4세기 말~5세기 초의 시점에는 이미 성립돼 있었던 것으로 볼 수 있다(高寬敏,

표2 『삼국사기』 고구려본기의 왕호와 장지명

대수	왕호		휘(諱)		장지명(葬地名)
	본문(本文)	분주(分注)	본문	분주	
1	東明聖王		朱蒙	鄒牟·衆解	龍山
2	瑠璃明王		類利	孺留	豆谷 東原
3	大武神王	大解朱留王	無恤		大獸村[林]原
4	閔中王		解色朱		閔中原 石窟
5	慕本王		解憂	解愛婁	慕本原
6	太祖大王	國祖王	宮	於漱[少名]	
7	次大王		遂成		
8	新大王		伯固	伯句	故國谷
9	故國川王	國襄	男武	伊夷模[誤記]	故國川原, 國川
10	山上王		延優	位宮[誤記]	山上陵
11	東川王	東襄	憂位居	郊彘[少名]	柴原
12	中川王	中壤	然弗	若友	中川之原
13	西川王	西壤	藥盧	若矢婁	西川之原
14	烽上王	雉葛	相夫	憂弗	烽山之原
15	美川王	好壤王	乙弗		美川之原
16	故國原王	國岡上王	斯由	釗	故國之原
17	小獸林王	小解朱留王	丘夫	於只支	小獸林
18	故國壤王		伊連		故國壤
19	廣開土王		談德		

1996; 임기환, 2002).

그렇다면 『삼국사기』와 〈광개토왕비〉처럼 시조 동명왕(주몽)부터 광개토왕까지의 왕계를 일원적으로 정리한 시점은 언제부터일까. 본래 『삼국사기』 고구려본기와 『삼국유사』 왕력편에는 고구려의 초기 왕계가 동명(성)왕-유리(명)왕-대무신왕-민중왕-모본왕으로 이어지는데, 이들의 이름과 왕호에 '해(解)'자가 많이 붙으며, 특히 『삼국사기』와 『삼국유사』에서는 동명왕의 아버지가 해모수(解慕漱)라고 하였다는 점, 『삼국유사』에서 유리왕·대무신왕·민중왕의 성씨를 해씨로 기록하였던 점이 주목된다.

즉 1대 동명왕(주몽)부터 5대 모본왕까지의 성씨가 해씨였고, 6대 태조대왕부터 고씨(高氏)의 왕계가 이어진 것으로 보이므로, 초기 5대 모본왕과 6대 태조대왕 이후의 왕계는 실제로는 단절적이었던 것으로 보인다(金龍善, 1980, 61쪽; 金哲埈, 1990).

그런데 단절적이었던 두 왕계의 일원화 시점과 관련해 부여를 복속시켰다고 전하는 대무신왕의 왕호가 분주의 '대해주류왕(大解朱留王)'으로 전해진다는 점이 주목된다. 〈광개토왕비〉의 '대주류왕'도 형태가 비슷하여 같은 계통으로 생각되며 양자는 모두 4세기 말~5세기 초 시점에 이미 정리된 분주 왕호 계통으로 볼 수 있다. 이때 '대해주류'는 소수림왕의 분주 왕호인 '소해주류(小解朱留)'와 대소의 수식어 차이가 있을 뿐 명칭이 동일하다. 추측컨대 본래 대무신왕의 왕호가 주류왕(朱留王)이었는데, 4세기 후반 소수림왕이 대무신왕에 대한 존숭과 계승을 표방하는 과정에서 소주류왕이라고 칭하였고, 이 과정에서 주류왕도 '대'주류왕으로 다시 명명한 결과라고 생각된다(조인성, 1990; 임기환, 2002).

이처럼 소수림왕대에 대무신왕에 대한 계승의식이 만들어졌다면, 이는 단순히 대무신왕에만 국한되는 것이 아닌, 초기 왕계인 동명왕(주몽)부터 소수림왕대까지의 왕계를 일원적으로 정립하는 과정에서 나타났을 가능성이 높다. 371년 즉위한 소수림왕은 고구려가 대외적인 위기에 빠졌던 고국원왕대의 국난을 극복하기 위해 국가체제를 정비하는 데 주력했다. 그 과정에서 왕권의 존엄성을 강조하여 왕실을 중심으로 한 국가적 단결을 도모하는 이데올로기로서 시조 주몽을 중심으로 한 공식적인 건국설화와 더불어 초기 이래의 왕계를 일원적으로 정립하는 작업을 진행했던 것으로 보인다(노태돈, 1999).

또한 소수림왕을 이은 고국양왕은 재위 8년(391)에 국사(國社)를 건립하고 종묘를 수리하였다. 국사의 건립은 종래의 이원적인 사직체계가 국왕을 중심으로 일원화되었음을 의미하며, 이어지는 고국양왕대의 종묘 수리는 소수림왕대 이래로 확립된 시조 동명왕(주몽), 대무신왕 등 초기 왕들을 종묘에 모신 것과 관련 있을 것이다. 즉 고국양왕의 종묘 수리는 왕실 세계의 정립이 확고하게 정착되었음을 보여주는 것이다(조인성, 1990). 또한, 〈집안고구려비〉의 5행에 보이는 □□□□□王, □岡上太王, □平安□王을 순서대로 미천왕과 고국원왕, 그리고 소수림왕(고국양왕이나 광개토왕으로 보는 설도 있다)으로 보고, 이들이 시조 추모왕의 종묘 배향을 핵심으로 하는 국가적 차원의 새로운 종묘를 세우고 제도적으로 확립한 것으로 보기도 했다. 특히 광개토왕대의 수묘제 정비는 국가의 유일한 종묘를 마련하는 동시에 이에 동반한 왕실 계보(추모왕-광개토왕) 정리의 최종적 조치였다고 파악하였다(공석구, 2013, 46쪽; 이성제, 2013; 여호규, 2013).

한편, 고구려는 나부체제시기의 국왕과 제가들의 관계를 군신 관계로 질적 전환을 꾀하고, 초월적 존재로서의 태왕의 존재를 드러내는 보다 확대된 정치 기준의 확립을 필요로 하게 되었다. 이에 중국에서 들어온 유학(儒學)에 대한 이해가 깊어졌는데, 국왕과 신하 사이의 덕목으로서 '인'과 '충'이라고 하는 유교사상을 정치이념으로서 받아들여서 결과적으로 국왕의 권위를 합리화하는 방향으로 전개되었다.

소수림왕대에는 유학교육기관인 태학(太學)이 공식적으로 설립되고 거기에서 귀족 자제의 교육이 행해졌다. 태학의 설치는 바로 국왕의 권위를 유교적으로 합리화하는 동시에 국가적 차원에서의 유학교육을 통한 인재 양성과 관리 등용을 위한 제도적 장치라고 할 수 있다. 태학에 대한 기록은 후대인 7세기 중반의 사정을 전하는 『한원(翰苑)』에 인용된 『고려기(高麗記)』에 보이는데, 여기에는 국자박사(國子博士)·태학사(太學士) 등 태학과 관련된 교수의 관명이 보인다. 이로 미루어볼 때 태학은 372년에 설립되어 후기까지 지속적으로 운영되었을 것이다.

소수림왕대에 만들어져 장기간 유지된 유학교육기관인 태학과 국자학은 중앙집권적 지배체제에 적합한 관리를 양성하여 확대된 영토와 다양한 내부 구성원을 체계적으로 통치하기 위해 만든 기관이었다고 할 수 있다. 이는 4세기 중반 이래로 고구려가 당면해 있었던 지배질서의 확립과 국가체제의 정비라는 시대적 과제 속에서 나타났던 것이다(盧重國, 1979; 金賢淑, 1996).

참고문헌

金哲埈, 1990, 『韓國古代社會硏究』, 서울대학교출판부.

김현숙, 2005, 『고구려의 영역지배방식 연구』, 모시는사람들.

노태돈 외, 1996, 『한국사(5)-삼국의 정치와 사회 I (고구려)』, 국사편찬위원회.

노태돈, 1999, 『고구려사 연구』, 사계절.

박시형, 1966, 『광개토왕릉비』, 사회과학원출판사.

박진석, 1996, 『高句麗 好太王碑 硏究』, 아세아문화사.

여호규, 2014, 『고구려 초기 정치사 연구』, 신서원.

李基白, 1996, 『韓國古代政治社會史硏究』, 一潮閣.

이도학, 2006, 『고구려 광개토왕비문 연구』, 서경.

李丙燾, 1959, 『韓國史-古代編-』, 乙酉文化社.

임기환, 2004, 『고구려 정치사 연구』, 한나래.

장창은, 2014, 『고구려 남방 진출사』, 景仁文化社.

조우연, 2019, 『天帝之子-고구려의 왕권전승과 국가제사』, 민속원.

강진원, 2008, 「高句麗 始祖廟 祭祀 硏究」, 『한국사론』 54.

공석구, 2013, 「『集安高句麗碑』의 발견과 내용에 대한 考察」, 『고구려발해연구』 47.

金基興, 2001, 「高句麗 建國神話의 檢討」, 『韓國史硏究』 113.

김기흥, 2005, 「고구려 국가형성기의 왕계」, 『고구려의 국가형성』, 고구려연구재단.

金龍善, 1980, 「高句麗 琉璃王考」, 『歷史學報』 87.

金賢淑, 1989, 「廣開土王碑를 통해 본 高句麗守墓人의 社會的 性格」, 『韓國史硏究』 65.

______, 1994, 「高句麗의 解氏王과 高氏王」, 『大丘史學』 47.

______, 1997, 「高句麗 中·後期 地方統治體制의 發展過程」, 『韓國古代史硏究』 11.

______, 1999, 「고구려왕의 對民觀의 변화와 그 의미」, 『大丘史學』 58.
김현숙, 2002, 「4~6세기 소백산맥 이동지역의 영역 향배」, 『한국고대사연구』 26.
노태돈, 1988, 「5세기 금석문에 보이는 고구려인의 천하관」, 『韓國史論』 19.
______, 1994, 「고구려 초기 王系에 대한 一考察」, 『李基白先生古稀紀念韓國史學論叢(上)』, 一潮閣.
盧泰敦, 1996, 「5~7세기 고구려의 지방제도」, 『韓國古代史論叢』 8.
박기범, 2001, 「부여, 고구려 건국신화의 계통과 형성과정」, 『동북아역사논총』 34.
시노하라 히로카타, 2004, 「高句麗의 太王號와 太王家認識의 確立」, 『韓國史研究』 125.
______________, 2005, 「高句麗的 國際秩序認識의 成立과 展開」, 고려대학교 박사학위논문.
梁起錫, 1983, 「4~5C 高句麗 王者의 天下觀에 對하여」, 『湖西史學』 11.
余昊奎, 1995, 「3세기 후반~4세기 전반 고구려의 교통로와 지방 통치 조직-南道와 北道를 중심으로-」, 『韓國史研究』 91.
______, 1997, 「1~4세기 고구려의 政治體制 연구」, 서울대학교 박사학위논문.
여호규, 2010a, 「高句麗 初期의 王位繼承原理와 古鄒加」, 『東方學志』 150.
______, 2010b, 「高句麗의 太王號 제정과 國岡型 왕릉입지의 성립」, 『역사문화연구』 35.
______, 2013, 「신발견 〈集安高句麗碑〉의 구성과 내용 고찰」, 『한국고대사연구』 70.
______, 2015, 「集安高句麗碑와 광개토왕릉비 序頭의 단락구성과 서술내용 비교」, 『신라문화』 45.
______, 2020, 「충주고구려비의 단락구성과 건립시기」, 『한국고대사연구』 98.
李基白, 1967, 「高句麗의 扃堂」, 『歷史學報』 35·36.
李道學, 1992, 「高句麗 初期 王系의 復元을 위한 檢討」, 『韓國學論集』 20.
이성제, 2013, 「〈集安高句麗碑〉로 본 守墓制」, 『한국고대사연구』 70.
이정빈, 2012, 「고구려 扃堂의 설립과 의의」, 『한국고대사연구』 67.
______, 2014, 「고구려 태학 설립의 배경과 성격」, 『한국교육사학』 36-4.
임기환, 1994, 「광개토왕비의 국연(國烟)과 간연(看烟)-4·5세기 고구려 대민편제의 일례-」, 『역사와 현실』 1.
林起煥, 1996, 「廣開土王陵碑文에 보이는 '民'의 성격」, 『廣開土王陵碑文 研究 100年』, 高句麗研究會.

임기환, 1996, 「광개토왕릉비에 보이는 '民'의 성격」, 『광개토호태왕비 연구 100년』, 고구려연구회.
林起煥, 2000, 「中原高句麗碑를 통해 본 高句麗와 新羅의 關係」, 『高句麗研究』 10, 高句麗研究會.
임기환, 2002, 「고구려 王號의 변천과 성격」, 『한국고대사연구』 28.
______, 2014, 「집안고구려비와 광개토왕비를 통해 본 고구려 守墓制의 변천」, 『韓國史學報』 54.
조우연, 2013, 「集安 高句麗碑에 나타난 왕릉제사와 조상인식」, 『韓國古代史研究』 70.
조인성, 1990, 「4, 5세기 고구려 王室의 世系認識 변화」, 『한국고대사연구』 4.

高寬敏, 1996, 『『三國史記』の原典的研究』, 雄山閣出版刊.
武田幸男, 1989, 『高句麗史と東アジア』, 岩波書店.

宮崎市定, 1978, 「天皇なる稱號の由來について」, 『思想』 646.
今西龍, 1937, 「廣開土王碑に就て」, 『朝鮮古史の研究』, 國書刊行會.
武田幸男, 1979, 「広開土王碑からみた高句麗の領域支配」, 『東洋文化研究所紀要』 78, 東京大學 東洋文化研究所.
________, 1981, 「牟頭婁一族と高句麗王權」, 『朝鮮學報』 99·100合.
坂元義種, 1978, 「古代東アジアの〈大王〉について」, 『古代東アジアの日本と朝鮮』, 吉川弘文館.

2장
율령 반포와 관등제 정비

이정빈 | 충북대학교 역사교육학과 조교수

소수림왕(371~384년)은 즉위 2년(372년)에 태학을 설립하였고, 다음해(373년)에 율령을 반포하였다. 태학은 귀족 관인의 자제를 대상으로 유교를 교육하였다. 태학의 설립으로 고구려 사회에 유교가 보급되었고, 유교적 소양을 갖춘 관인이 양성되었다. 태학에서 강조한 유교적 소양이란 충효와 같은 덕목이었다. 태학은 귀족 관인의 자제에게 유교를 교육함으로써 국왕 중심의 정치·사회 질서를 구축하는 데 기여하였다.

율령은 국가의 운영과 제도를 규정해 둔 일종의 법체계(法體系)였다. 왕조국가에서 율령의 정점은 국왕이었다. 따라서 율령의 반포는 국왕의 지배를 법체계로 보장한다는 의미를 담고 있었다. 율령의 반포는 국왕 중심의 중앙집권적 국가체제의 완비를 말해준다고 이해된다. 율령 제도 및 그에 입각한 국가 운영은 태학을 통해 양성된 관인이 중추를 담당하였다. 태학 설립과 율령 반포는 모두 국왕 중심의 국가체제 정비의 일환이었다.

국왕 중심의 국가체제가 정비된 모습은 관등을 통해 살필 수 있다. 관등은 고구려 초기부터 마련되어 있었지만, 소속과 기능에 따라 여러 계통으로 나뉘어져 있었다. 이와 비교해 4세기~5세기의 관등은 주부·사자·형 등 여러 계통의 관명이 상하의 관등으로 교차되며 서열화되어 있었다.

국왕 아래에 일원적인 관등체계를 갖춘 것이다. 율령의 반포를 계기로 한 변화였다.

소수림왕대 진행된 일련의 정비로 고구려는 중앙집권의 영역국가로 성장하였고, 향후 영역 확장의 내적 기반을 마련하였다. 이로써 왕권이 한층 강화되었는데, 정치적·사회적 특권은 국왕과 주요 귀족이 나누어 가졌다. 귀족은 관등·관직을 세습하며 가문 단위로 분화했고, 정치적·사회적 권력의 핵심은 상급의 귀족가문이 독차지했다. 6세기 중반 이후 귀족연립정권의 성립은 이러한 4세기~5세기 정치구조의 연장선상에서 전망된다.

1. 태학 설립과 기능

태학 설립은 『삼국사기』 고구려본기에 전한다.[1] 372년(소수림왕 2년)에 설립하여 자제(子弟)를 교육했다는 것이다. 또한 『삼국사기』 고구려본기에서는 600년(영양왕 11년)에 태학박사(太學博士) 이문진(李文眞)이 왕명으로 『신집(新集)』을 편찬했다고 하였다. 7세기 중반의 사정을 전하는 『한원(翰苑)』에 인용된 『고려기(高麗記)』에도 국자박사(國子博士)·태학사(太學士) 등 태학의 교수와 관련한 관명이 보인다. 이와 같은 사실은 고구려에서 372년에 태학을 설립하여 후기까지 운영하였음을 알려준다.

현전 문헌기록상 고구려의 태학은 한국사 최고(最古)의 학교라 할 수

1 태학은 판본에 따라 대학(大學, 정덕본) 또는 태학(太學, 주자본)으로 읽을 수 있다. 『한원』에 인용된 『고려기』에도 '대학사(大學士)'로 나온다. 이로 보아 고구려에서는 태학이 아닌 대학으로 읽었을 가능성이 있다. 다만 『삼국사기』뿐만 아니라 고대와 중세의 많은 문헌에서 '태(太)'와 '대(大)'는 통용되었고, 한대(漢代) 이후의 여러 중원 왕조에서 태학으로 불렸다. 이에 태학으로 칭하는 것이 일반적이다.

있는데, 태학의 명칭과 학교제도의 운영은 한대(漢代) 이후 여러 중원 왕조에서 찾아볼 수 있다. 역대 중원 왕조의 태학은 서주(西周)의 대학을 이상적인 학교상으로 제시하며 설립된 중앙의 국립학교, 즉 국학(國學)이었다. 고구려의 태학은 그와 같은 중원 왕조의 학교제도를 수용하여 설립된 것이다. 372년이란 태학 설립의 시점에 주목해 보면, 동진(東晉, 315~420년) 또는 전진(前秦, 351~394년)에서 수용하였다고 짐작할 수 있다. 이에 동진설이 있었고(高明士, 1995), 전진설이 있었다(李丙燾, 1959; 이병도, 2012; 盧重國, 1998).

먼저 동진설을 살펴보자. 동진설은 373년 고구려의 율령이 서진(西晉, 265~316년)의 태시율령(泰始律令)을 수용했다고 본 통설적인 이해에 기초하였다. 동진이 이른바 한족(漢族) 정통왕조로서 서진의 율령과 학교제도를 계승·운영하였다고 보고, 동진을 통해서 서진의 학교제도를 수용했다고 추정했다. 동진은 왕조 수립 직후인 317년에 태학을 설립했고, 337년에 이를 재건하였다. 비록 고구려와 동진의 정치적 교섭은 단속적이었지만, 양국의 문물 교류는 부단하였다. 4세기 중·후반~5세기 초반 구(舊) 낙랑·대방 지역에서 출토된 기년명전(紀年銘塼), 국내성(國內城) 지역에서 출토된 청자기(青磁器), 그리고 동진의 승려 지둔도림(支遁道林, 314~366)과 고려도인(高麗道人)의 서신 교류 등이 이를 방증한다(金鎭漢, 2012). 이로 미루어 보아 고구려는 동진을 통해 중원의 유교 문물을 수용하였고, 이로써 태학 설립의 기반을 마련하였을 것으로 생각된다.[2]

그런데 동진 사대부(士大夫)의 습속은 노장(老莊)을 숭상했다고 하였다. 이 때문에 "유훈(儒訓)을 마음에 두지 않았다"고 하고, "유술(儒術)은 끝내

2 물론 유교 문물 수용의 통로가 동진만은 아니었을 것이다. 다양한 통로가 고려되는데, 특히 낙랑(樂浪)·대방(帶方)이 주목된다.

진흥되지 못하였다"고 한다. 결과적으로 보아 337년 동진에서 재건하였던 태학의 운영은 성공하지 못했다. 서진시기보다 부실하였고, 설치와 폐지를 반복했다. 문벌귀족 중심의 사회였기에 관료 양성을 목적으로 한 국립학교가 환영받지 못한 면도 있었다. 따라서 372년 고구려에 수용된 태학의 학교제도가 동진에서 전해졌다고 단정하기 어려운 점이 있다.

다음으로 전진설을 살펴보자. 고구려와 전진의 관계는 370년부터 확인된다. 고구려는 전진-전연(前燕)전쟁에서 전진을 지지했고, 전진과 우호관계를 수립하고 불교도 수용했다. 태학이 설립된 372년에 "진왕(秦王) 부견(苻堅)이 사신과 승려 순도(順道)를 파견해 불상과 경문(經文)을 보냈다. [소수림]왕이 사신을 보내 회사(迴謝)하고 방물을 바쳤다"고 하였다. 이처럼 고구려 태학은 전진과 우호관계를 수립하고 불교를 수용하던 중에 설립되었다.[3] 그러므로 태학의 설립은 전진과 무관치 않다고 생각된다. 더욱이 이 무렵 전진의 국왕이었던 부견(재위 357~385년)은 왕맹(王猛, 325~375년)을 중용해서 유교를 진흥했다. 태학의 학교제도를 정비했으며 매월 태학에 친림(親臨)했다. 관민(官民)에 유교를 장려했으며, 노장과 도참(圖讖)을 금지했다. 이렇듯 부견은 강력한 유교진흥책을 추진한 것으로 평가된다.

이처럼 전진의 태학 운영과 유교진흥책을 고려하면, 고구려 태학의 학교제도는 전진에서 수용하였을 가능성이 높다. 그런데 고구려가 전진과 본격적으로 교섭·교류한 것은 370년이었다. 태학을 설립한 것은 그로부터 불과 2년 후였다. 2년이란 단기간 내에 전진의 학교제도와 교육내용을 받아들여 태학을 설립하기는 어려웠을 것이다. 이미 일정 수준 이상의 이

3 이와 관련한 내용은 이 책 3장 「불교 수용과 국가 제의」 참조.

해를 갖추고 있었다고 짐작된다(盧重國, 1979). 그러므로 태학의 학교제도가 전적으로 전진에서 수용된 것으로 단언하기에도 미흡한 점이 있다. 이에 고구려와 동진·전진 관계만이 아니라 고구려와 전연 관계도 아울러 참고해야 한다고 본 견해도 있었다(이정빈, 2014).

전연 역시 태학에 준하는 동상(東庠)을 설립·운영했다. 고구려는 4세기 전반부터 모용선비, 전연과 요동을 둘러싸고 각축했지만, 한편으로는 지속적으로 교섭했다. 양국은 상당수의 전쟁포로, 질자(質子)와 망명인(亡名人)을 통해 문물을 교류했다. 그 결과 고구려는 불교·기마문화를 위시해 모용선비, 전연의 여러 문물을 수용하였다(李基東, 1996). 이 과정에서 전연의 유교 문물은 물론이고 동상과 같은 학교제도도 참고하였을 수 있다는 것이다.

전연의 동상과 전진의 태학은 기본적으로 유교교육기관이었지만, 호족문화(胡族文化) 전통의 군사교육도 수반하여 무예와 병학도 교육하였다. 전연·전진의 동상·태학에서 실시된 군사교육은 한족(漢族) 중심의 중원 왕조에서 운영된 태학과 다른 모습으로, 호족문화의 전통적인 요소였다. 고구려의 태학이 전연·전진의 동상과 태학을 참고·수용하였다고 보면, 적어도 고구려 태학이 설립되었을 무렵 교육내용에도 군사교육이 포함되었을 가능성이 있다. 전연과 전진처럼 기왕의 교육적 전통에 바탕을 두고 태학의 학교제도를 수용하였다는 것이다(이정빈, 2014).

여기서 기왕의 교육적 전통이란 다른 여러 나라의 사례와 마찬가지로 청소년조직을 가리킨다. 고구려의 태학생은 자제였다고 하였다. 후조(後趙, 319~351년) 태학의 입학생은 13~25세였고, 북연(北燕, 409~436년) 태학의 입학생은 13세 이상이었다. 고구려의 태학생 또한 13세 이상에서 25세 이하의 연령이 입학하여 주로 청소년 연령을 중심으로 구성되었다고 추정된다. 따라서 태학의 기원 내지 설립의 내적 기반을 찾는다면, 청소년조직의 전통이 주목된다(李基白, 1996). 다시 말해 고구려의 태학은 전통의 청소년조직을 개편해서 설립한 것이었다고 여겨진다.

고구려 전통의 청소년조직은 신라의 화랑도(花郎徒)와 유사하였을 것이다. 구성원 상호 간의 수평적인 유대관계를 바탕으로 신의(信義)와 같은 덕목을 중시하였고, 군사 방면에서 교육적인 기능을 수행하며 전사(戰士)로서의 자질을 함양하였다고 짐작된다. 그런데 6세기~7세기 신라에서는 화랑도를 매개로 하여 국왕 중심의 수직적인 정치·사회질서를 구축하고자 했고(李基東, 1984), 종래의 수평적인 유대관계는 축소되어 갔다(노태돈, 2009). 3세기~4세기 고구려에서도 국왕을 중심으로 한 수직적인 정치·사회질서가 구축되기 시작했다. 이와 같은 변화에 따라 전통의 청소년조직 역시 개편이 요구되었을 것이다.

태학은 박사 등의 관료가 교육하였다. 졸업생 또한 관료로 배출되었다고 보인다. 따라서 태학은 전통의 청소년조직과 달리 국왕 중심의 수직적인 정치·사회질서를 원리로 하여 운영되었다고 생각된다. 특히 태학의 유교교육에서 충효(忠孝)와 같은 덕목을 강조하였을 것이다. 이 점에서 태학 설립 무렵의 군사교육이 전통적인 요소였다면, 유교교육은 역사적인 변화를 말해준다고 할 수 있다. 보다 구체적으로 교육대상이었던 자제가 주목된다.

전연의 동상은 대신(大臣)의 자제를 교육했고, 전진의 태학은 공후백료(公侯百僚)의 자제를 교육했다고 한다. 고구려의 태학 역시 관인의 지위에 오를 수 있는 귀족의 자제를 교육했다고 생각된다. 이와 같이 보면 태학은 귀족 자제에게 유교를 교육하여 국왕 중심의 정치·사회질서를 구축하는데 설립의 주된 목적이 있었다고 이해된다.

이처럼 태학의 유교교육은 역사적인 변화를 말해주며, 여기서 설립 목적을 찾을 수 있다. 그 성과는 태학 설립 이후 고구려 사회에 유교가 보급된 면면을 통해 확인된다. 예를 들어 〈광개토왕비〉를 보면 오경(五經)과 『맹자(孟子)』를 비롯한 유교 경전을 다수 인용하고 있으며, 인의(仁義)를 내세운 왕도정치(王道政治)이념을 표방하고 있다(三岐晃, 1992; 이도학, 2006). 왕의 은덕(恩德)에 모화(慕化)되어 따라왔다는 동부여의 관인은 왕도정치가 구현된 실례 중 하나였다. 유교의 왕도정치이념이 소화되어 정치사상으로 표방되고 있었던 것이다.

또한 6세기~7세기의 사정이지만 『구당서』와 『신당서』를 보면, 고구려인은 학문을 좋아하였다고 하였다. 오경(五經)은 물론이고, 『사기(史記)』·『한서(漢書)』·『후한서(後漢書)』·『삼국지(三國志)』·『진춘추(晉春秋)』 등의 역사서, 『옥편(玉篇)』·『자통(字統)』·『자림(字林)』 등의 자전류(字典類)가 있었고, 문집에 속하는 『문선(文選)』 등을 중시하였다고 하였다. 경서와 역사서, 자전과 문집 등 각종 서적이 구비되어 있었던 것이다. 이 중에서 경서와 사서는 유교의 학문이었다. 자전류와 『문선』은 한문의 작성을 위한 서적이었는데(노용필, 2017), 넓은 의미에서 보자면 유교적 지식에 포함되었다. 고구려 사회에 유교의 학문과 지식이 보급·확대된 면모를 잘 보여준다.

이와 관련하여 643년(보장왕 2년)에 연개소문(淵蓋蘇文)이 당에서 새로 도교(道敎)를 수용하자고 주장하면서 이미 유교와 불교가 흥성하다고 발언한 사실이 주목된다. 6세기~7세기 고구려 사회에서 유교는 불교와 더불어 양대 사상으로 정착되어 있었던 것이다. 따라서 불교에 못지않게 유교에 대한 이해 수준이 상당하였고, 또한 성행하였음을 알 수 있다. 이상과 같은 고구려의 유교 수용과 성행은 태학과 같은 학교제도의 운영에 기초하였다고 이해된다(李基白, 1986). 따라서 태학의 설립은 고구려 사회에서 유교가 본격적으로 기능하기 시작하였음을 말해준다.[4]

태학의 설립은 이듬해인 373년에 반포된 율령과도 밀접하였다. 율령의 편목 중에는 태학의 학교제도와 운영방식을 규정한 학령(學令)도 있었다고 추정된다(盧重國, 1979). 태학의 운영은 율령에 입각하였던 것이다. 이 점에서 태학의 설립을 주도한 관료집단이 율령의 제정에도 중요한 역할을 하였고, 태학을 통해 양성된 관료는 차후 율령에 입각한 국가 운영에 중추를 구성하였다고 이해된다(李基白·李基東, 1982). 태학의 설립은 율령의 반포와 궤를 같이하였을 뿐만 아니라 서로 짝을 이루고 있었던 것이다. 따라서 태학이 주된 교육내용에 포함되었던 유교와 율령의 관계 또한 주목해 볼 필요가 있다.

2. 율령 반포와 성격

고구려는 373년에 소수림왕이 처음으로 율령을 반포했다고 한다. 율령은 국가의 운영과 제도를 규정한 일종의 법체계였다. 왕조국가에서 율령의 정점은 국왕이었다. 따라서 율령의 반포는 국왕의 지배를 법체계로 보장한다는 의미를 담고 있었다. 그러므로 율령의 반포는 국왕 중심의 중앙집권적 국가체제의 완비를 말해준다고 이해된다(盧重國, 1979; 노태돈, 2014).

율령은 지금의 한국과 중국 지역만 아니라 일본·베트남 등지에서도 고

4 이외에 『구당서』·『신당서』에 보이는 경당(扃堂)을 주목할 수 있다. 고구려의 경당은 평양 천도 이후에 출현하였는데, 지방의 공립학교였다고 이해된다(李基白, 1996). 지방의 촌락에 소재하였고 평민의 미혼자제를 위한 교육기관이었다고 보는 것이 통설이다. 그런데 『구당서』·『신당서』에서 경당은 가구(街衢) 내지 구측(衢側), 즉 대로(大路) 가까운 데 건립되었다고 하였다. 이를 주목해 경당의 소재지가 지방의 촌락이 아니라 왕도와 별도(別都)를 비롯한 지방의 주요 도시, 6세기~7세기의 경우 대성(大城)급의 지방 도시로 보아야 한다는 이견도 있다(이정빈, 2012, 「고구려 扃堂의 설립과 의의」, 『한국고대사연구』 67).

대와 중세를 통해 중앙집권적 국가체제 정비에 공통적으로 활용되었다. 이 점에서 율령은 한자·유교·불교와 함께 동아시아란 하나의 역사적 세계(世界)를 구성하는 데 핵심적인 요소의 하나로 강조하기도 한다(西嶋定生, 1983; 니시지마 사다오, 2008).

동아시아에서 법의 기원은 중원 지역의 경우 선진(先秦)시대 이전으로 소급할 수 있지만, 율령의 명칭은 진한(秦漢)대에 출현하였고, 서진 태시(泰始) 3년(267년)에 반포된 이른바 태시율령에서부터 전통시대 율령의 원형이 마련되었다. 이때부터 율령의 율은 형법에, 영은 국가제도 전반에 관한 행정법에 해당하는 것으로 구분되었다. 그리고 수·당대를 통해 율령격식(律令格式)의 형식이 완비되었다. 각종 법과 율령은 본래 법가(法家)의 영향이 강하였는데, 한(漢) 무제(武帝, 재위 기원전 141~기원전 87년)가 유교를 바탕으로 국가의 문물제도를 정비함에 따라, 율령 역시 유교정치사상에 기초한 것으로 전환되었다. 이후 여러 중원 왕조의 율령은 유교정치사상에 기초하였다. 고구려의 율령 역시 유교정치사상과 밀접하였다(盧重國, 1979).

373년 율령이 반포되기에 앞서 372년 태학이 설립되었는데, 이로써 고구려 사회에서 유교가 정치사상으로 기능하기 시작한 것으로 본다. 그런데 현전 사료에서는 고구려 율령의 내용은 물론 편목조차 찾아보기 어렵다. 이 때문에 율령 반포 전후의 변화를 자세히 알기는 힘든 형편이다. 다만 동아시아 여러 나라의 사례를 참고해 보건대 고구려의 율령도 이전까지의 법속(法俗)에 기초하였을 가능성이 높다(한영화, 2012). 고조선의 8조범금(犯禁)과 같은 법속이 율령의 시원으로 상정된다.

예컨대 『삼국지(三國志)』 동이전(東夷傳)에 보이는 부여의 투기죄(妬忌罪)를 염두에 두고, 『삼국사기』 고구려본기에 보이는 관나부인(貫那夫人)의 투강(投江) 사례를 보면, 3세기 중반 고구려 사회에서도 투기죄가 있었을 것으로 짐작된다(李基白, 1996). 부여처럼 투기죄를 비롯한 몇몇의 법속이 존재하였다고 추정된다. 『삼국지』 동이전에서는 3세기 중반까지 제가(諸加)가 평의(評議)해서 죄의 유무를 판결하였다고 하는데, 이러한 제가회의에서 법금의 위반 여부를 판결했을 것이다(盧重國, 1979).

전통의 법속을 바탕으로 율령을 수용한 모습은 동아시아의 여러 나라도 마찬가지였다. 대체로 각지의 전통이 반영되었고, 각국의 사정에 따라 중원 왕조의 율령을 변용하였다. 이 때문에 동아시아 여러 나라의 율령은 제각기 특색이 있었다. 그럼에도 율령을 수용한 동아시아의 여러 나라는 대부분 농경사회였다는 점에서 공통된다. 또한 율령제도를 수용해 반포한 까닭도 중앙집권적 국가체제 정비에 있었다는 점에서 공통된다. 농경사회의 안정을 유지하며 중앙집권적 국가체제를 정비하는 데는 유교정치사상에 기초한 율령이 효과적이었던 것이다.

고구려 초기의 경우 수렵과 목축을 병행하였다고 하지만, 주된 산업은 농업이었다. 그런데 3세기 후반까지 고구려는 5나부(那部)를 중심으로 여러 지역집단과 종족집단으로 구성된 연맹체적 국가체제를 유지했다. 나부와 지역집단·종족집단마다 일정한 자치권이 유지되었으므로, 각 집단의 법속에는 공통점도 있었지만 차이점도 있었을 것이다. 예컨대 『삼국지』 동이전을 보면 3세기 중반 소노부(消奴部)는 왕실과 별도로 종묘(宗廟)를 세우고 영성(靈星)과 사직(社稷)에 제사할 수 있었다고 하는데, 이는 소노부 나름의 법속에 따라 운영되었을 것이다. 그러다 3세기~4세기를 통해 영역 확장을 지속하고 국제정세에 대응하기 위해 국왕 중심의 중앙집권적 국가체제가 요구되었다. 하지만 연맹체적 국가체제 속에서 지역·종족집단에 분립된 법속으로는 각 집단의 민을 중앙집권의 방식으로 통치하기 어려웠을 것이다. 이에 따라 중원 왕조의 율령을 수용해서 전통의 법속을 정비하였다고 이해된다(盧重國, 1979).

고구려의 율령은 유교정치사상에 기초했다고 하였다. 유교정치사상은 강제력을 바탕으로 한 패도정치(覇道政治)를 지양하고, 국왕의 인정(仁政), 즉 왕도정치(王道政治)를 이상으로 추구했다. 국왕과 신민(臣民)은 부자(父子) 관계와 같아서, 아들인 신민이 아버지인 국왕에게 충성을 바쳐야 했다면, 아버지인 국왕은 아들인 신민에 대해서 인덕(仁德)을 베풀어야 했다. 비록 신민은 예(禮)에 따라 정치적·사회적 위계가 차등되었지만, 국왕의 입장에서 보면 모두 국왕의 어린아이(赤子)와 같았다. 따라서 유교정치사상에서는 신민의 종족적·지역적 차이보다 보편성을 중시하였고, 그러한 신민의 안정이 구현되어야 왕권에 권위와 정당성이 부여된다고 보았다.

이와 같은 유교정치사상은 3세기~4세기 국가체제 정비의 방향과 궤를 같이했다. 구체적으로 3세기 후반~4세기 전반 고구려는 5나부를 해체하고, 국왕 중심의 중앙집권적 국가체제를 정비해 갔다. 5나부를 곡(谷)·촌(村)의 행정단위로 재편했고, 새롭게 확보한 지역도 주요 교통로를 중심으로 해서 성(城)·곡(谷)과 같은 행정단위에 편입시켰다(여호규, 2014). 이러한 국가체제 및 지방제도의 정비 과정 속에서 옥저·양맥 등 이종족-속민 중 일부도 5나부민과 동일한 일반민으로 전환되었다(林起煥, 1987; 朱甫暾, 1998; 김현숙, 2005; 여호규, 2014). 민의 종족적·지역적 차이가 해소되고 보편성이 중시되는 방향으로 변화된 것이다. 이에 따라 그들에 대한 지배방식도 보편성을 갖추어야 할 필요성이 높아졌는데, 율령이 그러한 요구에 적합했다. 다시 말해 고구려는 율령제도를 수용해 반포함으로써 5나부와 여러 지역집단·종족집단에 분속되어 있던 각종의 민을 국왕에 직속된 국가의 일반민으로 재편한 것이다(盧重國, 1979; 노태돈, 2014).

고구려는 어떠한 율령제도를 수용했을까. 그 수용 과정과 성격을 파악하기 위해 한·위·진의 율령 편목을 살펴보자(盧重國, 1979).

한구장률(漢九章律)

1. 도율(盜律) 2. 적율(賊律) 3. 수율(囚律) 4. 포율(捕律) 5. 잡율(雜律)

6. 구율(具律) 7. 호율(戶律) 8. 흥율(興律) 9. 구율(廐律)

한령(漢令)

1. 영갑(令甲) 2. 영을(令乙) 3. 영병(令丙) 4. 공령(功令) 5. 금포자(金布字)

6. 궁위령(宮衛令) 7. 질록령(秩祿令) 8. 품령(品令) 9. 사령(祠令)

10. 사령(祀令) 11. 재령(齋令) 12. 공령(公令) 13. 옥령(獄令)

14. 추령(箠令) 15. 수령(水令) 16. 전령(田令) 17. 마복령(馬復令)

18. 태양령(胎養令) 19. 양로령(養老令) 20. 임자령(任子令)

21. 혼전령(緡錢令) 22. 정위설령(廷尉挈令) 23. 광록설령(光祿挈令)

24. 낙랑설령(樂浪挈令)

위율(魏律)

1. 형명율(刑名律) 2. 도율(盜律) 3. 적율(賊律) 4. 수율(囚律)

5. 웅율(雄律) 6. 흥천율(興擅律) 7. 호율(戶律) 8. 구율(具律)

9. 겁략율(劫掠律) 10. 사위율(詐僞律) 11. 훼망율(毁亡律)

12. 고핵율(告劾律) 13. 계신율(繫訊律) 14. 단옥대율(斷獄大律)

15. 청규율(請賕律) 16. 경사율(驚事律) 17. 상장율(償贓律)

18. 면좌율(免坐律)

위령(魏令)

1. 군령(郡令) 2. 상서관령(尙書官令 3. 군중령(軍中令)

4. 우역령(郵驛令) 5. 변사령(變事令) 6. 갑진령(甲辰令)

7. 설관령(設官令) 8. 포상령(褒賞令) 9. 선거령(選擧令)

10. 명벌령(明罰令) 11. 내계령(內戒令)

진율(晉律)

1. 형명율(刑名律 2. 법례율(法例律) 3. 도율(盜律) 4. 적율(賊律)
5. 사위율(詐僞律) 6. 청구율(請賕律) 7. 고핵율(告劾律) 8. 포율(捕律)
9. 계신율(繫訊律 10. 단옥율(斷獄律) 11. 잡율(雜律) 12. 호율(戶律)
13. 천흥율(擅興律) 14. 훼망율(毁亡律) 15. 위궁율(衛宮律) 16. 수화율(水火律)
17. 구율(廐律) 18. 관시율(關市律) 19. 위제율(違制律) 20. 제후율(諸侯律)

진령(晉令)

1. 호령(戶令) 2. 학령(學令) 3. 공사령(貢士令) 4. 관품령(官品令)
5. 이원령(吏員令) 6. 봉름령(俸廩令) 7. 복제령(服制令) 8. 사령(祠令)
9. 호조령(戶調令) 10. 전령(佃令) 11. 복제령(復除令) 12. 관시령(關市令)
13. 포망령(捕亡令) 14. 옥관령(獄官令) 15. 편장령(鞭杖令)
16. 의약질병령(醫藥疾病令) 17. 상장령(喪葬令) 18. 잡상(雜上)
19. 잡중(雜中) 20. 잡하(雜下) 21. 문하산기중서령(門下散騎中書令)
22. 상서령(尙書令) 23. 대비서령(臺秘書令) 24. 왕공후령(王公侯令)
25. 군리원령(軍吏員令) 26. 선리령(選吏令) 27. 선장령(選將令)
28. 선잡사령(選雜士令) 29. 관위령(官衛令) 30. 속령(贖令)
31. 군전령(軍戰令) 32. 군수전령(軍水戰令) 33~38. 군법령(軍法令)
39~40. 잡법령(雜法令)

일찍부터 고구려 율령제도의 기초가 된 모법(母法)으로 주목된 것은 서진의 태시율령이었다(田鳳德, 1956). 서진의 태시율령은 진한-조위(曹魏)의 율령을 집대성한 것으로, 고구려보다 먼저 반포·시행되었고, 모법을 계수(繼受)하는 데는 일정한 시간이 필요하였다는 점에서 이와 같이 추측한 것이다. 더욱이 태시율령은 수·당대 율령의 원형이었다고 했는데, 그처럼 형식이 갖추어진 율령이 한층 성숙된 성문법(成文法)으로 간주되었다. 따라서 불문법(不文法)에서 성문법으로의 변화가 곧 발전이란 법제사 일반의 발전도상에서 보아, 태시율령은 한층 선진적인 법체계로서 중시되었다(盧重國, 1979).

그런데 2012년 중국 길림성(吉林省) 집안(集安)에서 〈집안고구려비〉가 발견되면서 이설이 제기되었다(홍승우, 2013; 전덕재, 2015; 정동준, 2017). 〈집안고구려비〉를 보면, "自戊子定律 教內發令 更修復"이라는 구절이 보인다. 대체로 "무자년부터 율을 정한 이후 내조(內朝, 또는 國內)에 교(教)를 내리고 영(令)을 발(發)해서 다시 수복(修復)하였다"는 정도로 해석된다. 근래의 이설은 이때의 율이 고구려의 법전을 의미하며, 이하의 내용을 감안하면 포괄적인 법전이라기보다 무자년에 왕릉 수묘(守墓)와 관련해서 새롭게 제정된 율이었다고 이해하였다. 〈집안고구려비〉에 보이는 율이 왕릉 수묘란 특정 사안에 대한 일종의 단행법(單行法)이었다고 본 것이다. 단행법은 포괄적 법전에 상대한 현대의 법 개념으로, 특정한 사항에 관하여 만든 법률을 가리킨다.

태시율령은 형법적인 율과 행정법적인 령이 구분되었고, 율전과 영전이 서로 유기적으로 조직된 포괄적인 법전이었다. 그러므로 〈집안고구려비〉에 보이는 율이 왕릉 수묘란 특정 사안에 대한 단행법이었다고 보면, 태시율령과 차이를 보인다. 더욱이 왕릉 수묘에 대한 율이었다고 한다면, 형법보다 행정법에 가깝다. 이러한 까닭에 근래의 이설은 태시율령보다 진한-조위대의 율령을 주목하였다. 진한-조위대의 율령은 율과 영이 엄격히 구분되지 않았다. 행정법규 성격의 영이 집적되어 율로 정리되기도 하였다. 따라서 〈집안고구려비〉를 통해 보건대 고구려의 율은 진한-조위대의 율령과 유사하다고 이해하였다.

그 뿐만 아니라 〈집안고구려비〉에서는 교령(教令)을 통해 '무엇인가'를 수복하도록 했다. 이를 보면 국왕은 교령을 통해 법제를 제정 또는 개수하였을 것으로 추측된다. 이에 근래의 이설은 국왕의 교령이 법으로서 효력을 발휘했고, 이러한 교령이 판례법의 성격을 갖는다고 생각하였다. 그리고 이와 같은 교령이 율을 수정·보완했다고 파악했다. 이 역시 율과 령이 구분된 태시율령과 다른 점으로, 교령을 기초로 해서 운영된 진한-조위대의 율령과 더 유사하다고 이해하였다.

이처럼 현재 고구려 율령제도의 수용은 태시율령 계수설이 통설의 지위를 차지하고 있다가 2012년 〈집안고구려비〉의 발견에 따라 진한-조위대의 율령을 계수하였다고 본 견해가 이설로 제기되어 다수의 지지를 얻고 있다.[5] 이에 따라 율령제도의 수용 과정도 다시금 논의되었다. 물론 태시율령을 수용했다고 본 종래의 통설에서도 고구려의 율령이 서진의 태시율령과 직접적인 모법-계수법의 관계는 아니었다고 이해하였다. 전통법속의 특색을 유지했고, 유교정치사상의 점진적인 수용을 배경으로 하였으며, 차후 선비(鮮卑)의 전통을 반영한 북위(北魏, 386~534년)의 율령을 참고해서 율령을 개편·정비해 나갔을 것으로 생각하였다(盧重國, 1979). 고구려 율령 수용의 다양한 경로와 선택적인 면모가 강조된 것이다. 다만 근래의 이설과 같이 373년의 시점에서 진한-조위의 율령을 계수

---

5 근래의 이설에 대한 반론(김수태, 2013, 「「집안고구려비」에 보이는 율령제」, 『韓國古代史研究』 72)도 있었다. 이에 따르면 〈집안고구려비〉는 소수림왕대에 수묘제 율령을 반포하고 고국양왕대 율이 개수되었고, 또한 광개토왕대 영이 개수된 사정이 보인다고 하였다. 여기서 율과 영이 따로 개수된 사정은 율령이 각기 편찬된 태시율령과 유사하다고 하였다. 그러나 출토 문자자료를 통해 보건대 진한대의 율령 역시 율과 영이 따로 개수되었다고 한다. 또한 태시율령은 율과 영이 함께 개수된다고 한다. 따라서 태시율령 계수설의 입장에서의 반론은 설득력이 떨어진다고 평가한다(정동준, 2017, 「고구려 율령에 미친 중국왕조의 영향-소위 '태시율령 계수설' 비판」, 『韓國史研究』 178).

하였다고 보면, 서진보다 먼저 고구려와 교섭·교류한 한-조위대 낙랑군·대방군의 영향이 한층 강조되어야 하고, 서진보다 진한의 문물을 중시하였던 전진(前秦)의 영향을 고려해야 한다고 지적한다(정동준, 2017).

이상과 같이 고구려는 3세기~4세기를 통해 5나부 중심의 연맹체적 국가체제를 국왕 중심의 중앙집권적 국가체제로 정비하면서 율령제도를 수용·반포했다. 이러한 율령의 바탕은 전통의 법속이었다. 그런데 전통의 법속은 연맹체적 국가체제를 구성한 각 집단마다 차이가 있었으므로, 중앙집권적 국가체제 운영에 적합하지 않았다. 이에 중원 왕조에서 마련한 율령제도를 수용해 전통 법속을 정비한 것이다. 서진의 태시율령을 수용하였다고 본 견해가 통설이었는데, 2012년 〈집안고구려비〉의 발견 이후 진한-조위대의 율령이 주목되고 있다. 율령의 반포를 통해 고구려는 국왕 중심의 중앙집권적 국가체제를 완비하였고, 한층 안정적으로 국가를 운영할 수 있었다. 4세기 후반~5세기 광개토왕대와 장수왕대의 영역 확장과 국가적인 전성은 이러한 율령 반포의 성과였다.

백제와 신라도 이와 같은 변화를 주목하였고, 일정한 영향을 미쳤을 것으로 생각된다. 차후 일본의 율령도 이러한 역사적 경험을 참고하였을 것이다. 그러므로 고구려의 율령 반포는 비단 고대의 국가체제 정비 차원에서만 아니라 동아시아 율령사 차원에서도 중요한 의의를 갖는다. 현재 고구려 율령의 편목과 내용은 알 수 없지만, 중앙집권적 국가체제 정비에서 관등제가 중요하였고, 이는 373년에 반포된 율령과 밀접하였다고 이해된다. 율령 안에는 4세기~5세기 관등제의 내용이 담겨져 있었을 가능성이 높은 것이다(여호규, 2014). 그러므로 4세기~5세기 관등제의 정비와 운영을 살펴보면, 율령의 대략적인 모습도 헤아려볼 수 있다.

3. 관등제 정비와 운영

4세기~5세기 관등제와 관련하여 우선 『위서(魏書)』 고구려전을 참고할 수 있다. 이를 보면, "알사(謁奢)·대사(大奢)·대형(大兄)·소형(小兄)"의 관명이 나온다. 『위서』는 554년 북제(北齊, 550~577년)의 학자 위수(魏收)가 편찬했는데, 그중에서 고구려전은 이오(李敖)와 같은 북위(北魏)의 사행(使行) 및 고구려의 사행에 의해 수집된 새로운 정보가 다수 포함된 것으로 평가된다. 주몽설화 및 초기 왕계가 처음으로 수록된 사실이 대표적이다. 그에 소개된 관명 또한 『후한서』·『삼국지』 등 앞서의 사서와 차이를 보인다. 그러므로 『위서』 고구려전에 보이는 관명은 4세기~5세기 관등제의 구성과 변화를 이해하는 데 필수적이다. 다만 『후한서』·『삼국지』와 비교해 내용이 더욱 소략하므로 다음과 같은 전후의 여러 자료를 참고할 필요가 있다.

① 北夫餘 大兄 冉牟/祖父 大兄 慈□/大兄 □□□/大使者 牟頭婁 _모두루묘지

② 建位將軍 國小大兄 左將軍 龍驤將軍 遼東太守 使持節 東夷校尉 幽州刺史 _덕흥리고분묵서

③ 古牟婁城 守使 下部 大兄 耶□/前部 大使者 多亏桓奴/主簿 貴德/新羅土內幢主 拔位使者 補奴 _충주고구려비

④ 小兄 相夫 若牟利/物句 小兄 百頭/百頭 上位使 尒丈/漢城 下後部 小兄 文達/卦婁盖切 小兄 加群 _평양성석각

⑤ 乙亥年 八月 前部 小大使者 _태천 농오리산성마애석각

우선 ①과 ③의 대사자와 발위사자가 주목된다. 『한원』에 인용된 『고려

기』를 보면, 사자 계통 관명의 이칭으로 사(奢) 계통의 관명이 나온다. 예컨대 『위서』 고구려전에 보이는 알사는 태대사자(太大使者)의 이칭이었다고 했다. 또한 『삼국사기』 직관지에서 사자·사 계통의 관명은 상(相) 계통의 관명으로 확인된다. 대상(大相)은 태대사자·알사에 대응된다. 사자·사·상은 동일한 관명의 이칭이었던 것이다(武田幸男, 1989; 공역, 2017). 이와 관련하여 6세기 제작된 것으로 추정되는 ⑤에 보이는 소대사자(小大使者)가 참고된다. 태대사자는 소대사자와 짝한다. 태대사자·소대사자·사자 등으로 사자 계통의 관명이 분화되어 있었던 것이다(임기환, 2004; 琴京淑, 2004).

사자 계통의 관명이 분화한 모습은 『삼국사기』 고구려본기를 통해 살필 수 있다. 191년(고국천왕 13년)에 을파소(乙巴素)를 천거한 동부(東部)의 안류(晏留)가 대사자였고, 동천왕대(227~248년) 관구검(毌丘儉)이 침공하였을 때 전사한 유유(紐由)가 구사자(九使者)로 추증되었으며,[6] 그 아들 다우(多優)가 대사자를 수여받았다. 서천왕(재위 270~292년)의 장인 우수(于漱)와 봉상왕대(292~300년)의 국상(國相) 창조리(倉助利) 역시 대사자였다. 이들 대사자 관등은 최고위 관등으로 비교적 하위 관등이었던 『삼국지』 동이전의 사자와 구분된다. 2세기~3세기 이후 분화된 것으로 파악된다. 『삼국사기』 고구려본기에서 대사자 관등을 소지한 인물은 왕권과 밀접하였다. 사자 계통의 관명은 어원적으로 보아도 왕권을 뒷받침한 관등으로 파악된다(金哲埈, 1975). 따라서 사자 계통 관명의 분화는 왕권의 강화에 따른 결과로 풀이된다(여호규, 2014).

다음으로 ③의 주부가 주목된다. 대체로 이때의 주부는 관명으로 보는

6 구사자(九使者)는 대사자(大使者)의 오기(誤記)일 수 있다.

데, 『위서』 고구려전에는 보이지 않는다. 〈충주고구려비〉에서 주부는 대사자 다우환노의 다음에 나온다. 따라서 그 하위 관명이었다고 생각된다. 주부의 분화 양상 역시 『삼국사기』 고구려본기를 통해 살필 수 있다. 차대왕대(146~165년) 환나(桓那) 우태(于台) 어지류(菸支留)를 좌보로 삼고 가작(加爵)해 대주부로 삼았다고 하였고, 294년(봉상왕 3년) 창조리도 국상에 취임하면서 진작(進爵)해 대주부가 되었다고 하였다. 대주부는 국상과 좌보·우보에 취임할 수 있었던 최고위 관등 중 하나였던 것이다. 이로 미루어 보아 〈충주고구려비〉의 주부는 대주부가 아닌 주부였고(임기환, 2004), 늦어도 4세기~5세기에 주부 관등은 이미 2개 이상으로 분화되었을 가능성이 높다. 주부 계통의 관명은 왕권과 밀접하였던 것으로 이해된다(武田幸男, 1989; 2017). 따라서 그의 분화 또한 왕권의 강화에 따른 결과였다고 풀이된다.

마지막으로 ②의 소대형 관등이 주목된다. ②는 묘주(墓主)인 진이 후연(後燕, 384~407년)과 고구려에서 수여받은 관명을 나열한 것으로, 소대형은 그중 고구려에서 수여받은 것으로 이해된다. 그런데 소대형은 『주서(周書)』 고려전(高麗傳) 이후의 사서에 보이는 태대형(太大兄)을 떠올린다. 이를 감안해 보면 이미 5세기를 전후해서 대형이 태대형과 소대형으로 분화되었을 가능성이 높다. 이와 함께 『위서』 고구려전 및 ⑤에 소형이 보인다는 점을 고려해 보면, 4세기~5세기 형 계통의 관명은 태대형-소대형-소형 등 적어도 3개 이상으로 분화되었던 것으로 파악된다.

형 계통의 관명이 분화한 모습 역시 『삼국사기』 고구려본기를 통해 살필 수 있는데, 293년(봉상왕 2년)에 모용외(慕容廆)가 침공하였을 때 왕을 구출하고 전공을 세운 북부(北部) 소형 고노자(高奴子)의 사례가 대표적이다. 그는 이때의 전공으로 대형으로 승진하였다. 형 계통의 관명이 소형과 대형으로 분화된 구체적인 모습이었다. 형 계통의 관명은 어원적인 측면에서 보아 독립적인 정치세력에게 수여된 관명으로 출현하였다고 이해된다(金哲埈, 1975). 그런데 고노자는 소형에서 대형으로 승진하였지만, 관직은 신성재(新城宰) 그대로였다. 3세기 후반 소형과 대형은 상하의 관등으로 관인의 위계를 표시했던 것이다. 이로 보아 3세기 후반 이후 형 계통의 관명은 독립적인 정치세력의 직위를 표시했다기보다 관인의 상하 지위를 표시한 관등으로 지배층 일반에 수여되었다고 이해된다. 따라서 형 계통 관명의 분화는 독립적인 정치세력과 관련된다기보다 일원적인 관등제의 정비를 말해준다고 파악된다(여호규, 2014).

이외에도 『삼국사기』에 보이는 4세기~5세기 고구려의 관명을 참고할 수 있다. 특히 대로(對盧) 관명이 주목된다. 대로는 『삼국지』 동이전에서부터 찾아볼 수 있는데, 상가 다음의 관명으로 패자와 교치(交置)가 가능한 최고위 관등 중 하나였다. 또한 『주서』 고려전 이후 여타의 사서에서 대대로(大對盧)가 보이는데, 제1위의 최고위 관명이었다. 이로 미루어 보아 4세기~5세기 역시 대로 관명이 존재하였을 가능성이 높다. 『삼국사기』 백제본기를 보면 제우(齊于)·재증걸루(再曾桀婁)·고이만년(古尒萬年)이 대로였다고 하는데, 그들은 475년 백제의 한성(漢城)을 공격한 고구려 군대의 최고 지휘부를 구성했다. 이를 보면 4세기~5세기의 대로 역시 최고위 관명의 하나였다고 짐작된다(임기환, 2004).

이상과 같이 각종 금석문 및 문헌자료를 통해 보건대 4세기~5세기 고구려의 관명은 『위서』 고구려전보다 다수 존재하였고, 사자·주부·형 계통의 관명이 상하의 관등으로 분화된 사정을 확인할 수 있다. 이상의 논의를 정리하면 다음과 같은 관명이 상정된다.[7]

---

7 소대사자와 소대형이 주의된다. 이들 관명은 『주서』 고려전과 그 이후의 여러 사서에서 찾을 수 없는데, 각각 대사자와 대형을 가리킨다고 볼 여지가 있다(임기환, 2004, 『고구려 정치

태대사자-(소)대사자-발위사자(소사자)

태대형-(소)대형-소형

대주부-주부

대로

그 순서는 어떠하였을까. 『위서』의 경우 태대사자-대사자-대형-소형의 순서로, 〈충주고구려비〉의 경우 대사자-주부-발위사자의 순서가 확인된다. 따라서 다음과 같은 순서로 추정해 볼 수 있다.

태대사자

대사자

주부/대형

발위사자/소형

『삼국지』와 『주서』를 통해 보건대 최상위 관등은 대로였다고 생각된다. 그리고 『위서』의 순서를 통해 보건대 사자 계통의 관명이 형 계통의 관명보다 상위였다고 파악된다. 아울러 대주부의 경우 최상위 관명에 속하였다고 하였다. 대로 다음의 관명이었다고 추정된다. 따라서 다음과 같은 순서를 상정할 수 있다(임기환, 2004).

대로-대주부-태대사자-태대형-대사자-대형-주부-발위사자-소형-[선인]

사연구』, 한나래; 여호규, 2014, 『고구려 초기 정치사 연구』, 신서원).

그리고 소형 아래에 선인(仙人) 등의 관명이 추가적으로 존재하였을 것으로 여겨진다. 그러면 대략 10여 개의 관등이 운영되었을 것으로 생각할 수 있다.

이상과 같이 고구려의 관등 순서를 정리하고 보면, 주부·사자·형 계통의 관명이 분화되었고, 또한 여러 계통의 관명이 상하의 관등으로 교차되며 서열화된 면모를 보인다. 이와 관련하여 〈모두루묘지〉를 참고할 수 있다. 이를 보면 모두루 선조 염모와 조부의 관등은 대형이었고, 모두루의 관등은 대사자였다고 한다. 그들은 모두 북부여 지역의 통치를 관장했다. 대대로 관인으로서의 지위나 활동이 유사했던 것이다. 그런데 그들이 각기 대형과 대사자 관등을 수여받은 사실은 형 계통의 관명이나 사자 계통의 관명이 본래부터 갖고 있던 성격이 탈각된 사실을 말해준다. 4세기~5세기 시점에서 다양한 계통의 관명은 이미 연원적인 차별성이 해소되고, 국왕 아래에 일원적으로 서열화된 것이다(徐永大, 1981; 여호규, 2014). 다시 말해 일원적 관등체계를 갖추었던 것으로 이해된다.

『삼국지』 동이전을 통해 보건대 3세기 중반까지 고구려의 여러 대가(大加)는 스스로 사자·조의·선인 등의 관인을 둘 수 있었고, 나부의 읍락을 세력기반으로 삼아 그 지위를 세습했다. 중앙의 관등보다 나부의 세력기반이 지배층의 우열을 보다 직접적으로 반영했던 것이다. 다만 3세기 중반의 시점에서 이미 왕권은 제가보다 우위에 올라섰다. 여러 대가의 사자·조의·선인 명단은 국왕에게 보고해야 했고, 왕가의 동일 관명 소지자보다 낮은 대우를 받았다. 고구려의 주요 지배층은 점차 왕권 아래에 편제되고 있었다.

이러한 변화의 시점은 2세기 후반이었다. 이때부터 계루부 왕권이 한층 강화되며 중앙집권적 국가체제 정비가 가속화되었다. 고국천왕대(179~197년)를 전후하여 왕위 계승이 형제상속에서 부자상속의 방식으로 전환되었고(李基白, 1996; 여호규, 2014), 왕도(王都)와 왕기(王畿)를 중심으로 동·서·남·북·중앙의 방위명부(方位名部)가 설치되었고(李鍾旭, 1982; 임기환, 2004; 여호규, 2014), 방위명부는 왕도·왕기의 행정단위로 개편되었다(李基白, 1996; 임기환, 2004; 여호규, 2014). 그리하여 4세기 미천왕대(300~331년) 이후 부자상속의 왕위 계승 방식이 확립되었고, 5나부는 해체되었으며, 그 지배층은 왕도·왕기로 이주해서 중앙의 귀족으로 변모했다(임기환, 2004; 여호규, 2014). 이와 같은 변화를 제도적으로 정비한 중요한 계기는 율령의 반포였을 것이다. 이와 함께 관제가 체계적으로 정비되었고, 이로써 일원적 관등제를 완비·운영할 수 있었다고 이해된다.

이상과 같은 정치사 변화의 추이를 고려해 보면, 4세기~5세기 일원적 관등제의 정비는 3세까지 나부를 중심으로 다원적으로 편제된 지배세력이 국왕 아래의 중앙귀족으로 일원적으로 편제된 양상을 말해준다. 그러므로 4세기~5세기 관등제는 중앙귀족의 존재 양태를 반영할 것으로 생각된다. 물론 현재로서 고구려에 신라의 골품제(骨品制)와 같은 신분제가 운영되었는지의 여부는 확인하기 어렵다. 다만 약간의 추정은 가능하다.

『한원』에 인용된 『고려기』를 보면, 7세기 중반 고구려의 관등은 몇 개의 묶음으로 구성되었고, 특정 관직이 특정 관등에 일대일로 대응되기보다 몇몇 관등이 묶음을 구성했고, 관등의 묶음 단위가 취임의 자격으로 제시되고 있다. 우선 상위 5관등인 조의두대형(皂衣頭大兄)·위두대형(位頭大兄) 이상이 하나의 묶음이었다. 조의두대형·위두대형 이상의 관등이 국가의 기밀(機密)을 장악하고 정사(政事)를 모의했으며 군대를 징발하였고, 관작을 선발·제수하였다고 하였다. 최고위 관등 소지자가 정치권력을 나누어 가졌던 것이다. 따라서 조의두대형·위두대형 이상 상위 5관등 소지자로 귀족회의가 구성되었던 것으로 이해된다.

조의두대형·위두대형 이상의 상위 5관등 소지자는 대모달(大模達)을 비롯한 최상위 무관직을 차지했다. 그다음은 상위 7관등인 대형 이상이었다. 그들은 말약(末若) 내지 말객(末客)과 같은 차상위 무관직을 구성했다. 그다음은 상위 10관등인 소형 이상이었다. 그들은 국자박사(國子博士)·대학사(大學士)와 같은 태학 관련 교수에 취임할 수 있었다. 조의두대형·위두대형 이상이 하나의 묶음이었다면, 대형·소형 이상이 각기 하나의 묶음으로 일정한 관직의 취임 자격이었던 것이다.

이러한 관등제의 운영은 개별 관등의 상하를 엄격히 나누기보다 관등의 묶음 단위를 보다 중시한 것으로, 골품제에 기초한 신라의 관등제 운영과 비교된다. 신라 골품제의 경우, 각 신분의 관등 승진 상한이 일정한 관직의 취임 자격의 하한과 경계선을 형성하였다. 관등의 엄격한 상하 서열보다 신분을 중시하였기 때문이다. 이를 참고해 보면 고구려 관등의 몇 가지 묶음은 신분제의 구조를 반영하였을 가능성이 높다. 신라 골품제처럼 관등 소지자를 귀족으로 볼 수 있고, 위두대형·대형·소형 이상이 특정 관직의 취임 자격으로 제시된 것을 보면, 고구려에서는 귀족 신분 내에 모두 네 계층이 있었을 것으로 추정할 수 있다.

신분제에 기초해서 관등제가 운영되었다고 보지만, 귀족 신분이 네 계층이 아니라 세 계층이었을 것으로 추정한 견해도 있었다(임기환, 2004). 『고려기』를 보면 고구려의 관등을 당의 정종(正從) 9품 관제에 대응시키고 있는데, 대사자(정4품)와 대형(정5품) 사이, 상위사자(정6품)와 소형(정7품) 사이에는 당의 종4품과 종5품에 대응되는 관등이 보이지 않는다. 대사자·상위사자·선인을 하한으로 간격을 둔 것이다. 이는 신라의 고구려인 경위 수여 기사에서 골품제에 편입시킨 관등의 경계선과도 일치하고 있다. 고구려의 관등을 당의 관품에 대응시킨 것은 고구려인이었다고 이해된다. 이 점에서 간격은 상하의 관등이 신분제상으로도 유의미하였다고 짐작할 수 있는데, 따라서 세 계층의 귀족 신분을 생각한 것이다.

고구려 귀족의 신분 계층은 관등·관직의 세습현상을 통해서도 어느 정도 파악이 가능하다. 예컨대 〈모두루묘지〉에 보이는 모두루의 가문은 "대대로 관은(官恩)"을 입고 북부여 지역의 지방 통치를 맡았다. 〈고자묘지〉를 보면 그의 선조 고밀(高密)이 모용선비와의 전쟁에서 전공을 세우면서 승습(承襲)이 끊이지 않았고 대대로 공후장상(公侯將相)을 세습했다고 하였다. 7세기의 사례이지만 연개소문은 부친의 사후 마땅히 계승해야 한다고 여겼고, 그의 아들은 차례로 막리지에 취임했다. 이러한 사례는 4세기~7세기 고구려의 중앙귀족이 가문 단위로 구성되었고, 이들이 주요 관등과 관직을 독점적으로 차지한 모습을 보여준다(임기환, 2004; 여호규, 2014).

여기서 모두루 가문의 구성원이 대사자·대형 관등을 역임하였고, 이보다 상위의 관등에 오른 사례가 보이지 않았다는 사실이 주목되는데, 이를 보면 모두루의 가문이 상급 귀족가문은 아니었다고 여겨진다(徐永大, 1995). 이로 보아 귀족가문은 상급·중급·하급 등으로 구분되어 그의 정치적 지위는 사회적으로 세습되었고, 각 신분마다 넘어서기 어려운 벽이 있었다고 생각할 수 있다.

귀족가문의 정치적·사회적 세습은 폐쇄적인 통혼권을 통해 유지되었다. 6세기~7세기의 사례이지만, 온달(溫達)의 사례가 참고된다(李基白, 1996). 온달은 대형(大兄) 관등까지 수여받지만 본래 하급 귀족가문 출신이었다. 이 때문에 평원왕의 공주와 혼인하는 데 난관을 겪어야 했다. 왕실은 상부(上部) 고씨(高氏)로 칭해진 상급 귀족가문과 통혼하는 것이 상례였고, 온달은 이례적인 사례였던 것이다. 온달은 전공을 세움으로써 비로소 왕의 사위로 인정받았고, 차후에야 대형 관등을 받을 수 있었다. 고구려 귀족가문의 폐쇄적인 통혼권은 특권을 배타적으로 유지·옹호하기 위한 것으로, 이를 통해 정치적·사회적 핵심권력은 상급 귀족가문이 독차지했다.

이상과 같이 4세기~5세기 고구려는 율령의 반포를 통해 국왕 중심의 중앙집권적 국가체제를 구축하였는데, 정치적·사회적 특권은 주요 귀족 가문이 나누어 가졌다. 중앙집권적 국가체제의 중심에는 국왕만 아니라 귀족이 함께 자리하였다. 귀족은 관등·관직을 세습하며 가문 단위로 분화했는데, 정치적·사회적 권력의 핵심은 상급의 귀족가문이 독차지했다. 따라서 4세기~5세기 고구려 태학의 설립과 율령의 반포, 그리고 관등제의 정비와 운영은 기본적으로 왕권의 강화를 말해주지만, 한편으로 귀족의 특권을 보장하는 데에도 일정하게 기능하였던 것으로 이해된다. 6세기 중반 이후 귀족연립정권의 성립(노태돈, 1999; 임기환, 2004)은 이러한 4세기~5세기 정치구조의 연장선상에서 전망할 수 있다.

참고문헌

高明士 著, 吳富尹 譯, 1995, 『韓國教育史研究』, 大明出版社.

孔錫龜, 1998, 『高句麗 領域擴張史 研究』, 書景文化社.

琴京淑, 2004, 『高句麗 前期 政治史 研究』, 高麗大學校 民族文化研究院.

김영하, 2012, 『한국고대사의 인식과 논리』, 성균관대학교출판부.

김재홍 외, 2016, 『한국고대사』 2, 푸른역사.

金哲埈, 1975, 『韓國古代社會研究』, 知識産業社.

김현숙, 2005, 『고구려의 영역지배 방식 연구』, 모시는사람들.

니시지마 사다오 지음, 이성시 엮음, 송완범 옮김, 2008, 『일본의 고대사 인식-'동아시아세계론'과 일본-』, 역사비평사.

노용필, 2017, 『한국고대인문학발달사연구(1)-어문학·고문서학·역사학 권-』, 韓國史學.

노태돈, 1999, 『고구려사 연구』, 사계절.

______, 2009, 『韓國古代史의 理論과 爭點』, 集文堂.

______, 2014, 『한국고대사』, 경세원.

동북아역사재단 한국고중세사연구소 편, 2018, 『역주 한원』, 동북아역사재단.

朴漢濟, 1988, 『中國中世胡漢體制研究』, 一潮閣.

여호규, 2014, 『고구려 초기 정치사 연구』, 신서원.

李基東, 1984, 『新羅骨品制社會와 花郎徒』, 一潮閣.

______, 1997, 『新羅社會史研究』, 一潮閣.

李基白, 1986, 『新羅思想史研究』, 一潮閣.

______, 1996, 『韓國古代政治社會史研究』, 一潮閣.

이도학, 2006, 『고구려 광개토왕릉 비문 연구』, 서경문화사.

이동훈, 2019, 『고구려 중·후기 지배체제 연구』, 서경문화사.

이만규, 2010, 『다시 읽는 조선교육사』, 살림터.

이병도, 2012, 『韓國儒學史(斗溪李丙燾全集 07)』, 한국학술정보.

임기환, 2004, 『고구려 정치사연구』, 한나래.

朱甫暾, 1998, 『新羅 地方統治體制의 整備過程과 村落』, 신서원.

주보돈 외, 2015, 『신라 국학과 인재양성』, 민속원.

김수태, 2013, 「「집안고구려비」에 보이는 율령제」, 『韓國古代史研究』 72.

金鎭漢, 2012, 「413年 高句麗의 對東晉使 派遣과 그 背景」, 『高句麗渤海研究』 44.

김창석, 2015, 「고구려 守墓法의 제정 경위와 布告 방식-신발견 集安高句麗碑의 분석-」, 『東方學志』 169.

金賢淑, 1996, 「체제정비」, 『한국사 5-삼국의 정치와 사회 Ⅰ-고구려』, 국사편찬위원회.

盧鏞弼, 1996, 「古代의 敎育과 人才養成」, 『韓國史 市民講座』 18, 一潮閣.

盧重國, 1979, 「高句麗律令에 關한 一試論」, 『東方學志』 21.

______, 1998, 「新羅와 高句麗·百濟의 人才養成과 選拔」, 『新羅文化祭學術發表會論文集』 19, 東國大學校 新羅文化研究所.

노중국, 2004, 「중앙 집권 체제의 확립」, 『고구려의 정치와 사회』, 동북아역사재단.

魯鎭坤, 1991, 「高句麗律에 관한 研究-특히 犯罪와 刑罰을 中心으로-」, 『법사학연구』 12.

武田幸男 著, 안정준·정원주 共譯, 2017, 「高句麗 官位制의 史的 전개」, 『東아시아古代學』 46.

徐永大, 1981, 「高句麗 平壤遷都의 動機-王權 및 中央集權的 支配體制의 强化과정과 관련하여-」, 『韓國文化』 2.

______, 1995, 「高句麗 貴族家門의 族祖傳承」, 『韓國古代史研究』 8.

尹成龍, 1995, 「高句麗 貴族會議의 成立過程과 그 性格」, 『韓國古代史研究』 11.

이규호, 2017, 「고구려 對盧의 성격과 역할」, 『사학연구』 127.

李基東, 1996, 「高句麗史 발전의 劃期로서의 4世紀-慕容 '燕'과의 항쟁을 통해서-」, 『東國史學』 30.

이정빈, 2012, 「고구려 扃堂의 설립과 의의」, 『한국고대사연구』 67.

______, 2014, 「고구려 태학 설립의 배경과 성격」, 『한국교육사학』 36-4.

李鍾旭, 1982, 「高句麗 初期의 中央政府組織」, 『東方學志』 33, 연세대학교 국학연

구원.
______, 1982, 「高句麗 初期의 地方統治制度」, 『歷史學報』 94.
林起煥, 1987, 「高句麗 初期의 地方統治 體制」, 『慶熙史學』 11.
임기환, 1996, 「중앙통치조직」, 『한국사 5-삼국의 정치와 사회 1-고구려』, 국사편찬위원회.
전덕재, 2015, 「373년 고구려 율령의 반포 배경과 그 성격」, 『韓國古代史研究』 80.
田鳳德, 1956, 「新羅의 律令攷」, 『서울大學校 論文集-人文社會科學-』 4.
정동준, 2017, 「고구려 율령에 미친 중국왕조의 영향-소위 '태시율령 계수설' 비판」, 『韓國史研究』 178.
趙法鍾, 1994, 「한국고대신분제연구」, 『國史館論叢』 52.
조영광, 2015, 「고구려 초기 관등의 기원과 성격에 대하여」, 『사학연구』 119.
한영화, 2012a, 「한국 고대사회의 형벌권의 추이-'율령' 반포 이전을 중심으로-」, 『한국사학보』 47.
______, 2012b, 「『三國志』 東夷傳에 보이는 한국 고대사회의 俗과 法」, 『史林』 43.
______, 2019, 「한국 고대사회에서의 법의 형성과 체계화」, 『역사문화연구』 69, 한국외국어대학교 역사문화연구소.
홍승우, 2013, 「「集安高句麗碑」에 나타난 高句麗 律令의 형식과 守墓制」, 『韓國古代史研究』 72.
______, 2016, 「고구려 율령의 형식과 제정방식-「광개토왕비」와 「집안고구려비」의 사례 분석」, 『木簡과 文字』 16.

西嶋定生, 1983, 『中國古代國家と東アジア世界』, 東京大學出版會.

宮崎市定, 1959, 「三韓時代の位階制について」, 『朝鮮學報』 14, 朝鮮學會.
武田幸男, 1978, 「高句麗官位制とその展開」, 『朝鮮學報』 86.
______, 1989, 『高句麗史と東アジア-「廣開土王碑」研究序說-』, 岩波書店.
三﨑晃, 1992, 「高句麗好太王碑と中國古典」, 黛弘道 編, 『古代國家の歷史と傳承』, 吉川弘文館.

3장

불교 수용과 국가 제의

정호섭 | 고려대학교 한국사학과 교수

4세기 이후 고구려가 중앙집권적 국가체제를 마련하고 왕권을 강화하고자 하는 일련의 움직임 속에서 고등종교로서 불교의 수용이 이루어졌다. 불교는 사상적 측면에서 지배이데올로기로 기능했을 뿐만 아니라 다양한 예술문화를 꽃피우는 역할을 하기도 하면서 동아시아 고대문화를 형성하는 기초가 되었다. 고구려의 불교도 이러한 점과 무관하지 않다. 불교 수용 이후 토착신앙과의 융합을 통해 발전하였고, 동아시아 불교의 흐름 속에서 상당한 위치를 차지하였다. 이러한 불교의 전래와 수용 등을 살펴보는 것은 고구려 중기의 정치사상적·사회문화적 맥락을 이해하는 토대가 된다.

고구려는 여러 가지 제도를 마련하면서 국가 의례 체계도 정비하였다. 바로 국가를 건국한 시조에 대한 제사인 시조묘, 국가를 상징적으로 나타내는 의례의 핵심인 종묘, 사직 등에 대한 정비를 통해 국가와 왕권의 권위를 보여주고자 했던 것이다. 국가제사라는 가시적인 의례를 통해 왕권의 권위를 제도 속에서 체계화시켰던 것이다. 또한 왕권의 성장에 따라 초대형 적석총이라는 왕릉 축조와 함께 왕릉을 지키고 소제하는 수묘인 연호에 대한 관리와 이와 관련한 법칙도 마련하였다. 고구려인이 남긴 당대의 금석문인 〈광개토왕비〉와 〈집안고구려비〉가 이러한 내용을 전하고 있는데, 수묘제를 시행하다 문제가 발견되면, 법칙을 수정하고 보완해 나갔다. 이러한 일련의 국가 의례의 정비를 살피는 것은 고구려 중기의 정치사상적·사회경제적 맥락을 이해하는 중요한 요소가 된다.

1. 고구려의 불교 수용

1) 불교의 전래

고구려 중기는 중앙집권적 지배체제가 정비되는 시기로서 다양한 제도가 도입·정비되었다. 전통적인 신앙을 넘어 고등종교로서 전래·수용된 불교는 태학, 율령 등 유교적인 제도와 더불어 중국에서 도입되었다.

고구려의 불교는 삼국 중 그 연원이 오래되고 신라도 고구려를 통해 전래되었던 것으로 볼 때, 신라와 비교하여 그 융성 정도가 큰 차이는 없었을 것으로 보인다. 『주서(周書)』 고려조에 "불법을 공경하여 믿는다(敬信佛法)"는 기록을 보더라도 고구려에서 불교가 매우 보편적이었음을 상정할 수 있다.

고구려로의 불교 전래와 관련해서는 소수림왕 2년(372년) 전진(前秦)에서의 전래가 공식적인 첫 기록이지만, 그 이전부터 불교와 접촉했음을 알려주는 다양한 기록이 보인다. 『양고승전(梁高僧傳)』과 『해동고승전(海東高僧傳)』에 동진(東晉) 고승 지둔도림(支遁道林, 314~366년)과 고려 도인(高麗道人)이 편지를 주고받았던 사실을 통해 볼 때 소수림왕대인 372년보다 이전에 불교가 민간에 전래되었다고 할 수 있다. 이는 소수림왕대의 공식적인 전래 이전에 이미 사회 일각에서 불교에 대해 이해하고 있었던 것으로 볼 수 있다(이기백, 1954). 사문을 도인(道人)으로 칭하면서 도교의 도사(道士)와 구별하는 것은 남조불교의 특징인데(신종원, 1992), 고구려의 도인에게 글을 보냈던 지둔도림은 격의불교(格義佛敎)를 대표하는 인물로 고구려 초기 불교에 큰 영향을 끼친 것으로 보인다(김상현, 2005; 김두진, 2011). 한편, 고구려에는 일찍이 북방불교가 왕실 중심으로 전래되어 있었다고 보기도 하는데, 전연(前燕) 왕실에서 불교가 성행하였고, 모용씨(慕容氏)가 침입하였을 때에 고구려에 불교가 알려졌다는 것이다(이용범, 1973; 박윤선, 2004). 혹은 미천왕대 후조(後趙)와의 교류를 통해서도 고구려에 불교가 전래되었을 가능성도 지적된 바 있고(전호태,2000; 표영관, 2008), 낙랑·대방 지역을 통해 고구려에 불교가 유입되었을 가능성도 상정할 수도 있다. 특히 357년경으로 편년되는 안악3호분의 천장벽화에 대형 연꽃이 그려져 있는데, 불교와 상관성이 있는 요소로 볼 수 있다. 따라서 이상과 같은 여러 정황을 본다면 적어도 4세기 중엽에는 고구려에 불교가 전해졌다고 볼 수 있다.

문헌기록상으로는 소수림왕 2~5년(372~375년) 사이에 벌어진 사건을 고구려에 불교가 공식적으로 전래된 것으로 파악한다. 즉, 『삼국사기』 고구려본기에는 소수림왕 2년에 전진 왕 부견(苻堅)이 사신과 순도(順道)를 파견하여 불상과 경문을 보냈다고 기록되어 있다. 이어 소수림왕 4년(374년)에 아도(阿道)가 오고, 5년(375년)에 순도와 아도를 초문사와 이불란사에 둔 것을 '해동불법의 시초'로 삼고 있다. 『삼국유사』 흥법편 순도조려조에도 고구려 불교 전래에 대해서 「승전」과 고려본기를 인용하여 설명하고 있기도 하다. 『해동고승전』에서도 불교 전래에 대한 기본적인 내용은 거의 동일한 편인데, 다만 순도와 아도의 출자에 대해서는 다소 차이가 있다. 즉 순도의 출자를 진(秦), 동진(東晋) 등으로 기록하고 있고, 아도는 위(魏)에서 온 것으로 기록하고 있다. 대체로 순도에 대해서는 전진출자설이 유력하고, 아도는 동진에서 왔다는 것이 일반적이다(이기백, 1954).

고구려는 순도와 아도에게 각기 다른 사찰을 지어 거주하게 하였다. 그 이유와 관련해서는 이들의 국적이 다른 까닭에 불교 의례를 행하는 것도 각기 차이가 있어서 별도 사찰을 지어 머물게 한 것으로 보고 있다. 즉, 초문사(肖門寺)가 본래 성문사(省門寺)였다는 『삼국유사』 기록을 통해 볼 때 관청으로서의 성격이 강하게 나타나는 명칭이 와전되었다는 사실을 알 수 있다. 이불란사의 명칭은 토어 내지는 외국어의 음역에서 나온 것으로 추정된다. 또한 후일 각각 흥국, 흥복으로 개칭되는 사찰명을 통해서도 전자는 국가와의 관계가, 후자는 기복적인 성격이 드러나고 있어 처음부터 그 출발이 달랐음을 알 수 있다(김복순, 2011). 특히 전진의 부견이 사신과 함께 순도를 통해 불상과 경문을 고구려에 보낸 것은 당시 정치적인 상황과 연관이 있어 보인다. 이를 두고 고구려 초전불교가 공인된 것으로 이해하기도 한다(김두진, 2011).

불교가 도입될 즈음의 고구려와 전진의 관계를 보면, 고국원왕대에(370년) 모용평이 고구려로 피난해 오자 고국원왕은 즉각 모용평을 잡아서 전진으로 보냈다. 고국원왕이 모용선비 세력에게 원한이 있었던 전진왕 부견에게 모용평을 보낸 것을 보면 전진과 고구려는 당시 우호적인 관계에 있었던 것으로 짐작된다. 다음 해인 371년 고국원왕이 백제와의 전쟁에서 전사하고 소수림왕이 즉위하자 전진의 부견이 고구려에 사신을 파견하였다. 이는 부견이 고구려에 대해 보답을 한 차원이기도 하고, 신왕의 즉위와 관련한 외교적 차원으로 볼 수도 있다. 당시 부견은 불교를 신봉하였고, 특히 중국 불교 교단을 새로 확립하여 그 수장의 지위에 올라 있던 도안(道安, 314~385년)을 지극히 존숭하기도 하였다. 부견이 사절과 함께 공식적으로 불교를 전함으로써 고구려도 별다른 저항 없이 불교를 순조롭게 받아들였다. 이는 아마 중앙집권화가 무르익는 소수림왕대에 전래되었기에 가능했을 수도 있고, 고구려에 이미 불교가 전래되어 퍼져 있었으므로 큰 반발이 없었을 것으로도 볼 수 있다.

한편, 일부 자료에서는 고구려에 불도를 전래한 인물을 담시(曇始)로 기록하고 있다. 『고승전(高僧傳)』, 『위서(魏書)』, 『법원주림(法苑珠林)』, 『북산록(北山錄)』 등과 최치원이 지은 〈희양산봉암사지증대사적조탑비명(曦陽山鳳巖寺智證大師寂照塔碑銘)〉에 이러한 인식이 나타난다. 특히 최치원의 경우, 『삼국사기』나 『삼국유사』에 보이는 순도의 불교 전래가 고구려 측 전승에 따라 기록되었기 때문에 그 사실을 알았을 리가 없었고, 또한 중국 문헌에 비교적 밝은 사람이었기 때문에 중국 측 전승 기록에 의존해 이와 같은 인식을 보였을 개연성이 높다. 즉 『삼국사기』 고구려본기 및 『삼국유사』 흥법편 초반부에는 순도의 불교 초전이 기록되어 있는 반면, 중국 측 사료에는 대부분 불교의 초전자를 담시로 기록하고 있는 것이다. 고구려의 불교 전래에 대해서는 민간으로의 전래와 왕실로의 전래를 구분해야 할 필요성이 있고(최광식, 1991), 불교의 전래와 전개에 대해 차이가 있는 기록에 대한 합리적인 해석도 필요할 것이다.

담시에 관한 기록은 고구려에 불교가 전래된 지 오래되었으나 그에 의해서 비로소 본격적으로 불교가 전해져 불교 본연의 면목을 지니게 되었다는 뜻으로 해석하기도 한다(김영태, 1986; 김영태, 1990). 또한 초전불교가 격의불교였다면, 담시는 이에서 벗어난 새로운 불교 경향을 추구했다는 점에서, 순도와 아도 이후 변화된 중국의 불교 경향을 고구려에 전해서 불교 전래자로 기록된 것으로 보기도 한다(김상현, 2007). 아울러 담시가 고구려에 불경과 율장을 가지고 와서 구복적인 성격의 불교가 아닌 본의불교로서의 내용을 고구려에 알렸기에 사상사적으로도 큰 의미를 둘 수 있는 내왕이라고 이해하기도 한다(김복순, 2011). 한편 담시가 북조불교를 전했을 것으로 보면서 광개토왕대 요동 지역에서 활동하였던 승려라고 파악하기도 하며(남무희, 2011), 반대로 담시가 중국 남방불교신앙과 연결되었던 점에서 공인불교신앙의 모습으로 여기기도 한다(김두진, 2011). 전체적으로 보면 불교가 수용, 확산되는 과정에 대한 이해가 다를 수 있기 때문에 문헌기록상 차이가 있는 부분에 대한 여러 가지 견해가 있는 것이다.

한편, 『삼국유사』 순도조려조에 고구려 불교를 흥하게 한 인물이 나열된 세주를 보면, 고구려 불교사의 전개와 관련해 순도(順道)-법심(法深)-의연(義淵)-담엄(曇嚴)을 기록하면서 '승전'에서 인용한 것이라고 적고 있다. '승전'을 『해동고승전』이라고 본다면, 『해동고승전』에는 순도(順道)-망명(亡名)-의연(義淵)-담시(曇始)의 순서로 서술되어 있다. 두 기록을 비교해 볼 때 법심과 망명이 동일인이고, 담엄과 담시도 동일인일 가능성이 있다(남무희, 2011). 그런데 『해동고승전』에도 법심과 담엄에 대한 기록이 확인되지 않고, 여타 기록에도 이들 두 승려의 이름은 보이지 않는다. 『해동고승전』에서의 순도·망명·담시 등은 고구려 불교 전래 및 수용 시기의 인물이고, 의연은 6세기 중반 이후 평원왕대에 활동했던 인물이다. 그런 점에서 일단 망명은 동진의 고승 지둔과 서신 교류를 하던 고구려 도인으로서 소수림왕대 이전 이미 고구려에 불교가 전해졌다는 사실을 알려주고 있는 바, 순도보다 앞선 시기에 활동하였던 인물로 볼 수 있을 듯하다. 망명(亡名)은 이름이었다기보다는 이름이 실전된 고구려 도인이었던 것으로 보인다. 담시는 광개토왕대에 요동으로 와서 활동한 승려로 기록되어 있다. 만약 『삼국유사』 세주의 순도-법심-의연-담엄의 순서가 시간순으로 기록한 것이라면, 『해동고승전』의 기록과 많은 차이를 보인다. 따라서 『삼국유사』와 『해동고승전』에서 언급되고 있는 승려인 법심과 망명, 담엄과 담시가 동일인인지는 확언하기 어렵다.

2) 불교의 성격

중앙집권적 지배체제를 구축하는 데 있어서 사상적으로 중요한 것이 종교이다. 고등종교로서의 불교는 보통 한국고대사에서 중앙집권적 고대 국가체제를 성립시키는 중요한 역할을 한 것으로 보고 있다. 고구려에서 불교의 공식 전래를 소수림왕대로 기록한 이유는 당시 이루어졌던 체제 정비의 일환으로 국가 차원에서 강조하려 했기 때문으로 볼 수 있다. 결국 고구려 초기불교의 성격은 외교적이고 시책적인 성격이 강하다고 이해할 수 있다(신종원, 2006).

소수림왕대에 불교가 공식적으로 전래되면서 수도인 국내성 지역에 초문사와 이불란사가 창건됐고, 순도, 아도 등과 같은 승려들이 주석하였다. 현재 국내성 지역에서 사찰로 보이는 유적을 확인하기는 매우 힘들다. 과거 동대자유지가 초문사, 집안역 남쪽에 위치한 석주 건물지를 이불란사로 추정하기도 하였지만(문명대, 1998), 이를 인정하기는 어렵다. 동대자유지는 출토유물로 볼 때 소수림왕 이후 비교적 늦은 시기 고구려 유적으로 보이고, 집안역 인근 석주건물지도 사찰로 보기 어렵다. 현재까지 국내성 인근에서 사찰로 추정되는 건물지가 확인된 바가 없어서, 국내성 내부의 기와들이 확인되는 유적 가운데 초문사와 이불란사 유적이 존재하였을 개연성이 있다(정호섭, 2018).

고구려가 전진으로부터 불교를 공식적으로 도입한 것은 대체로 전진과의 우호관계를 유지하려는 정치·외교적인 의도에서 발현된 것으로, 고구려 서쪽의 안정을 위한 노력의 일환으로 이해하고 있다. 다른 이유로는 당시 북조불교의 호국사상이 필요하였다는 점을 들기도 한다. 각 정치집단별로 전해내려온 다양한 재래신앙이 고구려인의 통합을 저해하는 요소였기에 국가공동체의식을 새롭게 강화할 필요에서 전 국민이 공통적으로 받아들일 수 있는 고차원적이고 보편적인 신앙체계이면서 국왕 중심의 호국불교인 북조불교를 도입하였다는 것이다(이기백, 1954).

그런데 고구려가 국가 혹은 왕실 차원에서 불교 전래와 수용을 적극적으로 주도한 이유에 대해서는 논란이 있다. 근래에는 불교가 왕권 정당화 내지는 중앙집권화의 이론장치로 역할을 했다거나, 평양 지역의 중국계 집단을 효과적으로 통제하기 위해서라는 등 불교의 정치적 기능을 강조한 기존 견해에 대해 비판적 의견이 개진되기도 하였다. 고구려 불교 전래 및 수용 문제와 관련해 왕권의 역할이 지나치게 강조되었음을 비판하고, 이른바 국가적 공인 이전 사전(私傳)의 중요성과 의미에 대해 강조하기도 한다(최광식, 2007). 나아가 고구려의 불교 수용은 사회 전반에 걸친 일반 민과 지배세력 다수의 공감을 전제로 한 새로운 종교 내지는 문화의 수입이지, 왕권강화 목적으로 받아들인 것이 아니라고 보기도 한다(조우연, 2011). 즉, 고구려의 불교는 국가 혹은 왕실 차원에서 전래, 수용되지 않았다는 것이다. 왜냐하면 고구려와 전진 사이에는 고구려가 모용평을 보낸 370년을 제외하고는 별다른 외교사절 파견이 확인되지 않고, 370년에 고구려 사절이 전진에 파견된 것으로 보더라도 그때 불교 전래에 대한 요청이 있었는지는 알 수 없기 때문이다. 370년에 고구려가 모용평을 전진에 보낸 것은 모용선비에 대한 과거부터의 원한에 대한 보복 차원에서 이루어졌을 가능성이 있고, 점차 부상하고 있던 전진 세력에 대한 외교 차원에서 이루어졌다고도 볼 수 있는 것이다.

이렇게 보면 그동안 고구려의 불교 수용과 관련해서 대체로 왕권강화나 중앙집권화의 이론체계로서의 성격에 주목하여 온 것과는 다소 차이가 있을 수 있다. 고구려 불교 전래에 있어 국가나 왕실이 주도하거나 적극적으로 수용할 준비가 된 상태에서 고등종교로서의 불교를 통해 중앙집권적 귀족국가로 정비할 필요성에서였다고 평가하는 것은 결과론적 해석으로 볼 여지도 있다. 이와 같이 불교 전래와 수용에 대한 이해가 다르게 나타나는 것은 4세기~5세기 고구려의 상황에 대한 인식의 차이에서 비롯된다고 할 것이다. 그렇다고 하더라도 결국 당시 고구려에서 불교, 율령, 태학 등 여러 제도가 도입된 점을 보면, 이러한 것들이 결국 중앙집권화의 토대가 되었다는 사실은 부정하기 어려울 것이다. 특히 고구려에서 국가 통치에 불교를 이용할 필요성이 있었다는 사실은 전진의 부견이 불교를 국가 통치의 방편으로 보호하였다는 사실과 연결해볼 때 충분히 수긍이 가는 부분이다.

『삼국사기』 고구려본기를 보면, 고국양왕 9년 불법구복에 대한 숭신을 하교(下敎)하고, 광개토왕대에 평양에 9사(九寺)를 창건하는 등 고구려 불교는 점차 발전하는 모습을 보인다. 고국양왕 9년의 하교에 대해서는 불교의 공인으로 보기도 하지만(최광식, 1991), 대체로 고국양왕대의 불교 확산과 관련이 있다. 이후 광개토왕대에는 천도를 준비한다는 측면에서 평양에 9사를 창건하기 시작하였다(서영대, 1981). 광개토왕대에 평양에 9사가 한꺼번에 창건되었다고 보기에는 현실적으로 무리가 있기에 광개토왕대부터 평양에 9사가 창건되기 시작한 것으로 보아야 하며(신동하, 1988), 장수왕대 이후에 모두 완성되었을 것으로 본다(정선여, 2007). 이것은 광개토왕에서 장수왕으로 이어지는 평양 천도와 맞물려 진행된 것으로 볼 수 있으며, 그 완성도 광개토왕에서 장수왕까지 수십 년에 걸쳐 이루어진 것으로 이해된다. 이때 9사가 창건된 것은 평양을 불사로 둘러싸여 부처의 보호를 받는 왕도로 인식하였던 것이며, 9사는 중앙과 8방의 개념으로 이해하기도 한다(조경철, 2008). 결국 평양의 9사 창건은 왕권강화를 위해 불교의 숭신을 권장하는 측면뿐 아니라, 국내성 귀족들의 권한을 약화시키기 위한 목적과 더불어, 백제의 침입과 관련하여 불교의 호국적 역할을 기대하면서 건립한 것으로 볼 수도 있다(서영대, 1981; 신동하, 1988). 현재까지 고구려시기 평양 지역의 사찰로는 청암리사지, 정릉사지, 상오리사지, 원오리사지, 낙랑동사 등이 있다. 이 중 청암리사지는 문자왕대에 창건된 금강사였던 것으로 보고 있다. 정릉사는 북위의 능원제를 수용한 고구려 능원제와 관련하여 창건한 사찰로 보인다(정호섭, 2011). 따라서 현재 남아있는 유적으로도 평양 9사의 실체는 명확하게 확인하기 어렵다.

이러한 측면과 함께, 문맥상 '九寺'를 '아홉 관청(혹은 관사)'으로 이해하는 것이 역사적 전개와 더 자연스럽게 맞물린다는 의견도 있다(조우연, 2011). '寺'의 실체와 관련해, 한대(漢代) 이래로 9경(九卿)의 관서를 '寺'라 했다는 점에 주목하면서 광개토왕대에 이르러 낙랑 지역에 새롭게 관청(九寺)을 창설한 것은 본격적인 평양 천도를 위한 중앙관료기관 창건이었을 가능성이 있다는 것이다. 그런데 『삼국사기』 광개토왕 2년 가을 8월조에는 "평양에 9사를 창건하였다(創九寺於平壤)"로 되어 있다. 만약 9개의 관청이라면 '創'이라는 글자보다는 '立' 혹은 '置' 등이 어울리는 표현이다. 대체로 『삼국사기』 용례를 살펴볼 때 '創'은 주로 사찰 건립과 함께 등장하는 것이 보통이다(정호섭, 2018). 이러한 점을 보면 현재의 기록 이외에 다른 사료가 확인되지 않는 한 평양에 9개의 사찰을 창건한 것으로 이해하는 편이 일반적이다.

불교는 고차원적이고 보편적인 사상체계를 가지고 있을 뿐만 아니라 재래신앙도 포섭하는 포용성이 강한 신앙체계였다. 또 왕즉불사상, 즉 '왕이 곧 부처'라는 북조불교는 왕실의 권위를 세우고 주민을 통합하는 데 적합하였다. 불교의 수용과 지방으로의 확산은 왕실과 민으로 하여금 새로운 관계를 맺게 하였다. 왕즉불사상은, 왕은 부처와 같으므로 부처를 받들듯이 국왕을 받들어야 한다는 의식을 갖게 하였고, 점차 다양한 집단으로 하여금 배타성을 버리고 서로 융합할 수 있는 정신적 토대가 마련될 수 있게 하였다. 고구려에서 불교의 수용과 확산은 고구려 민을 국왕 중심으로 결집시키고 지역별로 나타나는 분립적 성격을 극복하여 왕권강화와 중앙집권적 지배체제의 확립에 필요한 사상적 토대를 놓아주었다고 평가할 수 있다(노중국, 2007).

2. 고구려의 국가 제의

1) 시조묘

고구려는 국가체제의 정비와 함께 왕실 권위를 강화하는 측면에서 제의체계도 정비되었다. 국가제의체계의 중심이라 할 수 있는 종묘, 사직 등도 정비되었고, 시조 인식과 더불어 왕실의 출자와 계보의 일원화 과정에서 시조묘(始祖廟) 제사도 중요시되었다.

고구려 초기의 조상숭배에 대해서는 동명왕묘, 태후묘, 시조묘 등이 보인다. 이 중 시조묘와 관련해서는 동명왕묘와 시조묘를 주목할 수 있다. 대무신왕대의 기록에 보이는 동명왕묘에 대해서는 부여의 시조인 동명(東明)의 묘(廟)로 간주하기도 하지만(강경구, 2000; 이도학, 2005), 대체로 '동명=주몽=시조'라는 인식을 바탕으로 고구려의 시조묘로 보는 것이 일반적이다(井上秀雄, 1978; 최광식, 1994; 김기흥, 2002; 박승범, 2002). 다시 말하면 고구려의 시조묘는 시조인 추모(주몽)를 모신 것으로 짐작된다. 『삼국사기』 고구려본기의 대무신왕 3년에 동명왕묘를 세웠다는 기록을 신빙한다면, 시조묘는 대무신왕대에 조영된 것으로 보인다. 물론 당시에는 '동명'이라는 왕호가 붙여지지 않았다는 점이 문제로 남는데, 이는 후대에 가필된 내용일 것으로 여겨진다(井上秀雄, 1978). 고구려의 동명왕묘, 즉 시조묘는 졸본 지역에 있었고, 후대 왕들도 졸본에 가서 시조묘에 제사를 지낸 기록이 나타난다. 그렇기 때문에 시조묘는 처음부터 멸망할 때까지 졸본 지역에 존재하였던 것이 분명하다.

시조묘 제사는 중천왕 때를 제외하고는 모두 즉위 후에 곧바로 제사를 행하였으므로 즉위의례적 성격을 갖는다는 것이 일반적인 이해이다. 특히 2월과 4월의 치제는 예축제, 9월의 치제는 수확제적인 성격을 갖는 것으로 여겨진다(井上秀雄, 1978). 왕이 즉위하면 시조묘 제사를 통해 왕권의 정통성을 인정받고 통치권력의 정당성을 확보하고자 하였던 것이다. 시조묘 제사는 즉위에 따르는 제사의례인 동시에 순행을 통해 사면도 이루어지는 정치직 행위였다고 할 수 있다(최광식, 2007).

문헌기록상으로 시조묘 제사 기록은 동명왕묘를 세운 대무신왕대 기록 이외에 신대왕, 고국천왕, 동천왕, 중천왕, 고국원왕, 안장왕, 평원왕, 영류왕 때에 한정된다. 이에 대해 실제 대부분의 고구려왕은 시조묘 제사를 거행한 것으로 짐작할 수도 있지만, 시조묘 제사의 의미가 사라져 더이상 지낼 필요가 없어졌다고 이해하거나(임기환, 2004), 시조묘가 중시되면서 신왕의 즉위의례는 종묘에서 이루어지다가 후에 다시 재개되었다고 이해하기도 한다(조우연, 2010; 강진원, 2015). 또한 시조묘 제사가 당시 국내외적 상황에 따라 특별하게 이루어진 것으로 보기도 한다. 즉, 왕권강화를 추진하는 과정에서 비대해진 집권세력을 견제하고 왕권을 지지해줄 다른 정치세력과의 제휴를 위해 선택되었다는 측면에서 당대 왕권과 정치세력들의 동향을 반영하는 것으로 파악하는 것이다(최일례, 2015). 최근에는 신대왕의 차대왕 시해로 권위가 실추된 계루부 왕실이 자체적으로 종묘 제사를 지내는 소노부보다 우월함을 드러내기 위해 천자7묘의 외양을 도입해 시조묘 제사를 지냄으로써 추락한 왕실의 권위 회복을 도모했다고 보기도 한다(최일례, 2019). 이처럼 시조묘에 대해서는 기록상 누락되었으나, 전 시기에 존재하였던 즉위의례인지, 종묘에 통합되어 위상이 낮아졌거나 중간에 폐지된 것인지, 특정한 왕대에 이루어진 고도의 정치적 행위였는지 확실하지는 않아, 이를 바라보는 입장에 따라 차이를 보이고 있다.

한편, 『주서』에 의하면 고구려에 신묘 두 곳이 있어 부여신과 등고신을 모셨다는 기록도 보인다. 이때 부여신은 하백녀인 유화, 등고신은 주몽으로 상정된다. 이에 대해선 동명왕묘와 별개로 태후묘의 존재를 상정하기도 한다(최광식, 2007). 또한 등고신묘는 평양에 존재하였을 것으로 보기도 한다(서영대, 2007). 현재로선 이것이 시조묘인지, 아니면 별개의 신묘인지 명확하게 알 수 없다.

2) 종묘·사직

국가체계의 근본을 이루는 것으로 흔히 종묘와 사직이 거론된다. 종묘와 사직은 국가라는 의미의 대명사로 규정되기도 한다. 종묘는 선대왕들을 모신 사당으로 그들의 신주를 모셨다. 중앙집권체제가 정비되기 이전의 종묘와 사직은 계루부 왕실만이 아니라 전 왕족인 소노부도 세울 수 있었다. 이에 대해 부(部)가 단위정치체로서의 면모를 지니고 있었던 흔적으로 보거나(노태돈, 1999), 왕가에 대한 예우 차원에서 예외적으로 허락한 것으로 보기도 한다(최광식, 1994). 결국 소노부에서 독자적으로 조상숭배 종교시설인 종묘를 유지한 것은 고구려 집단 전체 공동의 혈연적 조상이 아직 상정되지 않고 있었음을 의미하며, 왕실 종묘가 고구려 집단 전체를 취합하기 위한 장치로 기능하지 않았음을 시사해준다. 이러한 사실은 제의체계가 왕실 중심으로 통일되지 못한 상태였음을 보여주는 것이라 할 수 있다. 그러다가 적어도 중앙집권적 지배체제가 정비되는 고구려 중기에는 종묘체계가 일원화되었다.

『삼국지』 동이전 고구려조에는 궁실(宮室) 근처에 대옥(大屋)과 거기서 치제된 귀신(鬼神)에 대해 기록하고 있는데, 이를 종묘와 조상신으로 이해하는 것이 일반적이다(최광식, 1994; 강경구, 2001; 서영대, 2005). 적어도 3세기 단계에서부터는 고구려에 종묘가 존재함을 간접적으로 확인할 수 있으나, 실제 고구려에서 종묘가 건립된 시기에 대해서는 태조대왕 이후 부자상속에 따른 새로운 종법질서의 확립과 함께 종묘체제가 형성되었을 것으로 여겨진다(조우연, 2010). 종묘체제가 언제 형성되었는지 기록상으로 명확하게 알 수는 없으나 태조왕을 정점으로 하는 직계조상계보가 마련되기 시작했을 때부터는 형성되었을 것으로 보인다. 이 시점에 대해서는 동천왕대와 신대왕대로 이해하기도 한다. 동천왕대까지만 해도 혈통인식에 있어서 태조왕과의 혈연적 연관성이 중요시되었다는 점을 주목한 것이고(조인성, 1990), 태조대왕에게 부여된 '태조'라는 칭호는 사실상 묘호로 고구려 종묘의 존재를 시사해준다는 측면에서 '시조'와 별도로 새로운 시초로서 '태조'가 새롭게 정립되었음을 의미하므로 '시조묘'라는 표현이 처음 등장하는 신대왕대를 주목한 것이다. 시조와 태조 개념이 설정된 시기에 대해 다소 이견이 있을 수 있지만, 2세기 중반 신대왕대 처음으로 확인되는 시조묘 제례 기사를 통해 왕실 조상관념상의 '시조'와 '태조' 2조 체계의 확립을 의미하는 것으로 이해하기도 한다(조우연, 2010). 한편, 산상왕대와 소수림왕 이후를 모두 주목해야 한다는 견해도 있다. 산상왕은 왕위계승분쟁을 거쳐 즉위하였기에 왕권의 정당성 확보가 필요했으므로, 선왕에게 장지명 왕호를 추증하고 종묘체계를 확립하여 국조왕(國祖王 = 태조왕)에 대한 숭앙과 혈연의식 강조를 통해 왕실의 정통성과 권위를 확보하고자 했다는 것이다. 그러나 고국원왕대에 발생한 국가적 위기로 인해 왕실의 권위가 다시 실추되자 소수림왕 이후로 건국기 3왕(동명왕, 유리왕, 대무신왕)에 대한 숭앙의식을 강조하고 선왕의 왕호와 계보, 장지명에 대한 일괄 정리를 진행하였고, 이 과정에서 기존 종묘체계와 다른 새로운 양상이 진전되었다고 보기도 한다(이승호, 2016).

그런데 4세기 이후 왕실계보가 일원화되면서 시조나 태조에 대한 인식은 보다 확고해진 것으로 보이는데, 이러한 사실을 보여주는 것이 〈광개토왕비〉이다. 〈광개토왕비〉에는 시조 추모왕에서 시작하는 3대까지의 왕명과 광개토왕이 17세손임을 밝히고 있다. 그러나 〈광개토왕비〉 단계에서는 시조에 대한 인식은 분명하지만, 태조에 대한 인식 여부는 확인할 수 없어서 이를 확언하기는 어렵다.

고구려 종묘는 시조묘 제사와 별개의 제사체계로 제사 대상 자체가 구별되는데, 시조묘 제사의 대상은 주몽이고, 종묘에 국조(國祖)로 봉사(奉祀)된 의례 대상은 태조대왕으로 보고 있다(신종원, 1984; 노태돈, 1999). 고국원왕대에는 전연의 공격으로 국도가 함락되어 종묘와 사직도 온전하지 못하였을 것으로 추정된다. 고국양왕 9년의 기록을 보면, 이전부터 존재하였던 종묘를 새로 수리하고, 유교적인 예제에 입각한 국사를 건립한 것을 알 수 있다. 이에 대해 기존의 종묘를 단순하게 수리(修理)한 것으로 추모왕계가 종묘에 합사된 것으로 보거나(조인성 1990; 노태돈, 1999), 전통적인 종묘에 유교적인 수식을 가미하여 체계화시킨 것으로 이해하기도 하며(노중국, 1979), 건축물의 규모나 제례법을 높여 정비한 것으로 보기도 한다(강경구, 2001). 또한 계루부의 종묘와 사직 제사가 폐지된 것으로 보거나(박승범, 2001), 7묘(七廟)제가 운영된 것으로 추정하기도 한다(신종원, 1984). 근래에는 고구려에서 기존의 종묘에 모종의 수정을 거쳐 제도의 틀을 새롭게 갖추었음을 의미한다고 보기도 한다. 고구려에서 4세기~5세기를 기점으로 더이상 능묘(陵廟)를 조성하지 않았기에 선왕의 신위(神位)는 당연히 종묘라는 통일된 제사 장소에 합사(合祀)되었을 것으로 추정하기도 한다(조우연, 2010). 또한 4세기 후반 중국에서 능방입묘(陵旁立廟) 묘제가 쇠퇴하게 되면서 고구려 역시 그 영향으로 고국양왕대에 종묘체계 개편과 함께 선왕에 대한 제사의 중심을 앞선 시기의 묘제(墓祭)에서 종묘로 옮긴 것으로 이해하기도 한다(강진원, 2015). 더욱이 2012년 발견된 〈집안고구려비〉에 보이는 '세실(世室)'을 종묘로 이해하면서 국가제사 정비에 따라 선왕(先王)의 능묘에서 거행하던 조선(祖先)제사가 점차 종묘(宗廟)제사로 전환되었을 것으로 이해하기도 한다(공석구, 2013; 여호규, 2013; 강진원, 2014). 이러한 국사와 종묘와 관련한 내용은 고구려가 초기 왕계를 정립하고 역사서를 편찬하는 등 국가체제를 정비하는 일련의 조치와 연결된다고 하겠다.

사직(社稷)은 토지신을 뜻하는 사(社)와 곡물의 신을 뜻하는 직(稷)의 합칭으로 사직제사가 지니는 원초적 의미는 농경과 관련된 것이라 할 수 있다. 사직과 관련해서는 고구려의 수신제를 주목할 수 있다. 수신은 토지신과 조상신으로서의 성격을 갖춘 중국의 원시적 '사신(社神)'과 유사했을 것으로 추정하는데, 농경과 관련된 신격인 동시에 일종의 여성 조상신으로서의 성격도 갖추고 있었을 것으로 보인다. 고구려 사직제사의 원초적 형태는 지모신(地母神)의 신주(神主)를 '국동대혈'로 표현되는 동굴에 안치하였다가 제사일에 강가에 모셔 풍작을 기원하는 방식으로 진행되었다고 하겠다. 이후 고구려가 집권화됨에 따라 농경과 조상신앙이 결합된 원초적인 사직관념 역시 시대상황과 함께 변화되었을 것이다(조우연, 2010).

고구려 사직과 관련한 기록은 『위략』, 『삼국지』 등에 나타나는데, 거처하는 곳의 좌우에 건물을 지어 '영성사직(靈星社稷)'에 제사했으며, 전 왕실인 소노부의 장(長) 역시도 그러한 종교의례 권한을 가졌다. 그러다 점차 이것이 통합되어 국가적 의례로 전환되었다. 각 부의 사직이 수신제라는 공동의 사직제사로 대체되면서 각 부 고유의 사직은 없어지고 왕실 내지는 국가가 사직을 유지하였다. 4세기 이후 고구려에서 확인되는 '국사(國社)'의 등장은 곧 국가영토의 상징으로 확대되었던 것이라 할 수 있다. 물론 고국양왕 9년의 국사 건립이 기년상의 문제가 다소 있어, 고국양왕 9년의 사실일지, 광개토왕 2년의 사실일지는 불분명하지만, 그 자체가 허구는 아니다. 이때의 국사 건립은 제후가 공공 복리를 위해 세운 사직으로, 유교적 예제에 입각하여 새로운 사직을 건립한 것으로 이해된다(서영대, 2005). 이와 관련하여 국사를 세운 의미를 다양하게 해석해 왔는데, 소노부와 계루부 이중 사직제사체계의 종말이자 왕권에 의한 사직제사권 독점을 의미한다는 것으로 보기도 하고(조인성, 1990), 계루부의 종묘와 사직제사가 폐지되는 대신 국가 차원의 제사체계가 새롭게 확립되었음을 의미한다고 보기도 한다(박승범, 2001). 한편, 국사(國社)를 시조묘(始祖廟)에 대응하여 도읍인 국내성에 설치한 유화 즉 부여신을 모신 종교 건축물로 보기도 한다(김두진, 1999).

고구려의 사직 위치에 대해서는 국내성시기만을 한정해 놓고 보면 동대자유지로 비정하기도 하고(方起東, 1982), 민주유적의 석주를 사직신의 신체로 비정하기도 하며(王純信, 1994), 환도산성 내부의 8각 건물지에 세운 것으로 보기도 한다(서영대, 2005; 서영대, 2007). 그러나 현재로선 이들 추정지 모두가 일정한 한계가 있기 때문에 그 위치를 확정하기 어렵다. 사직이 중시되었다는 것은 왕궁 가까이에 사직을 모셨고, 수도를 옮길 때 종묘와 함께 사직도 옮겼다는 사실로 유추할 수 있다. 이는 동천왕 때 환도성이 함락된 후 종묘와 사직을 옮겼다는 기록을 통해서도 확인된다. 고구려가 평양으로 천도하였을 때에도 사직을 종묘와 함께 옮겼을 개연성이 높지만, 평양의 사직도 현재로선 위치를 확인하기 어렵다.

3) 왕릉 수묘제

(1) 수묘인 연호의 편성

일반적으로 고대 사람들은 사후세계에 대해 죽기 전과 같은 생활을 한다고 믿는 계세사상을 가지고 있었다. 무덤은 저세상에서 죽은 자가 생활하는 주택으로 여겨, 자신이 죽은 후 그 무덤이 잘 지켜져야 한다고 생각하였다. 후손들은 조상의 영혼이 자신들을 돌보아 준다는 조상숭배사상을 갖고 있었기 때문에 조상의 능묘가 오래도록 보존되어야 한다고 생각하였다. 따라서 무덤을 잘 지키고 청소하는 것은 조상을 위하는 일인 동시에 후손을 위하는 길이기도 하였다. 수묘인이 설치된 것은 이와 같은 고대인들의 사상적 배경에서 이해할 수 있다. 이러한 수묘제는 능묘를 보호하고 관리한다는 측면에서는 추선의례(追善儀禮)의 일종으로 볼 수 있다(정호섭, 2011).

고구려에서는 비교적 이른 시기부터 수묘에 대한 기록이 나타난다. 수묘제는 무덤의 보호와 제의에 있어서 중요한 제도였을 것이다. 고구려 수묘제와 관련한 최초의 기록은 『삼국사기』 고구려본기 신대왕 15년(179년)조에 국상 명림답부가 죽어 수묘 20가(家)를 두었다는 내용이다. 이때부터 수묘제가 시작되었는지, 아니면 이전에도 수묘제가 있었는데 신하에게 특별하게 수묘제가 시행되었는지는 분명하지 않다. 명림답부의 경우 특별한 사례여서 사서에 기록한 것으로도 이해할 수 있다. 이처럼 고구려에서 대신에게 수묘 20가를 두었다는 기록을 통해 볼 때, 그 이전 왕릉에도 수묘제가 시행되었다고 추정할 수 있다. 초기 수묘인은 복속지에서 차출되어 사민된 존재는 아닌 것으로 보인다(임기환, 1994). 〈광개토왕비〉를 통해 볼 때 고구려에서 어느 시점 이후부터는 복속지에서 차출하여 사민시킨 존재를 수묘인으로 배치하였던 것으로 짐작된다.

수묘제와 관련하여 가장 주목되는 것은 〈광개토왕비〉와 〈집안고구려비〉이다. 두 비의 내용은 수묘인 연호(煙戶)나 수묘제와 관련되어 공통점이 많다. 〈광개토왕비〉의 내용은 세 부분으로 구성되어 있는데, 그 가운데 세 번째 부분의 내용이 바로 5세기경 고구려 수묘인 연호의 편성과 수묘제의 개편 등에 대한 기록이다. 〈집안고구려비〉의 내용도 기본적으로는 왕릉 수묘제의 운영과 수묘인 매매금지령을 담고 있다.

〈광개토왕비〉에서는 3면 중간 부분에서 시작하여 4면 중간 부분까지 수묘인 연호의 구성을 나열하였고, 그다음으로 광개토왕대와 장수왕대의 수묘제 운영에 대한 조치가 연이어 기록되어 있다. 〈광개토왕비〉에서 수묘인 연호를 검토해 보면, 수묘인은 가(家) 또는 연호(烟戶)라는 단위로 차출되었고, 구민(舊民)과 신래한예(新來韓穢)의 두 집단으로 편성되었으며, 수묘인 연호를 국연(國烟)과 간연(看烟)으로 구분하고 있었음을 알 수 있다. 수묘인 연호 가운데 구민에는 국연이 10가, 간연이 100가이고, 신래한예에는 국연이 20가, 간연이 200가였다. 이를 통해 보면 구민과 신래한예의 비율이 1:2로 편성되고 있고, 국연과 간연의 비율이 1:10임을 확인할 수 있다.

국연과 간연의 성격에 대해서는 그동안 여러 견해가 제기되었으나, 국연이 수묘역(守墓役) 수행에서 주가 되고 간연이 보조적 기능을 수행한 것으로 보는 것이 주된 견해이다(那珂通世, 1979). 여기서 더 나아가 고려나 조선의 국역에서 보이는 호수·봉족과 같은 관계로 규정하기도 하였다(박시형, 1966). 하지만 국연과 간연의 구체적 차이에 대해서는 재산상의 차이, 신분상의 차이, 입역상의 차이 등으로 구분하는 다양한 견해가 있다. 국연은 수묘역뿐만 아니라 국가의 공적인 역을 수행하는 연호라는 보편적 의미로 보는 반면에, 간연은 왕릉의 간수(看守)·간시(看視)·간호(看護)를 담당한다고 해석하기도 하며(武田幸男, 1979), 신라의 간옹(看翁)을 근거로 농업생산 등에 종사하여 국연의 경제적 필요를 담보하는 기능을 수행하였다고 보기도 한다(조법종, 1995). 또한 국연은 제사 준비와 간연을 관리하는 역할을, 간연은 능의 보초와 청소 등을 담당한 것으로 이해하기도 하며(이인철, 1997), 국연은 국도의 연, 간연은 지방의 연으로 이해하기도 한다(이도학, 2002). 한편, 국연은 직접적으로 역을 지는 존재이고, 간연은 경제적으로 국연을 뒷받침하는 예비수묘인이거나 결원을 대비한 인원이라는 견해도 있다(권정, 2002; 김락기, 2006; 공석구, 2011). 신분과 관련해서는 국연을 피정복민 가운데 호민(豪民)에 해당하는 지배층 혹은 부유층으로, 간연은 하호(下戶)에 해당하는 피지배층 혹은 평민층으로 보는 견해가 있다(김현숙, 1989). 또한, 국연은 혼자서 수묘역을 감당할 수 있는 부유한 호이고, 간연은 10가가 합쳐서 국연 1가의 역할을 할 수 있는 영세한 호라고 보는 설(손영종, 1986) 등 다양한 견해가 있다. 그리고 국연과 간연을 수묘역에 한정된 것이 아니라 고구려의 국역 편제에서 연호 일반을 파악하는 보편적인 편제방식인 국연-간연체계일 가능성을 제기하기도 한다(임기환, 1994). 국연을 광개토왕을 위한 연호, 간연은 기타 왕릉에 배정된 연호로 이해하기도 한다(기경량, 2010).

중국이나 신라 등의 사례를 볼 때 수묘인 연호는 기본적으로 집단 사민된 존재로 보인다. 중국의 경우, 한대(漢代) 이래로 수묘인은 대체로 능읍(陵邑)에 사민된 존재였다(민두기, 1957). 『삼국사기』 신라본기 문무왕 4년조에서는 수묘 20호가 사민되고 있음을 확인할 수 있다. 이런 정황을 보면 고구려의 경우에도 수묘인을 각 지역에서 사민하였을 텐데, 정복한 지역의 민들을 편제한 후 수묘인으로 배속시켰다. 이렇게 편제되어 사민된 수묘인 가운데에서도 국연과 간연이 처음부터 나뉘어져 있었다. 국가는 이들이 수묘역을 질 수 있도록 집과 같은 생활터전과 경제적 기반을 마련해주었을 것으로 짐작된다.

국연과 간연의 차이에 대해 먼저 주목할 것은 차출한 지역을 기술하면서 각 지역에서 국연과 간연을 처음부터 편제하고 있었다는 점이다. 이들은 국연과 간연으로 나뉘어 차출되고 있었다. 그렇다면 그들은 차출되는 과정에서부터 일정한 차이를 두고 선발되었을 것이다. 각 지역에서 차출하는 국연과 간연의 수가 일정하게 정해져 있었고, 차출된 국연과 간연의 비율이 1:10인 점을 보면, 수묘역에서 책임을 지는 위치에 있었던 국연과 국연의 감독하에 수묘역에 실제적으로 종사하는 간연으로 구성되었던 것으로 보인다(武田幸男, 1979; 조인성, 1988; 김현숙, 1989). 이런 관점에서 접근한다면 이들 사이에는 일정한 계층적 차이를 설정할 수 있는데, 국연은 일종의 조장 역할을 하는 호민(豪民)집단, 간연은 하호(下戶)에 해당되는 집단으로 보기도 한다(정호섭, 2011).

〈광개토왕비〉에 보이는 수묘인 연호의 구성 가운데 구민은 표1과 같이 정리할 수 있다. 구민들은 광개토왕 이전에 복속한 지역의 주민으로 구성되었다. 수묘인 연호로 차출된 구민은 국연 10가, 간연 100가, 총 110가인데, 14지역에서 차출하였다. 여기서 주목되는 것은 어떤 지역은 민(民), 인(人) 등으로 표시되어 있고 어떤 지역은 그렇지 않지만, 모두 동일하게 편제된 민으로 여겨진다는 점이다. 따라서 이들이 노예적 존재는 아니라는 점을 확인할 수 있다. 특히 수묘인 연호는 고구려 영역에서 징발한 가(家)로 구성되고, 성민(城民), 곡민(谷民) 등으로 구성되었다(정호섭, 2011).

구민의 구성상 주목되는 것은 평양성의 경우 국연 1가, 간연 10가로, 국연과 간연이 1:10의 비율을 가지고 있다는 점이다. 평양성민은 수묘인 종사의 한 그룹으로 상정할 수 있는 여지를 제공하고 있는 것이다. 수묘역에 있어서 아마 국연 1가, 간연 10가가 가장 기본적인 단위로 기능하였을 것으로 생각할 수 있다. 그렇다면 국연 1가, 간연 10가로 구성된 11가

표1 〈광개토왕비〉 구민(舊民)의 수묘인 연호 구성

	지역	국연	간연
1	賣句余(民)	2	3
2	東海賈	3	5
3	敦城(民)	0	4
4	于城	0	1
5	碑利城	2	0
6	平穰城(民)	1	10
7	訾連	0	2
8	俳婁(人)	1	43
9	梁谷	0	2
10	梁城	0	2
11	安夫連	0	22
12	改谷	0	3
13	新城	0	3
14	南蘇城	1	0
총계	14지역	10	100
		110가(家)	

가 가장 기본 단위인 셈인데, 220가의 경우에는 국연 20가, 간연 200가이므로 20조 정도의 수묘인 연호의 기본 단위가 생긴다. 결과적으로 구민을 추가한 연호인 330가라고 본다면 30조의 수묘인 연호가 짝을 이루게 된다(박시형, 1966). 이에 대해 30가 혹은 33가가 한 조를 이루어 국내성 시기의 10왕 내지는 11왕의 왕릉 수묘에 동원되었다는 견해가 있기도 하다. 33가를 한 조로 보는 견해(김현숙, 1989; 이성시, 2008)와 30가를 한 조로 보는 견해(김락기, 2006; 기경량, 2010)가 그것이다. 30가는 수묘인 구성상 국연 1, 간연 10이라는 조 단위로 편제하는 것이 불가능하기 때문에 33가 정도가 최종적인 단위였을 텐데, 대체로 3조 정도에 해당한다(조인성, 1988). 330가의 수묘인 연호 구성이 10개의 왕릉 수묘인으로는 볼 수 있으나, 그것이 국내성시기 고구려 전체 왕릉을 위한 것인지는 확정하기

어렵다. 예를 들면 봉상왕과 같은 경우가 수묘인 연호 편성에서 포함되고 있는지가 문제가 되는 것이다(정호섭, 2011).

2012년 〈집안고구려비〉의 발견으로 고구려 수묘제에 대한 연구는 다시 새로운 전기를 맞았다. 〈집안고구려비〉의 건립 시기에 대해서는 광개토왕대로 보는 견해가 우세하지만(耿鐵華, 2013; 林沄, 2013; 徐德源, 2013; 공석구, 2013; 이용현, 2013; 금경숙, 2013; 이도학, 2013; 여호규, 2013; 윤용구, 2013; 정호섭, 2013; 홍승우, 2013; 임기환, 2014; 김창석, 2014), 장수왕대로 보기도 한다(孫仁杰, 2013; 張福有, 2013; 徐建新, 2013; 梁志龍·靳軍, 2013; 魏存成, 2013; 李新全, 2013; 朴眞奭·서영수, 2013; 김현숙, 2013; 권인한·武田幸男, 2013; 李成市, 2019). 광개토왕대설과 장수왕대설의 핵심 쟁점은 〈광개토왕비〉와의 관계 설정 문제다. 광개토왕대설이 〈집안고구려비〉가 〈광개토왕릉비〉보다 선행한다고 보는 반면, 장수왕대설은 대체로 후행한다고 이해한다. 다만 광개토왕대설의 경우 중국 학계에서는 모두 특정 왕릉의 '묘상입비' 즉 수묘비로 파악하는 반면, 한국 학계에서는 특정 왕릉 수묘비설(조법종, 2013; 여호규, 2013; 윤용구, 2013; 공석구, 2013)과 교령비(敎令碑), 수묘율령비, 문고비(文告碑), 수묘제 포고비, 선포비(宣布碑), 경고비 등으로 보는 입장이 크게 나뉜다(정호섭, 2013; 금경숙, 2013; 조우연, 2013; 이성제, 2013; 기경량, 2014; 임기환, 2014). 또한, 수묘비(守墓碑)와 율령비(律令碑)의 성격을 동시에 갖고 있다고 보기도 하는데(김수태, 2013; 홍승우, 2013), 논쟁의 핵심은 〈집안고구려비〉가 특정 왕릉에 세웠던 묘상입비의 실물인지 여부이다. 장수왕대설에서도 비수묘비(非守墓碑)라는 견해(김현숙, 2013)와 묘상입비(墓上立碑)의 실물이라는 설(李成市, 2019)이 공존한다. 다만 후자의 경우 광개토왕대가 아닌 장수왕대에 새롭게 만든 비라고 본다.

아울러 〈집안고구려비〉의 성격이 광개토왕대에 행해진 묘상입비의 실물인 수묘비인가, 묘상입비와는 다른 성격의 비인가 하는 것뿐만 아니라 '연호두(烟戶頭) 20인명(人名)'에 대한 해석도 차이가 있다. 〈집안고구려비〉의 '烟戶頭'에 대해서는 통상적으로 각 왕릉에 배정된 수묘인 연호 20가의 호주로 이해하거나(여호규, 2013; 공석구, 203; 임기환, 2014; 李成市, 2019), 반대로 수묘인 연호 가운데 연호들을 관리하는 책임자 내지 관리자로 보기도 한다(정호섭, 2013; 이성제, 2013; 김현숙, 2013; 張福有, 2013; 徐建新, 2013; 孫仁杰, 2013; 梁志龍·靳軍, 2013; 莿目美行, 2015). 이처럼 연호두에 대한 견해는 〈집안고구려비〉의 성격을 어떻게 파악하느냐에 따라 호주설(戶主說)과 대표자 혹은 관리자설로 대별된다. 전자의 경우 〈집안고구려비〉가 〈광개토왕비〉에 보이는 묘상입비의 실물이며, 광개토왕대에 수묘인 연호가 각 왕릉에 20가씩 배치되고 그 호주의 이름이 비에 새겨진 것으로 이해한다. 후자의 경우에는 〈집안고구려비〉는 〈광개토왕비〉에 보이는 묘상입비의 실물이 아닌 전혀 다른 성격의 비이고, 수묘인 연호 가운데 국연과 같은 왕릉의 책임자 내지 관리자가 있어서 그들의 이름만 비에 새겨진 것으로 이해한다. 이렇듯 〈집안고구려비〉의 발견으로 인해 고구려 수묘제에 대한 더 많은 정보를 획득하였지만, 논란이 가중된 측면도 있다.

한편, 〈광개토왕비〉에 기록된 신래한예에서 징발한 수묘인 연호는 표2에서 보는 바와 같이 총 36지역에서 국연 20가, 간연 200가로 구성하고 있다. 여기서는 수묘인 연호를 구성하면서 몇 개 지역에서 한(韓), 한예(韓穢) 등을 분명하게 밝혀 놓은 부분이 있는데, 다른 지역의 수묘인 연호도 신래한예이므로 특별한 의미를 두기는 어렵다. 다만 한예로 표기된 사조성(舍蔦城)의 경우 한과 예가 같이 포함된 지역임을 분명하게 한 것을 볼 수 있다. 또한 아단성(阿旦城), 잡진성(雜珍城)의 경우 두 지역을 합쳐 10가의 수묘인 연호를 구성하고 있는 점이 특별하다. 서로 다른 두 지역을 합쳐 수묘인 연호를 구성한 점은 쉽게 납득되지 않는다. 수묘인 연호

표2 〈광개토왕비〉 신래한예(新來韓穢)의 수묘인 연호 구성

	지역	국연	간연
1	沙水城	1	1
2	牟婁城	0	2
3	豆比鴨岑(韓)	0	5
4	勾牟客頭	0	2
5	求底(韓)	0	1
6	舍蔦城(韓穢)	3	21
7	古模耶羅城	0	1
8	炅古城	1	3
9	客賢(韓)	0	1
10	阿旦城, 雜珍城(合)	0	10
11	巴奴城(韓)	0	9
12	臼模盧城	0	4
13	各模盧城	0	2
14	牟水城	0	3
15	幹氐利城	1	3
16	彌鄒城	1	7
17	也利城	0	3
18	豆奴城	1	2
19	奧利城	2	8
20	須鄒城	2	5
21	殘南居(韓)	1	5
22	太山韓城	0	6
23	農賣城	1	7
24	閏奴城	2	22
25	古牟婁城	2	8
26	瑑城	1	8
27	味城	0	6
28	就咨城	0	5
29	彡穰城	0	24
30	散那城	1	0
31	那旦城	0	1
32	勾牟城	0	1
33	於利城	0	8
34	比利城	0	3
35	細城	0	3
총계	36지역	20	200
		200가(家)	

를 분명하게 하기 위해서는 두 지역을 개별적으로 기록해야 하는데, 그렇지 않았다는 것은 뭔가 특별한 사정이 있었음을 짐작하게 한다. 일단 두 성 모두 수묘인 연호로 간연만 배정된 상황이라는 점을 주목한다면, 두 성이 하나의 행정단위라고 보기는 어렵다. 수묘인을 사민된 존재로 보지 않음을 전제로 하여 번상입역설의 입장에서 앞으로 계속 두 성에서 함께 간연 10가를 징발하라는 의미로 해석하기도 하고(임기환, 1994), 비가 세워진 시점에는 두 성에서 수묘호를 구체적으로 지정하지 않았다는 의미로 해석하기도 한다(김락기, 2006). 두 성의 경우에는 간연으로만 사민되었으므로 두 성의 연호가 한 조를 이루어 수묘역을 수행하였을 것으로 짐작된다. 즉 두 성의 간연이 항상 함께 한 조를 이루어 수묘를 행하였기에 간연 10가로 구성된 점에서 두 성의 수묘인 연호가 간연의 합으로 기록되었을 것으로 추측하기도 한다(정호섭, 2011).

수묘인 연호의 역할도 〈광개토왕비〉와 〈집안고구려비〉를 통해 상정할 수 있다. 수묘인 연호가 왕릉에서 하는 일에 대해서 〈광개토왕비〉에는 무덤을 지키고 소제하는 일로 나타나고, 〈집안고구려비〉에는 여기에 사시제사(四時祭祀)하는 일이 추가적으로 드러난다. 결국 수묘인 연호들은 각 왕릉에 배정되어 평소에는 무덤을 지키고 소제하면서 지내다가 특정한 날에는 왕릉에 제사하는 일까지 맡았던 것을 알 수 있다. 이에 대해 연간 4회만 제사지냈다고 보기 어렵다며 매일, 매월, 매년마다 4회의 제사를 거행했다고 이해하거나(공석구, 2013), 관용구로 일상적 제사행위를 지칭한다고 파악하기도 한다(조우연, 2013). 이 부분은 고구려의 왕릉 수묘제 및 조선 제사(祖先 祭祀)와 관련해 중요한 정보를 제공하는데, 초기의 수묘제에서 능묘 제사가 중요한 위치를 차지했고, 조선 제사도 종묘 제사보다는 능묘 제사를 중심으로 전개되었을 가능성을 시사한다(공석구, 2013; 강진원, 2014).

이 수묘인 연호들은 국내성에 사민된 수묘인이었기 때문에 이들이 수묘한 왕릉은 국내성시기에 한정해서 볼 수 있을 것이다. 국내성으로 천도한 시기에 대해서는 다양한 입장이 있지만, 대체로 신대왕대에 수도가 국내성이었음은 어느 정도 분명하다고 할 수 있다. 국내성 이전 시기 혹은 졸본 지역의 왕릉 수묘가 어떻게 이루어졌는지는 확인할 수 없다. 다만 태조왕대 혹은 신대왕대에 국내성으로 천도했다는 견해가 있는 만큼 가장 빠르게 보면 태조왕대이고 그다음이 신대왕대라고 할 수 있을 것이다. 그렇기 때문에 10여 개의 왕릉 수묘를 담당하였다고 할 수 있다. 기존에는 장수왕대에 완성된 수묘인 연호로 배정된 330가를 광개토왕만을 위한 수묘인 연호로 이해하기도 했지만, 근래에는 국내성시기의 고구려 왕릉 전체를 수묘한 존재들로 상정된다(浜田耕策, 1982; 김현숙, 1989; 이성시, 2008; 기경량, 2010; 정호섭, 2011). 이와 관련하여 『진서』 풍발전(馮跋傳)을 보면 동 시기 북연왕(北燕王) 고운의 경우 원읍(園邑)에 20가를 두고 있는 점을 보더라도 그러하다. 그다지 넓지 않은 지역인 국내성(집안 지역) 일대에 한 왕릉 수묘를 위해 220가나 330가 규모의 수묘인 연호가 필요하지는 않을 듯하다. 또한 국가의 입장에서도 220가 내지 330가의 수묘인을 왕릉 주변에 집단 사민시켜 그들에게 생활터전이나 경제적 기반 을 마련해주기도 쉽지 않았을 것이다. 그렇기 때문에 이들 수묘인의 수는 국내성 일대 왕릉 수묘인 총합을 나타내는 것으로 이해할 수 있다.

(2) 수묘제 운용과 개편

4세기~5세기경의 고구려 수묘제는 〈광개토왕비〉의 '수묘인 연호' 내용 다음에 기술된 '수묘인 운용' 기술 부분이 일찍부터 주목을 받아왔다. 이는 주로 교언(教言)과 제령(制令)에 관한 것이다. 이를 순서대로 보면 처음 구민들이 '약하게 될 것(轉當羸劣)'을 염려하여 한예들을 수묘인 연호로 편성하라는 교령과 이에 대한 조처로 한예 220가로 연호를 편성하였음을 알 수 있다.

고구려에서는 적어도 4세기까지의 왕릉에는 원근의 구민들을 사민시켜 무덤을 수호하고 소제하고 있었던 것이다. 그런데 갑자기 광개토왕은 구민들의 상황이 변하여 약하게 될까 염려하고 있다. 비의 내용에서 보이는 바와 같이 구민들의 경우에 수묘인 연호의 차착(差錯)현상이 있는데다 수묘인을 사고파는 행위도 있었기 때문에 수묘인 연호로 배정된 구민들의 상황이 변하여 약해지는 현상이 있어서, 광개토왕은 이를 염려하였던 것이다. 이에 대한 해결책으로 광개토왕은 먼저 구민들을 수묘역에서 완전히 배제하는 대신 자신이 몸소 경략한 한예를 취하여 수묘인 연호로 구성하도록 명령하였다. 즉 광개토왕은 구민들로 운영하던 기존 수묘제를 개혁한 것이 아니라, 수묘인 연호 자체를 개편한 것이다(조법종, 1995). 구민을 수묘인으로 동원하지 않고 한예로만 구성하는 것이 구민들이 '전당리열(轉當羸劣)'하고 있는 사정을 해결하는 가장 기본적인 조치였던 것이다. 즉 한예를 수묘인으로 동원하는 것은 기존 구민들의 수묘역을 면제해주고 일반 민으로 살아갈 수 있도록 해준 새로운 조치였다.

광개토왕의 교령에 따라 한예의 220가를 수묘인으로 취하고 있는데, 이때 취한 한예 220가는 모두 국도로 사민된 존재였다. 당시 고구려 왕릉에는 모두 합쳐 220가 정도의 수묘인이 배치되고 있었음을 알 수 있다. 그런데 문제는 장수왕이 신래한예 220가만으로는 수묘를 할 수 없다고 판단한 데 있다. 장수왕은 부왕의 교언에도 불구하고 한예들이 수묘법칙을 알지 못할까 염려하여 구민 110가를 추가적으로 구성하여 수묘제를 정비하고 있다. 여기서 보이는 구민들은 광개토왕대에 신래한예들이 법칙을 모를까봐 배정된 사람들이었다. 따라서 이들은 대체로 수묘에 대한 법칙을 알고 있었기에 선발된 사람들이었을 것이다. 수묘법칙은 직접 수묘역을 수행한 사람들이 정확하게 알 수 있기 때문에 이들은 종래 다른 왕릉에 배정된 수묘인 연호들의 경우 이외에는 상정하기 어렵다. 이들은 광개토왕의 교언에 의해 잠시 수묘인 연호 구성에서 제외되었다가 다시 장수왕에 의해 수묘인 연호로 차출되었던 것이다. 즉 신래한예 220가만으로 고구려 왕릉들을 수묘하기 어려운 상황에서 기존에 왕릉 수묘인으로 배정되었다가 광개토왕의 교언에 의해 수묘인 연호 구성에서 제외되었던 연호들이 장수왕에 명에 의해 다시 수묘인 연호로 재편제되었던 것이다(정호섭, 2011).

다음으로 이어지는 수묘제 정비에 관한 내용은 광개토왕이 조선왕(祖先王)의 왕릉 곁에 석비를 세우는 묘상입비에 관한 것이다. 광개토왕이 수묘인 연호들의 차착현상에 대한 해결방안으로 조선왕을 위해 무덤 곁에 비를 세우고 수묘인 연호를 새긴 것으로 이해할 수 있다. 이렇게 각 왕릉 곁에 수묘인 연호를 분명하게 새겨 기록하면 연호의 차착현상은 방지할 수 있었던 것으로 보인다. 수묘인 연호를 관리하는 차원에서 비에다가 영구적으로 불변하는 수묘인 연호를 정확하게 기록해 놓는 것이 가장 이상적인 해결책이었기 때문일 것이다.

당시 고구려에서는 원근의 구민들을 사민시켜 수묘하도록 하였는데, 차착현상이 있었다는 것은 어떤 경우에 가능할까? 기존 논의에서는 이러한 현상에 대하여 수묘역을 지는 노동조의 순서상 착오나 노동조의 담당릉에 대한 역의 수행 과정에서 일어난 착종으로 이해한 바 있다(김현숙, 1989). 그런데 비문에 기록된 내용은 차출 지역과 연호수일 뿐이므로, 수묘역 수행 과정에서 나타난 문제는 아닌 듯하다. 한편으로는 예비수묘인과 관련된 문제로 이해하기도 하지만(김락기, 2006), 수묘인은 사민된 존재라는 측면이 고려되어야 한다.

차착현상은 바로 수묘역을 지는 왕릉에 대한 착오와 수묘인 연호 수의 변동에 따른 차이, 아울러 매매에 따르는 이탈 등을 말하는 것이라 할 수 있다. 따라서 차착현상에 대한 대책은 각 왕릉에 수묘비를 세워 수묘인 연호를 기록하는 방법을 최선으로 여겼다. 그래서 광개토왕은 각 왕릉에 신래한예로 구성된 새로운 수묘인 연호를 비에 새겨 영구불변하도록 조치하였던 것이다. 이러한 묘상입비에 대해서는, 광개토왕의 묘역에만 수묘비를 세운 것으로 보기도 하였지만(김현숙, 1989), 조선(祖先) 왕릉에 모두 묘상입비를 한 것으로 보인다. 차착현상을 방지하기 위한 취지에서는 묘상입비를 하였음을 밝히고 있으므로 구체적인 입비 조치가 있었던 것이다. 그것은 아마 신래한예 220가를 분산하여 각 왕릉 수묘인 연호를 새긴 비를 왕릉 곁에 세우는 조치였을 것이다. 〈광개토왕비〉에는 전체 수묘제를 구민에서 신래한예로 개편하면서 그 개편된 내용과 장수왕이 수묘인 연호를 추가적으로 기술한 내용만을 적고 있다. 〈광개토왕비〉에 보이는 수묘인 연호는 고구려 전체 왕릉 수묘를 위한 것이기 때문에 광개토왕대에 각 왕릉에 수묘인 연호를 기록한 어떤 형태의 비가 존재하였던 것이다. 다시 말하면 묘상입비는 각 왕릉 주변에 세워져 있었다(정호섭, 2011).

한편, 광개토왕은 수묘인이 매매되고 있는 상황에서 수묘인 매매 문제도 법제화하고 있다. 즉 수묘인 연호를 서로 사고파는 것을 금지하고, 판 자는 형벌을 받고 산 자는 대신 수묘하도록 한 조처였다. 당시에 수묘인 매매는 좌시할 수 없는 문제였던 것으로 보인다. 수묘인을 사고판다는 의미에 대해서는, 수묘인 자체의 불법적 매매나 귀족에 의한 수묘인 노동력 수탈(김현숙, 1989), 토지(조법종, 1995), 무기(이인철, 1997), 수묘인 사이에서의 노동력 매매(기경량, 2010) 등 다양한 견해가 제시된 바 있다. 〈광개토왕비〉에 나타난 문장으로 보면 매매되는 것이 수묘인 자체임은 분명하다. 어떤 구절에서도 수묘인 이외의 다른 사항을 보여주고 있지 않기 때문에 수묘인 노동력이나 수묘인 자체의 매매에 한정된다(정호섭, 2011).

일단 토지는 상정하기 어렵다. 토지가 수묘인 연호에게 배정되었다는 것이 전제되어야 하고, 그렇더라도 사적인 토지가 아니었을 것이므로 토지 자체가 사고파는 대상이 될 수는 없었을 것이다. 또한 법제적인 공문서와 같은 형식의 비문에서 토지가 매매 대상이었다고 한다면 명확히 명시했을 것이다(임기환, 1994). 토지를 산 자가 대신 수묘하였다면 평생 수묘역을 지는 것이므로, 영구불변의 수묘인 구성을 위한 묘상입비 조치와도 배치된다. 무기의 경우도 마찬가지이다. 사고파는 대상이 수묘역일 가능성도 생각해 볼 수 있다. 만약 수묘역을 사고판다면 사는 쪽이든 파는 쪽이든 어떤 이해관계가 발생해야 한다. 그런데 수묘역을 산 자의 입장에서는 오히려 돈을 주고 역을 대신 수행해야 하므로 부유한 자가 사들일 수 있는 성질의 것이 아니다. 따라서 수묘역도 매매 대상이 아닐 것이다(정호섭, 2011). 〈집안고구려비〉에 나타나는 것도 수묘인 매매 문제이지, 다른 것은 상정하기 어렵기 때문에 매매 대상은 수묘인 자체이거나 수묘인 노동력인 것이다.

수묘인을 사고파는 행위가 이 시기에 가능했다는 점을 어떻게 이해할 수 있을까? 〈광개토왕비〉의 기록상으로는 수묘인이 사고파는 대상이라는 의미로밖에 파악할 수 없다. 그러나 현실적으로 수묘인이 국가에서 공적으로 동원한 일반 호민과 하호로 구성되었다면, 수묘인 자체가 기본적으로 사고팔 수 있는 존재일지에 대해 의문이 생긴다. 당시 고구려가 국가 차원에서 수묘인을 사고파는 것은 불법적인 행위였을 것이기 때문이다. 이와 관련하여 수묘인 연호의 사회적 성격에 관한 논의는, 노예설(백남운, 1933; 王健群, 1985), 특수직역인 집단으로 양인 혹은 신량역천(身良役賤)적인 존재설(손영종, 1986; 김현숙, 1989), 그리고 양인속민(良人屬民)설(김석형, 1974) 등이 있다. 노예설은 일반적으로 수묘인 연호가 전쟁포로이고, 〈광개토왕비〉에서 매매 대상이 되었던 점에 근거하고 있다. 그런데 구민으로 구성된 수묘인 연호는 노예적 신분이라고 보기는 어렵다. 이 점은 〈광개토왕비〉에 기록된 구민 110가를 보통 성민이나 곡민으로 표현하고 있는 점만을 보더라도 알 수 있다. 다만 신래한예의 경우도 정복한 지역에서 동원되긴 하였지만, 이들 역시 고구려가 대민 편제하였기 때문에 노예적 존재라고 볼 수 없을 것이다. 신량역천설의 경우도 이 시기 신분제도에 신량역천 계층이 존재하였다는 전제하에서 성립할 수 있으므로 다소 문제의 소지가 있다. 한편, 매매의 주체를 국연, 대상을 간연으로 이해하기도 한다(武田幸男, 1979; 김현숙, 1989). 국가권력을 매개로 국연과 간연이 결합된 상황에서 이러한 상정은 어렵다. 수묘인의 사회적 위상을 아주 낮게 이해하기도 하지만, 수묘인 매매와 관련하여 구민을 모두 이러한 존재로 보기는 어렵다.

그렇다면 구민으로 구성된 수묘인 연호는 대체로 양인 신분이었다고 할 수 있다. 국가가 정한 수묘인 연호에서 수묘인 인신 자체가 매매 대상이 된 점은 국가권력의 입장에서 용인하기 어려운 일이었을 것이다. 그렇기 때문에 수묘인 혹은 수묘인 노동력에 대한 직접적인 매매에 대해 왕이 교령 등으로 차단하고자 한 것이다. 〈광개토왕비〉와 〈집안고구려비〉는 이러한 수묘제 운영과 매매 금지에 관한 내용을 공통적으로 담고 있는 것이다.

참고문헌

⊙ 불교 수용

김두진, 2014, 『삼국유사의 사학사적 연구』.

김영태, 1990, 『삼국시대 불교신앙 연구』.

남무희, 2011, 『고구려 승랑 연구』.

신종원, 1992, 『신라 초기불교사 연구』.

전호태, 2000, 『고구려 고분벽화 연구』.

정선여, 2007, 『고구려 불교사 연구』.

정호섭, 2011, 『고구려 고분의 조영과 제의』.

김두진, 2011, 「고구려 초전불교의 공인과 그 의미」, 『한국학논총』 36.

김복순, 2011, 「4~5세기 삼국사기의 승려 및 사찰」, 『신라문화』 38.

김상현, 2005, 「중국문헌소재 고구려 불교사 기록의 검토」, 『고구려의 사상과 문화』.

______, 2007, 「고구려의 불교와 문화」, 『고구려의 문화와 사상』.

김영태, 1986, 「高句麗 佛教傳來의 諸問題」, 『佛教學報』 23.

노중국, 2007, 「중앙집권 체제의 확립」, 『고구려의 정치와 사회』.

문명대, 1983, 「고구려 불탑의 고찰」, 『역사교육논집』 5.

______, 1998, 「고구려 초창불교사원 초문사 이불란사의 고찰」, 『강좌 미술사』 10.

박윤선, 2004, 「고구려의 불교 수용」, 『한국고대사연구』 35.

서영대, 1981, 「고구려 평양천도의 동기」, 『한국문화』 2.

신동하, 1988, 「고구려 사원조성과 그 의미」, 『한국사론』 19.

______, 2000, 「新羅 佛國土思想의 展開樣相과 歷史的 意義」, 서울대학교 박사학위 논문.

신종원, 1993, 「삼국유사 아도기라조 역주」, 『송갑호교수정년퇴임기념논문집』.

______, 2006, 「삼국의 불교초전자와 초기불교의 성격」, 『한국고대사연구』 44.
______, 2016, 「삼국유사 아도기라조의 새로운 역주」, 『민족문화』 47.
이기백, 1954, 「삼국시대 불교전래와 그 사회적 성격」, 『역사학보』 6.
______, 1986, 「三國時代 佛教受容과 그 社會的 意義」, 『新羅思想史研究』.
______, 1987, 「삼국유사 탑상편의 의의」, 『두계이병도박사구순기념 한국사학논총』.
이용범, 1973, 「북조 전기불교의 고구려 전래」, 『동국대학교논문집』 12.
정호섭, 2018, 「삼국유사의 고구려 불교사 서술과 그 한계」, 『사학연구』 13.
조우연, 2011, 「4~5세기 고구려의 불교 수용과 그 성격」, 『한국고대사탐구』 7.
최광식, 1991, 「신라의 불교 전래, 수용 및 공인」, 『신라문화제학술발표회논문집』 12.
______, 2007, 「토착신앙과 불교의 관계」, 『한국 고대의 토착신앙과 불교』.
표영관, 2008, 「고구려 불교전래 재고」, 『고구려발해연구』 32.

門田誠一, 2001, 「高句麗の初期佛教における經典と信仰の實態」, 『朝鮮史研究會論文集』 39.
________, 2001, 「銘文の檢討による高句麗初期傳來の實相」, 『朝鮮學報』 180.
田村圓澄, 1980, 「漢譯佛教圈の佛教傳來」, 『古代朝鮮佛教と日本佛教』.

⊙ 시조묘 제사

姜炅求, 2001, 『고구려의 건국과 시조숭배』.
김기흥, 2002, 『고구려 건국사』.
김두진, 1999, 『韓國古代의 建國神話와 祭儀』.
노태돈, 1999, 『고구려사 연구』.
임기환, 2004, 『고구려 정치사 연구』.
정호섭, 2011, 『고구려 고분의 조영과 제의』.
최광식, 1994, 『고대 한국의 국가와 제사』.

강경구, 2000, 「高句麗 東明王廟의 成立過程」, 『韓國古代史研究』 18.
姜辰垣, 2008, 「高句麗 始祖廟 祭祀 研究-親祀 성립과 변천을 중심으로」, 『韓國史

論』 54.
강진원, 2014, 「고구려 墓祭의 전통과 그 배경」, 『진단학보』 122.
______, 2015, 「고구려 국가제사 연구」, 서울대학교 박사학위논문.
공석구, 2013, 「集安高句麗碑의 발견과 내용에 대한 考察」, 『고구려발해연구』 45.
盧明鎬, 1981, 「百濟의 東明神話와 東明墓」, 『歷史學研究』 10.
盧重國, 1979, 「高句麗 律令에 한 一試論」」, 『東方學志』 21.
朴承範, 2001, 「高句麗 始祖廟儀禮」, 『東洋古典研究』 15.
박승범, 2001, 「고구려의 국가제사」, 『史學志』 34.
朴承範, 2002, 「三國의 國家祭儀 研究」, 檀國大學校 大學院 博士學位論文.
方起東, 1982, 「集安東臺子高句麗建築遺址的性質和年代」, 『東北考古與歷史』 叢刊 第1期.
徐永大, 2003, 「高句麗의 國家祭祀-東盟을 중심으로」, 『韓國史研究』 120.
서영대, 2005, 「고구려의 社稷과 靈星에 대하여」, 『고구려의 사상과 문화』.
______, 2007, 「토착 신앙과 풍속 문화」, 『고구려의 문화와 사상』.
辛鍾遠, 1984, 「三國史記 祭祀志 研究」, 『史學研究』 38.
여호규, 2013, 「신발견 '集安高句麗碑'의 구성과 내용 고찰」, 『한국고대사연구』 70.
이귀숙, 2007, 「高句麗 初期의 王統變化와 朱蒙 始祖認識의 成立」, 『역사교육논집』 39.
이도학, 2005, 「고구려와 백제의 출계인식 검토」, 『고구려연구』 20.
이승호, 2016, 「高句麗 王室의 世系 인식 추이와 宗廟의 변천」, 『인문과학연구』 22.
李在成, 2008, 「고구려 초기 桂婁部의 神堂과 宗廟」, 『전통문화논총』 6.
李鍾泰, 1990, 「高句麗 太祖王系의 登場과 朱蒙國祖意識의 成立」, 『北岳史論』 2.
______, 1996, 「三國時代 「始祖」認識과 그 變遷」, 國民大學校 博士學位論文.
조우연, 2010, 「4~5세기 고구려 국가제사와 불교신앙 연구」, 인하대학교 박사학위논문.
______, 2010, 「고구려의 왕실조상제사」, 『韓國古代史研究』 60.
趙宇然, 2013, 「集安 高句麗碑에 나타난 왕릉제사와 조상인식」, 『韓國古代史研究』 70.
조인성, 1990, 「4~5세기 고구려 왕실의 세계인식 변화」, 『韓國古代史研究』 4.
崔光植, 1989, 「三國의 始祖廟와 그 祭祀」, 『大丘史學』 38.
최광식, 2007, 「고구려의 신화와 국가제사」, 『고구려의 문화와 사상』.
최일례, 2015, 「고구려 시조묘 제사의 정치성 연구」, 전남대학교 박사학위논문.
______, 2019, 「고구려 新大王의 즉위와 시조묘 제사 親行」, 『한국학연구』 70.

王純信, 1994, 「高句麗民族藝術遺存中的生殖崇拜」, 『高句麗渤海研究集成』 1.

井上秀雄, 1978, 「高句麗·百濟の祭祀儀禮」, 『古代朝鮮史序說-王者と宗教』.
________, 1978, 「高句麗の祭祀儀禮」, 『古代東アジア史論集』(末松保和博士古希記念)上.

⊙ 왕릉 수묘제

박시형, 1966, 『광개토왕릉비』.
백남운, 1933, 『조선사회경제사』.
정호섭, 2011, 『고구려 고분의 조영과 제의』.

강진원, 2013, 「신발견 〈集安高句麗碑〉의 판독과 연구 현황」, 『木簡과 文字』 11.
耿鐵華, 2013, 「중국 지안에서 출토된 고구려비의 眞僞 문제」, 『韓國古代史研究』 70.
高光儀, 2013, 「신발견 〈集安高句麗碑〉의 형태와 書體」, 『高句麗渤海研究』 45.
고광의, 2013, 「신발견 집안고구려비의 형태와 서체」, 『고구려발해연구』 45.
공석구, 2011, 「광개토왕릉비에 나타난 광개토왕의 왕릉관리」, 『고구려발해연구』 39.
______, 2013, 「광개토왕릉비 守墓人 烟戶 記事의 考察」, 『高句麗渤海研究』 47.
______, 2013, 「집안 고구려비의 발견과 내용에 대한 고찰」, 『고구려발해연구』 45.
권정, 2002, 「한중일 비교를 통해 본 고대 수묘인의 성격」, 『일어일문학연구』 42.
기경량, 2010, 「고구려 국내성 시기의 왕릉과 수묘제」, 『한국사론』 56.
______, 2014, 「집안고구려비를 통해 본 고구려 수묘제 운영」, 『한국고대사연구』 76.
김락기, 2006, 「고구려 수묘인의 구분과 입역방식」, 『한국고대사연구』 41.
김수태, 2013, 「集安高句麗碑에 보이는 율령제」, 『韓國古代史研究』 72.
김창석, 2015, 「고구려 수묘법의 제정경위와 포고 방식」, 『동방학지』 169.
김현숙, 1989, 「광개토왕비를 통해 본 고구려 수묘인의 사회적 성격」, 『한국사연구』 65.
______, 2013, 「광개토왕비의 성격과 건립목적」, 『광개토왕비의 재조명』.
______, 2013, 「集安高句麗碑의 건립시기와 성격」, 『韓國古代史研究』 72.
______, 2014, 「광개토왕비, 집안고구려비를 통해 본 고구려의 수묘제 정비」, 『영남학』 26.

민두기, 1957, 「前漢의 陵邑徙民策」, 『歷史學報』 9.
서영수, 2013, 「說林-'지안 신고구려비' 발견의 의의와 문제점」, 『高句麗渤海研究』 45.
______, 2013, 「집안 고구려비 발견 의의와 문제점」, 『고구려발해연구』 45.
선주선, 2013, 「集安高句麗碑 판독 검토」, 『신발견 〈集安高句麗碑〉 판독 및 서체 검토』.
손영종, 1986, 「광개토왕릉비문에 보이는 수묘인연호의 계급적 성격과 입역방식에 대하여」, 『력사과학』 1986-3.
孫仁杰, 2013, 「집안고구려비의 판독과 문자 비교」, 『韓國古代史研究』 70.
여호규, 2013, 「신발견 集安高句麗碑의 구성과 내용 고찰」, 『韓國古代史研究』 70.
______, 2014, 「광개토왕릉비의 문장구성과 서사구조」, 『영남학』 25.
______, 2015, 「집안고구려비와 광개토왕릉비 서두의 단락구성과 서술내용 비교」, 『신라문화』 45.
______, 2016, 「한중일 삼국 학계의 집안고구려비 연구동향과 과제」, 『동방학지』 177.
尹龍九, 2013, 「集安 高句麗碑의 拓本과 判讀」, 『韓國古代史研究』 70.
이도학, 1988, 「영락 6년 광개토왕의 남정과 국원성」, 『손보기박사정년기념한국사학논총』.
______, 2002, 「광개토왕릉비문의 국연과 간연의 성격에 관한 재검토」, 『한국고대사연구』 28.
______, 2013, 「高句麗 守墓發令碑에 대한 接近」, 『韓國思想史學』 43.
이성시, 1996, 「광개토왕비의 건립목적과 고구려의 수묘역제」, 『고구려발해연구』 2.
______, 2008, 「광개토왕비의 건립목적에 관한 시론」, 『한국고대사연구』 50.
이성제, 2013, 「광개토왕비의 성격과 입비의 의의」, 『선사와 고대』 39.
李成制, 2013, 「集安高句麗碑로 본 守墓制」, 『韓國古代史研究』 70.
이영호, 2013, 「集安高句麗碑의 發見과 紹介」, 『韓國古代史研究』 69.
이용현, 2013, 「신발견 고구려비와 광개토왕비의 비교」, 『신발견 고구려비의 예비적 검토』.
이우태, 2013, 「금석학적으로 본 광개토왕비」, 『광개토왕비의 재조명』.
이인철, 1997, 「4~5세기 고구려의 수묘제」, 『청계사학』 13.
이천우, 2016, 「'집안고구려비'의 수묘인 '차착(差錯)' 문제를 통해 본 건립 시기 검토」, 『동북아역사논총』 52.
임기환, 1994, 「광개토왕비의 국연과 간연」, 『역사와 현실』 13.

______, 1996, 「광개토왕릉비문에 보이는 민의 성격」, 『고구려연구』 2.

______, 2014, 「집안고구려비와 광개토왕비를 통해 본 고구려 수묘제의 변천」, 『한국사학보』 54.

정호섭, 2012, 「광개토왕비의 성격과 5세기 고구려의 수묘제 개편」, 『선사와 고대』 37.

______, 2013, 「集安 高句麗碑의 性格과 주변의 高句麗 古墳」, 『韓國古代史硏究』 70.

______, 2014, 「광개토왕비와 집안고구려비의 비교 연구」, 『한국사연구』 167.

조법종, 1995, 「광개토왕릉비에 나타난 수묘제 연구」, 『한국고대사연구』 8.

______, 2013, 「집안고구려비를 통해 본 고구려비의 특성과 수묘제」, 『신발견 고구려비의 예비적 검토』.

조우연, 2013, 「集安 高句麗碑에 나타난 왕릉제사와 조상인식」, 『韓國古代史硏究』 70.

조인성, 1988, 「광개토왕릉비를 통해 본 고구려의 수묘제」, 『한국사시민강좌』 3.

천관우, 1973, 「광개토왕비의 재해석」, 『한국고대사 세미나』.

최일례, 2016, 「집안고구려비에 보이는 '守墓人 買賣 禁止' 규정 검토」, 『목간과 문자』 16.

홍승우, 2013, 「集安高句麗碑에 나타난 高句麗 律令의 형식과 守墓制」, 『韓國古代史硏究』 72.

王健群, 1985, 『好太王碑硏究』.

張福有, 2014, 『集安麻線高句麗碑』.

集安博物館 編著, 2013, 『集安高句麗碑』.

耿鐵華, 2013, 「集安高句麗碑考釋」, 『通化師範學報』(人文社會科學) 34-2.

______, 2013, 「集安新出土高句麗碑的重要價値」, 『東北史地』 2013-3.

耿鐵華·董峰, 2013, 「新發現的集安高句麗碑初步硏究」, 『社會科學前線』 2013-5.

董峰·郭建剛, 2013, 「集安高句麗碑出土紀」, 『通化師範學院學報』 2013-3.

徐建新, 2013, 「中國新出"集安高句麗碑"試析」, 『東北史地』 2013-3.

徐德源, 2013, 「關于集安新發現高句麗碑銘文主人公之我見」, 『高句麗與東北民族硏究』 2013-1.

孫仁杰, 2013, 「集安高句麗碑文識讀」, 『東北史地』 2013-3.

梁志龍·靳軍, 2013, 「集安麻線高句麗碑試讀」, 『東北史地』 2013-6.

魏存成, 2013, 「關于新出集安高句麗碑的幾點思考」, 『東北史地』 2013-3.
李東, 2014, 「吉林集安新發現的高句麗碑」, 『文物』 2014-10.
李新全, 2013, 「集安麻線高句麗碑之我見」, 『東北史地』 2013-6.
林沄, 2013, 「集安麻線高句麗碑小識」, 『東北史地』 2013-3.
張福有, 2013, 「吉林集安高句麗碑碑文補釋」, 『名家』 2013-2.
______, 2013, 「集安高句麗碑碑文補釋」, 『中國文物報』.
______, 2013, 「集安麻線高句麗碑碑文補釋與識讀解析」, 『東北史地』 2013-3.
______, 2013, 「集安麻線高句麗碑綜述」, 『社會科學前線』 2013-5.
集安博物館, 2013, 「集安高句麗碑調査報告」, 『東北史地』 2013-3.

佐伯有清, 1974, 『研究史廣開土王碑』.

關野貞, 1914, 「滿洲輯案縣及び平壤附近に於ける高句麗時代の遺跡」, 『考古學雜誌』 5-3.
김석형, 1974, 「三國時代の良人農民」, 『古代朝鮮の基本問題』.
那珂通世, 1979, 「高句麗古碑考」, 『史學會雜誌』 49.
李成市, 2019, 「集安高句麗碑から見た広開土王碑の立碑目的」, 『古代東アジアの文字文化と社會』, 臨川書店.
糸永佳正, 2015, 「高句麗廣開土王碑の立碑目的と'墓上立碑'」, 『朝鮮學報』 235.
武田幸男, 1979, 「광개토왕비からみた高句麗の領域支配」, 『東洋文化研究所紀要』 78.
______, 2013, 「集安高句麗二碑の研究に寄せて」, 『プロヅェクト研究』 9.
浜田耕策, 1982, 「好太王碑文の一二の問題」, 『歷史公論』 4.
荊目美行, 2015, 「吉林省集安市發見の高句麗碑について」, 『皇學館大學紀要』 5.

4장

중기의 도성과 천도

기경량 | 가톨릭대학교 국사학과 조교수

고구려 중기의 도성은 크게 국내성시기와 평양시기로 나누어 살펴볼 수 있다. 고구려의 발상지이자 초기 도성인 졸본에서 국내 지역으로 국도(國都)가 바뀐 시점이 언제인지에 대해서는 논란이 존재한다. 하지만 천도 시점이 언제인지와 별개로 국내 지역이 일찍부터 고구려의 중심지로 기능하였던 것만큼은 분명하다.

국내 지역은 지금의 길림성(吉林省) 집안시(集安市) 일대이다. 이곳에는 고구려가 활용하였던 왕성(王城)유적이 두 곳 존재한다. 하나는 산성인 산성자(山城子)산성이고, 다른 하나는 평지성인 집안 평지성이다. 두 유적은 각각 역사 기록상에 등장하는 환도성(丸都城)과 국내성(國內城)에 해당되는 것으로 여겨진다. 성은 두 개이지만, 시가지 중심에 자리하고 있던 평지성을 중시하여 '국내성시기'라고 칭하는 것이 일반적이다. 이 글에서는 집안 지역의 자연지리와 생태 환경 등을 간단히 살펴본 후 환도성과 국내성의 구체적인 규모와 용도, 그리고 두 성의 축조 시기를 중심으로 전개되고 있는 여러 논쟁점을 살펴보고자 한다.

고구려는 427년 국내 지역에서 평양 지역으로 천도를 감행하였다. 이로써 국내성시기가 마무리되고 평양시기가 시작된다. 평양시기는 586년

장안성(長安城)으로의 이도(移都)를 기준으로 다시 전기 평양시기와 후기 평양시기로 구분된다. 이 글에서는 그중 전기 평양시기까지의 모습을 살펴보도록 하겠다. 전기 평양시기 고구려의 도성은 대동강 북쪽에 자리한 대성산 일대를 중심으로 형성되었다. 평양으로의 천도 시기와 동기, 산성과 평지성 모델의 적용 문제, 안학궁의 조영 시기를 둘러싼 논쟁 등이 주요 논쟁점이다.

고구려 중기는 고구려의 성장기와 전성기를 포함하고 있다. 천도가 이루어졌던 만큼 도성 형태와 운영에 있어서도 변동 폭이 컸던 시기로 볼 수 있다. 이 시기 고구려의 도성 운영은 정치 및 외교 정책과 밀접하게 연동되어 있는 만큼, 고구려사의 전개를 입체적으로 파악하기 위하여 도성사에 대한 충분한 이해가 필요하다.

1. 국내성시기의 도성

1) 국내성 지역의 자연지리와 생태환경

국내성 지역은 지금의 중국 길림성 남부에 있는 집안시이다. 압록강 중류 북안에 자리하고 있으며, 중심지의 좌표는 북위 41° 7′ 13″, 동경 126° 10′ 41″ 일대이다. 북쪽으로 통화시(通化市)와 연접하고, 서쪽으로는 요령성(遼寧省) 환인현(桓仁縣)과 경계를 접하고 있다. 압록강을 사이에 두고 건너편으로는 북한 자강도의 위원군·초산군·만포시를 마주보고 있다.

집안 지역의 중심부는 압록강의 흐름을 따라 동북쪽에서 서남쪽 방향으로 길쭉하게 형성된 분지를 이루고 있다. 분지의 길이는 약 16km이며, 폭은 가장 넓은 곳을 기준으로 약 2.5km가량이다. 일부 산줄기로 인해 전

그림1 | 집안 지역의 지형과 고구려 성 유적

체 분지는 다시 세 개의 소분지로 구분된다. 북쪽 압록강 상류의 하해방(下解放) 지역, 하류의 마선구(麻線溝) 지역, 그리고 가장 넓은 중앙 분지로 나눌 수 있다(여호규, 2019).

집안분지 안쪽은 사계절이 분명한 반대륙성 반해양성 계절풍기후를 가지고 있다. 북쪽의 노령산맥(老嶺山脈)이 거대한 자연 병풍 역할을 하여 북쪽에서 내려오는 차가운 바람을 막아주는 한편, 서남쪽에서는 압록강을 따라 따뜻하고 습윤한 해양성기류가 통한다. 노령산맥을 기준으로 북쪽과 남쪽에 비교적 뚜렷한 기후 차이가 존재하는 것이다. 중국에서는 노령산맥 남쪽에 위치하여 상대적으로 기후가 온난한 집안분지 지역을 '동북 지방의 작은 강남(東北小江南)'이라 부르기도 한다.

2019년 자료에 따르면, 집안 지역의 연강수량은 800~1,000mm, 연평균기온은 약 10℃(연누적온도 3,650℃), 무상일수(無霜日數)는 150일 전후, 연평균풍속은 1.6m/s이다. 길림성 전체에서 연평균기온이 가장 높고, 연강수량과 무상일수가 가장 많고, 바람은 가장 적다(집안시 인민정부 홈페이지, 2019). 그런데 1980년대 초 자료를 참조하면, 당시 집안 지역의 연평균기온은 6.3℃, 1월 평균기온은 -14.8~-15.9℃이며, 7월 평균기온은 23.2℃였다고 한다. 연강수량은 900~1,000mm, 무상일수는 140~160일이었다(吉林省文物志編委會, 1984). 두 자료를 비교하면, 현재의 연평균기온은 불과 수십 년 전에 비해 크게 상승한 편이다.

고구려사에서 국내(國內)라는 지명이 처음 등장하는 기록은 『삼국사기』이다. 이에 따르면 유리왕 21년(2년) 봄에 하늘에 제사지낼 때 사용하는 돼지가 달아나는 일이 발생하여 설지(薛支)라는 인물이 돼지를 잡아오는 임무를 맡게 되었다. 설지는 돼지를 쫓는 도중 '국내 위나암(國內 尉那巖)'이라는 곳에 이르렀다. 그는 이곳이 살기 좋은 지역임을 깨닫고 유리왕에게 다음과 같이 고하였다.

> 신이 돼지를 쫓아 국내 위나암에 이르렀습니다. 그 산수가 깊고 험하며, 땅은 오곡을 키우기 알맞고, 또 순록·사슴·물고기·자라가 많이 나는 것을 보았습니다. 왕께서 만약 도읍을 옮기시면 단지 백성의 이익이 무궁할 뿐만 아니라 전쟁의 걱정도 면할 수 있을 것입니다.

이 말을 들은 유리왕이 같은 해 가을 9월에 직접 국내 지역을 방문하여 지세를 돌아보았다. 그리고 이듬해인 유리왕 22년(3년) 국내로 천도하고 위나암성을 쌓았다고 전한다.

유리왕대 기록에 등장하는 '국내 위나암'이 정확히 어디를 가리키는 것인지, 그리고 유리왕대에 국내 지역으로 천도를 감행했다는 기록이 실제 역사적 사실과 부합하는지에 대해서는 논란이 있으나, 여기서 논하지는 않겠다. 다만 설지가 유리왕에게 보고한 내용을 지금의 집안 지역 자연환경과 비교해 보면 묘사 자체는 비교적 잘 대응하는 편이라 할 수 있다.

산수가 깊고 험하다는 것은 집안분지를 둘러싸고 있는 노령산맥의 산줄기와 이 지역을 관통하여 흐르는 압록강의 존재와 대응한다. 순록과 사승은 주로 산과 숲에 사는 동물이고, 물고기와 자라는 하천에서 얻을 수 있는 어자원이므로, 이 역시 앞서 묘사한 자연환경 조건과 부합한다. 오곡을 키우기 알맞다는 것은 농사에 적합한 토지가 존재한다는 의미로서, 이 일대에서 가장 큰 하상 충적지가 형성되어 있는 집안 지역의 환경 조건과 잘 맞는다. 집안 지역이 온난한 기후를 가지고 있다는 점 또한 농작에 유리한 점이다. 이처럼 『삼국사기』에 실려 있는 유리왕대 천도 기사는 사실성 문제와 별개로, 당대 고구려인들이 인식한 집안 지역의 지리 정보와 이미지를 충실히 반영한 것으로 이해할 수 있다.

2) 환도성과 국내성의 규모와 형태

집안 지역에는 두 개의 고구려 성 유적이 존재한다. 하나는 산성자산(山城子山)에 자리하고 있는 산성자산성이고, 다른 하나는 지금의 집안 시가지 중심부에 남아 있는 집안 평지성이다. 산성자산성과 집안 평지성과의 거리는 약 3km 정도이다. 현재 연구자들 사이에서는 산성자산성을 고구려 때의 환도성, 집안 평지성을 국내성으로 이해하는 데 이견이 없다.

산성자산성은 계곡을 품고 있는 전형적인 포곡식산성이다. 동쪽·북쪽·서쪽이 높은 봉우리로 둘러싸여 있는데, 이 능선을 활용하여 성벽을 쌓았다. 성벽의 총길이는 6,947m이며, 성문은 서쪽에 1개, 동쪽·남쪽·북쪽에 각각 2개씩 총 7개가 확인되었다(吉林省文物考古研究所·集安市博物館, 2004a). 정문은 지대가 낮아 전방이 개방되어 있는 남쪽 방향에 조성되어 있다.

산성자산성 정문 앞으로는 동북쪽에서 흘러내려온 통구하(通溝河)가 방향을 크게 틀어 동남쪽으로 흐른다. 이 물길은 집안 시가지에 자리한 집안 평지성 서쪽 성벽의 옆을 지나 압록강 본류와 합류한다. 산성자산성의

그림2 | 환도성으로 비정되는 산성자산성과 주변 지형

그림3 | 국내성으로 비정되는 집안 평지성과 주변 지형

동남쪽 산기슭에 조성된 충적지에는 대규모 고분군이 펼쳐져 있는데, 바로 집안 지역 주요 고구려고분군 중 하나인 산성하고분군이다.

집안 평지성은 돌로 쌓은 방형에 가까운 형태의 성이다. 인구가 밀집한 시가지 내에 존재하는 유적이므로 훼손 정도가 심한 편이다. 이는 일제강점기인 1930년대에 찍은 성벽 사진과 2000년대 이후 같은 곳을 촬영한 사진의 비교를 통해 확인할 수 있다. 1980년에 수행되었던 조사에 따르면, 집안 평지성의 전체 규모는 동벽 554.7m, 서벽 664.6m, 남벽 751.5m, 북벽 715.2m로 전체 둘레 2,686m였다(集安縣文物保管所, 1984). 그런데 2003년에 이루어진 재조사에서는 유실된 동벽과 남벽을 제외하고 서벽은 702m, 북벽은 730m로 측정되었다. 성벽의 형태가 정확한 방형이 아니고 모서리가 둥글게 축조된 부분도 있어서 기준점의 차이로 인한 오차로 이해할 수 있다. 성의 전체 규모는 대체로 둘레 2.7km 정도였던 것으로 파악되며, 성문은 2003년 조사 당시 동문과 남문은 각각 2개씩, 북문은 4개, 서문은 1개였던 것으로 보고되었다(吉林省文物考古硏究所·集安市博物館, 2004b).

3) 환도성과 국내성의 위치 비정을 둘러싼 논쟁

국내성과 환도성은 역사서에서 여러 차례 확인되는 고구려의 왕성이다. 하지만 그 실체에 대해 명확한 인식이 확립된 것은 근대에 이르러서이다. 668년 고구려가 멸망한 이후 신라의 영역은 대동강 이남 지역으로 한정되었다. 698년 건국한 발해가 집안 지역을 판도에 넣기는 하였으나 독자적인 역사서를 남기지 못한 채 멸망하였다. 그 결과 고려시대에는 고구려의 옛 왕도였던 졸본이나 국내성 지역에 대한 지리 정보가 거의 망실되었다. 『삼국사기』를 편찬한 김부식조차도 고구려 때의 국내성은 여진족

그림4 | 국내성 서벽의 형태 비교(위: 1937~1940년 무렵, 아래: 2004년)
(동북아역사재단, 2009, 『고구려 유적의 어제와 오늘1-도성과 성곽』)

이 세운 금(金)의 영역 안에 있을 것이나, 어디인지는 알 수 없다고 고백하였다.

국내성의 정확한 위치에 대한 이해가 결여된 상태에서 어느 때부터인가 압록강 하류 일대에서 국내성을 찾는 시각이 형성되었다. 조선 초에 편찬된 『고려사』 유소(柳韶)열전에 따르면, 유소가 처음 북쪽 국경에 관방을 설치하였다고 설명하면서 그 위치를 "서쪽 해변의 옛 국내성계로부터 압록강이 바다로 들어가는 곳"이라고 서술하였다. 1481년 편찬된 『동국여지승람』에서는 이를 더욱 구체화하여 국내성의 위치를 평안도 의주로 비정하는 내용이 실렸다. 또 조선 후기에 박지원이 쓴 『열하일기』를 보면 의주 건너편에 있는 금나라의 유적인 구련성(九連城)을 국내성지로 파악하는 인식도 확인된다.

이처럼 국내성의 위치를 압록강 하구에서 찾게 된 것은 『삼국사기』 지리지에 실려 있는 "안시성은 옛날 안촌홀이다-혹은 환도성이라고도 이른다"는 구절과 관련된 것으로 여겨진다. 안시성과 환도성은 전혀 관계가 없는 별개의 지명이었으나 김부식은 이를 혼동하여 양자를 같은 것으로 보았다. 이러한 오류가 발생한 이유는 『신당서(新唐書)』에서 마자수(馬訾水: 압록수)의 흐름을 설명하는 글을 잘못 이해했기 때문이다. 『신당서』에서는 마자수가 백산(백두산)에서 나와 국내성 서쪽을 지나 다시 서남쪽의 '안시(安市)'에 이르러 바다로 들어간다고 기술하였다. 이를 보고 국내성과 안시가 인접한 지역이라 오해하였던 것이다. 더구나 『신당서』에 등장하는 안시라는 지명은 안평(安平: 서안평, 지금의 丹東)의 오류이기도 하다(武田幸男, 1989).

보다 진전된 연구는 조선 후기 치밀한 문헌고증을 중시하였던 실학자들이 수행하였다. 안정복(安鼎福)은 『동사강목(東史綱目)』에서 환도의 위치를 추정하며 강계·이산 등의 강 북쪽 지역일 것이라고 지목하였다. 한

진서(韓鎭書)는 『해동역사속(海東歷史續)』에서 국내성은 만포진의 강 건너편, 환도는 초산부 강 건너편일 것이라 추정하였다. 정약용(丁若鏞)은 『아방강역고(我邦疆域考)』에서 국내성은 초산부 강 건너, 환도는 만포보의 강 건너에 있을 것이라 하였다. 이러한 연구는 국내성의 위치를 압록강 하구에서 찾았던 과거에 비해 실상에 크게 근접한 것이었다. 다만 현지답사를 결여한 문헌고증에 치중한 연구였기 때문에 실질적인 '증명'의 단계까지 이르지는 못하였다.

1906년에는 환도성·국내성의 위치 탐구에 있어서 획기적인 사건이 발생하였다. 집안 지역의 판석령(板石嶺)이라는 곳에서 관구검(毌丘儉)이 세운 기공비의 깨진 조각이 발견된 것이다. 관구검은 3세기 중엽 고구려를 침공하여 환도성을 함락하였던 인물이고, 판석령은 집안 지역에서 서쪽에 있는 교통로의 산능선에 해당하는 곳이었다. 이러한 물적 증거의 발견을 통해 환도성이 집안 지역에 존재하는 성의 이름이라는 것이 확실시되었다.

일본 학자 도리이 류조오는 관구검 기공비의 깨진 조각이 발견된 곳과 인접한 산성자산성을 환도성으로 지목하였다. 현재의 통설과 일치하는 구체적 비정이 이루어진 것이다. 다만 그는 국내성은 집안 지역이 아닌 다른 곳이라 생각하였다. 바로 요령성 환인 지역에 위치한 오녀산성(五女山城)이었다. 『삼국사기』 유리왕조에 보이는 '국내 위나암'이라는 표현을 중시하여 '국내성 = 위나암성 = 오녀산성'이라 이해한 것이다(鳥居龍藏, 1914). 다만 오녀산성 = 위나암성설을 도리이가 처음 생각해낸 것은 아니었다. 이 견해는 이미 조선시대 학자들이 제시한 바 있었다. 안정복은 『동사강목』에서 공민왕 19년(1370년) 이성계가 펼친 군사활동을 서술하며, 그 배경이 된 우라산성(亏羅山城)에 대해 주석을 달았다. 이때 『여사제강(麗史提綱)』(1667년)을 편찬한 유계(兪棨)의 견해를 인용하며, 이곳이 옛

날 위나암성인 듯하다고 언급하였던 것이다.

이에 대해 시라토리 구라키치는 환도성과 국내성이라는 명칭은 동일 지역에 대한 이칭일 뿐이며, 모두 집안 지역을 의미하는 것이라고 지적하였다(白鳥庫吉, 1914). 그간 환도성과 국내성을 아예 다른 별개의 지역으로 보아왔던 통념을 깨고, 두 성을 한 지역에서 찾는 인식의 기반을 마련한 셈이다.

한편, 세키노 다다시는 많은 고구려 유적이 산재해 있는 집안분지 전체를 고구려 왕도인 국내성으로 파악하였다. 환도성은 이곳에서 일정 거리 떨어진 별개의 장소를 가리키는 지명일 것이라 추정하였다. 세키노는 평양 지역의 고구려 유적을 조사하였던 경험을 바탕으로, 고구려인들은 평상시에는 평지에 있는 성에 머물며 생활을 하다가 변란이 일어나면 산성에 들어가 농성을 하는 고유의 도성방어체제를 운용하였다고 이해하였다. 그리고 산성자산성과 집안 평지성을 왕도인 국내성을 구성하는 하나의 단위로 파악하였다(關野貞, 1914).

제2차 세계대전 종전 이후 중국 학계의 발굴조사가 이어지고, 연구성과가 축적되면서 환도성과 국내성의 위치에 대한 논란도 차차 정리되었다. 이제 집안 지역 내에 있는 산성자산성을 환도성으로, 집안 평지성을 국내성으로 파악하는 것은 한·중·일 학계에서 공히 안정적인 통설로 인정되고 있다.

4) '산성-평지성' 모델과 환도성·국내성의 축조 시기 문제

세키노가 제기한 '산성-평지성 조합' 모델은 고구려 도성체제의 중요한 특징으로 이해되었고, 고구려 존속 시기 내내 관철되었다고 여겨졌다. 이에 고구려 도성 연구는 산성과 그에 대응하는 평지성이 구체적으로 어떻

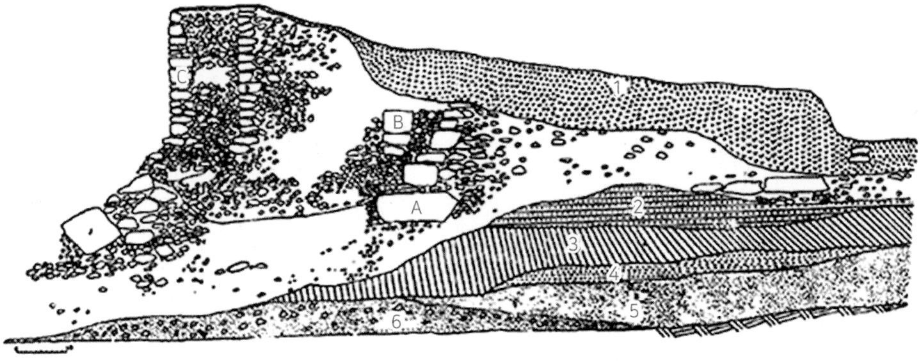

그림5 국내성 남쪽 성벽의 단면도(양시은, 2014, 원도는 集安縣文物保管所, 1984)
1층. 교란층 2층. 황갈색사질점토층(토축) 3층. 황색사질점토층 4층. 황색사질점토층
5층. 갈색사질점토층 6층. 사질력석층
A. 1차 건축(고구려) B. 2차 건축(고구려) C. 민국시기 건축(근대)

게 조합되었는지 그 실상을 밝히는 것을 목표로 진행되었다. 환인 지역에서는 산성인 오녀산성과 평지에 조성된 토성인 하고성자성(下古城子城)의 조합, 혹은 오녀산성과 나합성(喇合城)의 조합이 주목되었다. 집안 지역에서는 산성자산성과 집안 평지성, 그리고 평양 지역에서는 대성산성과 안학궁, 혹은 대성산성과 청암동토성의 조합이 관심 대상이 되었다.

하지만 근래에는 이러한 모델의 적용에 대해 도식적이라는 비판적인 견해도 제시되고 있다(권순홍, 2016; 기경량, 2017a). 이는 그간 집안 지역에서 이루어진 고고학 발굴성과를 중요한 근거로 삼고 있다.

국내성 성벽은 1975~1977년 중국 학자들이 시굴조사를 한 적이 있다. 이때 돌로 쌓은 성벽 하단에서 토성의 흔적이 확인되었다. 이에 조사자들은 이 자리에는 본래 한대(漢代) 토성이 있었는데, 나중에 고구려인들이 돌로 증축하여 재활용한 것이라는 견해를 제시하였다. 국내성지가 본래

그림6 | 국내성 내 제2소학교에서 출토된 '갑술'명와당(吉林省文物考古硏究所·集安市博物館, 2004)

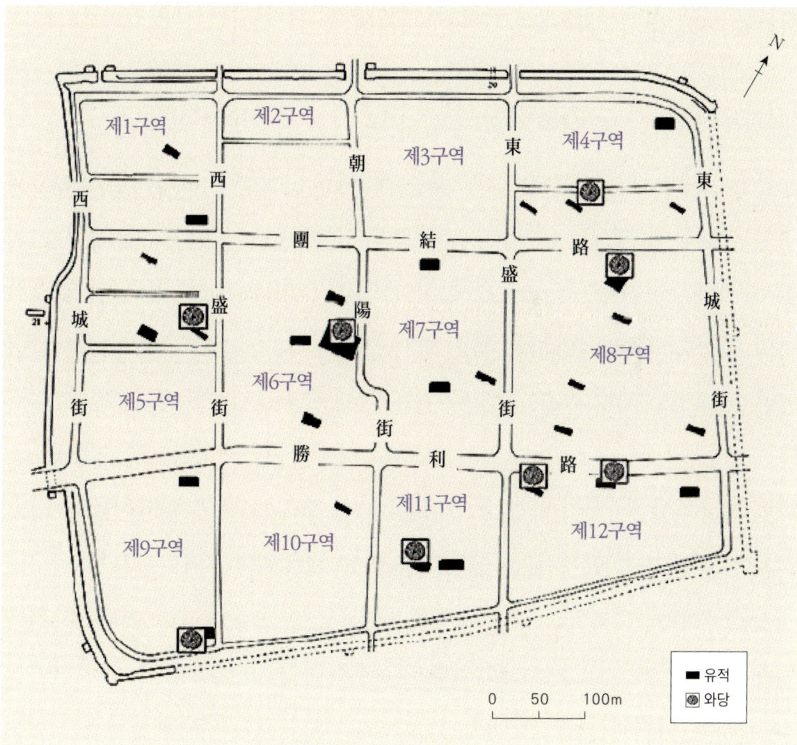

그림7 | 국내성 내 구역 구분과 권운문와당 출토 현황(여호규, 2012)

현도군 고구려현의 치소였을 가능성을 염두에 둔 것이었다(集安县文物保管所, 1984).

그런데 2000~2003년 재차 발굴조사가 이루어지면서 기존과 다른 이해가 도출되었다. 재발굴과정에서는 토성으로 여겨지는 흔적은 확인되지 않았고, 성돌 내부의 다짐층에서 고구려 토기 파편이 출토되었다. 이를 통해 아래쪽의 토축 부분과 위쪽의 석축 부분이 동일한 고구려시기의 것임이 확인되었다(吉林省文物考古研究所·集安市博物館, 2004b). 1970년대 조사에서 한대의 토성이라 생각했던 부분은 실제로는 토성이 아니라 고구려가 성벽을 세우기 위해 조성한 성토층을 오해한 것으로 파악되었다. 실제로 연천의 호로고루나 낭포성 등 발굴이 이루어진 또 다른 고구려 성에서도 석축 성벽 아래 토축 성토부가 확인된 바 있다(양시은, 2014).

문제는 국내성의 축조 시기이다. 이에 대해서는 아직 학자들 간 뚜렷하게 의견 통일이 이루어지지 않고 있다. 하지만 현재까지 확인된 고고학 자료만 놓고 보자면 4세기 이전의 것은 확인하기 어렵다. 2003년 조사된 국내성 중심부의 체육장 지점의 가장 아래 문화층에서는 권운문와당과 동진시기(317~420년)에 제작된 청자 등이 출토되었다. 또 이곳 외에도 국내성 내부 곳곳에서 명문을 새긴 권운문와당이 다수 발견되었는데, 갑술(甲戌, 314년), 태령(太寧) 4년(326년) 등 대개 4세기 초부터 중반에 해당하는 것들이다.

문헌기록상에 '국내'라는 표현이 처음 등장하는 것은 유리왕대이지만, '국내성'이라는 표현이 처음 등장하는 것은 고국원왕 12년(342년) "봄 2월에 환도성을 수리하고, 또 국내성을 쌓았다"는 내용이 최초이다. 여기에 현재까지 확인된 고고자료의 상한이 4세기대라는 점을 감안하여 현존하는 국내성 성벽의 축조 연대를 342년으로 보는 견해가 제시되었다(양시은, 2013). 이와 달리 국내성 내부에 4세기 초에 해당하는 고급 건축재가 고르게 분포하고 있다는 점을 감안하여 4세기 초 이전에 이미 국내성지가 조영되었을 가능성을 상정하기도 한다(여호규, 2014).

문헌기록을 근거 삼아 보다 이른 시기인 3세기 중반으로 축조 연도를 특정하는 경우도 있다. 『삼국사기』에는 동천왕 21년(247년)에 관구검의 침입으로 환도성이 피폐해지자 "평양성을 새로 쌓고 백성과 종묘·사직을 옮겼다"는 기록이 기재되어 있다. 이 기록에 등장하는 평양성을 국내성으로 이해하고 국내성의 초축 시기를 247년으로 이해하는 것이다(심광주, 2005). 이처럼 국내성이 처음 만들어진 시기에 대해서는 대체로 3세기 중반~4세기 중반 정도의 시간적 범위가 상정되고 있다.

한편, 환도성으로 비정되는 산성자산성은 2001~2003년에 발굴조사가 이루어졌다. 이때 성내에서는 '궁전지'라고 불리는 건축지에 대한 발굴이 이루어졌다. 궁전지유적은 산성 내부의 동북쪽 경사면에 있다. 남북 95.5m, 동서 86.5m 규모이며, 3단의 대지가 조성되고 4열 11기의 건물이 있었음이 확인되었다. 발굴 결과 궁전지유적에서는 5개의 층위가 확인되었는데, 이 중 제3층과 제4층이 고구려문화층으로 파악되었다. 이 유적에서는 기와편과 귀면문와당, 연화문와당, 인동문와당 등이 출토되었다(吉林省文物考古研究所·集安市博物館, 2004a).

그런데 이들 와당의 제작 연대는 비교적 늦은 편이다. 환도성 궁전지에서 출토된 구획선이 없는 연화문와당은 5세기 중반에서 후반에 등장한 것으로 여겨진다(김희찬, 2005). 와당유물만으로 환도성 내 궁전지유적의 연대를 추정한다면 5세기 이전으로 끌어올리기 어렵다. 출토유물만으로 판단한다면 환도성의 연대는 3세기 중반~4세기 중반에 축조된 것으로 상정되는 국내성보다도 늦게 된다.

다만 문헌기록을 보면 환도성은 오히려 국내성보다 그 존재가 명확하게 확인된다. 『삼국사기』에서는 태조왕 90년(142년)에 "환도에 지진이 있었다"는 내용이 있고, 산상왕 2년(198년)에는 "환도성을 쌓았다"는 기록이 있다. 게다가 산상왕 13년(209년)에는 "환도로 도읍을 옮겼다"고 하였다. 무엇보다 중국 측 기록인 『삼국지』를 보면 위나라의 장수 관구검이 고구려를 침공하여 환도에 올라 도읍을 도륙하였다는 기록이 확인된다. 관구검의 침입은 244년의 일이다. 3세기 중엽 환도성의 존재가 중국 측 문헌기록에 의해 교차 검증이 되므로, 출토된 고고유물의 연대와는 괴리가 발생한다. 이처럼 문헌기록과 출토유물의 연대가 불일치하는 현상은 고민스러운 부분이다. 이에 환도성이 전쟁을 통해 여러 차례 대규모 파괴가 이루어져 개축이 되었다는 점과 2000년대 조사가 성 내부 일부 지점에서만 이루어졌나는 점을 지적하기도 한다(양시은, 2013). 이는 차후 산성자산성에 대한 면밀한 추가 조사를 통해 검증이 필요한 부분이다.

앞서 살펴본 내용에 따르면 환도성과 국내성의 초축 시기 및 사용 시기가 꼭 일치한다고 볼 수 없다. 고구려 도성이 언제나 산성과 평지성의 조합으로 운영되었다는 통설에 대해 재검토를 요구하는 목소리가 나오게 된 이유가 여기에 있다.

5) 국내 지역 도성의 공간 구성

고구려가 졸본에서 국내 지역으로 천도를 한 직후에는 마선구 지역을 평상시 거점으로 이용하였고, 환도성은 비상시에 사용하는 군사방어성으로 기능하였다고 보는 견해가 있다. 그 근거는 마선구 지역이 산으로 둘러싸인 계곡 사이의 충적대지에 조영되어 있다는 점에서 졸본에 있는 평상시 거점인 고려묘자촌(高麗墓子村) 일대의 지형과 유사성이 있다는 점, 그리고 이른 시기에 조영된 계장적석묘(階墻積石墓)가 이 일대에 많이 분포한다는 점이다. 이 견해에서는 특히 마선구 지역에서 발견된 건강(建疆)유적을 고구려 당시의 주거유적으로 주목한다(여호규, 2005; 강현숙, 2015; 여호규, 2019).

그러나 마선구 일대를 도읍지로 보기에는 고고자료가 충분하지 않고, 환도성과의 거리도 멀며, 졸본에서 국내 지역으로 도읍을 옮겼음에도 훨씬 넓은 평원을 두고 굳이 좁은 곳에 자리 잡았다는 것이 설득력이 떨어진다는 지적이 있다(노태돈, 2012; 임기환 2015). 현재로서는 국내 지역의 초기 중심 주거지가 국내성이 자리하고 있는 지금의 집안 시가지 일대였을 것이라 보는 시각이 보다 일반적이다.

문헌기록을 보면 고국천왕 13년(191년)부터 동부·서부·남부·북부·중부 등의 방위명부가 본격적으로 등장하는 것으로 확인된다. 이에 따라 고구려 왕도는 5부 행정구역으로 구성되었다고 이해하고 있다. 구체적으로는 국내성 내부의 간선도로망 형태를 근거로 5부의 형태를 추정하기도 한다. 현재 국내성 내부에는 횡으로 2개의 간선도로가 있고, 종으로 3개의 간선도로가 있어 양자가 교차하며 총 12개의 구역으로 구분된다. 이 중 중앙에 위치한 6구역과 7구역이 입지상 주목되었다. 고구려 당시에는 6구역과 7구역이 구분되지 않은 하나의 구역이었고, 이곳에 왕궁이 있었을 것이라는 추정이었다. 이곳이 곧 5부의 중심인 중부이고, 이를 기준으로 동·서·남·북의 방위부가 배치되었다고 본 것이다(임기환, 2003; 여호규, 2012).

이와 달리 성벽 바깥에서 5부의 구역을 찾는 경우도 있다. 국내성 내부에 5부 세력이 모두 거주하기에는 공간이 협소하다는 점을 들어, 중부만 국내성 안쪽에 존재하였을 것으로 보고, 나머지 4부가 성 바깥에 있었다고 보거나(정호섭, 2015), 5부는 전체 왕도 권역에 걸쳐 존재하였고, 국내성과 환도성은 왕성인 중부였을 것으로 추정하는 견해가 제시되었다(조영광, 2016). 국내성 성벽의 존재에 구애받지 않고, 집안분지 내에서 자연하천 등의 지형에 따라 5부가 분포·구분되었다고 이해하는 견해도 있다(기경량, 2018).

그런데 앞서 살펴보았듯이 근래 발굴성과에 따르면 국내성 초축 시기는 3세기 중반~4세기 중반으로 상정되고 있다. 이는 5부의 구분을 국내성 안에서 획정하려는 견해에 새로운 고민을 부여한다. 문헌기록에 따르면 아직 국내성이 축조되기 전인 고국천왕대부터 이미 5개의 방위명부가 등장하기 때문이다. 이에 국내성 성벽이 축조되기 전 시기에는 집안분지의 넓은 공간에 걸쳐 방위명부가 분포하고 있었고, 국내성이 축조된 이후에는 성벽 안쪽으로 재편성되었다고 보는 견해도 있다(임기환, 2015).

집안분지 내에서 5개의 방위명부가 어떻게 배치·구성되어 있었는지에 대해서는 아직 연구자별로 의견이 분분한 상황이다. 다만 집안분지 내에 있는 소하천들을 기준으로 지역을 구분하는 방법이 많이 활용되고 있다. 고구려에서는 왕의 장지명을 이용하여 왕호를 붙이곤 하였는데, 동천왕(동양왕)·중천왕(중양왕)·서천왕(서양왕)·미천왕(호양왕)·고국천왕·고국원왕 등이 이에 해당하는 사례이다. 이 중 동천은 집안분지 가장 동쪽 임강총 부근을 지나는 소하천, 중천은 우산 기슭에서 발원하여 서쪽으로 흘러 국내성 남쪽에서 동남향으로 방향을 꺾어 압록강으로 들어가는 소하천, 서천은 환도성을 지나 압록강으로 흘러 들어가는 통구하, 미천은 마선하(麻線河)로 각각 비정할 수 있다(정호섭, 2011; 조법종, 2013; 임기환, 2015). 이에 이러한 소하천들을 기준으로 삼아 5부의 경계가 나뉘었을 가능성이 제기된 것이다(임기환, 2015; 기경량 2018).

한편, 고구려 왕도 외곽에 왕도의 방어나 배후생산기지, 인구수용처 등의 용도로 왕기(王畿) 영역이 설정되었을 가능성을 상정하기도 한다. 제시된 범위는 대략 지금의 집안시 전역과 통화현 일부를 포함한 지역이다(조영광, 2016). 다만 왕기와 관련된 문헌기록은 매우 미비하다. 고국천

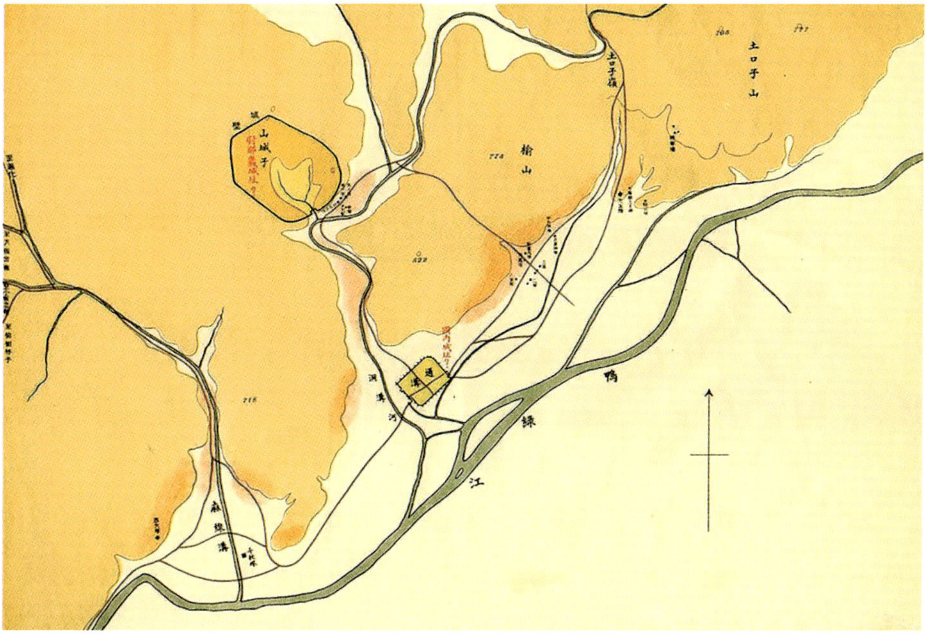

그림8 | 1910년대 집안 지역의 지형(朝鮮總督府, 1915)

왕 13년(191년) 좌가려(左可慮) 등의 무리가 반란을 일으켜 왕도를 공격하자, 왕이 '기내(畿內)'의 병력을 동원하여 평정하였다는 『삼국사기』 기록 정도가 전부이다. 왕기의 존재 여부와 구체적 형태는 앞으로 연구가 더 축적되어야 밝힐 수 있을 것으로 보인다.

2. 전기 평양시기의 도성

1) 평양으로의 천도 시기와 동기

고구려가 국내 지역에서 평양으로 천도한 시기는 장수왕 15년(427년)

이다. 그러나 이와 별개로 동천왕대와 고국원왕대에 평양으로 천도하였다는 설도 존재한다. 이는 『삼국사기』에 실린 다음 기록 때문이다. 우선 동천왕 21년(247년) "왕이 환도성이 난을 겪어 다시 도읍으로 삼을 수 없다고 하여, 평양성을 쌓고 백성과 종묘·사직을 옮겼다"고 한 기록이 있다. 또한, 고국원왕 13년(343년)에 "평양 동쪽 황성(黄城)으로 이거(移居)하였다. 성은 지금의 서경 동쪽 목멱산 중에 있다"고 한 기록도 있다. 이 기록을 그대로 인정한다면 427년의 평양천도 이전에 이미 고구려가 평양을 왕도로 사용하고 있었다는 역사상이 성립되므로, 이에 대한 해석을 두고 많은 논란이 있었다.

북한 학계에서는 동천왕대의 천도 기록을 신뢰하는 경향성을 보인다. 3세기 중반에 평양 지역에서 낙랑 세력은 이미 축출되었다고 이해하기 때문이다(손영종, 2000). 이에 북한 학계에서는 동천왕이 머물렀던 곳이 구체적으로 현재의 평양 어느 곳인지를 찾는 것이 중요한 연구주제로 부각되었다. 하지만 북한 학계 외에는 동천왕대 평양천도설에 대해 부정적으로 보는 경우가 일반적이다. 3세기 중반에 평양 지역은 여전히 낙랑군의 판도하에 있었다고 보는 것이 통설이기 때문이다. 낙랑군은 미천왕 14년(313년)에야 고구려에 복속되었다고 이해한다.

낙랑군 치소였던 토성이 대동강 남안에 존재하기 때문에, 낙랑군의 영역을 잠식해 가던 고구려가 동천왕대에 이미 대동강 이북 지역까지 영역화했다고 이해하고, 이를 바탕으로 동천왕대의 평양천도 기사를 긍정하는 경우도 있다(김원룡, 1976). 그러나 고구려가 이 시기 대동강 이북 지역을 영역화하는 데 성공하였다 하더라도, 낙랑군 세력과 강 하나를 사이에 두고 마주하는 변경 지역으로 천도하였다고 볼 수 있을지는 의문이다(기경량, 2020).

동천왕대인 3세기 중반에 평양 지역은 여전히 낙랑군의 영역이었던 것이 분명한 이상 고구려가 이곳으로 천도를 하였다는 이야기는 성립하기 어렵다. 이에 『삼국사기』 동천왕대 기록에 등장하는 '평양성'을 지금의 평양 지역이 아닌 다른 곳에서 찾는 시도가 있었다. 우선 동천왕대의 평양성을 집안 평지성으로 비정하는 경우이다. 관구검의 침입으로 파괴된 것은 환도성이었으므로, 평지에 새로 성을 쌓고 이곳으로 치소를 옮겼다는 것이다. 다만 명확한 근거가 아닌 개연성을 바탕으로 한 추정에 불과하다는 점이 문제이다. 고국원왕 12년(342년) "국내성을 쌓았다"는 기록과 상충한다는 지적도 나올 수 있다. 이에 동천왕대에 천도하였다는 '평양성'을 집안 지역에서 벗어난 북한의 강계 지역으로 비정하는 견해를 비롯해, 중국 양민(良民) 지역의 옛 성, 혹은 환인 지역의 나합성으로 비정하는 견해도 제시되었다. 하지만 이 견해 역시 추정의 영역에 있다. 학자별로 견해차가 심하기 때문에 현재로서는 동천왕대 쌓았다는 평양성의 실체에 대해 확정하기 어렵다. 다만 지금의 평양 지역으로 보기 어렵다는 정도의 합의는 가능할 것이다.

그다음 고국원왕대의 평양 동황성 이거 문제이다. 동천왕대의 평양 문제와 달리 고국원왕 13년(343년)은 고구려가 이미 평양 지역을 장악하여 운영하던 시기라는 점에서 지금의 평양 지역으로 볼 수 있는 최소한의 조건을 갖추고 있다. 북한 학계에서는 평양 지역에 대한 고구려의 경영이 동천왕대인 3세기 중엽에 이미 시작되었다는 전제 아래 평양 동황성을 장안성 북성으로 비정하거나(채희국, 1965), 고방산의 용당산성(정찬영, 1966), 청호동토성(손영종, 2000) 등으로 비정하는 연구가 일찍부터 제시되었다. 남한 학계에서도 청암동토성을 평양 동황성으로 비정하는 데 동의하는 견해가 제시된 바 있다(민덕식, 1989; 장효정, 2000).

이와 달리 고국원왕대의 '평양 동황성'을 평양 지역이 아닌 다른 곳에서 찾는 경우도 있다. 동천왕대 평양성 위치 비정의 연장선에서 고국원왕대의 평양 동황성마저 강계 지역으로 비정하는 경우(이병도, 1956), 집안 평지성 동쪽에 자리한 동대자(東臺子)유적으로 보는 경우(魏存成, 1985), 중국 임강(臨江) 지역으로 비정하는 경우(張福有, 2005) 등이다.

『삼국사기』'평양 동황성' 기록의 성격에 대해 의문을 품고 접근하는 연구도 있다. '평양 동황성' 서술이 당대 사실을 전하기보다 후대 인식의 반영이라는 전제하에 실제 고구려의 왕성으로 활용되었던 청암동토성의 동쪽, 대성산 아래 위치한 안학궁지를 평양 동황성으로 비정하는 경우가 그것이다(임기환, 2007). '평양 동황성' 기록을 역사적 사실과 무관하게 『삼국사기』 편찬 과정에서 수집된 지역전승의 채록 및 삽입으로 보기도 한다. 조선시대의 고지도와 지리지 등을 통해 『삼국사기』에서 '평양 동황성'이 위치한 곳으로 지목한 목멱산의 위치가 의암동 일대임을 확인하고, 해당 지역에 자리한 의암동토성유적을 '평양 동황성'의 실체로 파악한 것이다(기경량, 2020).

동천왕대의 평양성 천도 기록과 고국원왕대의 평양 동황성 이거 기록은 공히 자료의 성격 및 해석상의 불안함을 가지고 있다. 앞으로 다각적인 탐구가 필요하며, 학자들의 견해가 안정적으로 정리될 때까지 시간이 필요하다. 따라서 현재로서는 고구려가 평양 지역으로 천도한 시기로 가장 신뢰성이 있는 연대는 장수왕 15년(427년)이다.

고구려가 평양으로 천도하게 된 동기는 여러 가지가 거론되고 있다. 우선 고구려 대외정책의 일환으로 추진되었던 남진정책을 주목한다(박성봉, 1979; 田中俊明, 2004). 고구려는 광개토왕대부터 이미 적극적인 남진정책을 펼치고 있었고, 장수왕대의 평양천도 역시 그 흐름 속에서 이해할 수 있다는 취지이다. 이와 반대로 북위(北魏)와의 군사적 긴장이라는 정세를 배경으로, 수도의 안정성을 확보하려는 방어 목적에서 천도가 추진되었다고 보는 경우도 있다(장종진, 2011).

경제적 측면에서 천도의 동기를 찾기도 한다. 졸본과 국내성이 자리한 혼강과 압록강의 경제적 기반은 당시 고구려의 국가 규모에 비해 한계가 있었으므로, 보다 우월한 농업생산력을 가지고 있어 안정된 토대를 확보할 수 있는 평양 지역으로 천도를 모색하게 되었다는 것이다(서영대, 1981). 또 다른 동기로 거론되는 것은 정치적 목적이다. 국왕을 중심으로 한 중앙집권화 과정에서 국내 지역을 세력기반으로 하는 기존 귀족들을 배제할 필요가 발생하였고, 이를 실현하는 과정에서 평양천도가 단행되었다는 지적이다(서영대, 1981). 평양 지역이 고조선 이래의 전통과 낙랑군 이후 중국 문화의 세례를 받은 우수한 문화전통을 지니고 있는 곳이라는 점을 들어, 훌륭한 관료 후보군으로서의 인적·문화적 기반을 가지고 있다는 점에 주목하기도 하였다(임기환, 2007).

천도 동기는 복합적 성격을 가질 수 있는 만큼 이 같은 견해를 두루 주목할 필요가 있다. 다만 근래 연구경향을 보면 일반에 널리 퍼져 있는 남진정책설에 대해 부정적인 견해가 있음을 유의할 필요가 있다(임기환, 2007; 김병곤, 2011; 장종진, 2011). 천도의 동기로 남진정책을 거론하는 것은 지나치게 단선적인 접근인 데다, 천도가 이루어진 시점과 고구려가 백제에 대한 공세를 벌인 시점과의 시간적 격차가 크므로 양자의 인과관계에 의문이 있다는 것이다.

평양으로의 천도가 단행된 것은 장수왕대의 일이었지만, 이 지역에 대한 적극적인 경영은 이미 그 전대부터 시행되고 있었다. 예를 들어 『삼국사기』에는 광개토왕 2년(392년)에 평양에 9개의 절이 창건되었음을 전하고 있고, 〈광개토왕비문〉에는 영락 9년(399년)에 왕이 평양 지역으로 내려가 왜의 침입을 받은 신라 사신을 만나 군사적 지원을 약속해주는 모습이 확인된다. 고구려가 평양으로 천도하기 19년 전인 광개토왕 18년(408년)에는 나라 동쪽에 독산(禿山) 등 6개의 성을 쌓고 평양의 민호를 이주시키는 사건이 있었다. 이는 평양 지역의 토착세력을 자기 기반에서 유리시켜 이 일대에 대한 고구려 중앙의 지배력을 강화하는 데 목적이 있었다고 해석하기도 한다(서영대, 1981). 평양으로의 천도가 기획된 구체적 시점이 언제인지에 대해서는 지목하기 어렵지만, 적어도 광개토왕대에 이미 천도 계획이 추진되고 있었다는 견해가 일반적이다.

2) 전기 평양성시기 산성과 평지성

장수왕대 고구려가 천도를 한 평양 지역의 중심지가 지금의 대성산 부근일 것이라는 점에는 학자들 간에 이견이 없다. 『삼국사기』에서는 "평양으로 이도하였다"는 간단한 내용이 전해질 뿐이지만, 중국 측 기록을 보면 당시 평양성의 위치와 형태에 대해 보다 구체적인 묘사가 확인된다.

5세기 북위의 인물 역도원(酈道元)이 편찬한 『수경주(水經注)』에는 고구려 사신을 만나 패수(浿水: 대동강)가 흐르는 방향을 물어보고 대답을 들은 내용이 기록되어 있다. 이때 고구려 사신은 "성은 패수의 북쪽에 있으며, 그 물은 서쪽으로 흘러 옛 낙랑 조선현을 지나니 곧 낙랑군치이며 한무제 때 설치한 것이다"라고 대답하였다. 이는 당대 고구려인의 입을 통해 나온 증언이라는 점에서 사료적 가치가 무척 높다.

역도원이 전하는 고구려 사신의 설명은 평양 대동강의 흐름 및 주변 유적의 상관관계와 정확하게 부합한다. 이를 통해 장수왕대 이래 고구려 평양성이 낙랑군 치소 근처를 흐르는 대동강의 상류에 있으며 강 북쪽에 있었음을 명확하게 알 수 있다.

다음으로 주목하는 자료는 7세기 초에 편찬된 『주서(周書)』의 기록이다. 이 내용을 보면 "치소는 평양성이다. 그 성은 동서로 6리이고, 남쪽으로는 패수에 임해 있다. 성안에는 오직 창고를 채우고 무기를 쌓아 방비하

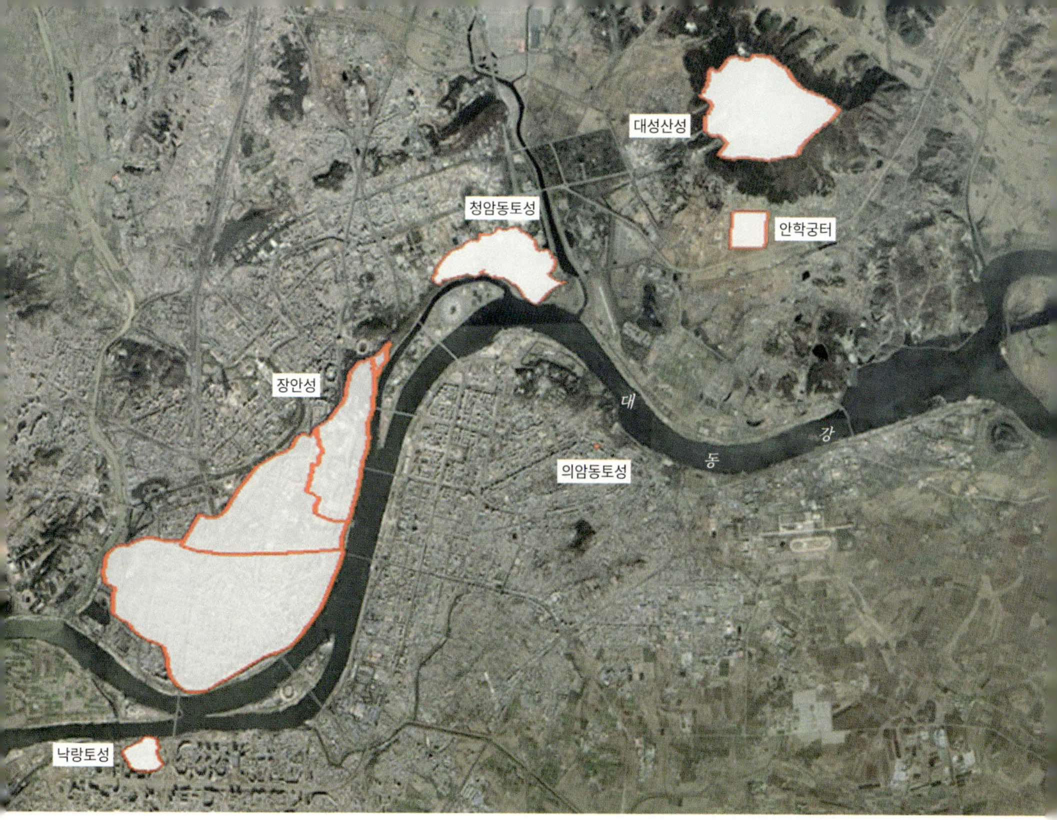

그림9 | 평양 지역 주요 성 유적

니, 적이 이르는 날에는 모두 들어가 굳게 지킨다. 왕은 그 곁에 따로 집을 지어 놓아서 항상 거기 머무르지는 않는다"라고 서술하고 있다. 『주서』에서 묘사하는 평양성은 창고와 무기가 쌓여 있고, 유사시 적이 이르렀을 때 들어가 농성을 할 수 있는 장소이다. 이에 일찍부터 주목받았던 곳이 대성산성이다.

대성산은 평양시 동북쪽에 위치한 산으로, 소문봉·을지봉·장수봉·북장대·국사봉·주작봉의 6개 봉우리로 이루어져 있다. 이 중 가장 높은 봉우리는 해발 274m의 을지봉이며, 각 봉우리가 능선으로 연결되며 타원형을 이루고 있다. 서남쪽으로는 골짜기가 형성되어 있는데, 골짜기는 산 안쪽에서 두 갈래로 나뉘어 동천호와 미천호라는 두 개의 거대한 호수를 이룬다. 대성산성은 대성산의 능선을 이용해 돌을 쌓아 조영한 포곡식산성으로, 성의 규모는 동서 너비 2,300m, 남북 너비 1,700m, 둘레 7,076m이며, 산성 안의 면적은 대략 200만 m^2이다(김일성종합대학 고고학 민속학강좌, 1973).

주작봉과 소문봉 사이의 계곡 입구에는 산성의 정문인 남문이 있는데, 980m 구간을 이중의 성벽으로 쌓았고, 주작봉과 국사봉 사이도 삼중으로 성벽을 쌓았다. 이곳의 성벽은 현재 모두 무너지고, 허물어진 성돌은 본래 성벽을 따라 10~15m 너비로 쌓여 있다. 소문봉 일부 구간에 40~50cm 높이의 성벽이 일부 남아 있을 뿐이다. 성내 건물터는 성문 자리를 포함해 성벽과 성내의 높은 지대, 산중턱 골짜기에 배치되어 있다. 성안에는 170개의 연못이 확인되었으며, 남문 부근에 있는 이중으로 된 성벽 사이의 연못은 방어를 목적으로 한 해자 역할을 했다고 추측하기도 한다(민덕식, 1989).

대성산성의 형태와 규모는 집안 지역에 있는 환도성과 매우 흡사하다. 고구려가 평양 지역으로 천도하면서 의식적으로 환도성과 유사한 대성산성 일대를 선정하여 활용하였다고 짐작하는 점이다. 한편, 대성산성 인근에 있는 유적 중 가장 주목하는 것은 바로 안학궁유적이다.

안학궁은 대성산 남쪽 기슭에 자리하고 있는 평지성 유적이다. 한 변이 622m가량 되는 마름모 형태의 방형토성으로, 성벽의 전체 길이는 2,488m이다. 성벽의 높이는 5.8m인데, 외관은 토성이지만 성벽 밑 부분은 돌을 이용하여 쌓았다(전제헌·손량구, 1985). 발굴자료로 복원한 성벽의 하폭은 8.8m, 상폭은 4.4m, 높이는 8~10m로 추정된다. 문은 동·서·북벽에 1개씩 있고, 남벽에는 3개가 있다. 소문봉의 남쪽 골짜기에서 흘러내리는 세 물줄기 중 동쪽과 서쪽 물줄기는 성벽 밖을 따라 북에서 남으로 흐르고, 가운데 물줄기는 성의 북벽을 뚫고 성안의 동부 저지대를 흘러

남쪽으로 흐른다. 성안에서는 52채의 집자리 중 궁전터 51채, 궁전을 연결하는 회랑터 31채, 집자리 기둥구멍 2,590개가 발굴되었다. 궁전터는 위치에 따라 동궁·서궁·남궁·북궁·중궁으로 부른다(閔德植, 1989b). 그런데 국내성은 왕궁뿐 아니라 주요 관청 및 귀족의 거주지가 포함된 왕성으로서의 성격을 가지고 있었던 데 반해, 안학궁은 성 내부에 왕의 거처인 궁궐만 존재하는 궁성의 성격을 가지고 있다는 점에서 차이가 있다.

과거 연구에서는 고구려의 왕도가 '산성-평지성 조합'으로 이루어져 있다는 모델에 입각하여, 대성산성과 짝을 짓는 평지성이 어디인지를 찾는 데 집중하였다. 일본 학자 세키노가 처음 제시한 조합은 대성산성-안학궁유적이었다(關野貞, 1914). 그러나 세키노가 대성산성의 짝으로 안학궁을 제시한 데 특별한 근거가 있었던 것은 아니었다. 대성산성과의 인접성과 안학궁의 토성 규모가 집안 평지성과 비슷하다는 점이 고려되었을 뿐이다. 실제로 대성산성과 환도성의 둘레 길이는 모두 약 7km로 비슷하며, 안학궁의 성벽과 국내성의 둘레 길이 역시 약 2.5~2.7km 정도로 유사한 편이다.

하지만 세키노는 대성산성-안학궁 조합을 상정하였던 견해를 곧 철회하고, 대성산성-청암동토성의 조합을 새롭게 제시하였다(關野貞, 1928). 안학궁유적에서 출토된 와당의 연대가 시기적으로 늦어서 대성산성 출토 기와와 시기적으로 부합하지 않는다는 점을 확인하였기 때문이다. 반면 인근 청암동토성에서 출토된 와당은 구획선이 있는 연화문와당으로서 대성산성에서 출토된 것과 같은 계통이었고, 집안 지역에서 출토된 5세기의 연화문와당과도 형태적 유사성을 지닌 것이었다.

세키노가 새로 주목한 청암동토성은 평양시 동북쪽 대동강 북안에 위치한 성벽 길이 3,450m의 토성이다. 성의 전체적인 형상은 반달 모양이며, 남쪽은 대동강에 접해 있고, 동쪽으로는 대동강의 지류인 합장강이

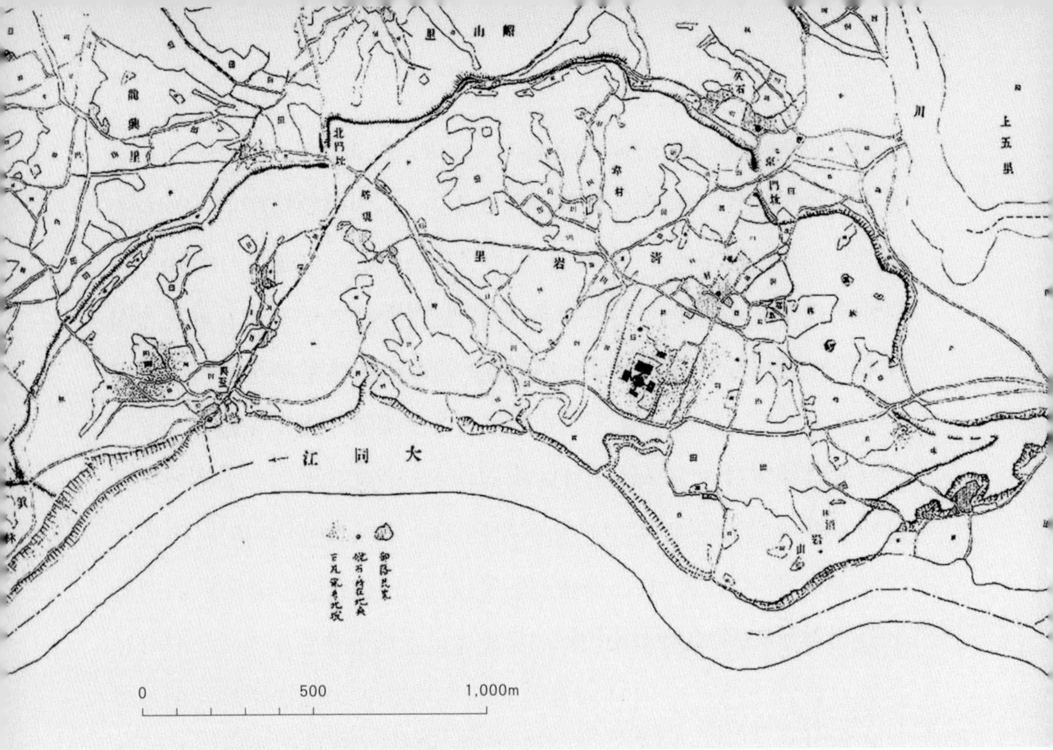

그림10 | 청암동토성의 형태(小泉顯夫, 1940)

흐른다. 동쪽, 서쪽, 북쪽 3개소에 문이 있다(남일룡·김경찬, 1998; 2000; 2001). 서남쪽 방향으로 나 있는 대성산성의 정문에서 직선으로 뻗은 도로가 청암동토성의 동북쪽 문과 연결된다는 점에서 두 성의 밀접한 관계를 상정하기도 한다.

그런데 1938년 발굴조사에 따르면 청암동토성 내에서도 왕궁유적은 확인되지 않았다. 세키노가 왕궁터로 유력하다고 지적했던 장소에서는 왕궁이 아니라 사찰유적이 확인되었다. 유적 중심부에 탑지인 팔각형 건물지가 자리하고, 그 주위를 세 건물이 둘러싸고 있는 형상으로서 전형적인 고구려의 1탑 3금당 형태 사찰이다. 이 사찰유적은 문자명왕 7년(498년)에 창건되었다는 기록이 남아 있는 금강사터로 추정되었다(小泉顯夫, 1940). 『동국여지승람』에는 평양부 동북쪽 8리 지점에 금강사터가 남아 있다는 기록이 있고, 『고려사』를 보면 숙종 7년(1102년) 9월에 평양을 방문한 왕이 금강사에 행차하여 승려들에게 밥을 대접하고 옛 탑이 있던 자리를 보았다고 한 기록이 남아 있다. 이 금강사가 고구려 때 창건된 금강사라고 확정할 수 있는 근거가 확보된 것은 아니지만, 고려시대에도 '옛 탑'의 자리를 운운한 것을 보면 개연성은 충분히 있다고 여겨진다. 여하튼 청암동토성 내에서 가장 입지가 좋은 유력한 장소에서 왕궁이 아닌 사찰유적이 확인됨에 따라 산성인 대성산성과 조합을 이루는 평지성이 어디인지는 미궁에 빠지게 되었다.

3) 안학궁의 조영 시기 문제

북한 학계에서는 안학궁이 장수왕의 평양천도기에 대성산성과 함께 조성되었다고 보는 견해가 일찌감치 제시되었으며(채희국, 1964), 더 나아가 3세기 초에 이미 안학궁이 건설되었다는 견해도 있다(전제헌·손량구, 1985). 그 근거로 제시되는 것이 남포시 강서구역에 있는 약수리벽화무덤의 성곽도이다. 약수리벽화무덤에 그려진 성곽도의 형상은 마름모 모양인데, 이는 안학궁 북쪽에 위치한 대성산에 올라 안학궁을 내려다본 모습을 묘사했다고 이해된다는 것이다(전제헌·손량구, 1985). 약수리벽화무덤은 대부분의 연구자들이 4세기 말에서 5세기 초에 조영된 무덤으로 편년하고 있으므로, 이 그림이 안학궁을 그린 것이 틀림없다면 안학궁이 5세기 초 이전부터 이미 존재하였다고 판단할 수 있는 중요한 근거가 될 수 있다.

하지만 약수리벽화무덤의 그림이 실제로 안학궁을 묘사하였다고 단정하기는 어렵다. 약수리벽화무덤의 성곽도가 정말 마름모꼴의 성벽 형상을 묘사하려는 의도를 가졌던 것인지 불분명하기 때문이다. 그림에서 묘

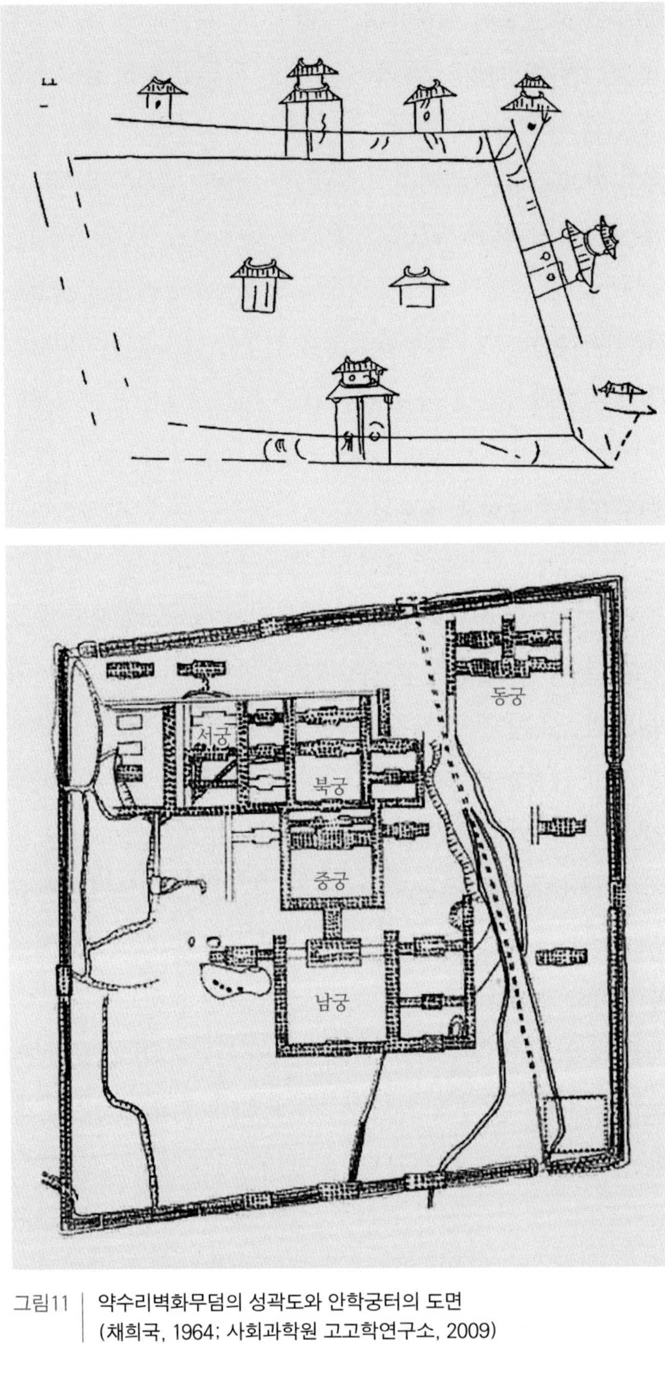

그림11 | 약수리벽화무덤의 성곽도와 안학궁터의 도면
(채희국, 1964; 사회과학원 고고학연구소, 2009)

사하려는 대상의 실제 모습이 정방형이라 하더라도 바라보는 각도나 투시도법에 따라 기울어진 것처럼 묘사하는 것은 가능한 일이다(기경량, 2017a).

안학궁의 조성 연대를 판단하는 데 보다 실질적인 역할을 할 수 있는 것은 이곳에서 출토된 유물의 편년이다. 하지만 안학궁에서는 유적의 규모에 비해 유물이 그다지 많이 나오지 않은 편이며, 그나마 수량이 확보된 것이 기와류이다. 안학궁에서는 다양한 와당이 출토되었는데, 이 중 상당수가 통일신라 내지 고려 때의 것으로 여겨진다. 안학궁유적에서 출토된 와당은 평양시기 고구려에서 전형적으로 제작하였던 붉은색이 아니라 주연부에 연주문이 부가된 청회색 계통이다. 이는 안학궁이 고려시대에 사용되었다는 증거로 여겨진다. 이와 관련해 안학궁에서 출토된 수막새의 접합기법을 보면 대부분의 고구려 수막새에서 확인되는 긁는 형태의 제작기법이 확인되지 않으며, 따라서 고구려 기와로 볼 수 없다는 지적도 제시된 바 있다(주홍규, 2014).

이처럼 와당 연대의 문제 때문에 남한 학계와 일본 학계에서는 안학궁을 전기 평양성시기에 조영된 것으로 보는 시각이 드물다. 그럼에도 안학궁을 전기 평양성시기에 조영된 것으로 보는 관점에서는 개와(改瓦)의 가능성을 제시한다. 안학궁이 장기간에 걸쳐 사용된 건축물이라면 기와를 교체하는 행위가 이루어졌을 것이므로, 현존하는 와당의 편년만으로 안학궁의 축조 시기를 늦춰 볼 수 없다는 것이다(민덕식, 1989b). 하지만 장기간 사용으로 개와가 이루어질 수 있다는 것은 대성산성과 청호동토성도 마찬가지 조건이다. 이들 유적에서는 안학궁 출토 와당과 비슷한 성격의 것이 확인되지 않는 점, 그리고 유독 안학궁에서만 이른 시기의 기와가 출토되지 않는 이질성을 보이는 것은 역시 의문스러운 점이다.

이에 안학궁을 고구려 말기에 조영된 별궁으로 보거나(關野貞, 1928;

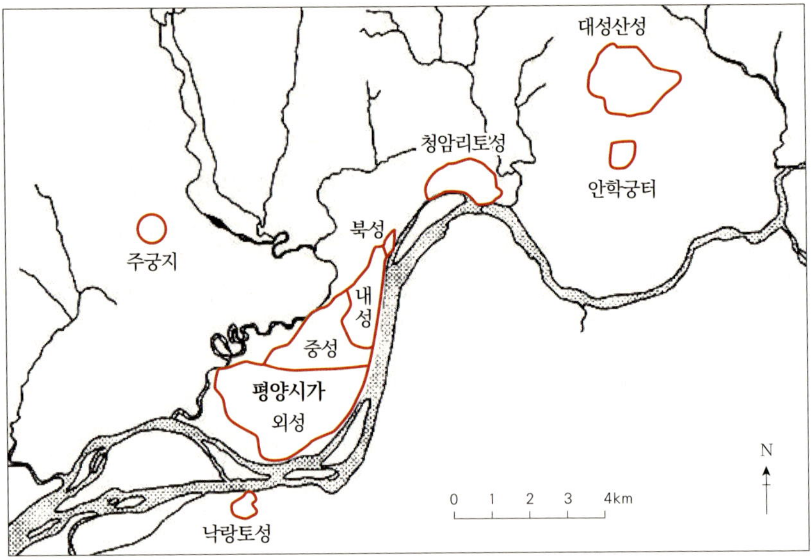

그림12 | 다나카 도시아키가 제시한 우궁(주궁터)과 좌궁(안학궁터)(田中俊明, 2004)

田村晃一, 1988), 아예 고려시대의 것으로 내려 보는 견해가 제시되었다(田中俊明, 2004; 박순발, 2012). 안학궁 고려시대 축조설에서 특히 주목되는 것은 다나카 도시아키가 제시한 서경 좌궁설이다. 그는 『고려사』 문종 35(1081년) 8월 신유조에 보이는 기록을 제시하였다. "서경의 궁궐은 오래 되어서 훼손된 것이 많으니, 마땅히 장인들을 모집하여 수리하도록 하라. 또 서경에서 동서로 각각 10여 리 떨어진 지역에 다시 땅을 택하여 좌우 궁궐을 지어서 지방을 순회할 때 머무는 장소로 삼도록 하라"는 내용이다. 고려 문종대에 조영된 좌궁과 우궁 중 서경의 서쪽 10리에 조영된 우궁에 해당하는 것이 주궁지(珠宮址)이고, 동쪽 10리에 조영된 좌궁에 해당하는 곳이 안학궁이라는 것이다(田中俊明, 2004).

박순발은 안학궁에서 출토된 주연부에 연주문이 있는 수막새는 7세기 전반·중엽 이전으로 소급하기 어렵고, 암막새의 경우는 한반도에서 통일

신라 이전으로 시기를 소급하기 어렵다고 지적하였다. 또한 안학궁 조영 과정에서 파괴된 석실묘를 5세기~6세기대의 것으로 이해하는 한편, 안학궁 2호 석실묘에서 출토된 회청색 경질토기호는 고려시대의 것으로 추정하였다. 고구려 때의 석실묘를 고려시대에 재사용하면서 해당 토기가 부장품으로 들어갔는데, 이 석실묘를 파괴하면서 안학궁이 조영되었으므로, 자연히 안학궁은 고려시대에 조영된 것으로 여겨진다는 것이다(박순발, 2012).

안학궁이 기존 묘역을 파괴하고 그 위에 조영되었다는 것은 발굴을 수행한 북한 학계에서도 인정하는 바이다. 다만 북한 학계는 안학궁 하층의 고분들을 2세기 말~3세기 초에 해당하는 매우 이른 시기의 것으로 편년하고 있다. 따라서 안학궁이 전기 평양성시기에 조영되었다고 보는 데 문제가 없다고 설명하고 있다(전제헌·손량구, 1985).

청암동토성과 안학궁의 관계에 대해 절충적인 이해를 구하는 접근도 있다. 장수왕 천도 때는 청암동토성이 궁성으로 사용되다가 이후 도성 정비 과정에서 안학궁성이 축조되자 궁성이 교체되었다는 것이다. 구체적인 시기로는 문자명왕 7년(498년)을 지목한다. 해당 연도는 금강사를 창건한 때이므로, 기존에 왕궁성으로 사용하던 청암동토성에 금강사를 창건하고, 대신 안학궁을 왕궁으로 삼았다는 것이다(임기환, 2007). 유물이 아니라 안학궁의 건축군 배치를 통해 조영 시기를 추정하려는 시도도 있다. 안학궁의 건축군 배치를 보면 북위식의 태극전과 동·서당제의 영향이 확인되는데, 이는 수·당대에는 폐기가 되는 방식이므로, 안학궁의 연대 역시 그보다 빠른 6세기 이전으로 볼 수 있다는 것이다(양정석, 2008b).

이처럼 안학궁유적 조영 시기에 대해서는 이견의 폭이 매우 크다. 언급되는 조영 시기는 이르게는 3세기 초, 늦게는 11세기 말에 이른다. 양자의 연대 폭은 무려 900년이 넘는다. 이렇게까지 유적 연대에 대한 시각차가 큰 경우는 드문 편이다. 문제를 해결하기 어렵게 만드는 근본적인 이유는 무엇보다도 유적에 대한 조사 및 정보의 접근에 제한이 있다는 점이다. 학자들 간 인식의 폭을 좁히기 위해서는 2006년에 있었던 남북공동학술조사와 같이 해당 분야 연구자들이 현장을 답사하고 조사할 수 있는 기회를 많이 마련할 필요가 있다.

4) 전기 평양성시기 도성의 도시 형태

『주서』의 내용을 보면 치소인 평양성은 산성인 대성산성으로 이해하는 것이 자연스러워 보인다. 그런데 『주서』에는 평지에 별개의 성이 있다는 설명은 없으며, 단지 평양성 옆에 "따로 집을 지어 놓아서 항상 거기(평양성) 머무르지는 않는다"고 하였다. 이에 전기 평양성시기 고구려왕의 평지 거소는 성의 형태가 아닐 수 있다는 견해가 제시되었다. 공식적인 왕성으로서의 위상은 대성산성에 부여하고, 왕은 저택의 형태를 갖춘 평지의 별궁에서 생활하기도 했다고 추정하는 것이다. 이때 고구려왕이 머물렀다고 하는 평지 거소의 위치는 대성산과 대동강 사이에 존재하는 평지 공간으로 상정하였다(기경량, 2017a).

반면 『주서』 기록에서 서술하고 있는 평양성을 대성산성이 아닌 후대의 장안성을 묘사한 것으로 이해하기도 한다. 성의 크기가 동서 6리이고, 남쪽으로 패수에 임해 있다는 『주서』의 내용이 "국도는 평양성으로 장안성이라고도 한다. 동서 6리이며 산을 따라 굴곡이 있고 남쪽은 패수에 임한다"고 한 『수서』의 서술과 사실상 일치한다는 것이다. 『주서』의 내용은 북제·북주뿐 아니라 수대에 이르기까지 수집된 정보에 기초한 것이고, 평양성에 대한 서술 역시 수대의 상황이 반영된 것으로 이해하는 것이다(임기환, 2007).

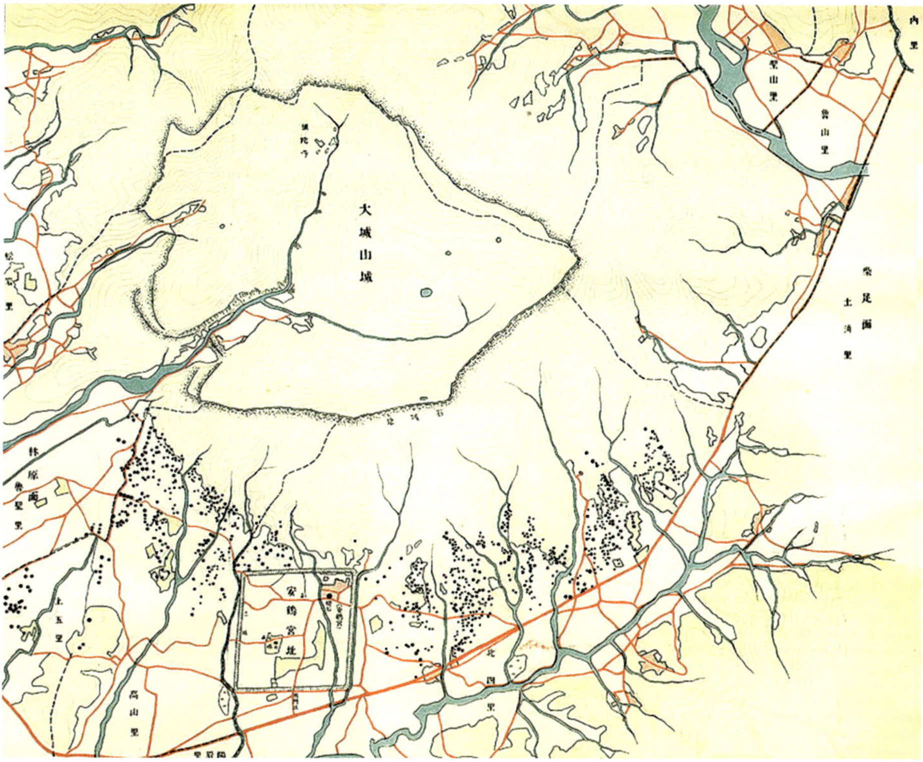

그림13 | 대성산성 및 그 남쪽의 고구려 고분군과 안학궁터(朝鮮總督府, 1929)

『주서』의 사료적 성격 문제와 별개로, 전기 평양성시기 중심 주거지가 대성산 남쪽에 형성되어 있었을 것이라는 점은 크게 이견이 없으며, 이는 몇 가지 고고자료를 통해 뒷받침된다. 우선 고산동에서 발견된 우물이다. 고산동 우물의 깊이는 7.5m로 확인되었는데, 보고자는 본래 9m 이상이었을 것으로 보았다. 우물에서는 질그릇·마구류·기와·벽돌·숫돌을 비롯하여 철제품·조개껍질·사슴뿔·썩은 돌배·복숭아씨·바가지 조각 등이 나왔다. 그런데 여기서 나온 기와와 그릇이 대성산성에서 출토된 것과 공통성을 가진다고 한다. 따라서 이 우물은 고구려 전기 평양성시기의 것으로 파악된다(김사봉, 1986).

1981년 대동강 기슭 청호동 일대에서 발견된 나무다리유적도 주목된다. 보고자에 따르면 이 다리는 대동강을 가로지르는 형태로 북쪽의 청호동과 남쪽의 휴암동을 이어 주었다고 한다. 다리의 총길이는 375m, 너비는 9m였던 것으로 추정되며, 다리유적이 확인된 문화층에는 질그릇 조각과 기와 조각이 나왔고, 모두 고구려시기의 것이라 하였다(안병찬, 1982).

하지만 무엇보다 주목되는 유적은 대성산 남쪽 기슭에 펼쳐진 고구려 고분군이다. 대성산 일대에는 1,000여 개의 고구려 무덤이 확인되는데, 대성산 서북쪽의 화성동고분군, 대성산 서남쪽의 미산동 및 흥부동 고분군, 대성산 동남쪽의 노산리 및 호남리 고분군이 대표적이다. 대성산 기슭의 무덤은 거의 대부분 석실봉토분이며, 약간의 적석총도 존재한다(김일성종합대학 고고학 민속학강좌, 1973). 산성 아래 산기슭에 고분군이 밀집해 조영되는 양상은 환인 오녀산성, 집안 환도성에서도 공히 확인되었던 바이다. 따라서 이는 고구려의 독특한 매장문화로 이해할 수 있다.

무덤이 밀집해 있다는 것은 인근에 중심주거공간이 존재한다는 뜻이기도 하다. 무덤이 대성산의 남쪽 기슭에 집중적으로 밀집해 있는 것을 보았을 때 고구려 당시의 도심은 역시 그 남쪽 대성구역에 있었다고 보는 것이 자연스럽다. 이와 관련해 북한 학계에서는 고구려의 왕궁인 안학궁을 중심으로 격자형의 도로망을 가진 도시가 건설되었다는 견해가 제시된 바 있다.

북한 학계의 발굴조사에 따르면 청호동과 임흥동, 그리고 안학궁의 서쪽 지역에서 도시유적이 확인되었고, 고구려시기의 건축지 여러 곳과 강자갈로 포장한 도로 흔적이 발견되었다고 한다. 도로 구획은 정방형의 평면을 이루며 작은 것은 한 변 140m, 큰 것은 한 변 280m여서, 전(田)의 형태를 이루었다고 하였다. 이러한 자료를 바탕으로 안학궁 부근의 고구려 이방(里坊) 구획에 대한 복원을 시도하였는데, 안학궁 남문터와 대동강의

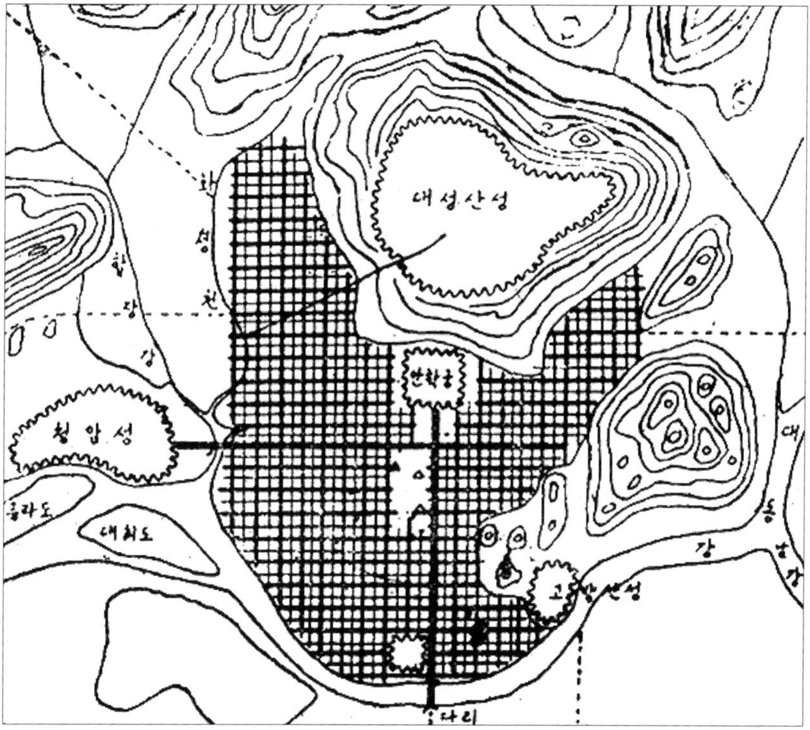

그림14 | 고구려 평양 안학궁 부근 이방(里坊) 평면복원도(한인호, 1998)

나무다리를 가상의 선으로 그어 남북대로(주작대로)로 설정하고, 이것을 축으로 삼아 동서남북으로 도로 구획을 배합하였다. 이를 바탕으로 안학궁 일대에서 484개의 작은 정방형 구획과 121개의 큰 정방형 구획을 설정하였다(한인호·리호, 1991). 더 나아가 중간 구획 192개, 작은 구획 768개로 구획을 설정하고 중간 구획 단위를 다시 4개씩 묶어 560m를 한 구획으로 하는 '방'을 설정해 총 50개의 방(4개의 중간 구획과 16개의 작은 구획으로 구성)이 존재하였다고 추정하였다(한인호, 1998).

전기 평양시기 고구려가 관료군에게 관품에 따른 택지 분급을 하였다고 이해하기도 한다. 북한 학계의 발굴성과 및 연구를 수용하고, 일본과

당 도성의 사례를 참조한 것이다. 대성산 남쪽 안학궁 일대의 격자형 도시 구획이 장수왕대의 초월적 왕권과 관료사회로서의 공간 구현과 긴밀하게 연관되어 있다는 분석이다(권순홍, 2020). 반면 이 일대에 실제로 격자형 도시 구획이 존재하였을지에 대해 회의적인 시각도 있다. 북한 학계에서 수행한 조사 내용에 대해 객관적으로 검증할 수 있는 구체적인 도면이나 사진 등이 제시된 바 없다는 점, 보고자들은 1910년대 고지도에도 격자형 도로의 흔적이 확인된다고 언급하였으나, 실제로는 확인되지 않는다는 점 등이 그 이유이다(기경량, 2017a).

앞서 살펴보았듯이 이 지역은 전기 평양성시기 고구려 왕도의 중심주거지였을 가능성이 높다. 그런 만큼 실제로 도로유적이 존재할 개연성 또한 높고, 일부 도로가 직각 형태로 교차하는 경우도 충분히 있을 수 있다. 하지만 도시 전체가 바둑판 형태로 계획되어 조성되었다는 것은 전혀 다른 차원의 이야기이므로, 차후 면밀한 검증이 필요하다.

전기 평양시기 고구려 왕도에 실제로 격자형의 도시 구획이 전개되었는지는 차치하고, 국내성시기와 확연하게 달라진 경관을 상정할 수 있으니, 바로 왕릉의 조영이다. 이 시기 고구려 왕릉 후보군으로 언급되는 것은 평안남도 평성시의 경신리1호분, 평양시 역포구역 용산리에 자리한 전(傳)동명왕릉을 비롯한 고분군, 광대산 자락에 자리한 토포리대총, 호남리사신총 등이 있다. 대성산성을 기준점으로 잡았을 때 토포리대총과 호남리사신총은 동쪽으로 5~7km가량 떨어진 광대산 기슭에 자리하고 있으며, 경신리1호분과 전동명왕릉고분군은 각각 동북쪽과 동남쪽으로 21~22km 정도 떨어진 곳에 자리하고 있다. 이는 왕도의 중심주거지와 인접한 곳에 왕릉이 조영되었던 국내성시기와 분명하게 달라진 면모라고 할 수 있다.

이러한 현상의 원인에 대해 평양 도성의 중심지에 왕실권력과 밀집한 불교사원을 밀집시켜 건립함으로써 기존에 왕릉이 담당하였던 왕실권위의 경관적 기능을 대체하였기 때문으로 보기도 한다(권순홍, 2020). 경관에 대한 이해를 통해 고구려 중기 권력투사방식의 치밀화와 불교의 영향력을 파악할 수 있는 셈이다.

고구려 도성 연구에서 자료 확보가 가장 어렵고 논란의 여지도 많은 분야가 전기 평양시기이다. 중국에 위치한 졸본·국내성 지역은 조사에 제약이 있을지언정 현장에 대한 답사 방문은 가능한 반면, 평양 지역은 남한 연구자에게 접근 자체가 불가능한 실정이다. 북한 학계에서 발표하는 소략한 자료만으로 전기 평양시기 고구려 왕도의 실상에 접근하는 것은 쉽지 않다. 이러한 난점을 근본적으로 해소하기 위해서는 남북 관계의 획기적인 개선이 필요할 것이다. 이와 별개로 연구자들은 새로운 연구 방법론의 개발이나 자료 수집에 더욱 힘을 기울일 필요가 있다.

참고문헌

고구려연구재단, 2005, 『고구려 문명 기행』.

고구려연구재단 편, 2005, 『위성사진으로 보는 고구려 도성』.

고구려연구재단, 2006, 『고구려 안학궁 조사 보고서 2006 남북공동학술조사보고서』.

국립중앙박물관, 2014, 『유리건판으로 보는 고구려의 도성』.

김일성종합대학 고고학 민속학강좌, 1973, 『대성산의 고구려 유적』, 김일성종합대학 출판사.

김정배·남일룡 외, 2006, 『고구려 안학궁 조사 보고서 2006』, 동북아역사재단.

동북아역사재단, 2009, 『고구려 유적의 어제와 오늘 1-도성과 성곽』.

東潮·田中俊明 저, 박천수·이근우 역, 2008, 『고구려의 역사와 유적』, 동북아역사재단.

손영종, 2000, 『고구려사의 제문제』, 사회과학원.

전제헌·손량구, 1985, 『고구려력사연구-안학궁유적과 일본에 있는 고구려관계 유적, 유물』, 김일성종합대학출판사(1998, 백산자료원).

채희국, 1963, 『대성산-평양성』, 조선로동당출판사.

______, 1964, 『대성산 일대의 고구려 유적에 관한 연구』, 사회과학원출판사.

______, 1982, 『고구려력사연구-평양천도와 고구려의 강성』, 김일성종합대학출판사.

姜仙, 1995, 「高句麗 國都 移動에 關한 一考察-建國初부터 故國原王代까지」, 『韓國學硏究』 4.

강선, 1996, 「4~5세기 高句麗의 영토확장과 平壤遷都」, 『淑明韓國史論』 2.

강현숙, 2010, 「中國 吉林省 集安 東台子遺蹟 再考」, 『한국고고학보』 75.

______, 2015, 「고구려 초기 도성에 대한 몇 가지 고고학적 추론」, 『역사문화연구』 56.

권순홍, 2015, 「조선 전기의 고구려 초기 도성(都城) 위치 비정과 그 실상」, 『사림』 53.

______, 2016, 「고구려 '도성제'론의 궤적과 함의」, 『역사와 현실』 102.

______, 2019a, 「고구려 도성 연구」, 성균관대학교 박사학위논문.
______, 2019b, 「'도성권'의 개념과 고구려 '도성권'의 등장」, 『高句麗渤海研究』 64.
______, 2019c, 「고구려 도성 경관의 형성과 지배 권력의 추이」, 『韓國古代史研究』 95.
______, 2019d, 「고구려 도성 내 평지 성곽의 출현과 그 기능」, 『歷史學報』 244.
______, 2020, 「평양 도성의 경관을 통해 본 고구려 지배질서의 변화」, 『역사와 현실』 116.
琴京淑, 2004, 「高句麗 國內城 遷都의 歷史的 意味」, 『高句麗研究』 15.
奇庚良, 2017a, 「高句麗 王都 研究」, 서울대학교 박사학위논문.
기경량, 2017b, 「고구려 초기 왕도 졸본의 위치와 성격」, 『인문학연구』 34호, 경희대학교 인문학연구원.
______, 2017c, 「한국 고대사에서 왕도(王都)와 도성(都城)의 개념」, 『역사와 현실』 104.
______, 2018, 「환도성·국내성의 성격과 집안 지역 왕도 공간의 구성」, 『사학연구』 129.
______, 2020, 「고국원왕대 '平壤東黃城'의 위치와 移居 기록의 성격」, 『한국학연구』 57.
김덕성, 2004, 「고구려의 평양천도와 그 력사적 의의」, 『북한의 최근 고구려사 연구』, 고구려연구재단.
김병곤, 2011, 「고구려의 평양 천도 기획 시점과 남진」, 『고구려발해연구』 39.
김병남, 1997, 「高句麗 平壤 遷都의 原因에 대하여」, 『全北史學』 19·20.
김사봉, 1986, 「고산동의 고구려우물」, 『조선고고연구』 1986-1.
金元龍, 1976, 「樂浪文化의 歷史的位置」, 『韓國文化의 起源』, 探求堂.
김지희, 2016, 「高句麗 故國原王의 平壤 移居와 南進」, 『韓國史論』 62호, 서울대학교 국사학과.
김희선, 2010, 「고구려 국내성 연구」, 『白山學報』 87.
金希燦, 2005, 「고구려 연화문 와당에 반영된 연화의 형태적 특성」, 『白山學報』 73.
남일룡·김경찬, 1998, 「청암동토성에 대하여(1)」, 『조선고고연구』 1998-2.
남일룡·김경찬, 2000, 「청암동토성에 대하여(2)」, 『조선고고연구』 2000-1.
남일룡·김경찬, 2001, 「청암동토성에 대하여(3)」, 『조선고고연구』 2001-2.

남일룡, 2006, 「고구려안학궁성건축의 특징에 대한 몇가지 고찰」, 『조선고고연구』 2006-2.

노태돈, 1999, 「고구려의 기원과 국내성 천도」, 『한반도와 중국 동북 3성의 역사문화』, 서울대학교출판부.

______, 2012, 「고구려 초기의 천도에 관한 약간의 논의」, 『韓國古代史硏究』 68.

리영식, 1995, 「집안부근 고구려무덤떼를 통하여 본 고구려 5부」, 『조선고고연구』 1995-4.

리호·신상국, 2004, 「대성산일대에 있었던 고구려 수도의 도시면모에 대한 지리적 고찰」, 『통일과 문화』 3, 통일문화학회.

리호, 2011, 「고구려청호동토성에 대한 지도학적 고찰」, 『조선고고연구』 2011-3.

리화선, 1980, 「안학궁의 터자리복원을 위한 몇 가지 문제」, 『력사과학』 80-1.

______, 1986, 「고구려 금강사와 그 터자리구성에 대하여」, 『조선고고연구』 1986-4.

閔德植, 1989a, 「故國原王代 平壤城의 位置에 관한 試考」, 『龍巖 車文燮敎授 華甲紀念 史學論叢』, 신서원.

______, 1989b, 「高句麗의 中期都城」, 『韓國史論』 19, 국사편찬위원회.

朴性鳳, 1979, 「廣開土好太王期 高句麗南進의 性格」, 『韓國史硏究』 27.

朴淳發, 2012, 「高句麗의 都城과 墓域」, 『韓國古代史探究』 12.

徐永大, 1981, 「高句麗 平壤遷都의 動機-王權 및 中央集權的 支配體制의 强化과정과 관련하여-」, 『韓國文化』 2.

서영대, 2005, 「고구려의 社稷과 靈星에 대하여」, 『고구려의 사상과 문화』, 고구려연구재단.

심광주, 2005, 「高句麗 國家 形成期의 城郭硏究」, 『고구려의 국가 형성』, 고구려연구재단.

안병찬, 1982, 「새로 발굴한 고구려의 나무다리」, 『력사과학』 82-3.

양시은, 2013, 「桓仁 및 集安 都邑期 高句麗 城과 防禦體系 硏究」, 『嶺南學』 24.

______, 2014, 「고구려 도성 연구의 현황과 과제」, 『高句麗渤海硏究』 50.

梁正錫, 2006, 「高麗 宮闕 正殿廓의 構造와 意味-安鶴宮 南宮 正殿廓과의 比較를 중심으로-」, 『釜大史學』 10.

양정석, 2008a, 「高句麗 安鶴宮 南宮 正殿廓의 宮闕構造」, 『韓國 古代 正殿의 系譜와 都城制』, 서경문화사.

梁正錫, 2008b, 「高句麗 安鶴宮 中央 建築群에 대한 考察-前殿 古代建築 刑制의 채용을 중심으로-」, 『中國史研究』 56.

여호규, 2012, 「고구려 國內城 지역의 건물유적과 都城의 공간구조」, 『韓國古代史研究』 66.

______, 2013, 「고구려도성의 의례공간과 왕권의 위상」, 『韓國古代史研究』 71.

______, 2014a, 「高句麗 國內 都城의 구성요소와 수공업 생산체계」, 『역사문화연구』 52, 한국외국어대학교 역사문화연구소.

______, 2014b, 「고구려 도성의 구조와 경관의 변화」, 『삼국시대 고고학개론』 I , 진인진.

______, 2019, 「高句麗 國內城期의 도성 경관과 토지 이용」, 『高句麗渤海研究』 65.

李丙燾, 1956, 「高句麗東黃城考」, 『東國史學』 4호(1976, 『韓國古代史研究』, 博英社).

이정빈, 2017, 「고구려의 국내성·환도성과 천도」, 『韓國古代史研究』 87.

임기환, 2003, 「고구려 都城制의 변천」, 『한국의 도성-都城 造營의 傳統-』, 서울시립대학교 부설 서울학연구소.

______, 2005, 「國內城시기 고구려 都城의 구조」, 『고조선·고구려·발해 발표 논문집』, 고구려연구재단.

______, 2007, 「고구려 평양 도성의 정치적 성격」, 『韓國史研究』 137.

______, 2015, 「고구려 國內都城의 형성과 공간구성-문헌 검토를 중심으로-」, 『韓國史學報』 59.

______, 2018a, 「고구려 國內 遷都 시기 再論」, 『사학연구』 132.

______, 2018b, 「고구려 전기 都城 관련 기사의 재검토」, 『역사문화연구』 65.

張福有 저, 尹鉉哲 역, 2005, 「고구려의 平壤, 新城과 黃城」, 『고구려 역사문제 연구 논문집』, 고구려연구재단.

장종진, 2011, 「5世紀 前後 國際情勢와 高句麗 平壤遷都의 배경」, 『韓國古代史研究』 61.

張傚晶, 2000, 「고구려왕의 平壤移居와 왕권강화」, 『龜泉元裕漢教授定年紀念論叢』(上), 혜안,

정찬영, 1966, 「평양성에 대하여」, 『고고민속』 1966-2.

정호섭, 2015, 「고구려사의 전개와 고분의 변천-국내성 시기 집안일대 고분의 통계분석과 GIS와의 비교를 중심으로-」, 『韓國史學報』 59.

주홍규, 2014, 「고구려 기와의 분류와 특징에 관한 일고찰」, 『先史와 古代』 41.

채희국, 1957, 「평양 부근에 있는 고구려시기의 유적」, 『문화유산』 1957-5.
______, 1965, 「평양성(장안성)의 축성 과정에 대하여」, 『고고민속』 1965-3.
최광식, 2007, 「한·중·일 고대의 제사제도 비교연구-팔각건물지를 중심으로-」, 『先史와 古代』 27.
한인호·리호, 1991, 「안학궁터 부근의 고구려 리방에 대하여」, 『조선고고연구』 1991-4.
한인호, 1998, 「안학궁 부근의 고구려 수도 도시면모에 대한 복원」, 『조선고고연구』 1998-2.

吉林省文物考古研究所·集安市博物館, 2004a, 『丸都山城 : 2001-2003年集安丸都山城調查試掘報告』, 文物出版社.
吉林省文物考古研究所·集安市博物館, 2004b, 『國内城 : 2000-2003年集安国内城與民主遺址試掘報告』, 文物出版社.
吉林省文物考古研究所, 2004c, 『集安高句麗王陵-1990-2003年集安高句麗王陵調查報告』, 文物出版社.
吉林省文物志編委會, 1984, 『集安縣文物志』, 吉林省文物志編委會·吉林省.
魏存成, 1994, 『高句麗 考古』, 吉林大學出版社(辛勇旻 옮김, 1996, 『高句麗 考古』, 호암미술관).

吉林省文物考古研究所·集安市博物館, 2012, 「集安國内城東南城垣考古清理收穫」, 『邊疆考古研究』 11.
蘇長淸, 1985, 「高句麗早期平原城-下古城子」, 『遼寧省丹東, 本溪地區考古會議文集』.
魏存成, 1985, 「高句麗初, 中期的都城」, 『北方文物』 1985-2.
集安縣文物保管所, 1984, 「集安高句麗國内城址的調查與試掘」, 『文物』 1984-1.

東潮·田中俊明, 1995, 『高句麗の歴史と遺跡』, 中央公論社(박천수·이근우 옮김, 2008, 『고구려의 역사와 유적』, 동북아역사재단).
朝鮮總督府, 1915, 『朝鮮古蹟圖譜 1』.

關野貞, 1914, 「滿洲輯安縣及び平壤附近に於ける高句麗時代の遺跡(1·2)」, 『考古學雜誌』 5-3·4(1941,『朝鮮の建築と藝術』, 岩波書店).
______, 1928,「高句麗の平壤城と長安城に就いて」,『史學雜誌』 39-1.
武田幸男, 1989,「丸都·國內城の史的位置」,『高句麗史と東アジア-「廣開土王碑」研究序說-』, 岩波書店.
白鳥庫吉, 1914,「丸都城及國內城考」,『史學雜誌』 25-4·5.
小泉顯夫, 1940,「平壤淸岩裏廢寺址の調査」,『昭和十三年度古蹟調査報告』, 朝鮮古蹟硏究會.
田中俊明, 2004,「高句麗の平壤遷都」,『朝鮮學報』 190.
田村晃一, 1988,「高句麗の城郭について」,『百濟硏究』 19.
鳥居龍藏, 1914,「丸都城及び國內城の位置た就きて」,『史學雜誌』 25-7.
津田左右吉, 1913,「長壽王征服地域考」,『朝鮮歷史地理』 1, 南滿洲鐵道株式會社.
千田剛道, 2012,「高句麗の前期平壤城と淸岩裏土城」,『文學·芸術·文化: 近畿大學文芸學部論集』 23.

集安市 홈페이지(www.jilinja.gov.cn/).

2

영토의 확장과 지방 통치

5장

지방제도의 구조와 대민 지배

김현숙 | 동북아역사재단 연구정책실장

지방은 국가의 유지와 발전을 담보하는 정치·경제·군사적 기반이므로 지방 지배는 예나 지금이나 국가 통치의 근간으로 인식되고 있다. 지방통치제도는 국가운영체제의 중요한 일부로서 전체 사회의 발전과 더불어 체계화되고 정비되어 간다. 따라서 이를 통해 국가의 발전 과정, 정치체제의 구조와 변천 및 민의 성격과 사회적 위상의 변화를 살펴볼 수 있고, 나아가 그 국가의 성격도 살펴볼 수 있는 포괄적이면서도 기본적인 주제이다.

고구려왕은 초기에는 왕경과 5나부(那部) 외 다른 지역에 대해서는 자국 영토라는 개념을 분명하게 가지지 않았고, 지역민에 대해서도 자국민으로 보는 인식이 약했다. 이때에는 엄밀한 의미에서의 '지방'은 존재하지 않았다. 3세기까지 고구려민에 대한 지배는, 함께 연합하여 고구려를 건국했던 5나부의 주민과 건국 이후 편입된 복속민의 두 갈래로 나누어 이루어졌다. 초기의 고구려는 내부 운영을 자율적으로 해나가는 여러 정치집단의 누층적 결합 위에 왕이 존재하는 형태였다. 이때 고구려왕의 명령은 나부의 장(長)과 그 외 세력집단의 장을 통해 민들에게 간접적으로 전달되었다. 즉 다원적이고 간접적인 지배방식이었다.

그러나 중기 이후에는 지방통치제의 기본적인 성격이 국왕 중심의 일원적이고 직접적인 지배를 실현하는 방식으로 변화되었다. 5나부 중심의 정치 운영에서 중앙집권적 통치로 변하면서 지방에도 왕명을 대행하는 지방관을 파견하여 직접 지배를 하게 된 것이다. 이런 변화는 3세기 중·후반경부터 진행되었고, 4세기 이후 통치체제 자체가 완전히 바뀌게 되었다.

중·후기 지방제 연구는 1990년대에 들어와서 비로소 활기를 띄게 되었다. 고구려 초기의 통치체제와 운영원리가 구체적으로 밝혀짐으로써, 중기 이후의 연구도 힘을 받게 되었기 때문이다. 여기에 중국의 개혁·개방에 따라 고구려 유적답사가 가능해져 산성 연구가 많이 이루어질 수 있었다는 점도 기여한 바 크다. 고구려의 지방 통치는 성을 중심으로 이루어졌기 때문에 성의 분포 양상이나 규모, 위치 등이 영역 지배 규명에 필수적인 요소이기 때문이다.

하지만 고고자료의 실견과 활용이라는 이점에도 불구하고 관련 문헌사료가 워낙 단편적으로만 남아 있는 데다가, 전해지는 사료도 서로 잘 부합하지 않아서 연구자들 사이에 견해차가 나타났다. 다만 성 축조 기사와 지방관 사료가 나오기 시작하는 3세기 말부터 교통로상의 주요 지점에 축조된 성을 중심으로 중앙에서 파견한 지방관이 지역 지배를 했다고 보는 것과, 지방 지배의 진전에 따라 점 중심의 거점지배에서 면적 지배인 영역지배로 발전했다고 보는 것에는 대다수 연구자들이 동의하고 있다.

그러나 중기 고구려의 지방 지배를 둘러싼 논란은 여전히 계속되고 있다. 가장 논란이 집중되고 있는 것은 당시 지방통치제의 구조를 어떻게 보는가 하는 점이다. 이 문제를 분석할 때 주목하는 대상은 『삼국사기』 고구려본기에 나오는 '수(守)', '태수(太守)', '재(宰)'와 〈모두루묘지(牟頭婁墓誌)〉와 〈충주고구려비〉에 나오는 '수사(守事)' 같은 지방관이다. 이들의 성격과 상호관계, 역할에 따라 지방통치제의 구조를 달리 보기 때문이다. 이외 지방통치제의 단계별 발전 과정, 옛 낙랑(樂浪)·대방(帶方) 지역에 대한 지배, 군현제 실시 여부, 말갈을 비롯한 특수한 존재들에 대한 지배 방식 등에 대해서도 관심을 가졌다.

그런 한편, 지방 지배와 직접적으로 연관되어 있는 대민 지배가 구체적으로 어떻게 이루어졌는지, 당시 민의 위상과 성격은 어떠했는지에 대해서도 연구가 이루어졌다. 율령제와 관련지어 검토하기도 하고, 광개토왕비에 나오는 국연(國烟)과 간연(看烟)을 통해 당시 민의 성격과 편제 방식을 들여다보려는 노력도 이루어졌다.

지방 지배는 국가의 전체 정치운영체제와 연동되어 운영되었다. 또 고대시기에는 지방관이 행정관이자 군사지휘관이자 사법관의 역할을 겸임했고, 방어체계 역시 지방조직과 직접 연결되어 있었다. 따라서 대외전쟁과 국내 정치상황에 따라 지방통치제도가 적절하게 조정되거나 변화되었다. 고구려 중기 지방 지배체제의 변화를 살필 때 이런 국내외 상황을 변화의 주요 계기 및 근거로 주목할 필요가 있다.

1. 중기 지방통치제의 구조와 발전 과정

1) 3세기 말 4세기 초 고구려의 상황과 지방관 파견

(1) 당시 고구려의 상황

고구려 초기에는 계루부와 4나부의 지배자들이 함께 합의하여 국정을 운영해갔다. 그 기본원리는 고구려 말기까지 이어졌다. 하지만 초기와 중기 이후의 국정운영방식은 성격이 많이 달라졌다. 귀족들의 성향도 변화되었다. 왕권이 강화되고 중앙집권적 통치체제가 구축되면서 귀족들도 관등제에 따라 국왕 아래 개별적으로 편제되었다. 과거 독자적 지배권을 가졌던 대가들은 국왕의 신하로서 관료적 성격의 귀족으로 변화되었다. 이들 중에는 중앙정치에 참여하기 위해 소속 나부를 떠나 계루부 안의 방위부로 이주하기도 했다. 이로 인해 계루부의 인원은 확대되었고 귀족들의 집결지인 왕경은 정치권력과 부의 중심지가 되었다(林起煥, 1995). 반면 3세기 말에 나부들은 통합력과 독립성을 상실했고 나부민의 분화도 진행되었다. 이후 나부는 몇 개의 친족집단으로 분열된 후 다시 가문별로 나눠졌다.

4세기 이후 부는 왕경(王京) 안 지역 구분인 방위부와 전국 구분의 부만 존재하게 되었다. 왕권이 더욱 강화되고 집권적 통치체제가 구축되면서 제도와 사상면에서 귀족과 왕은 근본적으로 다른 존재가 되었다. 반자치적인 정치집단들에 대한 다원적이고 간접적인 동치에서 국왕을 중심으로 한 일원적이고 중앙집권적인 정치운영방식으로 변화, 발전하게 되었다. 4세기 초에 중앙집권적 영역지배체제의 기본틀이 완성되었다. 미천왕(美川王)의 활발한 정복활동의 성과는 왕권 강화와 집권체제 구축에 원동력이 되었다. 미천왕은 서안평(西安平)을 확보한 다음 낙랑과 대방 등 한군현(漢郡縣)을 한반도 안에서 완전히 축출했다.[1] 그리고 후조(後趙)와 우호관계를 맺었고, 말갈계 종족 일부에 대한 지배권을 확보했으며, 모용씨(慕容氏) 세력을 성공적으로 견제하였다.[2] 대외군사활동의 성공에 따라 국제적 위상이 강화되고 수취 기반이 확대되었다. 영토 확장과 생산력 증대로 국력이 성장했고, 문화적 측면 등 여러 방면에서의 발전을 제도적으로 반영한 체제 정비가 이루어졌다. 이에 지방 지배방식도 그에 걸맞게 변화될 수밖에 없었다.

---

1 『삼국사기(三國史記)』 권17 고구려본기 미천왕 12년 8월조.

2 『진서(晉書)』 권106 전기(傳記) 후조석륵(後趙石勒) 건평 1년조; 『양서(梁書)』 권54 동이열전 고구려조.

(2) 거점 중심 지방 지배체제의 성립

3세기 후반경 고구려 중앙정부에서는 전국의 요충지에 왕명을 대행하는 지방관을 보내 직접통치를 하기 시작했다. 중앙집권화가 강화되면서 지방통치방식도 간접지배에서 직접지배로 바뀐 것이다. 지방관은 정치·경제·군사적으로 중요한 지역부터 파견되었다.

『삼국사기』 고구려본기에는 '태수'와 '재'라는 지방관이 나온다. 서천왕(西川王) 19년 4월, 왕이 신성에 갔을 때 해곡태수(海谷太守)가 와서 고래 눈을 바쳤다. 미천왕이 된 을불이 봉상왕의 핍박을 받아 숨어 다니면서 소금장수를 하던 시절에 사수촌(思收村) 노파에게 도둑으로 무고를 당해 관청에 끌려갔고, 압록재(鴨淥宰)가 그에게 태형(笞刑)을 내렸다. 이들이 고구려 사료에 등장하는 최초의 지방관이다.

이 이전에 태조왕(太祖王) 55년에 붉은 표범(朱豹)을 바쳤던 '동해곡수(東海谷守)'가 있다. '동해곡'과 해곡태수의 '해곡'은 같은 지역이었을 것이다. 태조왕 때에는 아직 직접 통치를 하던 시기가 아니었으므로 동해곡수는 고구려의 지방관이 아닌 동해곡 지역의 유력자라고 보는 것이 옳다. 물론 다르게 보는 견해도 있다. 2세기에 이미 '수'라는 지방관을 파견했고 동해곡수가 그 예라고 보는 것이다(최희수, 2013). 이 경우 고구려 지방통치조직이 건국 후 1세기까지는 '수'를 파견하는 1단계 조직이었고, 2세기~4세기에는 태수-재의 2단계 조직이었으며, 5세기~6세기에는 수사-태수-재의 3단계 조직이었다고 보았다. 그러나 고구려의 발전 과정과 동해안 일대의 상황을 고려할 때 이 시기에 이미 옥저 지역에 고구려가 지방관을 파견했다고 보기는 어렵다.

서천왕이 행차했던 신성(新城)은 고구려의 동북 변경지역에 새로 구축한 진성(鎭城)이라고 보고 있다. 서천왕이 신성에 갔을 때 해곡태수가 와서 고래 눈을 바쳤으므로, 해곡은 동해안 일대 어느 지역이었을 것이다.

압록재는 압록강 근처 어느 지역을 다스리던 지방관으로 볼 수 있다. 그의 관할지역은 고국천왕(故國川王) 때 국상(國相)이었던 을파소(乙巴素)의 출신지인 서압록곡(西鴨渌谷) 좌물촌(左勿村)과 가까운 곳으로 5나부 안에 속하는 지역이다. 즉 3세기 말 4세기 초에는 5나부 지역도 촌(村)으로 분리되었고, 지방관인 재가 통치했음을 알 수 있다.

3세기 말 고구려에 재와 태수라는 지방관이 있었음을 보여주는 다른 예도 있다. 봉상왕(烽上王) 때 활동했던 고노자(高奴子)는 재와 태수를 모두 역임했다. 봉상왕 2년 8월에 북부소형(北部小兄) 고노자는 신성재(新城宰)로 재직 중이었다. 이때 모용외(慕容廆)가 침입해왔고 봉상왕은 신성으로 가서 적을 피하려고 했다. 왕이 곡림(鵠林)에 이르렀을 때 모용외가 병력을 이끌고 추격해와 곧 적군에 붙잡힐 상황이 되었는데, 고노자가 기병 500명을 이끌고 와 왕을 맞이하고, 모용외군과 싸워 물리쳤다. 그러자 왕이 기뻐하며 고노자에게 대형 관등과 함께 곡림을 식읍으로 내려주었다. 3년 뒤 8월, 모용외가 다시 쳐들어와 고국원에 이르러 서천왕릉을 파헤치려 했는데, 일하는 자가 갑자기 죽고 광 안에서 음악소리가 나니 두려움을 느끼고 물러났다. 재차 닥친 위기를 겨우 모면한 봉상왕은 강한 모용씨 군대가 누차 고구려를 침범하니 어찌하면 좋을지 군신들에게 하문했다. 그러자 국상 창조리(倉助利)가 현명하고 용감하다며 고노자를 중용하라고 진언했다. 왕이 이에 고노자를 신성태수로 삼았다. 고노자는 지역민을 선정으로 다스려 위엄과 명성이 국내외에 떨쳐졌고, 그 때문에 모용외가 다시 쳐들어오지 않게 되었다.

고노자가 재와 태수를 역임한 신성의 위치에 대해서는 의견이 나눠져 있다. 봉상왕 2년의 신성은 동북 지역, 5년의 신성은 서북 지역에 있던 성이라고 달리 보는 설(김영하, 1985, 임기환, 1995, 여호규, 1995b, 최희수, 2013)과 두 기사의 신성이 모두 말기까지 고구려의 서북방 요충(要衝)이었던 신성[고이산성(高爾山城)에 비정]이라고 보는 설(김현숙, 1997)로 나뉘져 있다. 전자는 모용외의 군사를 피해 신성으로 가려했는데, 모용외가 쳐들어오는 방향인 서북쪽으로 피신할 리가 없다는 데 근거하고 있다. 반면 후자는 모용외가 쳐들어왔을 때 봉상왕이 군사를 이끌고 전장에 나와 있다가 상황이 급박해지자 신성으로 피신해 들어가려 했을 수도 있으므로, 고노자가 재로 있다가 태수로 된 곳 모두 서북 신성이라고 보았다. 이는 서로 멀지 않은 시기, 동일 인물에 대한 기사를 수록하면서 서북 변경과 동북 변경에 있는 성을 별다른 설명도 없이 같은 이름으로 표기했을까 하는 의문이 든다는 점에 기반한 것이다.

학계에서 고노자에 주목하는 이유는 사실 신성의 위치 문제보다는 다른 데 있다. 즉 고노자가 역임한 재와 태수가 상하통속관계에 있는 지방관이라고 보는 견해(임기환, 1995, 여호규, 1995b)와 규모나 중요성에서는 차이가 나지만 상하관계가 아니라 각각의 관할지역을 지배했던 별개의 지방관이었다고 보는 견해(김현숙, 1997)로 나뉘져 있다. 이것은 당시 고구려 지방통치조직의 구조와 관련된 매우 중요한 문제다. 전자는 3세기 말에 이미 지방통치조직이 태수-재의 2단계 중층 구조였다고 보는 것이고, 후자는 지방통치단위가 모두 병렬적인 단층 구조였다고 보는 것이다. 재와 태수가 상하관계이자 통속관계였다고 본 근거는 고노자가 신성재일 때는 소형이었고, 태수가 되었을 때에는 대형이었다는 점에 있다. 관등이 더 높고 신성재를 역임한 후 추천을 받아 신성태수가 되었으므로 재와 태수가 상하관계였다고 볼 수도 있다.

그러나 고노자는 대형으로 승급하고 3년 뒤에 태수가 되었다. 그 사이의 상황은 알 수 없지만 대형이면서 신성재로 있었을 수 있다. 그렇다면 재=소형, 태수=대형이라는 공식이 반드시 정해져 있는 것은 아니라고 보아야 한다. 또 주목해야 할 것은, 고노자가 왕을 보호한 공으로 곡림을 식읍으로 받았다는 것이다. 곡림은 그가 모용외의 군대를 물리친 곳이다. 이는 승리의 대가로 그 전투 지역을 식읍으로 받았던 명림답부(明臨答夫)나 안국군(安國君) 달가(達賈)의 경우와 유사하다. 이것은 국초(國初)에 대가(大加)들이 자신의 병력을 이끌고 전쟁에 참여한 대가로 정복지 일부의 수취권을 인정받았던 전통이 잔존한 것이라 볼 수 있다. 또 나부체제 해체기에 나부 귀족들이 중앙귀족으로 된 후에도 한동안 출신 나부를 식읍으로 보장받았던 것과도 관련이 있다.

고노자와 유사한 지방관으로 〈모두루묘지〉에 나오는 염모(冉牟)가 있다. 〈모두루묘지〉에는 그의 조상이 추모왕(鄒牟王)을 따라 북부여에서 내려왔으며 대대로 '관은(官恩)'을 받아 관직을 가졌다고 되어 있다. 그런데 3세기 후반이나 4세기 전반경 모종의 반란사건을 진압하여 명망이 높았던 염모가 북부여에 침공해 온 모용선비(慕容鮮卑)를 물리침으로써 모두루 집안을 중흥시킨 중시조(中始祖) 격의 인물이 되었다.[3] 그런데 염모는 "북부여대형염모(北夫餘大兄冉牟)"라 하여 관직명이 나와 있지 않다. 이로 보아 염모가 북부여의 일부 지역을 통치하긴 했지만, 그 이후의 지방관과는 성격이 조금 달랐던 것 같다. 그 조상이 추모왕과 함께 북부여에서 왔다는 점을 묘지의 첫머리에서부터 강조하고 있으므로, 염모가 북부여에 파견된 이유도 그곳 출신이라는 지역적 연고가 많이 작용한 듯 보이기도

---

3 염모가 공을 세운 시점에 대해 학계에서는 모용황(慕容皝)이 부여를 침공한 346년경이었다고 보고 있다(武田幸男, 1981; 盧泰敦, 1996; 최희수, 2012). 단 필자는 진(晉) 태강(太康) 6년(285)에 부여가 모용외(慕容廆)의 침공을 받아 국가 존멸의 위기에 처했을 때, 일부 잔여 세력이 고구려의 도움으로 북옥저(北沃沮)로 가서 동부여(東扶餘)를 건설했는데, 이 무렵 부여를 둘러싸고 고구려와 모용선비(慕容鮮卑) 사이에 군사적 충돌이 수차례 일어났고, 그중 어느 전투에서 염모가 큰 공을 세웠던 것으로 보았다(김현숙, 1997). 이렇게 본 이유는 첫째, 염모가 모두루 가문의 중시조 격이었으므로 모두루의 아버지, 할아버지보다 몇 대 위에 염모가 있었던 것으로 볼 수 있고, 그렇다면 346년보다 앞 시기에 활동했다고 보아야 한다는 것, 둘째, '북부여대형염모'라고 되어 있어 파견된 지방관의 면모가 뚜렷하지 않아 4세기 중반경 인물로 보기에 적합지 않다는 것 때문이다.

한다. 모용선비를 물리친 공으로 북부여 지역 일부를 염모에게 '고향땅'이라 하여 식읍처럼 하사했다면 염모도 고노자와 유사한 성격의 지방관이라 할 수 있다. 둘 다 신개척지에 파견된 지방관이면서 식읍주(食邑主)의 성격도 가졌으므로 중앙에서 파견한 지방관의 시원적 인물이면서 동시에 전대(前代)의 잔재인 식읍주 같은 성격도 보유한 인물이기 때문이다.

고구려에서 지방관을 파견한 것이 3세기 말부터이므로 고노자는 해곡태수와 함께 매우 이른 시기에 임명된 지방관이었다. 태수와 재가 상하 통속관계에 있었고 당시 지방통치조직이 2단계 구조였다면, 재가 관할하는 행정단위 몇 개를 합친 지역을 태수가 지배했다고 보아야 한다. 그렇다면 지역과 지역주민에 대해 상당히 많이 파악하고 있는 상태에서 비교적 높은 수준의 지역 지배가 이루어졌다고 보아야 한다. 과연 중앙정부에서 지방관을 보내 직접 통치를 실시하는 초창기부터 이런 수준의 통치가 가능했을까 하는 점을 고려할 필요가 있다.

앞에서 3세기 말 4세기 초에 기존의 5나부 지역과 옥저가 있던 동해안의 어느 곡 지역, 그리고 서북 변경지역을 통치했던 지방관에 대해 살펴보았다. 이 가운데 압록재와 해곡태수는 방위명부가 명기되어 있지 않아 재지세력인지 중앙에서 파견한 지방관인지 정확히 알 수 없지만, 5나부 지역은 고구려의 중심부였고 또 동해안 일대는 이른 시기부터 고구려의 주요 기반이었으므로 지방관이 우선적으로 파견될 가능성이 큰 곳이다. 즉 3세기 말 4세기 초에는 고구려의 중심부나 변경의 전략요충지, 그 외 군사적·경제적으로 중요한 지역부터 먼저 지방관을 파견했다. 전체 영역을 균질적으로 편제한 가운데 일시에 전면적으로 지방관을 파견하지는 못했다. 그렇다면 지방관 파견을 실시하면서 바로 하위 지방통치단위 몇 개를 묶어 상위의 지방관을 설정했다고 보기는 어렵다. 2단계 조직체계를 갖춘 지방지배는 거점 중심의 지배가 아닌 영역 지배가 이루어져야 실현 가능했다.

초창기에 파견된 지방관들은 각 지역 중심지와 군사요충지를 치소로 삼고 재지지배층을 하위 관인으로 삼아 주변 지역을 다스려 나갔다. 처음부터 지역과 주민을 정확하게 파악하여 치밀하게 통치하기도 어려웠다. 당시 지방 지배는 전 영역의 주민과 토지를 전면적으로 파악한 위에서 조직적으로 통치했다기보다는 일정한 단위 지역을 중심으로 부분적으로 통치하는 형태였다. 이런 점에서 지방관 파견 초창기인 3세기 말 4세기 초까지의 지방 지배는 거점지배(據點支配) 또는 거점(據點) 중심 지방통치였다고 할 수 있다(김현숙, 1997).

거점지배는 전략요충지에 구축된 성(城)을 중심으로 이루어졌다. 정치·경제·군사적으로 중요한 곳에는 태수, 그보다 중요도가 낮은 지역에는 재를 파견하여 통치했다. 이때 지방관이 거주하는 치소성(治所城)은 교통로를 중심으로 설정되었다. 대외정복과 영역 확장이 간도(幹道)를 따라 이루어졌으므로 각 지역을 연결하는 주요 도로를 따라 산성이 설치되었고, 지방 지배도 역시 이 교통로를 중심으로 행해졌기 때문이다(여호규, 1995b). 거점지배 단계에서의 지역 지배는 주요 간선교통로의 거점 성을 중심으로 그와 연결된 지선 지역에 대한 개괄적인 파악만 가능한 수준이었을 것이다.

거점지배 단계의 지방관도 고대의 일반적인 지방관이 그러했듯이 군사지휘자이자 재판관이자 행정관으로서의 역할을 모두 담당했다. 고노자의 일화에서 알 수 있듯이 평소 군사를 훈련시키고 전시에 휘하 병사들을 이끌고 나가 싸우는 것이 지방관의 가장 중요한 임무 중 하나였다. 그리고 그에 못지않게 중요한 직무는 조세 수취였다. 태수나 재는 재지지배층을 하위 관인으로 활용해 수취나 역역동원 등 제반 임무를 수행했을 것이다. 그러나 관할지역 내 전체 주민 수나 토지 보유 상황 등을 완전히 파악한 상태에서 개개인으로부터 조세를 거두지는 못했을 것이다. 아마도 재지지배층에게 지역별로 할당된 양만큼 책임지고 거두게 했을 것으로 짐작되는데, 이 시기 조세제 관련 자료가 전혀 없으므로 이런 정도의 추정만 할 뿐 상세한 내용은 알 수 없는 형편이다.

이상과 같은 성격의 거점지배는 3세기 후반부터 시행되기 시작해서 4세기 이후 본격화되었다. 고구려는 4세기부터 정복활동을 통해 영토가 크게 확장됨으로써 지방관이 증가하게 되었다. 그리고 효과적인 통치를 위해 관할구역을 축소할 필요가 있었기 때문에 더 많은 수의 지방관을 파견하게 되었다. 이처럼 지방관의 수가 늘어나게 되자 4세기 중·후반경에는 단위지역별 거점지배를 더이상 유지할 수 없게 되었다. 행정단위가 증가함으로써 지방관들의 관할구역이 서로 겹치게 되었고, 다수의 단위지역들이 각각 중앙과 연결되는 체제를 더이상 유지할 수 없을 만큼 영역이 확장되었기 때문이다. 따라서 확대된 영토와 주민을 효과적으로 통치하기 위해 지방통치제도를 재편할 필요가 있었다.

2) 고국원왕과 소수림왕대 고구려의 상황과 지방통치제도의 정비

(1) 고국원왕대의 위기 상황과 소수림왕대 제도개혁

개별 지방행정단위들이 각각 중앙과 직접 연결되는 거점지배는 영역이 확대되면 더이상 유지하기 어렵다. 지역단위가 늘어나게 되면 지방관의 관할구역이 겹쳐 책임 소재가 불분명해지기 때문이다. 병렬적 성격의 통치단위 사이에 명령체계가 수립되어 있지 않으므로 방어체계상에 심각한 모순도 발생하게 된다. 지방통치조직과 군사조직이 일체화되어 있던 시기였으므로 지방통치제의 모순이 국방상의 문제를 불러오는 것이다. 고국원왕대에 바로 이런 상황이 발생했다.

고국원왕 12년(342년)에 전연왕(前燕王) 모용황(慕容皝)의 군대가 고구려로 쳐들어왔다. 이들은 고구려 왕도를 목표로 군사를 출정시켰다. 이에 고구려 조정에서는 작전회의를 열었다. 요동에서 고구려로 침공해오는 적군들이 통상적으로 선택했던 대로 주력군은 넓고 평탄한 길인 북도로, 소규모 부대는 좁고 험난한 남도로 진격해올 것이라고 판단했다. 그에 따라 북도에 대군을 보내고 소규모 부대가 남도를 막도록 했다. 전연의 군대 역시 작전회의를 했다. 그러나 그들은 고구려의 예상과 달리 험준한 남도로 주력부대를 보냈다.

허를 찔린 고구려는 북도 방면에서 작은 승리를 거두었지만 남도에서는 참패했다. 이에 따라 전연군이 파죽지세로 수도로 쳐들어와 국내성 전체를 크게 파괴했고, 이곳의 남녀 5만여 명을 포로로 잡아갔다. 뿐만 아니라 고구려가 다시 힘을 회복하여 전연을 침공할 것을 염려하여 선왕인 미천왕의 무덤을 파헤쳐 시신을 꺼내 수레에 싣고 갔고, 왕의 어머니까지 포로로 잡아갔다. 고국원왕으로서는 부왕의 시신을 돌려받고 왕모를 생환시키기 위해 굴욕을 참을 수밖에 없었다. 이에 연이 주는 작위도 받고 조공사신도 보내는 등 외교적 굴욕을 감수하고서야 다음해에 겨우 미천왕의 시신을 돌려받을 수 있었다. 그러나 전연은 고구려의 재기와 침공을 두려워하여 왕모는 풀어주지 않고 13년 동안이나 인질로 잡아 두었다.

그런데 고구려의 요동 진출을 차단하기 위해 애썼던 전연이 고국원왕 40년(370년)에 전진(前秦)에게 멸망당했다. 고구려는 도망 온 태부(太傅) 모용평(慕容評)을 전진에 보내 우호관계를 맺었다.[4] 이로 인해 서변은 한동안 안정되었지만, 그 대신 서진정책을 잠시 중단해야 했다(박성봉, 1979). 고구려는 이후 영역 확대의 주방향을 남쪽으로 돌려 백제와 대방의 옛 땅인 황해도 지역을 두고 치열하게 공방전을 벌였는데, 그 과정에서

4 『삼국사기』 권18 고구려본기 고국원왕 12년 11월조; 13년 2월조; 25년 12월조; 40년조.

고국원왕이 백제병의 유시(流矢)에 맞아 전사하였다.[5] 대외전쟁에서의 잇따른 패배로 인해 고구려는 한동안 위축될 수밖에 없었다. 고구려로서는 건국 이래 최대의 위기 상황을 맞이하게 되었다.

고국원왕대의 거듭된 실패는 단순히 전술상의 문제가 아니라 보다 근본적인 원인이 있었다. 사회 변화에 따라 나부체제가 해체된 이후 전반적인 면에서 중앙집권화가 진행되었음에도 불구하고 제도 정비가 완전히 이루어지지 않아 새로운 상황 변화에 적극적으로 대처할 수 없었다. 영토 확장 과정에서 동예, 옥저, 말갈계와 거란족 일부 집단, 요동 지역에서 들어온 유이민, 낙랑과 대방 지역민 등 복잡하고 다양한 구성원들이 내부로 편입되었다. 이들은 아직 서로에 대해 배타적이고 분리적인 인식과 태도를 극복하지 못했다. 그럼에도 불구하고 전쟁 규모가 확대됨에 따라 3세기 중엽 이전에는 5나부의 지배층만이 전투를 직접 수행했던 것과 달리 이제 일반민도 군역의 의무를 지게 되면서 전투에 참여하게 되었다. 하지만 원고구려민과 외부에서 여러 원인으로 들어와 고구려민이 된 사람들이 섞여 있는 상태였으므로 전쟁에서 통합된 힘을 강력하게 발휘할 수 없었다.

『삼국사기』 백제본기의 근구수왕(近仇首王) 즉위년 기사에서 백제의 근초고왕이 태자에게 "고국원왕이 이끄는 병력 가운데 태반은 의병(疑兵)이니 사납고 날쌘 것은 오직 적기(赤旗)뿐이므로 먼저 그것을 깨뜨리면 나머지는 저절로 무너질 것"이라고 말했다는 부분이 주목된다. 여기에서 적기는 원래부터의 고구려민들로 구성된 철갑기병 중심의 중앙군이고, 의병은 각지의 지방민으로 구성된 군대였을 것이다. 의병은 훈련 기간도 부족

---

5 『삼국사기』 권18 고구려본기 고국원왕 41년 10월조.

하고 무장도 미비했으며, 무엇보다 아직까지도 복속민이란 관념이 남아 있었기 때문에 전투에 소극적으로 임했을 것으로 짐작된다. 근초고왕의 발언은 이런 상황을 반영하는 것으로 보인다.

요컨대 고국원왕대 군사적 실패의 원인은 내부 구성원이 확대되고 복잡 다양해졌음에도 불구하고, 제도나 의식적인 측면에서 그런 변화를 따라갈 수 없었다는 데 있었다. 즉 3세기 중엽까지는 5나부의 결집된 힘으로 대외정복전쟁을 수행하여 성과를 거둘 수 있었지만, 고국원왕대에 와서는 이전의 집단예민(集團隷民)과 새로운 편입민까지 군에 포함되었는데, 이들은 같은 군대임에도 불구하고 서로에 대한 배타성이 아직 해소되지 않아 단결된 힘을 발휘할 수가 없었다. 또한 군사조직도 정연하게 구축되어 있지 않아 효과적으로 전쟁을 수행할 수 없었다.

전연전에서의 참패와 고국원왕의 서거는 결국 중앙집권적 통치체제가 구축되어 가는 과정에서 일어난 사건이었다. 두 사건 모두 국가의 존립을 흔들 수 있는 중대한 위기였으므로, 고국원왕 전사 후 집권세력은 국왕이나 귀족 측 모두 체제 정비의 필요성을 절실하게 느끼게 되었다. 또 확대된 영토와 주민을 보다 체계적이고 안정적으로 통치하기 위해 지방통치제 정비가 긴요하다고 인식했다. 당시는 군사방어체계가 곧 지방통치조직이었으므로 전연의 군대를 막아내지 못한 것은 바로 거점지배의 한계가 노출된 것이라 할 수 있다. 다른 분야에서도 체제 개편과 개혁이 필요했지만 무엇보다 급한 부분은 방어체계의 재정비였다.

소수림왕은 지배층이 모두 변혁의 필요성을 절감하는 가운데 즉위하였다. 따라서 그는 비교적 순조롭게 구체제의 잔재를 일소하고 사회의 변화와 발전을 적극적으로 반영한 새로운 체제를 수립할 수 있었다. 372년에 불교를 도입하고 태학을 설립한 것은 바로 그런 작업의 일환이었다. 불교 도입과 태학 설립은 고구려인의 융합과 신흥세력의 등장을 뒷받침해 주면서, 왕권강화와 중앙집권체제 확립에 필요한 사상적·이념적 기반을 마련해 주었다. 정치체제의 정비는 373년 율령 반포로 완성되었다. 율령법에 의거한 지배체제는 중앙집권적이고 관료적인 국가체제를 기본으로 했으며, 신분제는 양천제(良賤制), 토지 소유는 국유제, 군제(軍制)는 징병제를 특징으로 했다(井上光貞, 1974).

율령의 제정과 반포로 고구려는 비로소 성문법시대로 돌입했다. 다원적인 관습법체계를 일원적인 공법체계로 종합했다. 형법, 관등과 관직제, 조세제 및 제사, 상장(喪葬), 학(學), 악(樂), 의복(衣服)에 이르기까지 정치운영과 사회생활 전반을 규제하는 법을 성문화함으로써 일정한 기준과 원리하에 국정이 운영될 수 있게 되었다. 가장 중요한 것은 국내의 구성원들이 모두 율령에 의거해 지배를 받게 됨으로써 새로 들어온 사람들도 단기간에 고구려민으로 안착할 수 있게 된 것이다(노중국, 1979; 강봉룡, 1992). 이에 따라 원고구려인과 다양한 신규 편입민 사이의 상호 배타적인 면이 보다 완화될 수 있었다.

요컨대 나부체제 해체 이후 진행된 정치·사회적 변화를 수용해 중앙집권적 지배체제의 준거틀을 마련하고 이를 율령으로 법제화함으로써 변화된 사회 상황과 제도 사이의 괴리를 없앴다. 이로써 국가의 발전 방향이 명확하게 제시되었고, 체계적인 국가운영이 이루어질 수 있게 되었다. 광개토왕과 장수왕대 이룩한 고구려의 급속한 발전은 바로 그 결과물이었다.

(2) 2단계 권역지배로의 발전

흔히 전연과의 싸움에서 고구려가 패한 원인으로 적군의 침공로를 오판했다는 점을 지적한다. 하지만 북도와 남도 중심의 수도방어체계가 미비했다는 점과 지역별 연계가 원활하지 못했다는 점도 주된 요인으로 들 수 있다. 국왕의 전사라는 충격적인 결과를 가져온 370년 백제와의 전쟁에서 백제군이 평양성으로 곧바로 공격해올 수 있었던 것도 방어체계가 적절하게 가동하지 않았기 때문이었다. 3세기 말 4세기 초부터 시행된 단위지역별 거점지배의 문제점이 적나라하게 노출된 것이다, 거점지배체제에서는 통치단위가 증가하여 지방관의 관할구역이 서로 접하게 되거나 중복되는 경우가 있다. 이렇게 되면 조세 수취와 주민 관리 등에서 문제가 발생하게 된다. 적의 침입 시 방어와 반격을 해야 할 때 책임 소재가 불분명해서 효과적인 대응이 어렵다. 지방통치제 및 방어체계의 정비가 시급히 필요하게 된 것이다.

고국원왕대와 소수림왕대에 지방제 재편이 이루어졌다는 것은 〈모두루묘지〉를 통해 확인할 수 있다. 이 묘지명에 의하면 모두루의 할아버지와 아버지인 □□대형(□□大兄)과 자□대형(慈□大兄)은 '북도(北道)'의 성민(城民)과 곡민(谷民)을 통치하던 지방관이었다. 모두루가 광개토왕 서거 당시 수사로서 북부여 지역을 통치하고 있었으므로, 그 할아버지는 대체로 4세기 중엽, 그 아버지는 4세기 중·후반경에 그 지역의 지방관으로 활동했던 것으로 볼 수 있다. 모두루의 할아버지와 아버지는 '관은(官恩)'에 의해 임명되었다. '관은'이란 용어는 묘지의 주인공인 모두루가 살았던 당대의 인식이 반영된 것이라 본다. 하지만 그 할아버지와 아버지도 국왕의 명령을 받아 지방관으로 파견된 것이지, 북부여 지역에 대해 가문 대대로 보유해 온 세습적 권리에 따라 관직을 승계하지는 않았다. 여기에 나오는 '북도'는 고구려의 국내성과 부여의 수도를 연결하는 교통로였다. 북도는 모두루 가문과 관련이 깊었던 북부여 지역으로 하나의 지방통치단위는 아니었다. 따라서 북도의 성민과 곡민은 개별 단위지역의 주민이 아닌, 교통로 주변에 있던 복수의 성과 곡의 주민들이었다.

즉 모두루의 조와 부는 거점지배 단계의 지방관이 아니었다. 성과 곡은 당시 고구려의 지방지배단위였다. 따라서 성민과 곡민을 지배했다는 것은 이들이 복수의 지방통치단위를 관할한 지방관이었다는 것을 말해준다. 즉 이를 통해 4세기 중·후반경에는 재(宰)가 지배하는 지역 몇 개를 포괄한 비교적 넓은 범위를 태수가 관할하는 형태로 지방지배단위를 상하 2단계로 조직했고, 지방관들은 관할지역의 성민과 곡민을 파악해 통치했음을 알 수 있다.

요컨대 점적인 지배에서 면적인 지배로 전환했고, 단위지역 중심의 지방조직에서 중층적인 조직으로 재편한 것이다. 거점지배가 단위지역과 단위지역이 교통로를 따라 이어지는 식의 점과 선 형태로 이루어지는 지배였다면, 그보다 발전한 다음 단계의 지배는 하위 단위 지방관이 통치하는 복수의 단위지역을 상위 지방관이 통치하는 면적인 지배였다. 이런 점에서 이를 '거점지배'와 구분하여 '영역지배'라 부르는 경우가 많다(노태돈, 1996). 하지만 '영역지배'란 용어는 특정 시기, 특정한 성격의 지배방식을 표현하기에는 너무 일반적인 용어이므로 일정 권역을 나누어 그 안에 있는 다수의 행정단위를 총괄 지배했다는 의미에서 '권역지배(圈域支配)'란 용어가 제시되었다(김현숙, 1997). 권역지배는 영역지배와 기본 성격은 같지만 일정 지역을 권역별로 나누어 통치하는 방식을 특정하는 용어다.

권역지배로의 재편작업은 고국원왕대에 시작되었다. 지방제 정비의 필요성을 느낀 고국원왕이 먼저 주요 전략요충지부터 재편하기 시작했는데, 가장 먼저 대상이 된 곳은 부여 지역이었다. 집안(集安)과 길림(吉林)을 잇는 교통로를 중심으로 조밀하게 배치된 크고 작은 성들이 다른 지역보다 상대적으로 이른 시기에 축조되었다는 점, 길림 주변의 동단산(東丹山)유적을 비롯한 여러 유적들이 모두 이른 시기에 속하는 유적이라는 점(陳大爲, 1989)을 통해 부여로의 진출 상황을 잘 보여준다. 부여는 건국시기도 빨랐고 통치체제도 발전한 나라였기 때문에 지방통치제 역시 선진적이었다. 이 때문에 고구려가 부여를 차지한 후 기존 지방조직을 활용해 단기간 내에 체제 정비를 할 수 있었다. 건국신화에서 시조 주몽의 부여 출자설을 표방한 것을 통해서도 알 수 있듯이 부여 지역 확보는 초기 이래 고구려의 최대 관심사였다. 따라서 이 지역의 안정적인 지배를 위해 지방제를 재편할 때에도 다른 어느 곳보다 우선적으로 정비를 시도했다.

그런데 지방제 재편작업을 완성하지 못한 상태에서 고국원왕이 전사했다. 소수림왕과 귀족들은 이로 인해 기존 체제의 문제점을 더욱 분명히 인식하게 되었다. 이에 율령제를 도입하고 지방제를 비롯한 통치체제 전반에 대한 정비를 적극적으로 추진해 나갔다. 이런 배경 아래 거점지배에서 권역지배로의 개편작업도 빠르게 진행되었다.

거점지배와 권역지배의 차이는 무엇일까? 〈광개토왕비〉를 통해 5세기 전반 무렵 지역민에 대한 파악 정도를 짐작해 볼 수 있다. 이 비에는 성과 그 하위 단위인 촌의 숫자가 기록되어 있다. 수묘인은 촌이 아닌 성 단위에서 차출했으므로 중앙정부의 행정권은 성까지만 미쳤던 것 같다. 하지만 촌의 숫자도 기록해 놓았으므로 지역 상황을 촌 단위까지 파악하고 있었다는 것을 알 수 있다. 수묘인 차출 내역을 보면 처음부터 국연(國烟)과 간연(看烟)으로 나누어 비율에 따라 정해진 숫자만큼 차출했다. 이는 옛 백제 지역 자연촌의 가호(家戶) 수를 소상히 알고 있었다는 것을 보여준다. 또 국연을 많이 차출한 곳과 간연을 많이 차출한 곳이 있어 국연과 간연 차출 과정에서 지역 상황을 고려했다는 것을 알 수 있다. 광개토왕대에 많은 역부(役夫)를 동원해서 여러 성을 동시에 축성하고 평양에 다수 사찰을 조성한 것도 지역 상황을 정확히 파악하고 있어야 가능한 일이다. 이것은 비록 광개토왕대의 일이기는 하지만, 율령제 도입과 호적제 시행으로 주민을 더욱 정밀하게 파악할 수 있게 되었다는 점을 고려하면, 소수림왕대 체제 정비의 결과물이라고 볼 수 있다. 즉 거점지배에서 권역지배체제로의 전환으로 인해 광개토왕대에 체계적인 수묘인 차출과 대규모 역역 동원이 가능했던 것이다.

지금까지 살핀 바를 정리하면 소수림왕대에는 거점지배에서 권역지배로 전환하면서 보다 조직적인 지역 지배가 가능해짐으로써, 지방민 파악과 통치가 전면적으로 이루어졌다. 즉 거점지배 단계에서는 지역별 연계가 되지 않았고, 지방관의 통치권이 미치지 않는 곳도 있어 전체 가호에 대한 철저한 파악이 어렵고, 주민에 대한 개별 지배도 불가능했지만 권역지배 단계에서는 주민을 보다 세밀하게 파악했으며 조세 수취와 병력 동원도 조직적으로 할 수 있게 되었다. 권역지배 단계에는 모든 주민을 호적에 등재하고 보편적인 법률에 따라 통치했으므로 보다 체계적이고 전면적인 영역 지배가 가능했다. 그러나 광개토왕 즉위 후 계속된 대규모 대외 정복활동으로 인해 2단계 지배체제 역시 한계를 드러내게 되었다. 전쟁의 효과적인 수행과 늘어난 민에 대한 효율적 지배를 위해 지방 지배체제의 변화가 또 필요하게 된 것이다.

3) 광개토왕대 지방통치제도의 발전

(1) 지방통치제의 재편 배경

광개토왕은 '국강상광개토경평안호태왕(國罡上廣開土境平安好太王)'이란 시호(諡號) 그대로 사방으로 영역을 넓히는 한편, 지역 재편과 지방제도의 정비, 사상체계의 재구축 등을 통해 백성의 안정을 도모했다. 광개토왕대 영역 확장의 내용과 그 과정에 대해서는 〈광개토왕비문〉과 『삼국사기』 고구려본기를 통해 살펴볼 수 있다.

광개토왕은 즉위 직후 바로 시라무렌강 유역에 있던 거란족을 정벌한 후 양평도(襄平道)를 지나 역성(力城), 북풍(北豊) 등을 거쳐 국경 지역을 돌아보고 전렵을 하면서 돌아왔다. 이를 통해 385년 이후 어느 시기에 요동성이 고구려에 함락되었으며, 그에 따라 요동 지역을 완전히 병합했다는 것을 알 수 있다. 광개토왕대에 고구려 서변은 요하(遼河)까지 이르렀고, 이 선은 이후 고구려 서변의 가장 중요한 기본 국경선이자 전략지역으로 멸망기까지 유지되었다.

광개토왕대 동북 변경에는 '백신(帛愼)'으로 기록되어 있는 세력과 동부여가 있었다. 백신은 당시 고구려에 예속된 속민(屬民)으로서 조공을 바쳐오던 영고탑(寧古塔) 주변에 있던 말갈계 종족이라 보고 있다(김현숙, 1992). 동부여는 285년 모용선비의 침략으로 멸망의 위기에 처한 북부여의 왕족 일부가 고구려의 인도 아래 북옥저 지역으로 도망 와서 건국한 나라이다(김현숙, 2000). 당시 고구려는 서변과 남변으로의 진출에 열중하고 있었고 동부 지역에는 적대적인 강대세력이 없었으므로 그다지 신경을 쓰지 않았다. 이에 동부여와 말갈계 세력이 고구려의 주의 소홀을 틈타 세력 강화에 주력하자, 그런 상황을 눈치 챈 광개토왕은 응징에 나서 그들의 이탈을 방지하고 조공 관계를 강화했다.

요동 지역을 완점한 이후 광개토왕은 백제와의 전쟁에 주력했다. 〈광개토왕비〉는 고구려의 세력 팽창에 백제가 가야, 왜와 연합하여 공동 대처하는 가운데, 고립된 신라가 고구려에 원조를 요청함으로써 고구려-신라, 백제-가야-왜의 구도로 국제관계가 재편되는 과정과 고구려의 남방정책 등 당시 동북아시아의 역학관계 변화를 잘 보여준다. 396년 백제 침공으로 고구려는 58성 700촌을 차지했고, 한강을 건너 백제의 왕성에 육박해 아신왕(阿莘王)의 항복을 받아냈다. 〈광개토왕비〉 병신년(丙申年)의 전과(戰果)는 고구려본기에 나오는 여러 해에 걸친 대백제전의 성과를 종합 정리한 것이다(武田幸男, 1978, 1979).

그런데 학계에서는 병신년의 전투지역과 이때 확보한 58성의 위치를 두고 논란이 분분하다. 이를 크게 나누면, 예성강 이하 임진강과 한강 유역에 이르는 범위 내였으리라 보는 설(李丙燾, 1976; 盧重國, 1986; 김현숙, 1989)과 상당수의 성이 남한강 상류 유역에 있었다고 보는 설(李道學, 1988; 徐榮一, 1991; 임기환, 1995)로 양분되어 있다. 전자는 광개토왕이 4만 명의 병력을 거느리고 쳐들어와 한수 이북의 부락들이 모두 무너졌다는 『삼국사기』 백제본기 진사왕(辰斯王) 8년(392년) 7월조 기사와 58성 가운데 '미추성(彌鄒城)'이 인천, '아단성(阿旦城)'이 서울의 아차산성이었다고 보는 데 근거하고 있다. 이에 반해 후자는 이 전투의 최대 목적이 소백산맥 이남으로의 진출 통로 확보에 있었다고 보고, 비문에 나오는 아단성을 을아단성(乙阿旦城, 단양 온달산성에 비정)으로 본다.

고구려는 58성 획득 후 불과 4년 뒤 왜와 가야 연합군의 공격을 받은 신라의 구원 요청에 따라 보기(步騎) 5만 명의 병력을 파견하였다. 따라서 이 대군의 이동 경로가 곧 병신년에 확보한 지역이었다고 보는 견해(이도학, 1988)도 일견 타당해 보인다. 그러나 비문대로라면 58성을 정복한 이후에도 아신왕이 저항하자, 광개토왕이 군사를 이끌고 한강을 건너 백제 왕성을 공격했다고 보는 것이 순조롭다. 그리고 400년의 출병은 분명 신라의 구원 요청에 따라 이루어진 것이다. 따라서 396년에 미리 소백산맥 이남 지역으로의 진출을 위해 교통로를 확보해 두었다고 보는 것은 지나치게 결과론적 해석이다.

경자년(400년)의 병력 이동 경로에 대해서도 평양-수안-신계-화천-춘천-원주-충주-단양-죽령으로 이어지는 선이었는지(李道學, 1988), 평양이나 집안 국내성에서 동해로 진출해 함흥 부근에서 해로를 이용, 동해안으로 남하해서 부산 부근에서 기습공격을 했는지(李鍾學, 1996), 아니면 이 두 길로 동시에 내려왔는지 논란이 되고 있다. 춘천, 충주를 중심으로 한 내륙교통로는 당시 신라 지역으로 통하는 중요한 교통로였으므로 고구려나 신라 어느 쪽이 이 지역을 확보하고 있었는지 여부가 문제시될 수 있다. 이에 대해 이 지역은 이전부터 예(濊)의 활동범위였으므로, 어느 시기엔가 예에 대한 지배권을 가지고 있던 고구려 영역으로 자연스럽게 편입되었을 것으로 본 견해가 있다(鄭雲龍, 1989). 그렇다면 남한강 상류 유역의 확보와 병신년의 작전지역을 반드시 연결시켜야 할 필요는 없다.

요컨대 고구려와 백제는 예성강과 임진강 사이의 지역에서 공방을 계속하다가 병신년 광개토왕의 친정(親征)을 계기로 일단 한강 이북 선까지 밀고 내려왔다. 그리고 광개토왕 18년(408년) 7월에 국동(國東) 6성을 구축하고 이곳에 평양 지역의 민호를 옮겨 본격적으로 영역 지배에 들어갔다.[6] 국동 6성은 백제 수도의 동북쪽에서 백제를 견제하면서 신라로 통하는 내륙교통로를 관장할 수 있는 전략요충지에 축조되었다.

이후 고구려는 소백산맥을 넘어 남쪽까지 영역을 넓혔다. 『삼국사기』 지리지에 의하면 오늘날의 예안, 봉화, 순흥, 부석, 임하, 안덕, 영덕, 진보, 청송, 영덕, 청하, 울진 등이 고구려의 영토였다가 뒤에 신라땅이 되었다고 한다. 이는 신라 나물왕(奈勿王)이 원군 파병을 요청한 대가로 고구려에 이 지역을 넘겨주었다가 뒤에 되찾은 것으로 보는 견해가 있다(김현숙, 2002). 물론 고구려 세력이 진출하자 자진해서 고구려로 넘어간 지역민들도 있었을 것이다. 4세기 후반 당시 이곳은 신라 영토였으나 재지수장을 통한 간접통치가 이루어졌다. 따라서 재지세력의 의지에 따라 지역의 향방이 많이 좌우되었다. 그러므로 이 두 요인이 상호 작용한 결과 소백산맥 이남 지역에 고구려 고지가 존재하게 되었다고 본 것이다. 물론 이에 대해 회의적인 시각도 있지만 군현이란 명칭의 사용 여부는 몰라도

---

6 『삼국사기』 권18 고구려본기 광개토왕 18년(408) 7월조, "築國東禿山等六城 移平壤民戶"; 18년 8월조, "王南巡."

고구려가 실제 소백산맥 이남 지역을 일시적으로라도 지배한 적이 있었다는 것을 부정할 결정적인 근거는 없다.

이상에서 살펴본 내용을 통해 광개토왕대에는 영역 범위가 서로 요하(遼河), 동으로 연해주(沿海州), 북으로 송화강(松花江), 남으로 한수(漢水) 이북 지역까지 늘어났고, 경자년 출병 이후에는 소백산맥을 넘어 풍기-순흥-봉화-임하-청하-영덕으로 이어지는 선까지 확대되었다고 정리할 수 있다. 이처럼 영역이 급격히 확대되고 인구 역시 급증했기 때문에 편입민의 편제와 안정적 통치라는 새로운 과제를 안게 되었다. 영역과 주민의 확대도 지방통치체제의 변화를 초래하는 요소 중 하나다. 광개토왕대가 되면 이전에 보이지 않던 '수사'라는 명칭의 지방관이 새롭게 등장한다. 이 시기 지방제의 변화나 수준, 내용을 살필 때 수사는 가장 중요한 분석 대상이 되고 있다.

(2) 수사의 신설과 3단계 지방통치제의 구축

수사는 문헌사료에 나오지 않는 지방관이다. 5세기의 상황을 보여주는 금석문 자료인 〈모두루묘지〉에 모두루가 "영북부여수사(令北扶餘守事)"였다고 나오고, 〈충주고구려비〉에 "고모루성수사야□(古牟婁城守事耶□)"가 나온다. 모두루는 할아버지와 아버지의 인연으로 은교(恩敎)를 입어 북부여에 파견되었으므로 세습적인 면이 있는 듯 적어놓았지만, 어디까지나 왕명을 받고 파견된 지방관이었다(武田幸男, 1981). 북부여 지역은 고국원왕대부터 권역지배체제로 재편될 정도로 다른 곳보다 상대적으로 잘 정비되어 있던 고구려의 주요 지역 가운데 하나였다.

고모루성은 〈광개토왕비〉에도 나오는 성으로 396년에 고구려에 편입되어 국연 2가와 간연 8가의 수묘인을 내기도 했다. 고모루성의 위치는 영락(永樂) 6년(396년)의 작전범위를 어떻게 보느냐에 따라 달리 비정되고 있다. 작전 범위가 인천에서 충주 일대까지였다고 보는 입장에서는 고모루성이 남한강 유역에 있다고 보았다(이도학, 1988). 그러나 한강 이북 지역이었다고 보는 경우에는 경기만 일대에서 서울의 강북 지역 및 강원도 서부에 이르는 범위 안에 있었을 것으로 보았다(김현숙, 1996). 또 예성강 중·하류, 임진강 중·하류, 한강 하류-서해안 일대 및 북한강 수계를 포괄하는 지역이 작전범위였다고 보는 경우 북한강 수계로 비정했다(여호규, 2012a).

396년에 고모루성과 함께 공취(攻取)된 58성 700촌 가운데 수묘인을 낸 곳은 36개 지역이었다. 이 가운데 31개 지역은 성으로 표기되어 있고 다섯 지역은 집단명으로 표기되어 있다. 36개 지역에는 미추성을 비롯하여 한강 하류 유역의 성이 다수 포함되어 있는데, 이곳은 백제의 전략요충지로서 인구가 밀집되어 있고 경제적·정치적으로 중요한 지역이므로 백제 영토였을 때에도 지방통치조직이 잘 갖추어져 있었다. 따라서 36개 지역도 대소에 따라 상하로 조직되어 있었을 것이다. 그중에서도 고모루성은 비중이 큰 상급 행정단위였을 것이다.

수사는 5세기 고구려 지방통치제 연구에서 가장 주목되는 존재이다. 수사의 성격을 어떻게 보느냐에 따라 당시 지방통치조직의 구조를 달리 보기 때문이다. 3세기 후반~4세기 전반에 수(태수)-재의 구조였던 지방제가, 5세기에도 동일한 수사(수, 태수)-재의 2단계 구조였다고 보는 설(林起煥, 1995; 여호규, 1995b)과 이전에는 태수-재의 2단계였다가, 5세기에 와서 복수의 태수-재의 관할구역을 묶은 광역을 수사가 통치하는 수사-태수-재의 3단계 구조로 발전했다고 보는 설로 나뉘져 있다(김현숙, 1996; 최희수, 2012; 백미선, 2013).

2단계 구조가 계속 유지되었다면 3세기 말부터 200여 년간 지방지배체제에 발전이 거의 없었던 것이 된다. 고구려는 4세기~5세기에 변화와 발전을 거듭했다. 5세기에는 3세기보다 민호(民戶)가 3배로 증가하고 최대 판도를 이루어 말 그대로 최전성기를 구가했다.[7] 그런데도 지방관이 처음으로 파견된 3세기 말과 이 시기의 지방통치조직이 같은 구조였다고 보는 것은 사회 발전과 영역의 확장, 구성원의 증대에 따라 지방통치제도가 필연적으로 변화될 수밖에 없다는 점을 간과했거나, 고구려 사회를 지나치게 정체적으로 본 것이다.

수사는 다른 나라에서는 찾아볼 수 없는 지방관이다. 『삼국사기』와 중국 사서에도 나오지 않는다. 이런 점에 주목해서 이를 지방관 명칭이라 보지 않고 단어 의미 그대로 성을 수호한다고 보거나(武田幸男, 1981), 지역 제반의 일을 다스린다는 뜻의 일반명사일 가능성을 제기하기도 하였다(노태돈, 1999). 중국 사서에서 어렵게 수사라는 단어를 찾아내기도 했다. 『진서(晉書)』 열전 양왕융(梁王肜), 산도(山濤), 조왕륜전(趙王倫傳)에 "○○장군 독업성수사(○○將軍督鄴城守事)", 『위서(魏書)』 열전 유연전(劉淵傳)에 "보국장군 도독북성수사(輔國將軍都督北城守事)"가 나오는 것을 찾았는데(백미선, 2013), 이때의 수사는 지방관명이 아닌 '수제군사(守諸軍事)'로 쓰인 것으로 보았다(嚴耕望, 1961). '영북부여수사'라는 구절에서 '영(令)'을 '하여금 ~하게 하다'로 쓰였다고 보는 것은 어떨까라는 제안도 나왔다(백미선, 2103). 이렇게 보면 '광개토왕이 모두루를 교견(敎遣)하여 북부여 지역을 수사(守事)하게 했다'로 해석할 여지가 있다는 것이다.

'영북부여수사'만 있다면 이 견해도 타당성이 있다고 할 것이다. 그러나 고모루성수사가 있기 때문에 이 설은 성립하기 어렵다. 수사는 지방관 명칭이 분명하다. 다른 나라에서 보이지 않고, 문헌자료에 나오지 않는다

---

7 『위서(魏書)』 권100 열전88 고구려전.

고 해서 두 건의 자료에 명확하게 지방관명으로 나오는 수사를 부정하는 것은 타당치 않다. 여기에서는 오히려 중국이나 다른 나라에서 사용하지 않던 수사라는 지방관 명칭을 고구려에서만 사용했다는 점에 더 큰 의미를 두고 살펴야 할 것이다.

물론 북부여수사에 '영(令)'이 붙어 있다는 것은 충분히 주목할 만하다. 이에 대해 '영북부여수사'가 태왕의 명령으로 북부여 방면을 지키는 일을(守事) 맡았음을 의미한다는 견해가 있다(주보돈, 2003). 광역 지방관으로 파견된 모두루 자체가 아직은 지역 연고권에서 완전히 배제된 상태가 아니었기 때문에 태왕에의 충성을 강조하여 '영(令)'을 붙였다고 보고, 이런 점에서 '영북부여수사'를 과도기적인 지방관명이었다고 본 것이다. 모두루는 광개토왕대에 '영북부여수사'로 파견되었고, 고모루성수사는 5세기 중반 장수왕대에 활동했던 것을 볼 때 타당성이 있는 견해라고 본다. 그리고 '영북부여수사'라는 명칭은 아직 완전한 지방관명이라 볼 수 없다며, 수사가 처음으로 파견된 시기를 광개토왕의 정복활동이 어느 정도 마무리되는 재위 후반기였을 것으로 보기도 했다(백미선, 2013). 이 두 견해는 광개토왕대 고구려 지방통치제도의 발전 과정을 '영북부여수사'가 보여준다는 데 인식을 같이한다.

수사가 파견된 옛 부여 지역과 옛 백제 영역이었던 한강 유역은 모두 정치·경제적으로 선진지역으로서 지방통치조직이 잘 갖추어진 곳이었다. 〈충주고구려비〉에 의하면, 장수왕대에 고추가(古鄒加) 공(共)의 군대가 우벌성(于伐城)에 이르렀을 때 고모루성수사가 동행했다. 우벌성은 당시 남진 경영을 위한 중심기지였던 남한강 상류 유역의 충주 지역에 있었다. 5세기 후반에는 한강 유역 전체가 고구려 영역으로 편입되었다. 『삼국사기』 권37 지리지4에는 이 일대에 대략 16~18개의 군(郡)과 30~40개의 현(縣)이 있었던 것으로 나오고 있다. 그리고 551년에 백제와 신라가 연합

작전을 벌여 이 지역을 탈취해 갔을 때, 백제는 한강 하류의 6군, 신라는 한강 상류의 "죽령이외고현이내(竹嶺以外高峴以內)"에 있는 10군을 차지했다.

이로 보아 시기 차이가 있다 하더라도 개별 행정단위의 수는 크게 변동되지 않았을 것이므로, 5세기 말경에도 한강 유역에 16개 이상의 군이 있었다고 볼 수 있다. 그렇다면 한강 하류 지역과 남한강 상류 일대에 각각 태수급과 재급 지방관이 다수 존재했을 것이다. 그런데 충주 지역에서 발생한 모종의 군사작전에 한강 이북 지역에 있는 고모루성수사가 고추가 공과 함께 참여하고 있다. 이는 고모루성수사는 충주 지역의 태수나 재급 지방관이 아니라 한강 유역의 태수-재급 행정단위를 다수 포괄하는 광역의 지방관이었기 때문에 우벌성으로 왔다는 것을 보여준다.

고모루성수사의 성격이 이렇다면 영북부여수사도 북부여 지역 전체를 관할하는 지방관이었을 것이다. 사실 관직명 자체에 그런 성격이 더 잘 반영된 것은 영북부여수사 쪽이다. 영북부여수사는 '북부여성의 수사'가 아니라 '북부여 지역을 관할하는 수사'라고 볼 수 있기 때문이다. 물론 고모루성수사도 광역의 지역을 관장하는 지방관이지만 치소 성의 이름에 따라 관직을 칭했으므로, '북부여성수사'라 하더라도 그 성격을 달리 볼 필요는 없지만, 그래도 '북부여성수사'가 아니라 '영북부여수사'로 기록된 것은 그 관직명 자체가 보다 광역적인 범위를 상정시킨다는 점에서 주목된다고 하겠다.

그런데 이처럼 수사가 다수의 태수-재급 행정단위를 포괄한 넓은 지역을 관할했다고 볼 때 의문을 제기할 수 있는 부분이 있다. 위 사료에 의하면 수사는 대사자(大使者)와 대형(大兄) 관등을 소지했다. 유일하게 관등과 관직이 함께 기록되어 있는 3세기 말의 지방관인 태수 고노자의 관등도 대형이었다. 수사가 곧 태수였다고 보는 설의 근거는 바로 이 관등의 대응관계에 있다. 7세기 고구려 관등조직을 보여주는 『한원(翰苑)』 소인(所引) 『고려기』에는 대사자가 제6위, 대형이 제7위 관등으로 나온다. 따라서 북부여수사인 모두루는 대사자로서 고노자보다 상위 관등을 갖고 있었지만 고모루성수사는 같은 대형이었으므로, 수사-태수를 상하관계의 지방관이라 보기 어렵다고 판단할 수도 있다.

그러나 수사와 태수의 관등 문제는 다른 측면에서 이해해야 한다. 그 실마리는 고노자가 소형에서 대형으로 승급했으나 여전히 재였다가, 3년 뒤 대형인 채로 태수로 승진한 것에서 찾을 수 있다. 고노자의 경우를 통해 태수=대형, 재=소형이란 식으로 관직과 관등이 반드시 1:1로 대응했던 것은 아님을 알 수 있기 때문이다. 이 같은 예는 후기에도 확인할 수 있다. 『책부원구(冊府元龜)』 권170 제왕부(帝王部) 내원(來遠) 정관(定款) 19년조에는 당 태종이 안시성(安市城)을 포위, 공격하고 있을 때 15만 명의 지원군을 이끌고 갔던 북부욕살(北部褥薩) 고연수(高延壽)와 남부욕살(南部褥薩) 고혜진(高惠眞)의 각각 위두대형(位頭大兄)과 대형(大兄)으로 나온다. 또 〈고자묘지(高慈墓誌)〉에는 그의 조부인 고량(高量)이 책성도독(柵城都督)이었는데, 위두대형(位頭大兄) 겸 대상(大相)이었다고 나온다. 대상이란 관직명은 찾을 수 없지만, 『일본서기(日本書紀)』에 고구려 관등으로 '대상'이 나오고,[8] 『삼국사기』 직관지에도 '종대상(從大相)'이 나온다. 관등에 붙은 '상(相)'이 '사자(使者)'의 다른 표기라고 보는 설(武田幸男, 1978, 林起煥, 1995)에 따르면 대상이 곧 대사자였다. 그렇다면 책성도독 고량은 위두대형과 대사자 두 관등을 함께 가졌다고 보아야 하므로 관등에 대한 현재 상식으로 이해할 수 없는 측면이 있다.

---

8 『일본서기(日本書紀)』 천지기(天智紀) 10년 정월, "高麗遣上部大相可婁等進調"; 천무기(天武紀) 8년 2월, "高麗遣上部大相桓父 下部大相師需婁等朝貢."

욕살의 관등에 대해서는 고연수와 고량이 모두 위두대형이었으므로 『책부원구』에 나오는 고혜진의 관등인 대형도 위두대형의 오기로 보고 위두대형급이 욕살이 되었다고 보는 견해가 제시되었다(林起煥, 1995). 하지만 이것은 불분명한 자료에 근거한 추정이다. 이에 대해서는 대형 이상이면 욕살에 취임할 수 있었던 것으로 이해할 수 있다. 그렇다면 수사나 태수도 동일한 경우라 볼 수 있다. 7세기에 위두대형과 대형이 모두 욕살에 취임할 수 있었다면, 5세기에도 대형 이상이면 태수나 수사에 취임할 수 있었다고 볼 수 있기 때문이다. 상하의 지방관이라 해서 반드시 관등에서 격차가 나야 한다고 볼 필요는 없다는 것이다(김현숙, 1997).

지금까지 확인된 고구려 지방관은 『삼국사기』에 나오는 재, 태수, 〈모두루묘지〉와 〈충주고구려비〉에 나오는 수사, 『한원』에 나오는 욕살, 처려근지(處閭近支), 가라달(可邏達), 루초(婁肖)가 있다. 이 중 수사는 5세기 고구려인이 직접 새긴 석비에 나오고, 욕살 등은 타국인의 기록이지만 고구려어를 그대로 옮긴 것이어서 실제 사용된 관직명으로 볼 수 있다. 그런데 『삼국사기』에 나오는 태수와 재는 중국식 관직명이므로 실제 사용되었는지, 후대에 그에 해당하는 중국 관직명으로 바꾸어 기록했는지 분명치가 않다. 후자였으리라 생각하기 쉽지만 반드시 그렇게 단정할 수만은 없다. 5세기 금석문에 나오는 수사가 6세기 후반 이후 기록에 나오는 욕살, 처려근지, 가라달, 루초보다 더 중국풍이 강한 관직명인 것을 보면, 오히려 『삼국사기』에 나오는 대로 3세기 말 4세기 초에 태수, 재란 관직명을 사용했다고 보는 편이 옳을지도 모른다. 태수, 재를 사용하다가 후대에 들어와 고구려 고유의 명칭으로 바꾸었다고 볼 수 있다는 것이다. 즉 태수란 관직을 모방해서 수사라 썼을 가능성은 없다는 것이다. 고구려는 중국 군현과 빈번하게 접촉했을 뿐만 아니라 낙랑군과 대방군 축출 이후 조성된 안악3호분과 덕흥리벽화고분에도 태수가 나오기 때문에 비교적 이른 시기부터 태수에 대해 잘 알고 있었다고 볼 수 있다. 군의 지방관인 태수는 군수(郡守) 또는 수(守)로 칭해지는 경우는 있어도 수사로 칭해진 적은 없었다.

요컨대 지금까지는 수사가 곧 태수라거나 태수 대신 수사라 했다고 볼 근거는 없다. 수사는 다수의 군급과 현급 행정단위를 포괄한 지역을 총괄했던 최상위 지방관이었다. 그렇다고 해서 수사가 중하위 행정단위에서 이루어지는 지역 통치에 대해 직접 명령권을 행사했던 것 같지는 않다. 고모루성수사의 예에서 알 수 있듯이 수사는 군의 범위를 넘어 광역적인 군사활동이나 대규모 병력과 군수물자의 동원, 지역 특산물의 수합 같은 임무를 수행했을 것으로 보인다. 『위서』 권100 열전 88 고구려전에는 정시중(正始中)에 위(魏) 세종(世宗)을 만난 고구려 사신 예실불(芮悉弗)이 물길(勿吉)과 백제 때문에 부여의 황금과 섭라(涉羅)의 옥(珂)을 바치지 못한다고 말했다는 내용이 나온다. 물론 이것은 일반적인 조세 수취와 다른 예이긴 하지만, 이를 통해 지역특산물 중에는 재나 태수의 관할권을 넘는 광역적인 범위에서 수합과 진상이 이루어지는 것도 있었다는 것을 알 수 있다.

후기 통치단위 가운데 가장 핵심이 중간급인 처려근지의 관할지역이었던 것처럼, 중기에도 실질적인 지방통치는 태수 관할지역을 중심으로 이루어졌을 것이다. 그러므로 수사와 태수는 평상시에는 각자 관할지역을 통치하되 군 단위를 넘어서는 광역에서 이루어져야 할 업무만 수사가 책임지고 수행했을 것이다. 따라서 하나의 광역 안에 복수의 수사가 존재했을 수도 있다. 현재 확인되는 수사는 옛 부여 지역을 다스렸던 영북부여수사와 한강 유역 일대를 관장했던 고모루성수사뿐이다. 하지만 5세기 고구려의 영역범위와 지역의 정치·경제적 비중과 규모를 관련지어 고려해 볼 때, 요동 지역, 두만강 유역, 압록강 유역, 대동강 유역 등에도 수사가 설정되었을 가능성이 있다. 그러나 동시에 이 모든 지역을 광역으로 편제하고 수사를 임명하지는 않았을 것이다. 북부여 지역에 먼저 수사를 보낸 다음에, 다른 지역도 점차 광역권을 설정하고 수사를 파견하는 작업이 추진되었을 것이다.

〈광개토왕비〉에는 '관군(官軍)'과 '왕당(王幢)'이 나온다. 이는 귀족들의 사적 병력이 국가의 공적 군사조직으로 모두 흡수되었다는 것과 소수림왕 이후 재편된 군사조직의 일면을 보여준다. 신라 구원전에 동원된 보병과 기병 5만 명에는 왕도 수비군과 기타 주요 국경지역 병력을 제외하고 왕경의 일반민과 지방민이 포함되었을 것이다. 4세기 이후에는 일시적 약탈이 아니라 영토와 인민을 확보하기 위해 대규모 인원과 물자를 동원해 총력전을 치렀다. 따라서 귀족만 특권적 전사로 명예롭게 전투를 하고 하호들은 보급을 맡았던 초기와 달리 개병제(皆兵制)를 실시했다. 개병제하에서는 지방조직을 통해 지역민을 차출해 전투부대를 편성했다. 전국적인 규모로 병력을 동원하기 위해서는 기존의 통치단위를 광역으로 묶어 신속하고 원활하게 작업을 진행할 필요가 있었다. 광개토왕대에 전국을 몇 개의 주요 중심 광역별로 나누고 상위 지방관인 수사를 설정하여 영역지배의 효율성을 도모한 것은 이 때문이었다.

요컨대 정복전쟁을 빈번하게 수행하고 영토가 급격하게 팽창했던 광개토왕대에 광역을 총괄하는 최상층 지방관인 수사를 설정했다. 전쟁에서 승리하기 위해서는 병력과 물자가 효과적으로 조달되어야 하므로, 태수의 관할권을 넘어서는 범위에서 이를 담당할 지방관이 필요했기 때문이다. 태수-재 위에 설정된 상위 지방관인 수사는 광역적으로 이루어져야 하는 군사활동이나 물자 동원, 지역특산물 수합 등을 담당했다. 수사와 태수는 평상시에는 각자의 관할지역을 통치하고 군 단위를 넘는 광역에서 이루어져야 할 업무만 수사가 책임지고 주관했다. 요동 지역, 북부여 지역, 압록강 유역, 대동강 유역, 두만강 유역, 동해안 지역, 한강 유역 등이 각각 광역으로 묶여졌으나 지역에 따라 시차가 있었다. 장수왕대에 한강 유역 전체를 광역으로 편제함으로써 전국의 주요 지역을 광역으로 편제하고 수사를 파견하는 작업이 완성되었다.

4) 평양 천도와 지방통치조직의 변화

고구려 지방통치제는 장수왕(長壽王) 때 다시 조정되었다. 평양 천도는 지방제 발전의 주요한 계기가 되었다. 나라의 중심이 옮겨졌으므로 방어체계를 재편하고 지방통치단위들과 왕도(王都)의 연계선도 재조정해야 했기 때문이다. 장수왕대에는 광개토왕대에 구축된 수사-태수-재의 3단계 지배체제를 그대로 유지하면서 남쪽으로 확장한 한강 유역에 수사를 더 설정했다. 그러면서 균형 잡힌 지역 지배와 정치세력의 효율적 편제 및 통제를 위해 별도(別都)를 설치하고 영역지배의 정밀화를 도모했다. 지역 기층세력에 대한 파악과 지배는 장수왕대에 이르러 한층 정밀해졌다.

별도에 대해서는 지금까지 연구가 많이 진행되지는 않았다. 북한 학계에서는 4세기에 졸본, 환도, 평양, 남평양 등 여러 개의 별도가 있었다고 보았다(손영종, 1990). 하지만 근거 자료에 대한 인식차이가 커서 수용하기 힘든 면이 있다. 남한 학계에서는 "其外 有國內城及漢城 亦別都也" 했다는 『주서(周書)』 권49 고구려조 기사와 "復有國內城漢城 竝其都會之所 其國中呼爲三京" 했다는 『수서(隋書)』 권81 고구려조 기사에 따라 별도인 국내성, 한성, 평양성을 3경이라 했다고 보는 것이 대세다(임기환, 2003; 최희수, 2012; 여호규, 2020). 하지만 천도가 이루어지면서 지위가 하락하고 소외감을 느끼게 된 지역을 비롯해 정치·경제적으로 중요한 지역인 요령성(遼寧省) 환인(桓仁), 길림성(吉林省) 집안(集安), 황해도 신원(新院), 서울, 충청도 충주 등도 3경은 아니지만 어느 시기에 별도로 운영되었을 가능성이 있다고 본 견해도 있다(김현숙, 1997).

별도의 설치 시기에 대해서는 평양 천도 이전에 이미 평양 일대에 왕궁, 관청, 귀족들과 백성들의 거주지역 등이 계획적으로 조성된 것으로 보아 427년 이전에 별도 설치 및 지방통치단위의 재편작업이 이루어졌을 것으로 보았다(김현숙, 1997). 다만 국내성(集安) 지역이 별도로 정식 운영된 것은 천도 이후부터로 보는 데 대체로 동의하고 있다(임기환, 2003; 최희수, 2012). 그러나 한성의 설치 시기에 대해서는 견해가 나뉘어 있다. 황해도 신원군 일대의 도시유적과 장수산성이 한성유적이라고 인정하는 상태에서 북한의 고고학적 조사결과에 따라 4세기 초부터 이 유적들이 건설되기 시작해 4세기 말에는 큰 규모의 도시로 성장한 것으로 보는 설(임기환, 2003)이 있고, 6세기 초 안장왕 때 설치된 것으로 보는 설(최희수, 2012)도 있다.

별도의 설치 목적에 대해서도 다르게 보고 있다. 국내성의 경우 고구려 수도로 400년 이상의 역사를 가졌고 말기까지 상당한 세력을 유지한 지역이었으므로, 평양 천도 이후 자연스럽게 부도(副都)가 되었을 것이라 보는 데 이견이 없다. 그러나 한성에 대해서는 다른 설이 존재한다. 4세기부터 고구려의 주요 정치세력으로 성장한 낙랑군·대방군의 호족세력이나 중국계 망명인들을 편제하기 위해 한성을 설치했다고 보는 것은 같다. 하지만 그것을 지배층의 저변을 확대하는 과정으로 보는 시각이 있고(임기환, 2003), 오히려 낙랑계·대방계인 평안도, 황해도 일대의 신흥정치세력을 특별행정구역화한 별도를 통해 관리하고 통제함으로써 지배세력의 통제라는 정치적 목적을 달성하기 위해서였다고 보는 시각도 있다(최희수, 2012).

또 최근에는 이와 전혀 다른 방향에서 한성 별도의 설치를 보는 견해도 제출되었다. 한성 별도는 고구려가 한강 유역 전체를 석권한 475년 이후 본격적으로 조영되었고, 중부 지역에서 수취한 각종 물자를 평양까지 안전하게 운송하기 위한 중간집하장으로 출발했다고 보는 설(여호규, 2020)이 그것이다. 이 설의 경우 한성 별도는 한강 수로와 서해 해로를 활용해 중부지역에 대한 지방 지배를 시행하기 위해 건설했는데, 집하되는 물자가 증대함에 따라 평양이나 국내성에 버금가는 도회지로 발전했다고 보았다. 요컨대 한성 별도의 설치 목적을 정치적인 면에서 보는 시각과 경제적 측면에서 보는 시각이 있는 것이다.

별도의 구조에 대해서는 국내성과 한성 모두 수도인 평양성과 마찬가지로 5부가 존재했다고 본다. 그리고 이 5부의 하부행정조직으로는 이방제(里坊制)가 있었을 것을 상정할 수 있는데, 평양의 안학궁성 남쪽과 한싱인 신원의 도시유적에서는 이방제의 흔적을 확인할 수 있는 반면 국내성에서는 아직 고고학적인 증거가 발견되지 않았다(임기환, 2003).

앞에서 고구려 중기의 지방관으로 수사, 태수, 재가 존재했던 것으로 보았는데, 그럼 별도에는 어떤 지방관이 피견되었을까. 이에 대해서는 5세기대에 한성이 별도의 위상을 갖고 있었다면 평양 지역 일대를 통솔하던 덕흥리고분의 주인공인 진(鎭)이 보유했던 중리도독(中裏都督) 급에 해당하는 지방관이 국내성과 한성 등 별도를 통괄했을 것이라고 본 설이 있다(임기환, 2003).

후기의 최고위 지방관인 욕살을 도독에 비정한 만큼 도독은 지방관으로 볼 수 있지만, 중리는 내리(內裏)·금리(禁裏)와 같은 뜻으로 국왕에 직속하는 측근세력의 성격을 갖는 내부(內府)의 관직이었다(武田幸男, 1978). 별도의 지방관으로 중리도독을 주목한 것은 광개토왕대 평양 지역에 막부제가 실시되었다고 보는 입장에서 국왕의 측근세력이란 성격을 가진 지방관이란 존재를 상정한 것인데, 내부의 관직과 지방관명이 합칭되었다고 보는 것은 아무래도 쉽게 수긍하기 어렵다. 현재로서는 5세기대에 3경인 평양성과 국내성, 한성도 광역을 관할하는 최상위 지방관인 수사가 통할했다고 보는 것이 옳을 듯하다.

한편, 5세기 이후 고구려에서 군현제를 실시했는가를 두고 논란이 이어지고 있다. 북한 학계에서는 일찍부터 명실상부하게 정연한 주군현제를 실시했다고 보았다(리승혁, 1987). 다만 군현제의 완성 시기를 두고 5세기 초 이전(리승혁, 1987)으로 보는 설과 4세기 중·말엽(손영종, 1990)으로 보는 설로 나눠져 있다.

반면, 남한 학계에서는 군현제 실시 여부를 두고 여러 견해가 있다. 먼저 군현제 실시를 인정하는 측에서는 주(州)-군(郡)-현(縣)의 조직체계를 갖추었으나 행정단위의 명칭은 그대로 성이라 했다고 보거나(盧重國, 1979), 일시적으로나마 군현이란 명칭을 사용했을 것으로 보았다(林起煥, 1995). 〈모두루묘지〉에 나오는 '차국군(此國郡)'(제5행)과 '차군(此郡)'(제6행)을 통해 보다 적극적으로 5세기부터 군제(郡制)가 시행된 것으로 보기도 했다(노태돈, 1996). 물론 주나 군이 확인된다고 해서 중국식 군현제나 주현제와 동일한 체제였다는 것은 아니다. 기본적으로 성이 지방통치 단위이지만 그것을 주, 군 등으로 명명하여 지방을 편제했다고 본 것이다. 이 경우 5세기 전후에 시행되던 군제가 6세기 후반에 소멸되었다고 보았고, 군제의 세부내용이나 6세기~7세기 지방제와의 관련성 등에 대해서는 살피지 않았다. 군현제 관련 사료가 적지 않게 남아 있는 만큼, 완전한 군현제는 아니어도 그 원리를 활용해 통치조직을 정비하거나 각 행정단위를 조정했을 것으로 보는 의견도 있다(김현숙, 2005). 이 경우 군이란 용어를 중기에 일시적으로 사용했지만, 정착하지 못하고 소멸한 뒤 그 잔영이 부분적으로 남은 것으로 이해했다.

군현제 실시 여부를 둘러싼 논쟁은 근래에도 계속되고 있다. 5세기 군제의 시행을 율령제도 수용과 연관지어 살핀 연구성과가 나왔다(홍승우, 2009). 『삼국사기』 고구려본기에 안장왕, 평원왕 때의 시조묘 행차와 권농관련 기사에 주읍(州邑), 주군(州郡), 군읍(郡邑)이라는 표현이 등장하는 것과, 지리지의 한주, 삭주, 명주에 속한 주, 군, 현과 소경들이 모두 고구려의 군, 현 또는 성, 홀 등이었음을 근거로, 평양 천도 이전의 정복지역에는 성 중심 지배가, 이후의 정복지역에 대해서는 군현적 지배가 이루어졌다고 보는 연구에서 좀 더 상세한 검토가 이루어졌다(崔熙洙, 2012). 이 경우 그 지역 범위는 고구려 영역의 서북, 북, 동북면에는 성 중심, 한성 이남의 남쪽으로는 군현 중심으로 지방 통치를 한 것으로 보았다. 안원왕과 평원왕 때에는 평양성 이북의 졸본에 이르는 지역에도 주군을 두었던 것으로 보았다.

이에 대해 『삼국사기』와 『한원』 『고려기』, 덕흥리고분 묵서명, 〈모두루 묘지〉, 〈고구려 유민 묘지명〉 등 군현제 관련 근거로 사용된 모든 자료를 재검토하여, 군현제 시행의 증거로 볼 수 없다고 반박한 글이 나왔다(정호섭, 2019). 고구려의 주군현에 대해서는 구체적인 사료가 부족하고, 남아있는 사료도 고구려 당시의 정황을 반영하고 있는지 명확하지 않고, 금석문에서도 고구려 주군현을 확증할 만한 증거를 발견할 수 없다는 것이다. 지방관의 명칭도 군현제, 주현제 등에서 사용하는 일반적인 양상과는 전혀 다른 독특한 모습이고, 『삼국사기』 지리지의 '고구려 고지(故地)'에 기록된 군현도 『구당서』나 『신당서』의 60주현이라는 기록과 현격한 차이가 있어, 고구려의 영역화 정황은 어느 정도 반영한다고 하더라도 명칭 자체를 고구려 당시의 것이라 보기 어렵다는 것이다. 또 『한원』 『고려기』의 기록은 중기의 군(郡) 흔적이 남아있는 사료로 볼 수 있지만, 군을 언급한 직접적인 사료로 볼 수 없고, 말약이나 군두는 무관직이므로 이 기록만으로 지방행정단위로서 군의 실재성을 인정할 근거는 아니라는 것이다.

그런 한편, 광개토왕대와 장수왕대가 되면 넓어진 영토 안에 다양한 성격의 구성원이 많이 들어와 다종족국가로서의 면모를 강하게 띠게 된다.

따라서 이때 생활방식이나 지역의 생산물과 산업형태 등에서 다른 지역의 일반 고구려민과 성격이 다른 특수집단도 고구려민에 편입되었다. 후기 사료에 많이 등장하는 말갈의 경우가 그 대표적인 예다. 이들에 대해서는 그들의 존재 양상에 맞게 특수부대로 활용하는 등 다른 일반 민과는 달리 특수지배했다고 보는 설이 제기되었다(김현숙, 1992). 이들이 고구려에 편입된 시기는 지역별·집단별로 차이가 나지만, 명실상부하게 고구려민으로서 살고 활동하기 시작한 것은 장수왕대부터였을 것으로 본다. 하지만 고구려인으로서 이들의 활동은 고구려 후기 사료에 본격적으로 나오므로, 이들에 대한 지배방식은 후기 지방통치제 부분에서 살펴보기로 하겠다. 이외 특수 지역, 특수한 존재에 대한 통치의 또 다른 예로 낙랑과 대방 고지에 대한 지배가 있는데, 이 문제는 별도의 글에서 다루고 있으므로 이 글에서는 생략하기로 한다.

2. 민의 위상 정립과 대민 지배

1) 고구려왕의 대민관 변화와 민의 위상 정립

414년에 세워진 〈광개토왕비〉에는 광개토왕의 은택(恩澤)이 천하 사방에 미침으로써 국가가 부강해지고 민의 생활이 윤택해졌고 생산력도 높아졌다고 적혀 있다. 비문에는 '민(民)'과 '속민(屬民)'이라는 두 부류의 민이 나온다. 이때 민은 고구려 영토 안에 거주하면서 고구려 율령에 따라 지배를 받는 존재이고, 속민은 백제, 신라, 동부여, 백신 등 고구려의 세력권 아래 있음을 자인하는 의미로 조공논사(朝貢論事)하지만, 일상생활에서는 고구려 율령이 아닌 자신이 속한 정치집단의 자체 규정에 따라 통치를 받는 존재이다(김현숙, 2005b).[9] 〈광개토왕비〉를 보면 상대국이나 세력집단의 생각 및 실제상황과 관계없이 5세기 초 고구려왕의 관념 속에는 고구려민인 민과 속민이 모두 포함되어 있었다.

그렇다면 이 '민'은 과연 어떤 존재이며 고구려왕은 이들을 어떻게 생각했을까? 〈광개토왕비〉에는 왕릉을 관리하고 지키는 수묘인으로 '구민(舊民)'과 '신래한예(新來韓穢)'가 나온다. 여기서 구민은 광개토왕 이전에 편입된 지역 출신이고, 신래한예는 광개토왕대에 '새로 (데리고) 온 한예'인 한강 이북의 백제 지역에서 차출해온 사람들로서 학계에서는 둘 다 복속민 출신이라 보고 있다. 하지만 세부적으로 들여다보면 구민의 '구(舊)'는 단지 시간적 의미로서 '신(新)'에 반대되는 일반적인 개념이라고 보는 견해(김현숙, 1989)와 구민은 원고구려민과 다른 광개토왕 이전의 복속민을 지칭한다고 보는 견해(임기환, 1996)로 나눠져 있다.

후자의 경우, 〈광개토왕비〉에 나오는 고구려 민의 구조가 원고구려민-민(구민·신민)-속민의 3단계로 되어 있다고 보았다. 이 경우 복속민이 4세기 이후 공민으로 편제되었음에도 불구하고 그냥 민이라 하지 않고 복속민에 한정되는 구민, 신민이란 용어를 차별적으로 사용하고 있는 것을 보면 아직 보편적이고 일원적인 대민관이 성립되지 못한 것이라고 이해했다. 즉 민에 대한 중층적 인식이 나타나는 것으로 이러한 대민관의 이중성은 초기 율령체제의 한계를 보여준다고 했다. 반면 전자는 구민을 원고

9 주보돈(朱甫暾)은 비문에 나오는 민(民)을 고구려 영역 내에서 직접적인 지배를 받는 민과 독자적인 세력으로서 고구려와 조공 관계를 맺었던 속민(屬民)의 두 유형으로 크게 나누었다(주보돈, 1994, 25쪽). 임기환은 속민은 국제관계상에서 국가 간에 설정된 개념으로 백제, 신라, 동부여와 고구려의 관계를 보여주는 용어라고 했다. 속민 관계의 형식적인 형태는 복속국의 조공이며 그에 대한 고구려의 대가는 태왕의 은자(恩慈)로서 속민은 고구려 태왕을 정점으로 하는 천하의 2차적 범주를 이룬다고 했다(임기환, 1996). 그러나 필자는 백신(帛愼)도 조공논사(朝貢論事)를 했다는 점에서 속민에 포함되었을 것으로 보았다(김현숙, 2005b).

구려민과 구분하는 차별적 용례라 보는 것은 '구'를 붙이면서도 '민'이란 용어를 사용한 것에 담긴 시대적 변화상과 고구려왕이 가진 대민관의 성장을 너무 홀시한 해석이라고 보았다. 과거에는 복속민이었던 존재도 이제는 모두 태왕의 민이 되었다는 의미에서 구민이라 했다고 보는 것이 당시 고구려왕의 위상과 국가 발전에 걸맞게 변화된 대민관을 반영한다고 보는 것이다.

구민 수묘인 출자지 가운데 하나인 비리성(碑利城, 安邊에 비정)은 예(濊)의 중심지였고, 태자하(太子河) 상류 유역에 비정되는 양곡(梁谷)과 양성(梁城)은 유리왕대에 편입된 양맥(梁貊)[10]의 거주지였다. 이곳은 3세기 중엽까지 고구려의 집단예민으로 편제된 복속민의 거주지였으나 이제 '구민'으로 표현되듯이 '민'이 거주하는 지역으로 되었다. 이것은 〈모두루묘지〉에 북부여민들을 '성민곡민(城民谷民)'으로 표현한 것과 같은 맥락에서 이해해야 할 변화다. 부여는 4세기에 고구려 영역으로 편입되었다. 이전 시기였다면 이곳 주민도 집단예민이 되었을 것이나 '성민곡민'이라 표현되었다. 즉 당시 다른 일반 고구려민처럼 지역이 성(城)과 곡(谷)으로 편제된 가운데 성민과 곡민으로서 중앙에서 파견한 지방관의 통치를 받으며 생활하는 지방민이 되었던 것이다.

이처럼 광개토왕 이전에 고구려에 편입된 지역, 즉 구민 차출지의 민을 복속민이 아닌 지방민으로 인식했다면 그에 상대되는 개념으로 나오는 '신래한예'의 차출지에 살고 있는 일반민도 동일하게 고구려의 민으로 인식했다고 보아도 무방할 것이다. 즉 4세기 말 5세기 초에는 복속민도 모두 '민'으로 인식했으며, 그들의 실제 위상도 이전의 집단예민에서 민으

10 『삼국사기』 권13 고구려본기1 유리왕 33년 8월.

로 상승했다고 볼 수 있다. 다만 신래한예는 구민에 상대되는 개념으로서 신민이라는 의미를 저변에 갖고 있으면서도 아직 신민이라 쓰지 않았고, 한예란 종족명을 굳이 썼다는 점에서 신래한예의 고구려민으로서의 위상 정립과 관련하여 더 주목해 볼 필요는 있다고 본다.

여하튼 〈광개토왕비〉에 나오는 민은 3세기 중엽과 현저한 차이를 보인다. 이것은 과거 집단예민이었던 옥저, 예, 양맥 등이 고구려민으로 편제되고 원고구려 지역의 하호도 민으로서의 지위를 정립하는 등 민의 사회적 위상이 변화된 것과 맞물리는 현상이다.

3세기까지의 고구려민은 원고구려민과 편입민으로 크게 나눌 수 있다. 고구려왕은 당시 이 두 부류의 민을 동일한 존재로 인식하지 않았다. 전자에 대해서는 고구려민이라 인식했지만 후자에 대해서는 그렇지 않았다. 5나부민 가운데 하호층에 대해서도 국가의 기간세력인 민으로 인식하지 못했다. 나부의 하호들은 넓게 보면 고구려의 민이자 국왕의 민이지만, 이때까지는 나부민에 대한 국왕의 대민의식이 성숙되지 못했던 것이다. 따라서 정복에 의해 편입된 복속민에 대한 배타성과 차별성은 더 강할 수밖에 없었다. 이들은 분명 고구려 영역에 속해 있던 고구려인이었지만 적대의식이 완전히 가시지 않았으며, 지방민이 아닌 집단예민으로 인식되었다. 이들은 수취 대상이 아닌 수탈 대상으로서 조세가 아닌 공납을 바쳤다. 그러므로 편입민이 고구려민으로서 위상을 갖게 되는 것은 원고구려 피지배계층에 비해 더 어려웠다.

그런데 〈광개토왕비〉에 나오는 '민' 관련 내용을 보면 국왕의 대민의식이 이전과 많이 달라졌다는 것을 확인할 수 있다. 기존 고구려민은 물론이고 복속되어 고구려로 들어온 편입민도 민으로 간주하고 있다. 4세기 말 5세기 초반경 고구려왕의 민에 포함되는 대상이 이렇게 확대된 것은 원고구려민 가운데 하호층에 대한 불신감과 복속민에 대한 적대감이 해소되면서 그들 모두를 자신의 민으로 인식하게 되었고, 더 나아가 조공을 바치는 속민도 또 다른 부류의 민으로서 자신의 지배권 아래 있는 민으로 의식하게 되었기 때문이다. 고구려왕의 의식 속에서 민의 외연이 이처럼 확대된 데에는 고구려의 발전에서 비롯된 자신감이 작용한 것이다.

귀족, 특히 나부의 대가(大加) 출신으로서 나부민을 자신의 세력기반으로 삼고 있던 귀족의 경우, 자신의 지배권 아래 있는 부민(部民)을 수탈 대상으로만 보는 의식을 오래도록 가지고 있었다. 반면에 국왕 측은 이전의 나부민을 민으로 인식하는 의식이 귀족에 비해 일찍 성장했다. 국왕과 귀족이 가진 나부민의 존재에 대한 의식에 한동안 괴리가 있었던 것이다. 하지만 결국에는 왕이나 귀족 모두 같은 인식을 할 수밖에 없었다. 경제적 측면에서의 가치판단이 변화되면서 민에 대한 의식도 바뀔 수밖에 없었기 때문이다. 즉 국왕과 귀족 모두 더 많은 이득을 얻기 위해서는 자신이 지배하는 사람들을 약탈과 수탈의 대상으로만 볼 것이 아니라, 오히려 보호, 육성할 필요가 있다고 느끼게 된 것이다.

고국천왕대의 진대법(賑貸法) 시행은 그런 면을 잘 보여준다.[11] 진대법은 기민이 늘어나 사망하거나 노비로 전락함으로써 민이 줄어들게 되는 것을 막기 위해 시행했다. 조세원인 민이 감소하면 나라의 재정이 어려워지므로 그들을 보호할 필요가 있었던 것이다. 따라서 진대법의 시행 사실을 통해 나부체제기에도 이미 각 나부의 민이 나부민이면서 동시에 국가의 민이라는 사실을 지배계층 모두가 공통적으로 인식하기 시작했다는 것을 확인할 수 있다. 이런 의식은 시간이 지날수록 더 확대되었다. 그리고 나부체제가 해체되고 중앙집권체제가 확립되면서 민의 지위가 정립되

11 『삼국사기』 권16 고구려본기 고국천왕 16년 10월.

고 대민관도 성숙되어 갔다. 따라서 〈광개토왕비〉에서 확인되는 대민관은 3세기 말~4세기 말에 성립된 것으로 볼 수 있다.

대민관 변화의 배경으로는 나부체제에서 중앙집권체제로 이행하는 과정에서 민의 위상이 귀족의 사적 예속민에서 국가의 공민(公民)으로 상승했다는 점을 들 수 있다. 정복전쟁이 치열해짐에 따라 하호와 편입민도 전쟁에 동원되었으므로, 이들의 사회적 위상이 복속민에서 지방민으로 상승했고, 이들에 대한 인식이 달라질 수밖에 없었다는 점도 들 수 있다. 또 왕권강화 결과 성립된 '태왕' 의식도 관념적 배경으로 지적할 수 있다. 태왕이기에 자신의 지배권 아래 들어온 모든 대상을 덕으로 보살펴 주어야 할 민으로 의식하게 되었던 것이다. 즉 중앙집권체제의 구축 과정에서 왕이 민을 자신의 세력기반이자 국가의 근간이라 인식하게 되고, 민이 경제적으로 자립하여 조세와 군역을 부담할 수 있는 존재로 성장함에 따라 대민의식도 전환되었다. 따라서 대민관의 변화는 곧 고구려의 발전과 민의 성장 결과라 할 수 있다.

대민관의 변화는 편입민에게까지 확산되었다. 물론 예나 옥저 같은 집단예민을 고구려민으로 인식하는 것이 5나부 지역민에 대한 것과 동일한 시기에 동일한 정도로 되지는 않았다. 시간차와 차별성이 있었다. 하지만 집단예민의 독자성과 집단성을 해체하고 국왕 아래 일원적으로 재편하는 작업이 나부 해체와 거의 같은 시기에 진행된 것으로 보아 이들도 3세기 후반부터는 점차 고구려의 민(民)으로 인식되기 시작했을 것이다. 그리고 4세기 이후에는 고구려의 민, 보다 정확하게 표현하면 지방민이란 인식이 보다 분명하게 정립되었다. 또한 엄연히 독립국가를 유지하고 있던 백제와 신라까지도 속민으로 규정하면서 또 다른 유형의 민으로서 고구려 국왕 자신의 지배하에 있는 존재로 치부하는 자신감도 가지게 되었다.

〈광개토왕비〉에서 확인할 수 있는 고구려왕의 대민관 변화는 역으로

민의 위상을 더욱 안정되게 해주었다. 국왕의 대민관이 바뀜으로써 그들에 대한 귀족의 사적인 예속이나 무분별한 착취가 행해질 수 없게 되었기 때문이다. 이전보다 향상된 고구려민의 사회적 위상은 그들의 존재가 법적으로 규정되면서 더욱 안정될 수 있었다. 율령 반포는 국내의 모든 구성원을 보편적인 공법질서체계 아래 편입시켜 공민으로서의 위치를 법제적으로 확정지었다. 이제 민은 호적에 모두 등재되어 법적 지위를 갖게 되었다. 물론 이전에도 구성원 파악을 위한 호적은 존재했을 것이지만 율령 반포로 호적에 들어갈 항목과 작성 절차 등이 법제화되었을 것이다. 이 호적을 근거로 장수왕대 수묘 연호 차정이 이루어졌을 것이라 보고, 호의 공식 명칭은 '연호(烟戶)', 호주는 '연호두(烟戶頭)'였으리라고 본 견해도 나왔다(김창석, 2019). 〈광개토왕비〉에 나오는 '연호'와 〈집안고구려비(集安高句麗碑)〉에 처음으로 보이는 '연호두'는 모두 수묘인 관련 기록에 나오는 용어인데, 당시 호적에 등재된 가호와 호주의 명칭 자체가 연호와 연호두였는지는 아직 단정할 수 없다.

이제 국가는 적의 침공으로부터 민을 지켜주는 대신 그 지배체제를 이탈하거나 저해하는 일체의 행위에 대해 강력하게 제재를 가했다. 그리고 일률적이고 보편적인 조세제의 확립과 함께 가호별 또는 개인별로 조세납부와 군역 부담 등의 의무를 지웠다. 그런 가운데 고구려의 영역 확대 과정에서 새로 유입되는 민을 고구려 공민으로 위치 지우는 작업도 계속 진행했다. 율령에 입각하여 고구려민으로 편제함으로써 편입민도 점차 의식과 실제적인 면에서 명실상부하게 고구려인이 될 수 있었다.

한편, 고구려왕이 자기의 천하에 들어있는 또 다른 민으로 생각했던 속민에는 백제, 신라, 백신, 동부여 등이 있었다. 고구려에서는 이들을 모두 속민이라 표현해 놓았지만, 고구려와의 관계가 모두 같은 것은 아니었다. 고구려에서 행사한 영향력의 종류와 정도 등 여러 면에서 속민마다 상당히 차이가 있었다. 속민은 기존의 집단성과 독자성을 해체당하지 않은 상태에서 내부 통치를 자체의 법에 따라 자율적으로 해나가되 고구려왕에 대해 노객 또는 신민으로서 그 지배권 아래 있을 것을 약속하는 의미에서 충성을 맹세하고 조공을 바쳤다. 그런 점에서 광개토왕과 장수왕의 관념 속에서 백제나 신라, 동부여, 백신은 모두 동일한 속민이었다. 4세기 말 5세기 초반경 고구려왕의 대민관에는 속민이 고구려민과 함께 자신이 보살펴야 할 또 다른 부류의 민이었으므로 속민 지배도 또 다른 대민통치의 하나로 간주했다. 물론 실제상황과 해당 정치세력의 입장은 그와 차이가 있었다. 동부여와 백신의 경우 후에 실제로 고구려민으로 편제되었지만, 백제와 신라는 끝까지 독립을 유지했을 뿐 아니라 5세기 중반 이후에는 서로 협력하여 고구려에 대응했다.

2) 지역 편제와 대민 지배

(1) 지방의 내부구조

〈모두루묘지〉에는 '성민곡민(城民谷民)'이란 표현이 나온다. 모두루의 할아버지와 아버지대의 상황을 언급하는 부분에서 나왔으므로, 4세기 중후반 부여 지역의 내부구조와 관련된 것으로 볼 수 있다. 이때 부여 지역에는 '성'과 '곡'으로 표현된 행정단위가 존재했고, 지방관은 성민과 곡민을 다스리는 일을 했던 것이다. 〈광개토왕비〉에는 양곡, 양성이란 지명이 나오는데, 이는 양맥으로 통칭되던 태자하 상류 일대가 곡과 성 2개의 행정구역으로 분리되었고, 지방행정 중심지로 양성을 축조했던 것으로 볼 수 있다(여호규, 2014). 이것은 당시 지방통치조직의 기본단위가 성과 곡이었다는 것을 보여준다(武田幸男, 1989).

곡은 초기에는 단순히 지역집단 그 자체를 지칭하는 용어였다가 3세기 후반 이후에는 성과 함께 지방행정단위로 사용되었다. 『삼국사기』 고구려본기에는 모둔곡, 양곡(涼谷), 두곡, 적곡, 압록곡, 매구곡, 동해곡, 루두곡, 서압록곡, 양맥지곡, 거곡, 청목곡, 두눌지곡, 해곡, 단웅곡 등이 나온다. 곡은 〈광개토왕비〉에도 나오고, '십곡민조(十谷民造)'명 와당에도 나온다. '십곡민조'명 와당은 4세기 중엽(355~357년)에 제작된 것으로 보고 있다(여호규, 2014). 〈모두루묘지〉에 나오는 성민곡민은 5세기 전반, 〈광개토왕비〉는 4세기 중·후반부터 5세기 초까지 상황을 보여준다. 즉 곡은 고구려 관련 문헌사료와 금석문 자료에 모두 나오고, 이른 시기부터 5세기 전반경까지 출현하고 있다.

이 중 동명왕부터 신대왕까지 사료에 보이는 곡은 지역집단을 의미할 뿐 행정구역명은 아니다. 하지만 단웅곡은 단순히 단웅골짜기라고 볼 수도 있지만 고국원왕이 위기 시에 피난했던 지역이므로 지역집단 또는 행정단위로 볼 수도 있다. 두눌지곡, 양맥지곡의 경우, 단순히 두눌, 양맥 골짜기로 볼 수도 있지만, 동천왕이 유옥구에게 압록 두눌하원을 식읍으로 주었고, 〈광개토왕비〉에 양맥이 양곡과 양성으로 나오는 것을 보면 역시 지역집단을 배경에 두고 있는 곡으로 볼 수 있다. 고국천왕 13년의 서압록곡은 5나부 지역의 하위 행정단위였다. 서천왕 19년 해곡의 경우, 중앙정부에서 행정단위로 파악하고 있었다. 즉 5나부 지역 안에는 그 이전부터, 외곽 지역에는 3세기 후반부터는 곡이 행정단위로 기능했다. 이 외에 다른 곡은 모두 지역집단이나 행정단위로 보는 데 주저할 이유가 없다.

〈모두루묘지〉에 나오는 성민과 곡민을 두고 도시인과 농촌민으로 보는 설(耿鐵華, 1997)을 비롯해 몇 가지 설이 있다. 그러나 단어 그대로 주요 교통로에 축조된 성을 중심으로 한 지역과 곡을 중심으로 한 지역에 각각 살던 사람들로 보면 될 것 같다. 어떻게 보든 성과 곡은 대등한 지위를 가지고 있었으며, 지방관이 파견되는 행정단위였다는 것을 신성태수와 해곡태수를 통해 알 수 있다. 뒤 시기로 갈수록 지방행정단위로서 곡보다는 성이란 명칭이 더 많이 나오지만 〈광개토왕비〉와 『삼국사기』 지리지에도 곡(谷)이 적지 않게 나오는 것으로 보아 지역명 혹은 지역단위로서 곡은 성과 함께 오래도록 존속했던 것으로 보인다. 3세기 후반부터 대거 축조되기 시작한 성이 곡과 함께 행정단위로 기능했는데, 5세기 이후 지방통치조직이 성 위주로 되면서부터는 곡 지배에서 성 지배로 비중이 옮겨졌다.

성과 곡 아래에는 촌이 있었다. 〈광개토왕비〉에는 성과 촌의 수가 명기되어 있고 또 그것이 일정한 비율을 보이고 있다. 이에 따라 4세기 이후 고구려의 통치체제를 성-촌 지배체제라 부르기도 했다(武田幸男, 1978). 이 경우 뒤에는 촌이 아닌 성에서 직접 호(戶)를 파악했다는 점에 주목하여 성-호 지배체제로 고쳐 불렀다(武田幸男, 1989). 아마도 촌의 기능이 분명하게 드러나지 않기 때문일 것이다. 그렇지만 고구려 지역 내부구조를 살필 때 촌의 존재를 무시하고 넘어갈 수는 없다. 〈광개토왕비〉와 〈충주고구려비〉에는 구체적인 촌 이름이 나오지 않는다. 〈광개토왕비〉에는 '58성 700촌', '성이 64, 촌이 1400'이었다고만 나온다. 〈충주고구려비〉에서는 '촌사(村舍)'라는 글자가 확인되었다.

촌은 3세기에 편찬된 『삼국지(三國志)』에 처음으로 나왔고, 일반화되는 것은 남북조시대부터라고 한다. 이런 점에서 『삼국사기』에 이른 시기부터 나오는 촌은 당대의 표현이 아니라 후대의 부회라고 보기도 한다(주보돈, 2007). 그러나 5세기에 고구려에서 촌이라는 명칭을 사용한 것은 분명하다. 〈광개토왕비〉에 나오는 '58성 700촌'은 고구려가 백제를 공격하여 취한 것으로 한강 이북 지역에 분포해 있었다. 공파한 '성이 64, 촌이 1400'이라는 구절은 동부여 원정 기사의 말미에 나오지만, 대부분 백제로부터 획득한 영역이라고 보고 있다. 백제에도 4세기 말 5세기 초에 촌이 존재했던 것이다. 58성과 64성이 모두 동급의 행정단위 성은 아니었다.

당시 상급 성(곡)-하급 성(곡), 혹은 상급 성(곡)-중급 성(곡)-하급 성(곡)으로 지역단위가 편제되어 있었고, 이 각급 성(곡) 아래 촌이 소속되어 있었다.

고구려는 백제로부터 성-촌을 공취한 후, 여기에서 왕릉 수묘인을 가호 단위로 차출했다. 이때 구민과 신래한예를 합쳐 330가(家)의 수묘인을 차출했는데, 그중 구민 수묘인은 110가, 신래한예 수묘인은 220가였다. 〈광개토왕비〉에는 수묘인을 어느 성, 어느 곡에서 차출했는지, 그리고 그때 국연은 몇 가, 간연은 몇 가를 차출했는지를 꼼꼼히 새겨두었다. 즉 촌 단위가 아닌 성과 곡 단위에서 수묘인의 차출이 이루어졌던 것이다.

〈광개토왕비〉에 왕이 획득한 영역을 58성 700촌, 성 64, 촌 1400이라고 분명하게 기록해 놓은 것으로 보아, 수묘인 차출 시 고구려 중앙정부에서 촌의 현황도 파악하고 있었다고 볼 수 있다. 그럼에도 불구하고 촌이 아닌 성과 곡 단위에서 수묘인 차출이 이루어졌다는 것은 촌이 지방행정단위가 아니었다는 것을 의미한다. 따라서 이때의 촌은 신라사에서 보이는 행정촌이 아니라 자연촌에 가깝지만 자연발생적인 지역단위로 볼 수는 없다. 700촌, 1400촌이라는 숫자 자체가 인위적인 느낌이 강하기 때문이다. 행정촌은 아니지만 어떤 기준 아래 국가에서 파악하고 있는 단위였던 것 같다. 촌 안에는 복수의 자연취락이 포함되어 있을 것이다. 촌이 국가에서 파악하는 단위였다면 전정호구(田丁戶口)나, 취락의 수와 규모 같은 어떤 기준에 따라 편제했다고 보아야 할 것인데, 그 기준이 어떤 것이었는지 추정할 실마리가 전혀 없다.

촌의 상급단위인 성과의 관계도 마찬가지다. '58성 700촌'이라는 구절에 따라 성과 촌의 비가 1:12가 아니었나 추정할 수도 있지만 '64성 1400촌'을 보면 이 구성비는 성립되지 않는다. 그렇지만 700촌, 1400촌이라는 식으로 숫자가 딱 떨어지게 제시되었다는 점에서 성·곡과 촌의 편제에서 정해진 비율이나 기준에 의해 인위적으로 지역을 재편한 것이 아닌가 하는 느낌을 떨치기 어려운 것이 사실이다. 촌, 혹은 촌과 유사한 성격의 지역단위가 나부체제 단계부터 발견되므로 고구려 중앙정부의 영향력이 미치는 단위임은 분명하다는 점에서 인위적인 지역 재편의 가능성을 충분히 짐작할 수 있는 것이다.

한편, 〈충주고구려비〉에 나오는 '촌사'의 '사(舍)'는 마을 또는 마을의 관부를 의미하며, 곧 촌장을 의미한다는 해석이 있다(李丙燾, 1954). 이것은 신라의 경우를 설명하는 가운데 나온 해석이지만, 촌사라는 글자의 의미상 고구려사에서도 동일하게 이해할 수밖에 없을 것 같다. 이와 관련하여 떠오르는 것이 〈단양적성비〉에 나오는 전사법(田舍法)이다. 이도 역시 촌과 관련된 것으로, 마을의 경제적 사안을 규정한 법일 것으로 짐작된다. 물론 적성비는 신라에서 건립한 것이므로 전사법도 신라의 법이지 고구려의 법은 아니라고 볼 수도 있다. 하지만 적성이 고구려에서 신라로 넘어간 지 얼마 지나지 않은 시기였으므로 '소녀자' 등이 고구려시기부터 호구 파악 기준에 의해 성립된 것이었고, 전사법 역시 고구려 제도를 계승한 것이라 볼 수 있다.

이런 점을 고려하면 5세기 중반 이후 6세기경에는 고구려에도 촌에 대한 지배방침이 마련되어 있었고, 촌을 통치하는 관부가 존재했으며, 주민 통치를 담당하는 촌장이나 촌주 같은 존재가 있었다고 볼 수 있다. 이와 관련하여 〈충주고구려비〉에 나오는 '태왕국토의 대위제위 상하(太王國土大位諸位上下)'가 옛 백제땅이면서 지금은 고구려땅이 된 지역의 토착지배층이었고, 이들이 촌주로서 고구려 지방 지배의 말단을 담당했을 것으로 본 견해가 있다(심정현, 2018). 이 경우 경기도 지역에서 확인된 고구려계 석실분의 주인공들이 바로 이들이었을 가능성도 지적했다.

지금까지 살펴보았듯이, 〈광개토왕비〉와 〈충주고구려비〉를 통해 촌이 인력 차출이나 조세 수취 등을 관장하는 행정단위가 아니었다는 것, 촌 안에도 관부가 있어 촌의 일을 관장했다는 것까지만 확인할 수 있다. 여기에는 촌의 존재 시기나 촌의 편제방식, 내부구조, 촌의 성격, 시기별 성격 변화에 관한 내용은 나오지 않는다. 『삼국사기』 고구려본기에 일찍부터 등장하는 촌의 존재를 인정할 수 있다면 〈광개토왕비〉 건립 이전부터 촌이 성립되어 있었다고 볼 수 있다. 물론 이 사료에 나오는 촌이 후대의 용례를 소급 적용한 것이라 볼 수도 있지만, 사료의 내용은 당대 사실을 반영한다고 볼 수 있다. 따라서 촌 관련 사료를 모두 후대의 부회라고 일괄 치부해버리기 전에 일단 그 내면을 들여다볼 필요는 있다.

고구려사에서 촌 관련 사료는 2세기 말부터 나온다. 『삼국사기』 고구려본기 고국천왕 13년(191년) 4월조에 나오는 '좌물촌'이 그것이다. 4연나가 모반을 하자 기내 병마를 동원하여 진압한 뒤 국정 쇄신이 필요함을 절감한 고국천왕이 4부에 우수한 인재를 천거할 것을 명한다. 그러자 사람들이 동부 안류를 추천했는데, 안류는 서압록곡 좌물촌에 사는 을파소를 자기 대신 추천했다. 서압록곡 좌물촌은 국내성의 서쪽이었을 것이다. 을파소가 유리왕대의 대신 을소의 손자로서, 할아버지의 터전에서 그대로 농사를 지으며 살고 있었다면, 서압록곡 좌물촌은 계루부 소속의 촌이라 볼 수 있다. 고국천왕대 고구려는 나부체제기였으므로 다른 나부 출신이라면 소속 부를 밝혔을 텐데 서압록곡 좌물촌이라고만 한 것을 보아도 계루부 소속이었음을 알 수 있다. '동부 안류'를 통해 알 수 있듯이 이때는 이미 왕도 안의 귀족거주집단을 방위별로 구분한 방위명부가 존재했던 시기인데 방위명부를 칭하지도 않았다. 즉 을파소는 계루부 안에서도 방위명부가 아닌 외곽에 살았던 것이다.

산상왕 12년(208년) 11월조 기사에 주통촌이 나온다. 교제에 쓸 희생용 돼지가 달아나서 담당자가 쫓아갔으나, 아무리 해도 잡히지 않던 돼지가 20세쯤 되는 아름다운 주통촌의 아가씨 품에 안겨 있어 이상하게 여긴 담당자가 산상왕에게 그 사실을 고했다. 그러자 산상왕이 밤에 주통촌으로 찾아가 그 여인과 인연을 맺었는데, 그녀가 낳은 아들이 동천왕이었다. 『삼국지』 고구려전에 의하면 주통촌녀는 관노부(灌奴部) 출신이었다. 따라서 주통촌은 관노부 내부의 단위집단인 곡에 속해 있었을 것이다.

촌 기사는 미천왕 즉위년조(300년) 기사에도 나온다. 봉상왕의 위해를 피해 달아났던 을불이 고생하던 시절의 이야기를 전하는 대목에 수실촌, 동촌, 사수촌 등이 나온다. 을불은 배를 타고 소금장수를 하고 다니다가 압록강 동쪽 사수촌의 노구를 만나 곤욕을 치렀다. 그리고 비류수가에서 그를 찾아다니던 북부 조불(祖弗)과 동부 소우(蕭友)를 만났다. 비류수와 압록강을 오르내리며 생활했던 것이다. 이곳은 5나부 지역 안에 속하는 곳이다. 그런데 이때는 이미 북부, 동부 등 방위명부만 존재했다.

노구가 신을 훔쳐갔다고 모함해 을불을 압록재에게 고소하자, 압록재는 신값으로 소금을 빼앗아 할멈에게 주고 을불에게 태형을 가했다. 3세기 말경 지방에는 재와 태수를 파견하여 통치했다. 사수촌에서 노구와 분쟁이 일어났을 때 촌 내에서 문제를 해결하지 않고, 바로 압록재에게 고소한 것으로 보아 사수촌 내에는 이런 분쟁을 처리할 기관이 없었다는 것을 알 수 있다. 이때에도 촌은 행정단위가 아니었던 것이다. 압록재는 중앙에서 보낸 지방관으로 사수촌을 위시한 복수의 촌을 관할한 지방관이었다. 압록재는 아마도 곡이나 성 단위에 파견되었을 것이다. 즉 4세기 초반에도 5세기 초반과 마찬가지로 지역이 성-촌 또는 곡-촌으로 편제되어 있었으며, 촌은 행정단위가 아니었다는 것을 알 수 있다. 〈광개토왕비〉에 나오는 촌과 같은 성격인 것이다.

국가발전단계상 미천왕 즉위년조에 나오는 촌 관련 기사는 후대의 부회가 아니라 당시 상황을 그대로 보여주는 것이라 본다. 즉 촌이란 명칭의 사용 시기를 3세기 후반 4세기 초반경까지 올려볼 수 있다는 것이다. 고구려는 3세기 말부터 중앙집권체제 아래 지방통치가 실시되고 있었기 때문이다. 더욱이 사수촌, 동촌 등은 고구려 수도 인근 지역이었으므로 다른 곳에 비해 상대적으로 지역 편제가 일찍 이루어졌고, 직접통치도 이른 시기에 이루어졌다.

그럼 고국천왕과 산상왕대에는 상황이 어떠했을까? 좌물촌과 주통촌은 각각 계루부와 관나부에 속했다. 역시 다른 지역보다 지역 분해와 편제가 빨리 일어난 곳이다. 좌물촌은 계루부의 직할령이었므로 당연히 중앙정부의 권력이 일찍부터 미쳤다. 관나부는 연나부나 비류나부에 비해 세력이 약했고 소후가 배출된 나부였으므로 다른 나부보다 먼저 해체되었고, 계루부의 영향력이 내부에 미친 시기도 다른 나부에 비해 앞섰다.

이렇게 보면 촌이라는 명칭 자체는 사용하지 않았지만, 3세기 말 이전에 이미 어떤 식으로든 자연취락을 일정한 기준에 따라 묶어 파악하고 있었음을 알 수 있다. 단지 용어만 후대의 것을 소급 적용했을 뿐이고, 내용과 성격상 뒤 시기의 촌과 같은 것이 성립되어 있었던 것이다. 다시 말해 2세기 말경에는 이미 후대의 촌처럼 복수의 자연취락을 일정한 원칙 아래 묶어 행정단위인 곡 아래 편제했었다. 그런데 『삼국사기』의 고구려 후기 사료에는 촌이 더이상 나오지 않고, 성읍, 주현, 주읍이라고 나온다. 하지만 촌에 대한 기사가 실리지 않았다고 하여 반드시 촌이 존재하지 않았다고 볼 수는 없다. 다만 촌은 끝까지 지방통치단위가 되지 않았다.

요컨대 고구려의 촌은 행정촌이 아닌 자연촌이었다. 그러나 자연취락은 아니었다. 복수의 자연취락이 일정한 기준 아래 묶여 하나의 촌이 되었다. 행정단위는 복수의 촌이 소속된 곡과 성이었다. 고구려에서는 곡-촌, 성-촌으로 지역을 편제하여 통치하였다. 처음에는 곡-촌이 더 많았으나 뒤에 성-촌 지배체제가 더 중심이 되었다. 지방관은 성·곡 단위까지만 파견되었다. 지방관은 지역을 통치하기 위해 촌에 촌사를 두고 지역 토착세력을 촌주(村主) 혹은 촌장(村長)으로 삼아 조세 수취와 역역 동원 등을 담당토록 했다. 이처럼 촌에 촌사를 두고 지방관의 지역 지배를 돕게 한 것은 3세기 말 이후 전국을 일원적으로 직접 통치하게 된 이후의 일이었다. 촌은 후기까지 존재했던 것으로 보인다.

(2) 민의 위상 정립과 대민 지배

3세기까지의 고구려민은 원고구려민과 편입민으로 나누어졌다. 당시 국왕을 비롯한 지배층은 편입민을 복속민으로 인식했다. 편입민은 나부연맹체에 조세가 아닌 공납(貢納)을 바치며 집단적으로 예속되어 간접지배를 받는 집단예민이었으므로 고구려민이란 인식이 없었다. 이들은 관념적으로나 법제적으로나 고구려민으로 제대로 자리잡기 어려웠다.

율령 반포 이후 수탈 대상이라고만 여겼던 복속민도 국가의 경제적·군사적 기반인 공민(公民)이 되었다. 왕도 고구려 율령에 의거해 통치하는 모든 주민이 곧 고구려민이자 자신의 백성이라고 간주하게 되었다. 물론 이때에도 원고구려민은 왕도(王都)와 근기(近畿)의 주민으로서 우월성을 가지고 있었지만, 그것은 왕경인(王京人)과 지방민으로서의 차별일 뿐 고구려민과 집단예민으로서의 차별은 아니었다. 중기 이후 원고구려민과 그 외 지역민 사이에 현실적인 차별이나 차이는 있었을지라도 관념적으로나 법제적으로는 모두 같은 고구려민이 되었다. 따라서 지방민도 동일하게 민으로서의 권리와 의무를 가졌다.

중기 고구려민은 고대시기 일반 민이 보편적으로 그랬던 것처럼 조세 납부와 역역 부담, 그리고 군역 의무를 지고 있었다. 역역과 군역 관련 사료로는 봉상왕대에 15세 이상의 국내 남녀를 동원하여 궁실을 조영한 것과 병사로 전쟁에 동원한 기사들이 있다. 전쟁 기사를 시기별로 보면 2세기에는 5,000~1만여 명 정도의 병력이 동원되었지만, 3세기 중엽에는 2만여 명으로 늘어났고, 4세기 이후에는 3만~5만 명으로 대거 증가했다(여호규, 2014). 이것은 귀족들만 전투에 참여했던 초기와는 전혀 다른 모습이다. 중기에는 왕도와 왕기의 거주민과 지방민이 모두 군역을 지고 전쟁에 동원되었다(임기환, 1994). 이외에 〈광개토왕비〉에 나오는 수묘 연호를 통해 세습적으로 수행하는 특수한 직역이 있었다는 것도 확인되었다(김현숙, 1989). 즉 중기 고구려사에서는 요역과 군역에 대한 기사만 나올 뿐 그 외 조세에 대해서는 구체적인 기사가 나오지 않는다.

고구려 조세에 대해서는 『주서』 권49 고려전에 "賦稅則絹布及粟 隨其所有 量貧富差等輸之" 했다는 기사, 『수서(隋書)』 권81 고려전에 "人稅布五匹 穀五石 遊人則三年一稅 十人共細布一匹 租戶一石 次七斗 下五斗" 했다는 기사가 나온다. 또 역역 부담에 관해서는 사람들을 동원해 평양성 성벽을 축조한 내용이 새겨져 있는 석각 명문이 있다. 중기에도 이 기사들에 보이는 것처럼 소유에 따라 조세를 차등 있게 부과했을 가능성이 높다고 보지만, 관련 사료가 없어서 단정할 수는 없다. 아무튼 민에게 조세를 거두고 그들을 요역과 군역에 동원하는 일은 지방관의 주요 임무였다. 각 지역에 파견된 재, 태수, 수사 등의 지방관들이 업무를 수행하기 위해서는 지역 상황에 대해 파악하고 있어야 한다.

이와 관련하여 〈광개토왕비〉에 나오는 국연과 간연의 차출 상황을 통해 당시 지역상황을 살펴본 연구가 있다. 국연과 간연은 같은 수묘인으로서 모두 가호 단위로 차출되었다. 국연과 간연의 역할과 성격 차이에 대해 그동안 다양한 학설이 나왔다. 이 중 국연과 간연의 비율이 1:10인 것은 당시 재지사회의 계급적 구조를 반영하는 것으로, 국연-간연은 3세기의 호민-하호의 관계에 견줄 수 있다고 본 견해가 있다(임기환, 1994). 이 경우 국연은 호민층에서 유래한 재지지배세력과 일부 경제적 성장을 이룬 부호농민층이고, 간연은 과거 하호층이 성장한 자영 소농민층 등이 중심으로, 이들이 각종 국가적 수취 부담 대상자인 연(烟)으로 파악되었을 것으로 보았다. 또한 이때 수묘인들은 번상입역(番上立役)을 했고, 국연과 간연이 함께 노동조를 꾸려 수묘역을 담당했는데, 이것은 수묘인 연호의 편제방식에 한정된 것이 아니라 고구려 국역을 부담하는 연호 일반을 파악하는 보편적인 편제방식일 것이라며 '국연-간연체제'라 부르기도 했다. 국연을 호민층과 연결시켜 고구려 조세제를 살핀 연구는 이전에도 있었지만(김기흥, 1991), 국연-간연체제를 고구려의 보편적인 국역 편제방식이라고 본 것이 주목된다.

수묘역이 번상역인가, 사민되어 왕릉 가까이에 있으면서 일상적으로 묘역을 지키고 관리를 했는가를 두고는 지금까지 논란이 계속되고 있다. 여기에서 관련 논의를 소개하지는 않겠다. 수묘역이라는 특수한 역을 통해 지역의 내부구조를 살핀 것은 매우 흥미롭다. 하지만 전체 역역체계까지 연결시킬 수 있는지는 더 살펴볼 필요가 있다. 왕릉 관리라는 일의 성격과 왕릉의 안전한 관리 문제를 매우 걱정하여 새로운 법을 만들기도 했던 당시 상황에서 세습직인 수묘역을 수자리 서듯 돌아가면서 맡겼다는 것에 대해서는 의문이 남기 때문이다. 그렇지만 〈광개토왕비〉의 수묘 연호 차출 내용을 통해 당시 지방관들이 지역 내부의 상황을 비교적 상세하게 파악하고 있었다는 것은 확인할 수 있다. 이는 당시 조세 수취와 역역과 군역 동원제도가 생각보다 더 정밀하게 갖추어졌을 가능성을 엿보게 한다.

참고문헌

고구려연구회 편, 2000, 『고구려연구』 10(중원고구려비 연구).
공석구, 1998, 『고구려 영역확장사 연구』, 서경문화사.
김태식, 1993, 『加耶聯盟史』, 一潮閣.
김현숙, 2005a, 『고구려 영역지배방식 연구』, 모시는사람들.
노중국 외, 1995, 『加耶史硏究』, 慶尙北道.
노태돈, 1999, 『고구려사연구』, 사계절.
단국대학교 사학회 편, 1979, 『사학지』 13.
박시형, 1966, 『광개토왕릉비』, 사회과학원출판사.
사회과학원 고고학연구소 편, 1977, 『조선고고학개요』, 과학백과사전출판사.
사회과학원 력사연구소, 1979, 『조선전사』 3(중세편 고구려사).
山本孝文, 2006, 『삼국시대 율령의 고고학적 연구』, 서경.
손영종, 1990, 『고구려사』 1, 과학백과사전종합출판사.
여호규, 2014, 『고구려 초기 정치사 연구』, 신서원.
이인철, 2000, 『고구려의 대외정복 연구』, 백산자료원.
임기환, 2004a, 『고구려 정치사 연구』, 한나래.
韓國古代社會硏究所 編, 1992, 『역주 한국고대금석문 1』, 駕洛國史蹟開發硏究院.

姜鳳龍, 1992, 「三國時期의 律令과 '民'의 存在形態」, 『韓國史硏究』 78.
공석구, 2007, 「고구려와 모용연의 전쟁과 그 의미」, 『동북아역사논총』 15.
금경숙, 1996, 「4·5세기 고구려의 지방통치에 한 시론 고찰」, 『한국사학보』 창간호.
기경량, 2016, 「4세기 고구려 '南道·北道'의 실체와 그 성격」, 『한국문화』 73.
김기흥, 1991, 「삼국시대의 세제」, 『삼국 및 통일신라 세제의 연구』, 역사비평사.
김영하, 1985, 「고구려의 순수제」, 『역사학보』 106.

김창석, 2019, 「戶籍 관련 자료를 통해 본 三國時期의 戶籍制度」, 『목간과 문자』 23.
김현숙, 1989, 「廣開土王碑를 통해 본 高句麗 守墓人의 社會的 性格」, 『韓國史研究』 65.
김현숙, 1992, 「高句麗의 靺鞨支配에 관한 試論的 考察」, 『韓國古代史研究』 6.
______, 1997, 「高句麗 中·後期 地方統治體制의 發展過程」, 『韓國古代史研究』 11.
______, 2000, 「延邊地域의 長城을 통해 본 高句麗의 東夫餘支配」, 『國史館論叢』 88, 국사편찬위원회.
______, 2002, 「4~6세기경 小白山脈 以東地域의 領域向方」, 『韓國古代史研究』 26.
______, 2003a, 「6~7세기 고구려 역사에서의 말갈 연구」, 『강좌 한국고대사』 10, 가락국사적개발연구원.
______, 2003b, 「熊津時期 百濟와 高句麗의 관계」, 『古代 東亞細亞와 百濟』, 충남대학교 백제연구소.
______, 2005b, 「광개토왕비에 나오는 屬民에 대한 연구」, 『남·북·러 국제학술회의 고조선·고구려·발해 발표논문집』, 고구려연구재단.
______, 2007, 「고구려사에서의 촌」, 『한국고대사연구』 48, 한국고대사학회.
______, 2009, 「고구려의 한강유역 領有와 지배」, 『백제연구』 50, 충남대학교 백제연구소.
노중국, 1979, 「고구려 율령에 관한 일시론」, 『동방학지』 21.
______, 1986, 「漢城時代 百濟의 地方統治體制」, 『邊太燮博士華甲紀念論叢』.
노태돈, 1996, 「5~7세기 고구려의 지방제도」, 『한국고대사논총』 8.
______, 2012, 「광개토왕의 정복활동과 고구려 세력권의 구성」, 『한국고대사연구』 67.
박성봉, 1979, 「廣開土好太王期 高句麗 南進의 性格」, 『韓國史研究』 27.
백미선, 2013, 「5세기 고구려 지방제도와 守事」, 『진단학보』 119.
사회과학원 력사연구소, 1991, 「남평양의 건설과 후방의 강화」, 『개정판 조선전사』 3(고구려사).
서영대, 1981, 「高句麗 平壤遷都의 動機」, 『韓國文化』 2.
서영일, 1991, 「5~6世紀의 高句麗 東南境 考察」, 『史學志』 24.
손영종, 1985, 「중원고구려비에 대하여」, 『력사과학』 1985-2.
______, 1990, 「남평양의 건설과 고구려 남부 지방의 공고화」, 『고구려사(1)』, 과학백과사전종합출판사.

심정현, 2018, 「5세기 고구려 남방의 범위와 지배형태」, 『역사와 현실』 108.
안병찬, 1990, 「장수산성 일대의 고구려 유적 유물에 대하여」, 『조선고고연구』 1990-2.
여호규, 1995a, 「3세기 고구려의 사회변동과 통치체제의 변화」, 『역사와 현실』 15.
______, 1995b, 「3세기 후반~4세기 전반 고구려 교통로와 지방통치조직」, 『한국사연구』 91.
______, 2012, 「4세기~5세기 고구려와 모용'연'의 영역확장과 지배방식 비교」, 『한국고대사연구』 67.
______, 2013, 「신발견 〈집안고구려비〉의 구성과 내용 고찰」, 『한국고대사연구』 70.
______, 2020, 「고구려의 韓半島 中部地域 지배와 漢城 別都의 건설」, 『한국고대사연구』 99.
이도학, 1988, 「永樂 6年 廣開土王의 南征과 國原城」, 『孫寶基博士停年紀念史學論叢』.
李丙燾, 1954, 「古代南堂考」, 『서울大學校論文集』(人文社會科學 1).
______, 1976, 「廣開土王의 雄略」, 『韓國古代史研究』.
이부오, 2008, 「삼국사기 지리지에 기재된 삼국 지명 분포의 역사적 배경」, 『지명학』 14.
이정범, 2015. 「5~6세기 고구려의 한강유역 지배형태」, 『고구려발해연구』 51.
이종학, 1996, 「廣開土王碑文 辛卯年記事의 檢討」, 『軍史』 32.
임기환, 1994, 「광개토왕비의 국연과 간연」, 『역사와 현실』 13.
______, 1995, 「고구려 집권체제 성립과정의 연구」, 경희대학교 박사학위논문.
______, 1996, 「광개토왕릉비문에 보이는 '民'의 성격」, 『고구려발해연구』 2.
______, 2002, 「고구려·신라의 한강 유역 경영과 서울」, 『서울학연구』 18.
______, 2004b, 「고구려의 副都 漢城과 지방통치」, 『한국 고대 지방제도의 제문제』, 집문당.
______, 2008, 「삼국사기 지리지에 나타난 고구려 군현의 성격」, 『한성백제사』 2.
장국종, 1985, 「고구려에서의 도로발전」, 『력사과학』 1985-4.
장창은, 2010, 「삼국사기 지리지 고구려고지의 이해방향」, 『한국학논총』 33.
정운용, 1989, 「5世紀 高句麗勢力圈의 南限」, 『史叢』 35.
정원철, 2011, 「고구려 남도·북도와 고구려 산성의 축성」, 『동국사학』 30.
정호섭, 2019, 「고구려의 州·郡·縣에 대한 재검토」, 『사학연구』 133.
주보돈, 1994, 「新羅 國號의 確定과 民意識의 成長」, 『九谷黃鍾東教授停年紀念史

學論叢』.
______, 2003, 「삼국시대 지방통치체제의 정착과정」, 『강좌 한국고대사』 2.
______, 2007, 「한국 고대 촌락사연구의 진전을 위하여」, 『한국고대사연구』 48.
최승택, 1991a, 「장수산성 1호 건물터에 대하여」, 『조선고고연구』 1991-4.
______, 1991b, 「장수산성의 축조년대에 대하여」, 『조선고고연구』 1991-3.
최창빈, 1985, 「학계소식: 신원에서 고구려 시기의 큰 도시유적의 발견」, 『력사과학』 1985-4.
최희수, 1990, 「平壤 遷都 이후의 高句麗 地方統治制度」, 서강대학교 석사학위논문.
______, 2008, 「고구려 지방통치 운영 연구」, 서강대학교 박사학위논문.
______, 2012, 「5~6세기 高句麗 地方統治의 운영」, 『韓國古代史探究』 10.
______, 2013, 「2~4세기 고구려 지방통치의 발전과 대민지배의 강화」, 『한국고대사탐구』 13.
홍승우, 2009, 「백제 율령 반포 시기와 지방 지배」, 『한국고대사연구』 54.
______, 2011, 「한국 고대 율령의 성격」, 서울대학교 박사학위논문.

耿鐵華, 2004, 『高句麗考古研究』.
嚴耕望, 1961, 『中國地方行政制度史』 卷中, 中央研究院歷史語研究所.

耿鐵華, 1997, 「高句麗冉牟墓研究」, 『高句麗歷史與文化研究』.
______, 1999, 「冉牟墓誌新釋」, 『全國首屆高句麗學術研討會論文集』.
勞幹, 1944, 「跋高句麗大兄冉牟墓誌兼論高句麗都城之位置」, 『歷史語言研究所集刊』 11(1976, 『勞幹學術論文集』 甲編上冊, 藝文印書館).
佟達, 1993, 「關于高句麗南北交通道」, 『博物館研究』 1993-3.
方起東·陳相偉, 1964, 「吉林輯安高句麗南道和北道上的關隘和城堡」, 『考古』 1964-2.
王綿厚, 1994, 「鴨綠江右岸高句麗山城研究」, 『遼海文物學刊』 1994-2.
栗谷, 1983, 「關於高句麗的山城」, 『博物館研究』 1983-1.
李建才, 1990, 「關于高句麗南北道的探深」, 『歷史地理』 8.
李殿福 著, 車勇杰·金仁經 譯, 1994, 『中國內의 高句麗遺蹟』, 學研文化社.
李殿福, 1994, 「集安卷雲紋瓦當考辨」, 『社會科學戰線』 1984-4.

陳大爲, 1989, 「遼寧境內高勾麗遺蹟」, 『遼海文物學刊』 1989-1.

東潮·田中俊明, 1995, 『高句麗の歷史と遺蹟』, 中央公論社.
武田幸男, 1989, 『高句麗史と東アヅア』, 岩波書店.

鬼頭淸明, 1984, 「高句麗の國家形成と東アジア」, 『朝鮮史硏究會論文集』 21.
吉田光男, 1977, 「翰苑註所引高麗記について」, 『朝鮮學報』 85.
武田幸男, 1978, 「廣開土王碑からみた高句麗の領域支配」, 『東洋文化硏究所紀要』 78.
________, 1979, 「高句麗廣開土王紀の對外關係記事」, 『三上次男頌壽紀念東洋史考古學論集』.
________, 1981, 「牟頭婁一族と高句麗王權」, 『朝鮮學報』 99·100集.
山尾幸久, 1974, 「朝鮮三國の軍區組織-コホリのミヤケ硏究序說-」, 『古代朝鮮と日本』.
井上光貞, 1974, 「律令國家の形成」, 『岩波講座 世界歷史』 6.
井上秀雄, 1961, 「三國史記地理志の史料批判」, 『朝鮮學報』 21·22.
佐伯有淸, 1977, 「高句麗牟頭婁墓誌の再檢討」, 『史朋』 7.

6장

고구려의 낙랑군·대방군 지역 지배

공석구 | 한밭대학교 인문교양학부 교수

4세기에 이르러 고구려는 사방으로 영역을 확장해 나갔다. 이 시기는 미천왕대 이후 광개토왕대까지로 볼 수 있다. 그 배경을 알아보면, 대내적으로는 강력하게 확립된 왕권을 들 수 있다. 대외적으로는 중원 진(晉) 왕조의 내부 분열로 인해 고구려가 요서·요동 지방으로부터 밀려오는 강력한 위협에서 한숨을 돌릴 수 있었기 때문이다. 미천왕은 311년 압록강 하류에 있는 서안평을 점령하여 낙랑군(樂浪郡), 대방군(帶方郡)[1]과 요동 지역의 연결고리를 차단하였다. 이후 이 지역으로의 진출을 본격화하여 313년에 낙랑군, 314년에 대방군을 멸망시켰다. 이는 중원 정권과 연결된 이 지역을 고구려가 차지함으로써 차후부터는 낙랑군·대방군이 해오던 역할을 고구려가 대신할 수 있었다는 점에서 중요한 의미를 가진다.

문제는 고구려가 낙랑군·대방군 지역을 어떻게 지배하였을까 하는 점이다. 지금까지 일반적으로는 고구려가 이 지역을 장악, 통치하였을 것이

1 낙랑군은 한(漢) 군현으로 설치된 이후 420여 년간 존재해왔다. 또한 대방군은 후한 말 공손씨가 낙랑군 남쪽 지역에 설치한 이후 위·진 왕조와 한반도 정치세력 또는 왜(倭)와의 중개 역할을 담당하기도 하였다.

라고 인식해왔다. 그런데 정작 『삼국사기』·『삼국유사』를 비롯한 국내외 문헌기록을 찾아보면 낙랑군·대방군 멸망 이후의 관련 기록이 거의 나타나지 않고 있다.[2]

이로 인해 종래 이 방면에 대한 연구는 부진할 수밖에 없었다. 다행히 이 지역에는 상당수에 달하는 무덤 관련 자료가 남아 있다. 학계는 관련 고고자료에 대한 해석을 통해 고구려의 낙랑군·대방군 지역에 대한 지배 문제를 해결하고자 하였다. 그러나 고고자료만으로 당시 상황을 제대로 해석하기엔 한계가 있었고, 이는 학자들이 다양한 의견을 갖는 배경으로 작용하였다.

이 글에서는 낙랑군·대빙군 지역에 남아 있는 무덤자료에 나타난 상황을 소개하고자 한다. 이해를 돕기 위해, 자료에 대한 다양한 해석과 학계에 제출된 견해를 알아보겠다. 이와 같은 기본적인 이해를 바탕으로 하여 고구려가 이 지역을 어떻게 지배해 나갔는지 고찰해 보고자 한다.

1. 낙랑군과 대방군의 멸망

1) 낙랑군·대방군에 관한 기록

『삼국사기』와 『삼국유사』는 낙랑군, 대방군이 고구려, 백제, 신라와 각기 교류했다는 기록을 남겼다. 삼국의 역사와 호흡을 함께했던 것이다.

2 낙랑군·대방군이 정치적으로 멸망했지만, 그 세력이 완전히 소멸된 것은 아니었다. 그것은 고구려가 이 지역을 평정하고, 백제와 처음 마주하게 된 시기가 그로부터 50여 년이 지난 369년경에 이르러서였던 사실에서 짐작할 수 있다.

관련 사료를 소개하면 다음과 같다.

낙랑군

(36년) 낙랑이 북쪽 변경에 쳐들어와 타산성을 공격해 함락시켰다.

_『삼국사기』 신라 유리이사금 13년

(304년, 백제 분서) 왕이 낙랑태수가 보낸 자객에게 살해되었다.

_『삼국사기』 백제 분서왕 7년

(313년) 낙랑군을 침략하여 남녀 2천여 명을 포로로 잡았다.

_『삼국사기』 고구려 미천왕 14년

전한(前漢) 때에 처음으로 낙랑군을 설치하였다. _『삼국유사』 낙랑국

대방군

(286년) 대방이 고구려의 공격을 받고 구원을 요청하였다

_『삼국사기』 백제 책계왕 원년

(300년) 낙랑과 대방 두 나라가 항복해 왔다.

_『삼국사기』 신라 기림이사금 3년

(314년) 남쪽에 있는 대방군을 침략하였다. _『삼국사기』 고구려 미천왕 15년

처음으로 남대방군(南帶方郡)을 두었다. _『삼국유사』 남대방

위 사료를 보면, 낙랑, 낙랑군, 낙랑국 그리고 대방, 대방군, 대방국이라는 명칭으로 각기 기록하여 학계에서 다양한 해석이 나오는 배경이 되었다. 그럼에도 불구하고 이를 통해 낙랑군·대방군의 사정에 대한 구체적인 내용을 이해하기란 쉽지 않다.

낙랑군에 대한 우리의 기억은 32년에 발생한 사건, 즉 고구려 대무신왕대 낙랑왕 최리의 항복을 받는 과정에서 최리의 딸 이른바 낙랑공주와 고

구려 호동왕자 간의 사랑 이야기를 떠올린다. 사랑하는 남편(호동)을 위해 자기 나라의 북과 뿔피리를 파괴하였고, 그 결과 나라를 잃게 했던 가련한 여인(낙랑공주)의 이야기를 통해 사랑의 감수성을 자극했던 기억이 있다. 또한 『삼국사기』를 보면 146년 고구려 태조왕이 압록강 하류에 소재한 서안평을 공격하여 거기에 있던 대방현령을 죽이고 낙랑태수 가족을 포로로 잡아간 기록이 있다. 이를 통해 한반도 중·북부 지역에 존재한 낙랑군과 낙랑군 속현인 대방현이 제 기능을 발휘하지 못했던 상황을 유추해 볼 수 있다. 그리고 백제 분서왕이 낙랑태수가 보낸 자객에게 살해되었다는 『삼국사기』 기록을 통해 백제와 낙랑의 관계를 연상해 볼 수도 있다.

대방군은 공손씨가 낙랑군의 남쪽 지역에 설치하였다. 대방군은 위·진 왕조와 한반도 주변 여러 세력에 대한 관리와 중개 역할을 하였다. 특히 왜국과 중원 왕조 사이에 중개 역할을 한 사례를 확인할 수 있다. 대방군 지역에 대한 위·진 왕조의 행정적인 지배가 본격적으로 시도된 것은 일부 시기에 불과하다고 생각된다. 대방군의 유지와 운영이라는 측면에서 살펴보면, 대방군이 설치된 이후 공손씨와 위·진 왕조의 강력한 행정지배를 받았던 흔적은 그다지 보이지 않는다. 『진서』 지리지에는 대방군의 인구수가 낙랑군과 비교할 때 무려 1,200호가 많은 것으로 기록하였다.[3] 당시 대방군의 규모가 낙랑군보다 큰 상태였음을 말해준다. 이를 통해 3세기 후반 이후 한반도 중·북부 지역은 대방군 중심으로 운영되었음을 짐작할 수 있다. 대방군에 대한 한국 측 기록은 백제 책계왕이 대방왕의 딸인 보과라는 여인과 결혼했다고 기록한 『삼국사기』가 있다. 이 기록에서, 고구려와 백제가 대방과의 관계를 놓고 대립, 갈등하였으므로 중간에 끼어

3 이에 비해 낙랑군은 6개의 속현(朝鮮, 屯有, 渾彌, 遂城, 鏤方, 駟望)으로 구성되었으며, 3,700호의 규모였다.

명맥을 유지해 나가야 했던 대방 사람들의 애환도 읽어낼 수 있다. 한편, 『삼국유사』는 북대방과 남대방이 있었다고 하여 두 개의 대방이 존재하였다고 기록하였다.[4]

2) 낙랑군·대방군의 해체

4세기에 들어와 한반도 중·북부 지역에서 겨우 명맥을 유지해오고 있던 낙랑군과 대방군은 고구려의 공격을 받아 소멸하게 되었다. 먼저 낙랑군의 멸망을 알아보자. 313년에 고구려 미천왕이 낙랑군을 공략하여 남녀 2,000여 명을 사로잡았다고 한다(『삼국사기』 미천왕 14년). 이 기록을 마지막으로 『삼국사기』·『삼국유사』 등에 낙랑군 관련 기록이 보이지 않기 때문에 이를 낙랑군 멸망으로 이해하고 있다.[5] 즉, 평양 지역에 존재해오던 낙랑군이 고구려와의 세력 다툼 끝에 패하여 스스로 요서 지방으로 옮겨갔다고 파악한다.[6] 이 상황을 교치(僑置)[7]라는 용어로 설명하기도 한

---

4 그중에 위나라 시기(공손씨)에 처음으로 설치된 것을 남대방군이라고 기록하였다. 그리고 북대방에 대해서는 본래 죽담성이라고 하는 다소 이해하기 어려운 기록을 남겼는데, 이는 일연의 잘못된 역사인식에서 비롯된 오해이다.

5 『자치통감』을 보면 이해 낙랑군과 관련하여 또 다른 기록을 전하고 있다. 미천왕과 여러 해 동안 갈등관계에 있던 장통이란 인물이 부하 왕준의 건의를 받아들여 1,000여 호를 이끌고 313년 요서 지방으로 옮겨갔다. 이곳에는 모용외라는 인물이 권력을 잡고 있었는데, 장통 일행이 옮겨오자 낙랑군을 설치해주고 왕준을 낙랑태수로 임명했다고 하는 구체적인 내용이다. 이와 같은 문헌기록을 종합해보면, 미천왕이 낙랑군을 공격하여 2,000여 호를 포로로 잡아가자, 장통을 대표자로 하여 이 지역에 남아있던 잔존 세력이 1,000여 호를 이끌고 요서 지방으로 옮겨간 것으로 정리할 수 있다.

6 옮겨간 주체는 장통과 왕준이 이끄는 1,000여 호에 달하는 대규모 낙랑 주민이었다. 장통과 왕준은 공식적인 관직도 없는 상태였다. 그들은 낙랑 주민의 대표자였을 뿐이다. 그리고 낙랑군을 설치한 주체는 모용외이다. 당시 모용외는 공식적으로 국가체제를 갖추지 못한 상태였다. 그는 요서 지방에서 반독립적인 세력을 형성하고 있던 선비족의 지도자였다.

7 위·진·남북조시기에 전쟁을 비롯한 여러 가지 사유로 유이민이 발생한 경우, 예전의 행정구역을 새로운 장소에 옮겨 설치한 경우를 말한다. 이렇게 설치된 행정구역을 교군(僑郡), 교현(僑縣) 등으로 부르기도 한다. 양자강 이남 지역에서 동진 왕조가 성립된 이후 본격적

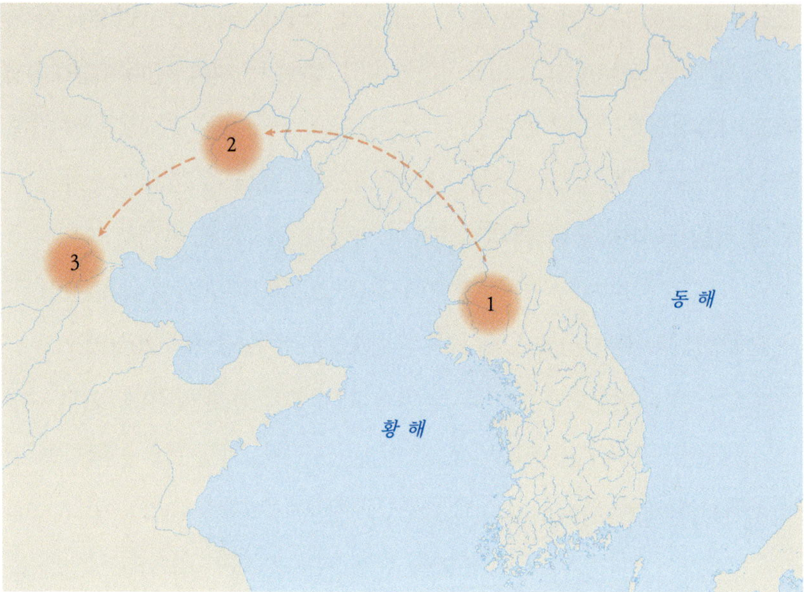

그림1 | 낙랑군의 추이

다.[8] 옮겨간 낙랑군은 이후 중원 지역에서 이리저리 옮겨다니다가 없어지고 말았다.[9]

으로 나타난 현상이다. 이 상황을 교치라는 용어로 설명하는 것은 재고할 필요가 있다. 우리 역사라는 주체적인 입장에서 낙랑군 문제를 볼 때 요서 지방으로의 이주 상황을 교치라는 용어로 설명하는 것은 문제가 있다고 생각한다. 이 사건은 낙랑군의 멸망과 이주라고 해석하는 것이 보다 타당할 것이라고 생각한다.

8 이와 같은 견해는 일찍이 안정복(「낙랑고」, 『동사강목』), 한진서(「사군사실」, 『해동역사』) 등 조선 후기 실학자에게서 나타났다. 천관우(1989)는 이러한 관점에서 낙랑군의 이주 상황을 구체적으로 정리하여 발표하였고, 이는 학계에서 통설로(천관우, 1989; 이성규, 2005)로서 인정받고 있다.

9 『진서』 지리지는 평양 지역의 낙랑군과 요서 지역의 낙랑군을 혼재하여 기록하였다. 그런데 또 다른 역사서인 『위서』 지형지는 평양 지역의 낙랑군에 대한 설명이 없고, 요서 지방 그리고 하북성 지방에 소재한 낙랑군을 설명하고 있다. 따라서 이들 역사서에 나타난 상황을 정리하면, 이주해 간 낙랑군의 이동 상황을 구체적으로 이해할 수 있다. 요서 지방으로 옮겨간 낙랑군은 이후 중국사의 변천 과정에서 몇 차례 서쪽 지역으로 이리저리 옮겨 다니면서 세력이 점차 위축되다가, 마지막에는 마을 단위 정도의 미약한 세력으로 존재하다가 역사의 이면으로 사라졌다(공석구, 2019).

대방군의 멸망에 대하여 알아보자. 『삼국사기』에는 고구려 미천왕이 314년에 남쪽으로 대방군을 공략하였다고 기록하였다. 낙랑군이 요서 지방으로 옮겨간 그 다음해에 대방군을 공격한 것으로 볼 수 있다. 이 기록을 마지막으로 『삼국사기』·『삼국유사』 등에는 대방군 관련 기록이 보이지 않는다. 그래서 학계는 이 기록을 대방군의 멸망으로 이해하고 있다.[10] 요서 지방으로 옮겨간 대방군은 낙랑군의 경우와 마찬가지로 중원의 서쪽 지역을 이리저리 옮겨다니다가 소멸되고 말았다(공석구, 2020).

2. 낙랑군·대방군 고지의 상황

낙랑군·대방군은 멸망 후에 일부 주민이 요서 지방으로 옮겨갔고, 거기에 새로운 낙랑군·대방군이 설치되었다. 그렇다면 고구려 미천왕의 공격으로 멸망한 낙랑군·대방군 지역은 어떤 상황이 되었을까? 아쉽게도 멸망 이후 낙랑군·대방군과 관련된 내용은 『삼국사기』·『삼국유사』를 비롯한 문헌기록에 보이지 않는다. 따라서 그 상황을 상세히 알기 어렵지만, 일반적으로 고구려가 이 지역을 장악, 통치하였을 것이라고 인식하고 있다. 하지만 고고자료(특히 무덤자료)를 살펴보면 뜻밖에도 우리 생각과 다른 상황이 나타나고 있다. 당시 이 지역의 상황을 알아보자.

10 대방태수를 비롯한 대방군 관련 관직이 중국 측 기록에 자주 나타난다. 그래서 대방군의 경우도 낙랑군이 그랬던 것처럼 요서 지방으로 옮겨간 것으로 추정하고 있다.

1) 벽돌무덤에 나타난 토착집단과 이주민집단

우리 조상들이 일반적으로 사용한 무덤 양식은 흙무덤이거나 돌무덤이 대부분이다. 그런데 낙랑군·대방군이 있었던 한반도 중·북부 지역에서는 다소 이례적인 무덤 양식이 유행하였다. 그것은 벽돌무덤, 즉 전축분(塼築墳)이다. 벽돌무덤은 벽돌을 소재로 하여 무덤을 만드는 것인데, 한반도 지역에서는 이례적인 무덤 양식에 해당한다. 낙랑군·대방군 지역에는 1,000여 기가 넘는 벽돌무덤이 남아 있었다고 한다.[11] 이와 같은 벽돌무덤의 분포범위는 황해남·북도(신천군, 봉산군, 안악군, 재령군, 은율군, 황주군, 송화군 등지), 평안남도(평양시, 대동군, 용강군, 중화군, 순천군, 안주군 등지) 지역을 포함하고 있다.

낙랑군 지역에서 벽돌무덤 이전 시기에 만들어진 무덤 양식은 목곽분, 귀틀무덤[12]이라고 한다. 목곽분, 귀틀무덤과 벽돌무덤의 상호관계를 알아보자. 낙랑군이 있던 평양 지역에서는 목곽분, 귀틀무덤과 벽돌무덤이 순차적으로 연결되는 데 비하여, 대방군의 치소가 있었던 황해도 봉산군 지역에서는 그 이전 시기의 묘제로 알려진 목곽분, 귀틀무덤이 거의 발견되지 않는다고 한다. 이것은 대방군 설치를 전후하여 이 지역에서 새로운 묘제인 벽돌무덤이 축조된 것이라고 해석된다.

그렇다면 낙랑군·대방군 지역에서 발견되는 벽돌무덤에 대한 가장 합

---

11 구체적으로 낙랑군의 치소로 알려진 낙랑토성 주변에는 1925년부터 1926년 사이에 확인된 것만 해도 900여 기가 넘는다고 한다(關野貞 外, 1927). 또한 대방군의 치소로 알려진 당토성(황해북도 봉산군 문정면 소재) 주변에도 상당히 많은 수의 벽돌무덤이 분포되어 있다(梅原末治·藤田亮策, 1959).

12 목곽분(나무곽무덤)은 무덤구덩이 안에 나무덧널을 설치한 후 덧널 내부에 다시 나무널을 안치한 무덤 양식이다. 기원전 3세기경부터 나타났다고 한다. 기원전 1세기 후반경부터는 무덤구덩이 바닥에 굵은 각목재로 가로세로로 짜놓은 틀, 즉 귀틀덧널을 짠 후 덧널 안에 다시 나무널을 설치한 귀틀무덤으로 변화하였다.

그림2 | 귀틀무덤(평양 채협총, 위)과 벽돌무덤(평양 장진리무덤, 아래)

리적인 해석은 중원 문화의 이입으로 이해하여야 할 것이다.[13] 벽돌무덤이 한반도 중·북부 지역에서 축조되기 시작한 구체적인 시기는 언제일까? 단지 제조연대를 벽돌에 기록한 것을 보면 후한시기 이후부터로 나타난다. 대방군 치소가 있던 당토성에서 출토된 벽돌에 182년에 해당하는 연대가 기록되었는데, 이것이 초기라고 알려져 있다. 역사적인 상황과 비교해보면 벽돌무덤은 시기적으로 낙랑군과 대방군이 쇠퇴하는 시기에 해당한다. 그렇다면 낙랑군·대방군 멸망 이후는 어떤 상황이었을까?

표1은 낙랑군·대방군이 멸망한 이후 시기에 해당하는 벽돌무덤 자료이다. 4세기~5세기대 벽돌무덤의 분포범위를 보면, 황해도 신천군 지역을 중심으로 하여 안악군, 봉산군 지역 및 평양시 지역에서 일부 나타나고 있어 낙랑군·대방군 소멸 이전 시기보다 현저히 축소되었음을 알 수 있다. 종래 평양 낙랑토성을 중심으로 번성하였던 목곽분, 벽돌무덤 축조집단의 주 세력이 남으로 퇴축되어 황해남도 지역으로 옮겨갔다는 상황을 유추할 수 있다. 벽돌무덤 세력권의 퇴축과 고구려 세력의 남진이 서로 맞물려 있음은 생각하기 어렵지 않다. 이와 같은 벽돌무덤의 존재는 이 지역의 역사적 상황과 관련하여 주목할 필요가 있다. 낙랑군·대방군이 소멸한 이후 약 1세기 가까이 중원 세력과 연결 관계를 보이는 단서가 나타나고 있다는 사실은 무엇을 의미할까? 이 집단은 어떻게 살아갔을까? 또한 이 지역의 역사와 어떻게 관련시켜 보아야 할까? 이와 같은 질문에 대한 분명한 대답은 어렵지만, 벽돌에 새겨진 명문에 대한 종합적인 해석을 통하여 어느 정도 해소할 수 있을 것이라 생각한다.

---

13 물론 벽돌무덤이 자체적인 발전 과정을 거쳐 나타난 양식이라는 북한 학계의 해석도 있다(황기덕·박진욱·정찬영, 1971; 한인덕, 1990). 중원 문화의 영향을 주장하는 견해는 요동지역 영향설(高久健二, 1995)과 요동·산동 지역 영향설(谷豊信, 1996) 등으로 구분된다.

첫째로, 벽돌무덤 축조 집단의 정치·사회적 계보를 추정할 수 있다. 그 계보가 중원 정권과 연결되고 있는데, 좀 더 구체적으로 설명해보자. 무덤의 축조 연대 표기는 중원 정권의 연대 표기 방법을 채용하였다. 역대 중원 정권은 전통적으로 연(햇수)을 표기하기 위한 방편으로 제왕이 선포한 연호를 이용하여 구별하는 방법을 사용해왔다. 표1에 나타난 연대 표기는 모두 중원 왕조의 연호에 해당한다.[14]

이와 같은 사실은 무엇을 의미하는 것일까? 이는 벽돌무덤 조영 집단과 중원 여러 왕조와의 사이에 모종의 정치적 관계가 성립되어 있었음을 의미한다. 보통 독자적인 연호 사용 여부를 가지고 자주국가로 판단하는 잣대로 삼기 때문이다.[15] 당시 고구려, 백제, 신라 등은 중국의 연호를 본격적으로 채용하여 연대 표기를 하지 않았다. 따라서 이 집단이 중원 왕조의 연호를 채용한 사실은 양자의 정치적인 관계를 이해하는 중요한 단서가 된다. 이 집단이 만일 고구려의 영역 안에 포함되어 있어 고구려의 행정적인 지배를 받거나 종족적인 계통을 같이한다면 중원 여러 정권의 연대 표기 방식을 채택, 사용할 이유가 없을 것이다. 다시 말하면 낙랑군·대방군 고지에서 벽돌무덤을 조영한 집단은 고구려 전통사회의 관습법 내지는 율령을 바탕으로 한 직접적인 행정통치를 받지 않았던 별도의 집단이었음을 추정할 수 있다.

---

14 구체적으로 알아보면 진(晉) 왕조의 건흥 4년(316년), 동진 왕조의 태녕 5년(327년), 함화 10년(335년), 후조 왕조의 건무 8년(342년)과 건무 9년, 동진 왕조의 건원 3년(345년), 후조 왕조의 건무 18년(350년) 동진 왕조의 영화 8년(352년)과 영화 9년, 전진 왕조의 태안 2년(386년), 동진 왕조의 원흥 3년(404년), 후연 왕조의 건시 원년 등이 포함되어 있다.

15 당 태종은 648년(진덕여왕 2년) 신라 사신에게 "신라는 당을 섬기면서 어찌하여 연호를 별도로 사용하고 있는 것인가"라고 지적하였다. 이에 신라는 649년 당나라의 의관을 착용하고, 650년부터 당의 연호(永徽)를 사용하였다는 사실과 비교해보면 연호가 가지는 정치적 의미를 이해할 수 있다. 현재 일본은 영화(令和), 북한은 주체(主體), 중화민국은 민국(民國)과 같은 고유 연호를 사용하고 있다.

표1 낙랑군·대방군 고지 출토 연대 표기 벽돌

번호	연대	명문 내용	국가	출토 지역
1	316	建興四年會景□□	진	傳 황해도 지방
2	327	泰寧五年三月十□	동진	황해남도 안악군 용순면 복우리 제2호분
3	335	咸和十年 太歲乙未孫氏造	동진	황해남도 신천군 신천면 사직리
4	342	建武八年 西邑太守, 西邑太守張君塼	후조	황해남도 안악군 로암리
5	343	建武九年三月三日王氏造, 奉車□	후조	傳 황해남도 신천군
6	345	建元三年太歲, □巳八月孫氏造	동진	황해남도 신천군 가산면 간성리
7	(348)	大歲在戊漁陽張撫夷塼, 大歲戊在漁陽張撫夷塼, 大歲申漁陽張撫夷塼 八月八日造塼日八十石□, 張使君塼,使君帶方太守張撫夷塼	동진(?)	황해남도 봉산군 문정면 소봉리 제1호분
8	350	建武十八年 太歲□	후조	황해남도 신천군 용문면 복우리 제8호분
9	352	永和八季二月四日 韓氏造塼	동진	황해도 신천군 북부면
10	353	永和九年三月十日遼東韓玄菟太守領佟利造	동진	평양시 평양역구내
11	386	太安二□	전진	황해남도 신천군 북부면 토성리
12	397 (407)*	昭明王□建始元季韓□, □季韓氏造塼	후연	황해남도 신천군 용문면 복우리 제5호분
13	404	元興三年三月廿日	동진	황해남도 신천군 북부면 서호리

* 建始 연호는 후연 모용상(397년 1월~7월)과 후연 모용희(407년 1월~7월)가 제정, 사용하였다. 따라서 그 연대를 결정하기 어렵다.

또한, 표1에 나타난 연호를 분석해보면 이를 채용한 집단의 성격에 대해 어느 정도 해석이 가능하다. 이들 연호 기년은 표기상에서 약간의 문제점이 나타난다. 즉 연호가 중국에서 사용한 실제 연대와 차이가 있는 것을 다수 찾을 수 있다. 이와 같은 착오가 나타난 원인은 다음 두 가지 경우로 생각할 수 있다. 첫째는 벽돌무덤이 출토되는 황해도, 평안도 지역이 중원과 멀리 떨어져 있어 급변하는 정세에 어두웠을 경우, 둘째는 이 집단

그림3 | 낙랑군·대방군 지역 출토 벽돌(국립중앙박물관)

과 중국 왕조와의 정치적 상호관계에 있어 단절과 같은 문제가 발생했을 경우이다. 연대 표기의 착오 현상은 이 두 가지 요인이 복합적으로 작용하여 나타난 결과라고 생각한다. 반면, 급변하는 중원의 정치상황을 정확하게 반영한 사례도 나타난다. 이와 같은 현상이 나타나게 된 배경은 중국계 이주민의 정보에 기인한 것이라고 생각된다. 이를 통해 한반도 중·북부 지역과 중원에서 명멸해 간 여러 정권과의 밀접한 관계까지도 유추해 볼 수 있다.

둘째로, 벽돌무덤 축조 집단에 대한 개인정보를 알 수 있다. 축조 관계자의 성씨 또는 성명 등이 기록되어 있다. 4세기~5세기대에 축조된 벽돌무덤에 나타나는 성씨는 왕(王)씨·한(韓)씨·장(張)씨·손(孫)씨·동(佟)씨·회(會)씨 등이 있다.[16] 이들 대다수가 황해도의 봉산군과 신천군 지방 벽돌무덤에서 집중적으로 나타나고 있어 이들 무덤 축조 집단의 세력 범위를 짐작할 수 있다. 한편, 삼국시대 성씨에 대한 각종 기록을 살펴보면, 중국화된 성씨는 중원 문화가 대대적으로 유입되는 통일기를 전후하여 보편적으로 사용하기 시작되는 것으로 나타나고 있다. 또한 표1에 보이는 성씨와 우리 삼국에서 특히 5세기 초 이전에 사용되었던 성씨를 서로 비교해 보면 어떠한 공통점도 발견되지 않는다. 즉 낙랑군·대방군 지역과 삼국은 성씨나 성명을 표기하는 전통이 달랐음을 의미한다. 또한 성씨 자료를 계량적인 수치로 비교해보면, 낙랑군·대방군 멸망 이전에 모두 30개의 사례 중 13개에 성씨가 기록된 것에 비해 양 군 멸망 이후에는 모두 13개의 사례 중 10개나 기록되어 있다. 즉 양 군 멸망 이후의 시기에 와서 무덤 축조 관련 인물의 성씨를 무덤 안에 많이 남겼다고 볼 수 있다.

셋째는 벽돌무덤 축조 관련 인물의 출신지를 알 수 있다. 표1에서 7의 "태세신 어양장무이전(太歲申漁陽張撫夷塼)"이라는 명문을 통하여 무덤 주인이 어양군 출신임을 알 수 있다. 어양군은 현재 북경시 일대 지역에 해당한다. 348년에 사망한 장씨가 고구려로 이주해 오기 전 살았던 어양군 지역은 대체로 전조(前趙, 304~329년) 혹은 후조(後趙, 319~351년)의 영역에 해당한다. 북쪽으로는 대국(代國, 338~376년)과의 경계 지점이기도 하다. 장씨는 중원의 혼란을 피해 황해도 봉산군 지역으로 흘러들어온 인물임을 짐작할 수 있다.

넷째는 벽돌무덤 축조 관련 인물의 신분 특히 관직을 알 수 있다. 이에 대해서는 세 가지 사례가 확인된다. 봉거□(奉車□),[17] 사군 대방태수 장

---

16 낙랑군·대방군 멸망 이전에 나타난 성씨는 왕(王)씨·한(韓)씨·관(貫)씨·오(吳)씨·두(杜)씨이다. 이 중 왕씨·한씨는 낙랑군·대방군 멸망 이후까지도 계속 세력을 가지고 존속하였음을 알 수 있다.

17 봉거는 관직 명칭으로 봉거도위(奉車都尉)를 의미한다. 이 관직은 한대 이래로 낭중령(郎中令)에 속하는 奉車(봉거), 騎(기), 駙馬(부마) 등 3도위 가운데 하나에 해당한다. 그 직무는 천자를 측근에서 모시는 일이었다. 이 벽돌은 후조의 연호 기년(343년)을 채택하고 있어 후조의 관직을 연상하게 된다.

무이전(使君帶方太守張撫夷塼), 요동·한·현도태수령 동리조(遼東韓玄菟太守領佟利造) 등이다. '봉거명' 벽돌이 343년이란 후조의 연호 기년을 사용한 사실을 고려할 때, 시기적으로 비슷한 동진대의 '봉거도위'와 공통점이 있을 것으로 추정이 가능하다. 그런데 봉거라는 관직 명칭이 이 지역에서 나타난 사실은 관직의 성격상 이해하기 어렵다. 즉 후조에서 이 지역에 파견한 관리에게 수여한 봉작으로 합당하지 않다. 또한 봉거명 관직의 무덤 주인공은 낙랑 최대의 토착세력으로 알려져 있는 왕씨이기 때문에, 그렇게 파악하기도 어렵다. 그렇다면 왕씨가 받은 관직이라기보다 그들이 스스로 만들어 칭하였을 가능성을 생각해 볼 수 있다. 다시 말하자면, 이 지역에서 세력기반을 형성하고 있던 왕씨 집단이 자신의 세력을 주변에 과시하기 위하여 후조와의 관련성을 표방하고 봉거도위라는 실체가 없는 관직을 스스로 만들어 칭하였을 것으로 추정된다.

이와 같은 내용을 바탕으로 하여 이 지역으로 이주해 온 유민에 대한 몇 가지 단서를 구체적으로 추적해 보기로 하자.

(1) 서읍태수 장씨무덤

서읍태수라는 관직에 있던 장씨무덤이 발견, 조사되었다(한인덕, 1990). 그의 무덤은 황해남도 안악군 노암리에 위치한다. 안악읍에서 서남쪽으로 4km 떨어진 지점에 해당하는데, 이 무덤에서 남쪽으로 약 6km 지점에는 안악3호분이 위치해 있다. 무덤은 산 능선에 위치한다. 벽돌로 축조된 반지하식의 단실분이다. 평면은 배부른 장방형이며, 천장부는 무덤 안으로 무너져 내렸다. 발견 당시 무덤 안 바닥에는 40~50cm 크기의 판돌 조각들이 널려 있었다. 이 무덤의 구조와 관련하여 조사자는 이를 근거로 천장부가 돌천장이었던 것으로 이해하고 있다. 무덤 안길의 천장부에는 길이 19cm, 넓이 148cm, 두께 40cm 가량의 판돌 1장을 올려놓았다. 무덤은 여러 차례 도굴되었다. 조사 당시 내부에서 토기, 관못, 명문벽돌이 발견되었다. 이 중 명문벽돌은 무덤 안길과 현실 사이의 돌천장 위에 쌓은 벽체에 끼워져 있었다.

벽돌에는 "서읍태수 장군전(西邑太守張君塼)", "건무 8년 서읍태수(建武八年西邑太守)"라고 새겨져 있다. 명문 내용을 해석하자면 '서읍(군)태수인 장군(張君)의 벽돌' 또는 '건무 8년(342년)에 축조된 서읍태수' 정도로 이해할 수 있겠다. 무덤 주인은 성이 장씨지만 이름은 알 수 없다. 여기서 주목할 만한 내용은 '서읍태수(西邑太守)'인데, 서읍의 태수라는 의미이다. 그렇다면 서읍군이라는 행정구역을 연상케 된다.[18] 또한 건무는 후조왕 석호가 제정하여 335년부터 348년까지 사용한 연호이다. 건무 8년은 342년에 해당한다. 따라서 후조의 행정구역 안에 서읍군이 존재했음을 추정해 볼 수 있다.

명문전의 내용을 342년 당시 역사적 상황과 비교하여 검증해 보자. 현재의 산서성 서안(西安) 지역이 전조 및 후조의 영역범위에 해당하는지 여부를 확인하면 궁금증은 해소될 것이다. 확인해보자면, 서안 지역은 당시 후조의 영역에 포함되었다. 하지만 후조의 지방행정체제에 서읍군이 별도로 존재하였는지는 확인되지 않는다.

정리해보자면 이 무덤의 주인공인 장씨가 후조의 연호를 사용한 것으로 보아 후조의 영역이었던 서읍 지역에서 이주해 온 인물임을 추정해 볼 수 있다. 이를 근거로 하여 어쩌면 안악군 노암리 일대에 서읍 지역에서 옮겨온 이주민들이 집단적으로 거주했음도 추정해 볼 수 있겠다. 서읍태수 관

18 서읍(西邑)은 하(夏) 왕조의 도성인 안읍(安邑)의 별칭이라고 한다. 하(夏)의 도읍은 은의 탕왕이 도읍한 박(亳: 현재 낙양 지역)의 서쪽에 위치한 관계로 서읍(西邑)이라 불렀다고 한다. 현재 산서성 하현(夏縣) 지역(서안시의 동쪽 지역)에 해당한다.

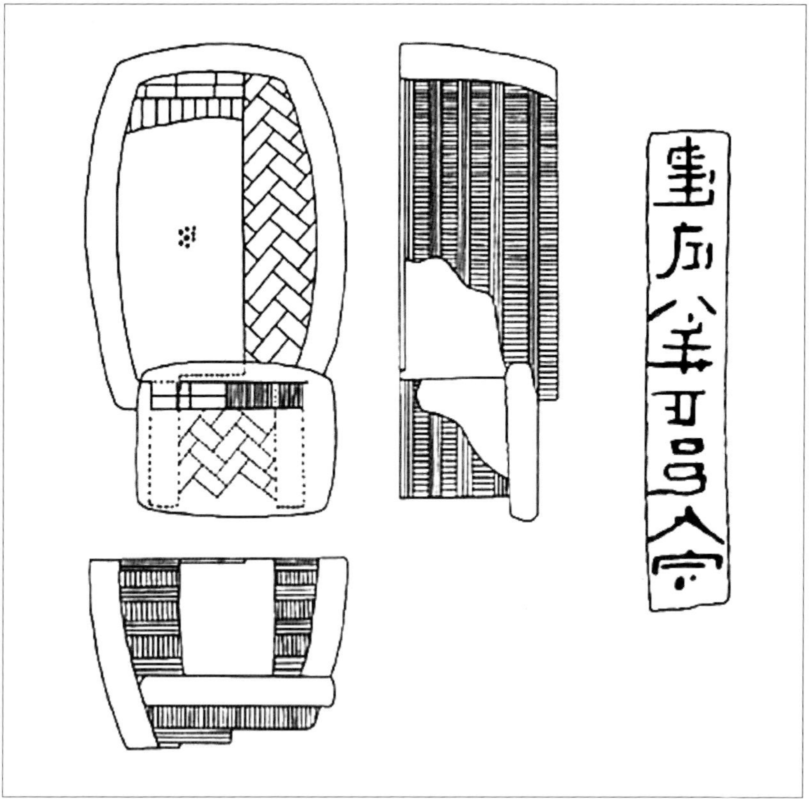

그림4 | 서읍태수 장씨무덤(한인덕, 2003)

련 인물은 언제 고구려로 이주해 왔을까? 사실 고구려와 후조의 공식적인 접촉으로는 338년에 "배 300척에다가 식량 300만 가마"를 고구려에 실어 보낸 사건이 있다(『진서』 권106 석계룡 상). 이는 후조가 전연을 정벌하려는 계획 중 일환으로 실행된 것이다. 또한 341년에 후조가 압록강 하류의 서안평(西安平)을 장악했다는 상황을 전하는 『자치통감』 기록, 그리고 황해남도 신천군에서 후조의 연호 기년(343년)을 새긴 벽돌이 출토된 상황을 바탕으로 할 때 후조(後趙) 사람들이 고구려로 들어왔을 개연성은 충분하다. 그렇다면 장씨는 어떤 경로를 통해 이 지역으로 이주해 왔을까? 육로인 요서 지방을 적대 세력인 전연이 장악하고 있던 상황을 감안해 볼 때, 장씨는 해로를 통해 고구려땅으로 들어왔을 것이다. 여기서 필자가 주목하는 부분이 있다. 이 무덤은 완전한 벽돌무덤이 아니라는 사실이다. 현실의 천장 부분, 그리고 판돌로 덮인 연도의 천장 부분 등을 석재를 사용하여 축조한 것이다. 이로 보아 서읍태수 장씨는 벽돌무덤 축조 전통이 있는 지역에 이주해 와 살면서 독자세력을 형성하다가 죽은 인물이다. 장씨무덤은 기본적으로 벽돌무덤으로 만들었지만, 일부에 석재가 사용되었다. 그것은 이 지역에 돌무덤의 축조라는 새로운 변화상을 반영한 것이 아닐까 생각한다. 이와 유사한 사례는 대방태수 장씨무덤에서도 찾을 수 있다.

(2) 대방태수 장씨무덤

황해북도 봉산군 문정면 소봉리에서 발견, 조사되었다. 성은 장씨이지만 이름은 알 수 없어, 일반적으로 '대방태수 장무이(帶方太守張撫夷)무덤'으로 알려져 있다. 무덤은 밑변 길이가 30m에 달하는 대형 벽돌무덤이다. 구조는 널방과 널길 그리고 널길 좌우에 마련된 측실(耳室)이 있어 2실 무덤의 형태를 띠고 있다. 널방은 궁륭상의 천장으로 추정되고 있다. 조사 당시 널방에서 큰 판석이 발견되었는데, 이를 주목하여 천장돌이라고 해석한 견해가 있는데(정인성, 2010), 필자도 타당한 해석이라고 생각한다. 그렇게 볼 경우 이 무덤은 벽돌무덤이지만 천장부는 석재를 사용한 무덤이라 할 수 있겠다.

이 무덤에서는 다수의 글자가 새겨진 벽돌이 출토되어 축조 연대를 추정할 수 있는 단서가 나왔다. 연대 표기가 생략되고 무신(戊申)이란 간지만 남아 있어 정확한 연대를 알 수 없지만, 348년(동진 목제 영화 4년)에 축조된 것으로 추정된다. 이 무덤은 낙랑군·대방군 멸망 이후 30여 년이 지난 뒤에 축조되었음을 뜻한다.

또한 주인공의 신분을 추정할 수 있는 명문벽돌도 발견되었는데, 사군대방태수 장무이전(使君帶方太守張撫夷塼), 태세신 어양장무이전(太歲申漁陽張撫夷塼), 태세재무 어양장무이전(大歲在戊漁陽張撫夷塼), 장사군전(張使君塼) 등의 관직명이 새겨져 있다. 이는 장씨가 생전에 역임한 관직을 나열한 것으로, 이를 통해 몇 가지를 추정해 볼 수 있다. 첫째, 무덤 주인의 출신지를 알 수 있다. 주인공 장씨는 어양군 출신이다. 어양군은 오늘날 중국 하북성 북경시(北京市) 부근인 계현(薊縣) 지역으로, 장씨는 이 근처에서 살다가 이주해 온 인물이라는 점을 추정할 수 있다. 그는 황해도 봉산군 지역에 살다가 죽은 뒤에 고향에 돌아가지 못하고 이곳에 묻힌 인물이었다.

둘째, 무덤 주인의 관직에 대하여 알아보자. 장씨의 관직은 사군(使君)+대방태수(帶方太守)+무이(撫夷)로 나눌 수 있다. 사군은 천자의 명을 받아 직무를 수행하는 자에 대한 존칭으로 일종의 칙사와 비슷한 개념이다. 또한 관직명으로서 태수를 부군(府君)이라고 부르는 데 비하여 자사(刺史)의 별칭이라고도 한다. 즉, 천자의 명령을 수행하는 대방태수 장 아무개란 뜻이다. 무이는 무이교위(撫夷校尉)라는 관직으로 이해하는 것이 타당하다고 생각된다.[19] 무이교위라는 관직명을 통해서 이 지역에 사는 이민족을 안무했음을 알 수 있다.[20]

한편, 314년 대방군이 멸망한 후 30여 년이 지난 후에도 대방태수라는 관직이 현지에서 사용되고 있었음을 알 수 있다. 무덤 주인 장씨는 이주민이었지만 대방태수라고 하는 토착적·지역적 성격이 강한 관직을 사용한

---

19 안악3호분(357년 축조)의 주인인 동수의 관직에서도 '무이교위(撫夷校尉)'라는 명칭이 발견되었다.

20 이 고분에서 함께 출토된 명문벽돌 가운데는 '장'이란 성씨와 '사군'이란 관직명이 결합된 '장사군(張使君)'이라는 글자를 새긴 벽돌이 있다. '사군'은 덕흥리벽화무덤(408년 축조)에서도 발견되었는데, 여기서는 무덤의 주인공 진이란 인물의 관직인 '자사'에 대한 또 별칭으로 사용되었다.

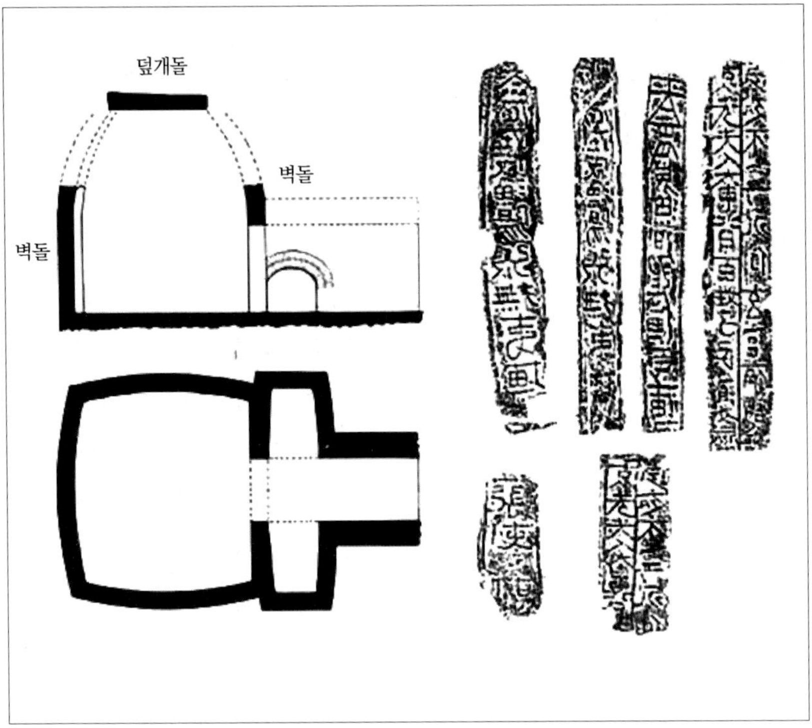

그림5 | 대방태수 장씨무덤(정인성, 2010)

것이다. 이 무덤은 낙랑고분 가운데 태수급 관리의 분묘로서는 최초의 예라 할 수 있다. 그런데 이 당시 대방군은 이미 요동 지방으로 옮겨가서 요서 지방에서 세력을 형성한 모용씨의 행정군으로 기능하고 있었다. 한반도 중·북부 지역에서 대방태수라는 관직이 실질적으로 존재할 수 없다는 측면에서 볼 때 이 관직은 실체를 인정하기 어렵다. 장씨가 사용한 관직은 같은 시기 고구려에는 존재하지 않았던 관직이다. 그렇다면 장씨가 낙랑군·대방군의 옛 땅에서 '사군 대방태수 장무이'라는 허구화된 고위관직을 스스로 만들어 칭한 것으로 해석할 수 있다.

장씨가 들어온 경로를 생각해보자면, 요서 지방에 있던 전연 모용씨의 존재를 감안해 볼 때 해로를 통해 낙랑군·대방군 고지로 이주해 왔던 것으로 생각된다. 장씨가 연호를 사용하지 않아 이주 시기를 비롯한 자세한 사정을 알 순 없다. 제반 상황을 감안해 볼 때 무덤 주인인 장씨가 연호를 사용하였다면 후조의 연호일 가능성이 높다고 생각한다. 그렇다면 건무 14년에 해당한다. 하지만 장씨가 연호를 사용을 하지 않은 것은 어쩌면 장씨가 이주해 오기 이전의 정치적 상황과 관련이 있을 가능성도 생각해 볼 수 있다. 한편으로는 봉산군 지역에서 연호 사용의 효율성을 기대하기 어려웠을 만한 기층사회의 상황도 생각해 볼 수 있겠다. 장씨무덤에서 남쪽으로 4km 떨어진 곳에 지탑리토성(唐土城)이 있다. 이로 볼 때 장씨는 황해도 봉산군 지역을 중심으로 세력을 형성하고 있었음을 추측할 수 있다. 장씨는 벽돌무덤 축조 전통이 있는 지역에 이주해 와 살면서 독자세력을 형성하다가 죽은 인물이다.

(3) 요동·한·현도태수 동리무덤

평양에서 동리라는 인물의 무덤이 발견되었다. 1932년 평양역 구내에서 발굴조사된 벽돌무덤이다. 이 무덤에서는 글자를 새긴 벽돌이 발견되어 많은 정보를 얻을 수 있다(野守建 榧本龜次郎, 1933). 글자를 새긴 벽돌에는 "영화 9년 3월 10일 요동·한·현도태수령 동리조(永和九年三月十日遼東韓玄菟太守領佟利造)"라 적혀 있다. 이 내용은 '영화 9년(동진 목제의 연호로 353년) 3월 10일에 요동태수, 한태수, 현도태수라는 관직을 지낸 동리라는 인물을 위해 만들었다'고 해석할 수 있다. 이 무덤이 축조된 연대는 353년인데, 동진의 연대 표기 방식인 '영화(永和)'를 채용하였다. 또한 동리의 신분을 이해할 수 있는 관직 명칭이 기록되었다.

무덤 주인의 관직에 대하여 좀 더 알아보자. 관직 명칭은 요동(遼東)+한(韓)+현도(玄菟)+태수(太守)로 나누어 볼 수 있다. 이는 동리라는 인물이 역임한 관직을 나열한 것이거나 또는 포괄적으로 어느 한 시기의 관직을 뜻한 것으로 해석할 수 있다. 그러나 이 관직이 어느 쪽을 의미하는지 논의하기 이전에, 이 관직 자체를 그대로 인정하기 어려운 몇 가지 문제가 있다.[21]

동리는 벽돌무덤 축조 전통이 있는 지역에서 독자세력을 형성하며 활동하다가 죽은 인물이다. 동리무덤은 기본적으로 벽돌무덤으로 만들었지만, 일부에 석재가 사용되었다. 그것은 이 지역에서 유행한 돌무덤 축조라는 새로운 변화를 반영한 것이 아닐까 생각된다.

이상 벽돌무덤의 주인공인 세 인물에 대하여 구체적으로 검토하였다. 검토 결과를 정리해보면, 앞에 제시한 3인의 무덤은 순수한 벽돌무덤이 아니라 벽돌에다가 석재를 혼합하여 축조하였다는 특징이 있다. 대방태수 장씨무덤(342년), 서읍태수 장씨무덤(348년)의 경우는 천장부를 석재로 덮었다. 벽돌무덤이지만 무덤의 천장이나 연도의 이마 부분에 돌을 사용한 무덤은 이미 오래 전부터 평양 지역의 전통이라고 한다.[22] 동리무덤(353년)의 경우는 벽돌무덤의 상층부를 석재로 쌓았다. 석재가 보다 많이 사용된 것이다. 이와 같은 현상은 이 지역의 전통 묘제인 벽돌무덤이 퇴화되고 석실봉토분이라는 새로운 무덤 양식이 출현하는 상황을 반영하고 있다. 안악3호분(357년)에 이르러서는 석실봉토분으로 변화하였다. 이

---

21 먼저 관직 가운데 '한(韓)'이라는 지명이 보이는데, 이는 삼한 지역을 의미한다. 중국에는 '한'이라는 명칭을 지닌 군 단위 지명은 역사적으로 존재하지 않았다. 또한 삼한 지역에 중국의 군현이 설치된 사실이 없었다는 것도 주지하는 바이다. '요동태수'와 '현도태수'라는 관직은 당시 요서 지방에 존재한 관직인데, 평양 지역에서 발견되었다는 점에서 당시 역사적 상황이 반영되지 않았다. 관직의 정치적 효용성을 의심케 하는 요소이다.

22 벽돌무덤의 천장부를 돌로 덮은 경우를 더 세분해 검토해 보자. 평양시 낙랑동27호를 비롯하여 평양시 승호구역 봉도리송오벽돌무덤과 평양시 낙랑구역 승리동3호벽돌무덤 및 유소리벽돌무덤 등의 사례가 있다. 이러한 양식은 일찍이 왕경무덤(248년)에서도 나타난 전통이다.

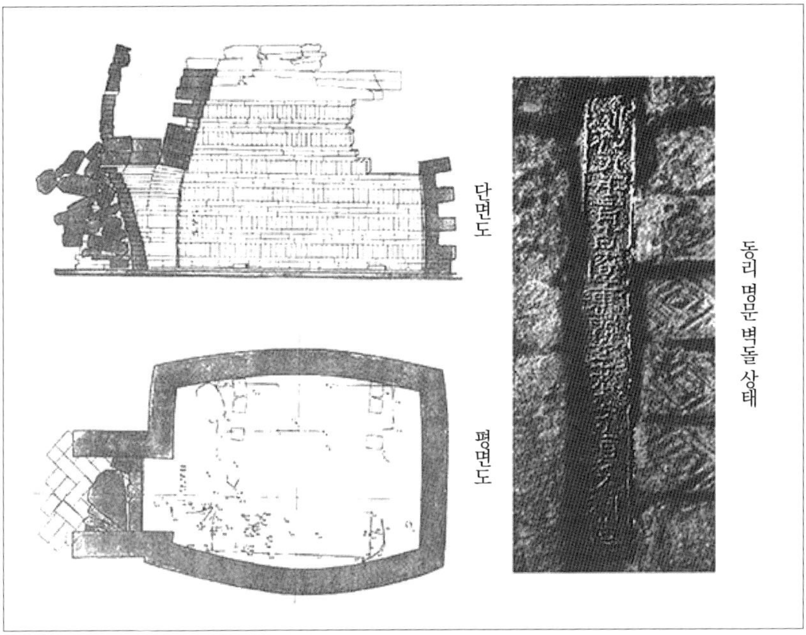

그림6 | 요동·한·현도태수 동리무덤

와 같이 무덤 양식에 나타난 미묘한 변화상은 낙랑군·대방군이 멸망한 지 40여 년이 지난 후의 상황을 나타낸 것이다. 이를 통해 이 지역이 직면한 사회·문화적 변화를 읽어낼 수 있다.

벽돌무덤은 낙랑군·대방군이 멸망하기 이전부터 축조되기 시작하여 멸망하고 100여 년 가까이 존속하였다. 이렇게 볼 때 벽돌무덤 축조 집단은 이 지역에서 기존세력이 계속 유지되는 한편 중원 왕조의 혼란을 비롯한 여러 가지 사유로 이주해 온 집단이라고 생각된다. 이주민이 이 지역에 적응하는 과정에서 나타난 산물일 가능성도 생각해 볼 수 있다.

2) 석실봉토분(벽화무덤)에 나타난 이주민집단

낙랑군·대방군 지역에서 석실봉토분[23]이라는 무덤 양식이 나타난 것은 4세기 중엽에 이르러서였다. 이 시기 석실봉토분에는 벽화가 그려진 경우가 많다.[24] 다음에서는 이 시기 축조 연대가 분명한 안악3호분(357년), 덕흥리벽화무덤(408년)에 나타난 인물 정보를 토대로 고구려 지역에 들어온 중원계 유이민에 대해 살펴보자.

(1) 안악3호분(동수무덤)

안악3호분은 재령강 북쪽 지역에 인접한 황해북도 안악군에서 발견, 조사되었다. 이 무덤은 다실분의 구조를 가진 석실봉토분이다.[25] 큰 판석으로 여러 개의 무덤방을 만들고 벽화를 그렸다. 이 시기 황해남도 지역에서 석실봉토분의 등장은 고구려의 전통 묘제와는 상이한 것이다. 이 무덤은 규모나 벽화의 내용, 다양성 등에서 고구려 최대, 최고급의 벽화무덤이라고 할 수 있다. 무덤 안에는 생활풍속을 주요 제재로 한 다양한 벽화

---

23 당시 고구려의 전통적인 묘제는 돌로 봉분을 구성한 적석총이었다. 그러다가 무덤 양식이 바뀌어 흙으로 봉분을 구성하는데, 이렇게 흙으로 봉토를 구성한 무덤 양식을 봉토분이라고 한다. 봉토분 특히 석실봉토분은 고구려 후기 무덤 양식으로 알려져 있다.

24 무덤 안에 벽화를 그리는 풍습은 일찍이 진한(秦漢)시기 이래 유행해오던 방식이기도 한다. 고구려 벽화무덤은 시대 흐름에 따라서 그 제재가 달라진다. 즉 초기에는 다실분에다가 생활풍속을 그린 그림이 주로 나타나는데, 그 시기는 대체로 3세기~5세기까지라고 한다. 5세기 중엽부터 6세기 초엽에 이르기까지는 다실분 또는 단실분에 생활풍속, 사신(四神), 장식무늬 등이 독자적으로 또는 뒤섞여 그려지고, 6세기 중엽 이후부터는 단실분에 사신도가 주로 그려졌다고 한다(전호태, 1998).

25 일반적으로 석실봉토분이 축조되는 중심 연대는 6세기경부터 고구려 멸망 시까지 해당한다. 즉 평양 천도 이후 시기의 고구려 무덤 형식을 대표한다. 고구려 지역에서 석실봉토분은 4세기경을 전후하여 축조되었다. 이와 같은 전통은 장군총을 마지막으로 하여 적석총이 사라지고 그 이후부터는 석실봉토분으로 교체되었다. 석실봉토분이 고구려의 묘제로서 일반적으로 정착한 시기는 대체로 6세기 무렵이다.

그림7 | 안악3호분 전경(국립문화재연구소·남북역사학자협의회, 2006)

와 더불어 동수라는 인물의 묘지명이 구체적으로 서술되어 있다. 동수라는 인물에 대하여 구체적인 정보를 알게 된 것은 무덤 벽면에 다양한 글자가 먹으로 쓰여 있는 것을 해독하면서부터이다. 벽면에 쓰인 글씨는 대체로 다음과 같다.

> 영화 13년(357년, 동진 왕조 연호) 10월 26일에 그 벼슬이 사지절 도독제군사 평동장군 호무이교위이자 낙랑상이며 창려·현도·대방태수이자 도향후의 작위에 있는 유주 요동(군) 평곽(현) 도향 경상리 출신인 동수(冬壽)는 자(字)가 □安인데 나이 69세에 관직을 수행하는 도중에 돌아갔다.[26]

---

26 永和十三年 十月戊子朔甘六日癸丑 使持節 都督諸軍事 平東將軍 護撫夷校尉 樂浪相 昌黎玄菟帶方太守 都鄕侯 幽州遼東平郭都鄕敬上里 冬壽字□安 年六十九薨官.

이와 같은 동수라는 인물에 대한 묵서(먹글씨)는 묘주 부부의 벽화가 그려져 있는 전실 서측실 문밖의 벽면에 기록되어 있다. 이 글자는 많은 학자들의 관심을 끌었다. 발견 이후 한·중·일 학계에서 다양한 논쟁이 제기되었다.[27]

---

27 학자들의 연구는 주로 무덤의 주인공이 과연 누구냐 하는 문제로 귀결되었다. 안악3호분을 처음으로 소개한 학자는 발굴조사에 직접 참여한 도유호였다. 그러나 그는 1949년 안악3호분의 조사내용을 간략히 보고하는 정도였으며, 무덤의 주인공 문제는 언급하지 않았다. 무덤의 주인공 문제를 처음으로 언급한 것은 김광진으로 알려져 있다. 그는 동수의 묘지명을 근거로 하여 무덤의 주인공을 전연의 망명인 동수로 파악하였다고 한다(전주농, 1959). 이후 한국전쟁이 발발하여 당분간 이 무덤에 관한 논의가 전개되지 못하였다. 하지만 동수라는 인물에 대한 정보와 무덤의 주인공이 동수라는 견해는 일찍부터 제기되었다고 한다. 이후 1955년 리여성이 간략하게 고국원왕릉설을 제시하였다. 1956년 북한 측에서는 고고학 및 민속학연구소 주최로 '안악3호분의 연대와 무덤의 주인공에 대한 학술토론회'를 개최하였다. 이 회의에서는 안악3호분의 주인공에 대한 다양한 견해가 제기되었다. 즉 동수(김용준, 황욱, 황철산, 김재효), 미천왕(박윤원), 고국원왕(리여성, 김일출) 등등의 견해가 있었지만, 동수설이 다수를 차지하였다고 한다. 1957년 김용준은 동수묘설을 또다시 적극적으로 제기하였다. 논쟁은 1958년에 발간된 안악3호분 발굴조사보고서(과학원출판사, 『안악 제3호분 발굴보고』) 집필에도 영향을 끼쳤다고 보인다. 즉 발굴보고서에는 이러한 논쟁을 감안한 듯 무덤의 주인공 문제를 구체적으로 거론하지 않았다. 1959년 전주농은 벽화 속의 인물이 들고가는 깃발 속에서 '聖上幡(성상번)'이라는 글씨가 있는 것을 주목하고는, 이를 근거로 해서 진지하게 고구려왕릉설을 제기하였다. 1963년에는 전주농, 박윤원, 주영헌 등이 고구려왕릉설을 보강하여 그 대안으로서 미천왕릉설을 동시에 제기하였다. 이를 계기로 하여 북한 학계의 논쟁은 일단락되었다. 즉 『미천왕무덤』이라는 단행본의 출간(고고학 연구실, 1966)을 계기로 하여 미천왕릉설로 단일화되었다. 이후 20여 년간 북한 학계에서는 미천왕릉설이 정설로서 굳어져 있었다. 그런데 이와 같은 북한 학계의 연구동향에 큰 변화가 나타났다. 1990년 3월 손영종이 고국원왕릉설을 주장한 이래 이를 지지하는 견해가 늘어나 북한 학계의 새로운 정설이 되었다. 한편, 2005년 11월에는 고구려연구재단과 북한 사회과학원 공동학술대회에서 안악3호분의 주인공 문제가 주요한 이슈로 등장하기도 하였다. 여기서는 조희승(『안악3호무덤의 주인공와 신원장수산 유적에 대하여』), 송순탁(『안악3호무덤 행렬도의 력사적 배경에 대하여』)이 발표되었는데, 이들은 무덤 주인을 고국원왕으로 이해하는 종래의 견해를 고수하였다. 남한 학자 중에서도 북한 학계의 고국원왕릉설에 동조하는 입장이 나타났다(강인구, 1991). 한편, 안악3호분과 유사한 형태의 무덤이 인근에서 발굴조사되었는데, 태성리3호분이다. 이 무덤은 묘실의 구조나 규모 등에서 안악3호분과 유사한 형태를 보이는 고구려 벽화무덤이다. 두 무덤의 유사성에 착안하여 북한 학자들은 이 무덤을 미천왕릉(안악3호분은 고국원왕릉)으로 비정하기도 한다(김인철, 2002; 송순탁, 2005). 이와 같은 북한 학계의 연구경향을 요약해본다면, 안악3호분의 주인공이 미천왕에서 고국원왕으로 바뀌었지만, 기본적으로는 무덤의 주인공을 고구려왕으로서 이해하고 있음을 알 수 있다.

안악3호분의 발굴 소식은 인접한 중국, 한국, 일본 학계에서 비상한 관심을 끌었다. 안악3호분의 존재를 가장 먼저 소개한 것은 중국 학계이다. 1952년 숙백(宿伯)은 안악3호분

그림8 | 안악3호분의 여주인공과 남주인공(국립문화재연구소 · 남북역사학자협의회, 2006)

이와 같은 학계의 다양한 해석을 염두에 두고서 동수라는 인물에 대하여 알아보기로 하자. 먹글씨는 동수라는 인물에 대한 사망일자, 동수가 역임한 관직과 작위, 동수의 출신지와 성명, 사망한 나이 등 신상정보를 간략하게 기록하였다. 동수라는 이름은 『자치통감』에서 발견되는데, 요서 지방의 모용씨 정권에서 발생한 내란을 피해서 336년에 동수와 곽충이라는 인물이 고구려로 이주해 왔음을 기록하였다. 역사서에 기록된 동수와 그의 무덤이 실제로 발견된 것이다. 이 무덤은 기본적으로는 석실분이다. 하지만 벽돌을 무덤의 빈 공간을 메우는 용도로 사용한 흔적이 있다. 이처럼 기본적으로 석실분이지만 무덤에 일부 벽돌을 사용한 예는 상당수 있는 것으로 알려져 있다. 평양시 낙랑구역 낙랑동에는 근래 고구려 벽화무덤이 여러 개 출토 조사되었는데, 기본적으로 석실분이면서도 무덤 안에 일부 벽돌이 발견된다고 한다. 벽돌무덤 축조 풍습이 석실무덤에 일부 반영된 것으로 생각된다.

글자의 내용을 간단히 알아보자. 첫째로 동수의 사망일자(영화 13년

의 조사 내용을 간략하게 소개하고는 무덤의 주인공을 동수라고 파악하였다. 이후 양홍(楊泓, 1958), 홍청옥(洪晴玉, 1959), 소철(蘇哲, 1999), 손진기(孫進己, 2004) 등이 관심을 가졌는데, 중국 학계는 대체로 동수묘설을 지지하고 있다. 일본 학계에서 처음으로 안악3호분에 관심을 가진 학자는 이진희였다. 그는 무덤의 주인공을 동수라고 파악하였다(이진희, 1956). 그 후 구마가이 노부오(熊谷宣夫, 1958)의 소개가 있었고, 오카자키 다카시(岡崎敬, 1964)는 요양 지역의 무덤과 비교하여 동수묘설을 주장하였다. 이후 일본 학계는 대체로 동수묘설을 지지하게 되었다.
남한 학계는 채병서에 의하여 이 사실을 접하게 되었다(채병서, 1954; 1967). 그는 안악3호분의 발굴조사에 직접 참여하였던 인물이라고 하는데, 동수묘설을 주장하였다. 이후 김원룡은 고구려 고분벽화의 전반적인 발전 과정 속에서 동수묘설을 주장하였다(김원룡, 1961). 김정배는 주인공 논쟁을 정리하여 소개하였는데, 미천왕릉설에 무게를 실었다(김정배, 1978). 공석구는 안악3호분 문제를 보다 심층적으로 접근하였다. 무덤 안에 기록된 묵서 명문 중에 동수의 묘지문 내용을 중국의 경우와 상호 비교해서 구체적으로 고찰해보고는 동수묘설을 지지하였다(공석구, 1989). 이후 공석구는 안악3호분의 벽화에 나타나는 물상 중 무덤 주인공의 신분과 관련되는 물건(절, 당, 책과 관) 등을 구체적으로 검토하는 일련의 연구결과를 발표하였다.

10월 26일)를 기록하였다. 안악3호분에 동진의 연호 기년이 채용된 사실은 동수묵서명뿐만 아니라 이 고분의 성격을 이해하는 데 있어 중요한 단서가 된다. 그런데 영화 13년(357년)이란 연대 표기는 문제가 있다. 영화라는 연호는 동진 목제가 재위 12년까지 사용하다가 13년째 되던 해 정월에 승평이란 연호로 바꾸었다. 따라서 동수가 사망한 햇수를 기록한 영화 13년은 승평 원년을 잘못 표기한 것이다. 이는 동진에서 연호를 바꾼 사실을 한반도에서 약 10개월 동안이나 알지 못했음을 나타낸다.

둘째로 동수의 관작인 사지절 도독제군사 평동장군 호무이교위 낙랑상 창려·현도·대방태수 도향후를 기록하였다. 이는 관직(사지절 도독제군사 평동장군 호무이교위 낙랑상 창려·현도·대방태수)과 작위(도향후)로 구성되어 있다. 전연의 모용씨 정권에서 사마(司馬)라는 관직에 있던 동수가 336년 한반도로 도망해 온 이후 21년 만에 나타난 그의 관직이다. 외관상으론 체계적이고도 호화스런 관직으로 보여져 동수가 한반도로 도망해 온 이후의 생활상을 연상케 한다.[28]

셋째로 동수의 출신지를 기록하였다. 출신지는 '유주 요동(군) 평곽(현) 도향 경상리'이다. 이 지명은 일정한 체계에 따라 기록되었다. 유주 → 요동(군) → 평곽(현) → 도향 → 경상리로 구분되어 주 → 군 → 현이 순차적으로 기록된 것이다. 진(晉) 왕조의 지방행정조직인 군현제의 틀로 동수의 출신지를 표기한 것이다. 출신지 기록은 동수가 요서 지역에서 이주해 온 인물이라는 것을 말하고 있다. 한편, 동수는 본래 낙랑군 지역 토착호족 출신이었는데, 요서 지역에 살다가 다시 고향으로 돌아온 인물이라고

---

28 안악3호분에서 동북방으로 6km 떨어진 지점에 위치한 청산리토성의 존재가 주목된다. 둘레가 약 1.8km가량 되는 평지에 축조된 방형 토성으로서 이 성의 주변에까지 배가 들어왔다고 하는데, 동수의 세력 근거지와 연관이 있을 가능성이 높다.

해석하는 견해도 있다(이동훈, 2010).

안악3호분은 고구려 벽화무덤 중 단연 최대급이라는 점에서 학자들의 호기심과 다양한 해석을 불러일으켰다. 이 논쟁은 안악3호분의 주인공이 고구려왕인가, 아니면 망명객 동수인가 하는 문제로 정리할 수 있다. 그 논쟁거리를 정리해보자.

① 묵서명은 무덤 주인공의 것인가, 동수의 것인가

고구려왕릉설에서는 묵서명을 동수 개인의 것으로 파악한다. 묵서명이 무덤 주인공과 관련이 없다는 해석이다. 묵서명은 그 하단부에 그려진 인물, 즉 '장하독(帳下督)'이란 관직명을 가진 인물에 대한 것으로 파악한다. 그렇다면 동수는 바로 장하독이란 인물이 된다. 따라서 고구려왕릉설에서는 묵서명의 가치를 크게 인정하지 않는다. 심지어는 묵서명을 낙서로까지 이해하는 경우도 있다(전주농, 1959). 또한 동수묵서명이 문 입구의 궁벽진 곳에 조잡한 모습으로 씌여 있다고 하여 무덤 주인과의 관련성을 부정하기도 한다. 나아가 동수묵서명이 무덤 주인의 묘지가 될 수 없다는 근거로 반대편에 있는 또 다른 장하독의 머리 위에 있는 글자의 흔적을 제기하기도 한다(박진욱, 1990). 이는 북한 학계의 새로운 발견이고 고구려왕릉설이 존립하는 중요한 논거가 된다. 사실 동수 이외에 또 다른 장하독의 묘지명이 존재한다면 동수묘설은 근거가 희박해지기 때문이다. 하지만 새로 발견한 묵서명의 글자 내용 등이 흐린 상태여서 상황을 구체적으로 파악하기 어렵다.

동수묘설에서는 묵서명을 무덤 주인공의 것으로 파악한다. 묵서명이 무덤 주인의 묘지가 되는 셈이다. 그렇다면 동수가 안악3호분의 주인공이 된다. 동수라는 한 개인의 묘지문이 씌여 있다는 사실은 동수묘설의 중요한 존립 근거가 된다. 이 묵서명은 4세기 당시 중원 지역에서 유행한 일반적인 묘지문 표기 방식과 큰 차이가 없다고 한다. 나아가 무덤 안에 무덤 주인공 이외의 인물에 대한 묘지명을 써넣은 사례는 거의 발견되지 않는다고 한다.

② 묵서명 관직과 주변 인물 관직의 서열관계 비교

서측실 입구에서 바라다보이는 안쪽의 내부 벽면(서벽)에는 무덤의 주인공상과 장방생활도가 그려져 있다. 즉 무덤의 주인공이 평상에 앉아있고 그 앞에는 좌우 2인씩 관리가 각기 도열해 있다. 이들 관리 위에는 각기 기실(記室: 한 손엔 홀을, 다른 한 손엔 붓을 들고 무언가 기록하는 형상을 한 남자)과 소사(小史: 기실 뒤에서 손에 홀을 잡고 있는 여인) 그리고 성사(省事: 두 손으로 문서를 펼쳐 들고 있는 남자)와 문하배(門下拜: 뒤쪽에서 두 손으로 홀을 들고 있는 남자) 등 붉은 색의 글씨로 쓴 관직명이 있다. 이 그림은 무덤의 주인공이 장방에 앉아서 부하들과 함께 정사를 돌보는 장면으로 이해할 수 있다. 또한 서측실의 입구에 기록된 묵서명 하단에 한 인물이 그려져 있는데, 머리 우측부에 붉은 글씨로 장하독(帳下督)이라는 관직명이 기록되었다.

이는 무덤 속 인물에 대한 신분, 즉 관직을 알려주는 단서가 된다. 나아가 무덤 주인의 신분을 이해하는 데 중요한 근거가 되었다. 결국 무덤 주인과 그 주변 부하들과의 서열관계를 통해 동수가 주인공인지 여부를 판별하는 잣대이다. 여기서 장하독이란 관직이 동수의 관직인지의 문제로 연결된다. 종래 무덤의 주인공 문제가 되풀이되었던 배경에는 바로 이와 같은 문제에 대하여 분명한 해석을 제시하지 못한 데 있다. 따라서 무덤 주인과 그 주변인물과의 관계를 서로 비교하여 이들의 상하관계 또는 예속관계를 밝혀낼 수 있다면 무덤의 주인공 문제는 자연스럽게 해명된다.

고구려왕릉설에서는 동수와 장하독이란 인물을 동일인으로 파악한다. 무덤 주인공 옆 시위 인물들의 관직(기실, 소사, 성사 문하배)과 입구를 지키는 인물의 장하독이란 관직을 『진서』 직관지에서 대조해보면 왕의 부하로 나타나기도 한다. 따라서 시위 인물을 왕의 신하로 해석할 수 있다면 자연히 중앙에 있는 무덤의 주인공은 고구려왕이 된다. 또한 묵서명을 분석해보면 신분이 왕에 미치지 못하기 때문에 동수와 무덤의 주인공은 서로 연결되지 않는다. 나아가 동수묵서명은 장하독이란 인물의 주변에 씌여 있다. 따라서 동수묵서명은 서벽에 그려진 무덤의 주인공과 아무런 관계가 없다고 한다.

동수묘설에서는 동수와 장하독이란 인물을 별개 인물로 파악한다. 무덤 주인공 옆 시위 인물들의 관직과 입구를 지키는 인물의 장하독이란 관직은 고구려의 고유한 관직이 아니라 중원 왕조의 관직이다 이들 관직은 『삼국사기』 등의 사료에 나타나지 않는다. 이들 관직을 『진서』 직관지와 대조해 보면 대체로 태수급의 부하로서 나타난다. 그렇게 볼 때 동수는 관직이 태수급에 해당하기 때문에 무덤의 주인공으로 해석할 수 있다. 나아가 동수 관직과 그 아래 그려진 인물의 관직(장하독)의 위계관계를 비교해 보면, 이들은 상하관계 또는 주종관계로 나타난다. 따라서 동수의 관직이 가장 높은 위계에 해당하여 무덤의 주인공을 동수로 파악한다.

③ 무덤의 규모와 고구려왕을 지칭한다는 '성상번' 문제

안악3호분은 남북 길이 33m, 동서 길이 30m, 높이가 6m가량 되는 초대형 무덤이다. 큰 판석으로 짜인 석실분인데, 남쪽인 앞으로부터 연도, 연실, 전실, 후실로 구성되어 있다. 전실에는 좌우에 조그만 옆방(側室)이 하나씩 달려 있다. 이는 삼국시대 벽화무덤 중에서 단연 최대급이라 할 수 있다. 후실의 동쪽에 마련된 회랑부에는 무덤 주인공의 대행렬도가 그려져 있다. 무덤 주인공이 타고 있는 수레 앞부분에서 주인공을 인도하고 있는 의장병이 들고 있는 검은 색 깃발 중에 "성상번(聖上幡)"이라는 글자가 희미하게 나타난다고 한다. 이 글자는 무덤 주인공의 신분을 나타내는 근거가 되고 있다.

그림9 | 성상번 깃발

고구려왕릉설에서는 안악3호분이 고구려 벽화무덤 중에서 단연 최대급에 속하고, 묘실의 구조도 복잡하고 웅대하며, 대행렬도에 등장하는 인물이 수백 명 이상이라고 한다. 이와 같은 규모로 보아서 안악3호분은 고구려 왕릉급으로 해석할 수밖에 없다고 한다. 또한 무덤 주인공의 수레 앞부분 의장 기수가 들고 있는 깃발에 쓰여 있다고 하는 '성상번'이라는 글씨는 분명히 확실하다고 한다. 따라서 '성상(聖上)'이 왕을 상징하는 용어이기 때문에, 무덤의 주인공은 고구려왕이라고 한다. 이는 고구려왕릉설의 강력한 논거가 되고 있으며, 상당한 설득력을 가지고 있다.

동수묘설에서는 '성상번(聖上幡)'이라는 글씨가 확실하지 않다고 주장한다. 안악3호분 발견 초기부터 조사자들 사이에서는 '聖'자의 인정 여부에 대한 논란이 있었다고 한다(전주농, 1959). 실제로 그림9를 보면 '聖'자의 윗부분 글자, 즉 '耳'와 '口'가 서로 뒤바뀐 형태의 글자(𦖋)로 나타나고 있다. 『안악3호분 발굴조사보고서』에도 '성상번'이라고 추정은 했지만 '聖'에 대해서는 불확실한 것으로 보았다. 하지만 동수묘설에서는 아직까지 이 부분에 대한 뚜렷한 대안을 내놓지 못하고 있다.

④ 주인공이 착용한 관모는 고구려왕이 쓰는 백라관일까

안악3호분을 보면 무덤 주인공의 형상이 두 번 나타난다. 하나는 전실 서측실 입구에서 바라다보이는 벽면(서벽)에 그려진 무덤의 주인공 부부상이다. 무덤의 주인공이 평상에 앉아 있고, 그 앞에 좌우 2열로 관리가 각기 도열해 있다. 무덤의 주인공은 정면상인데, 머리 부분에 관모를 착용하고 있다. 다른 하나는 후실 회랑부에 있는 대행렬도인데, 무덤의 주인공이 소가 끄는 수레를 타고 가는 모습이 있다. 주인공은 측면상인데, 머리 부분에 관을 착용하고 있다. 두 그림에 나타난 무덤의 주인공은 흑색의 책(幘) 위에다가 투명한 백색 계통의 관을 썼는데, 책의 중앙부 윗부분을 보면 백색의 옥(屋)을 얹은 것을 볼 수 있다.

고구려왕릉설에서는 무덤의 주인공이 착용한 관을 고구려왕이 착용했다는 백라관(白羅冠)이라고 해석한다. 『구당서』 열전 고려에 따르면 고구려왕은 다섯 가지 색의 비단옷을 입었고 금으로 장식한 백라관을 착용하였으며, 대신들은 계급에 따라서 청라관이나 비라관을 썼다고 기록하였다.

동수묘설에서는 백라관설을 부정한다. 그 대안으로 무관의 관직에 있는 인물이 착용한 무관(武冠)이라고 해석한다. 『진서』 직관지를 보면 흑책 위에다가 무관을 착용하는 계층에 대하여 주로 3품의 장군을 비롯한 일부 장군 계층이었던 것으로 규정하고 있다. 동수의 관직은 3품 장군에 해당하므로, 안악3호분의 주인공의 관을 착용할 수 있는 신분적 위치에 있다.

⑤ 무덤의 입지 여건

안악3호분은 황해남도 안악군 오국리에 소재한다. 축조 연대는 4세기 중엽(357년)에 해당한다. 그런데 이 시기 고구려의 수도는 국내성에 위치하고 있었다. 안악3호분의 위치는 무덤 주인공 문제와 관련하여 중요한 근거가 된다. 당시의 역사적 상황 속에서 고구려 왕릉을 수도에서 멀리 떨어진 지역에 축조할 수 있었느냐 하는 문제이다. 이는 당시 고구려의 지방 지배 방식과 관련되는 중요한 문제이기도 하다.

고구려왕릉설에서는 종래 이 부분에 대하여 진지한 해석이 별로 없었다. 그런데 1990년 무덤의 주인공 비정이 미천왕에서 고국원왕으로 바뀌

그림10 | 안악3호분 남주인공의 관모(위: 정면도, 아래: 측면도)

그림11 | 안악3호분의 위치

는 과정에서 주요한 논거로서 제시되었다. 즉, 343년 고국원왕이 평양 동황성(북한은 현 평양 지역으로 해석함)으로 천도한 이후 계속 머물고 있다가 371년 평양성에서 전사하였으므로, 무덤이 국내성 주변에 조영되지는 않았을 것이라고 하였다(박진욱, 1990). 또한 황해남도 신원군에 소재한 장수산성 일대에서 대규모 고구려유적이 발견된 바 있는데, 이 유적을 남평양유적이라고 이해하였다. 따라서 고국원왕이 전사한 평양성을 신원군 지역으로 비정하고, 그 부근인 안악 지방에 고국원왕의 무덤을 축조하였다고 해석한다(孫永鐘, 1990).

동수묘설에서는 무덤 입지 조건의 부자연스러움을 지적한다. 한국사에서 왕릉은 거의 대부분 왕성에서 멀지않은 지역에 만들어져 있다고 한다. 당시 수도가 국내성이었고, 그 주변에는 광개토왕릉을 비롯하여 역대 고구려 왕릉이 분포되어 있는데, 유독 이 왕릉만 국도에서 멀리 떨어진 안악 지방에 조영된 것이 부자연스럽다는 지적이다(김용준, 1957). 또 무덤의 축조 전통과 관련하여, 4세기대 고구려왕의 무덤은 대부분 적석총인 데

비하여 안악3호분은 석실봉토분이므로, 고구려 왕릉의 일반적인 축조 경향에서 벗어난다고 한다.

⑥ 주인공 옆에 세워진 의장물

무덤의 주인공과 그 우측에 있는 신하(省事라는 관직이 기록되어 있음) 사이에 세워져 있는 물건이 있다. 이 의장물의 명칭을 절(節)이라고 하는데, 금속으로 보이는 흑색의 받침대에 끼워져 있다. 붉은 색을 칠한 기둥부 상단에는 3층의 털장식이 붙어 있다. 이 털장식은 모두 내부에 흑색의 털장식 흔적이 보이며 그 외곽에 적색의 털장식을 덧붙인 모습을 띄고 있다. 또한 첫 번째와 두 번째 털장식 사이에는 방형으로 된 적색의 헝겊 비슷한 것이 기둥에 묶여 있는 것을 볼 수 있다. 또 다른 하나는 무덤의 주인공이 외출하는 광경을 표현한 대행렬도에서 찾을 수 있다. 무덤의 주인공의 수레 뒤편을 보면 기마인물이 있는데, 왼손에 절을 들고 있는 모습이 보인다.

고구려왕릉설에서는 안악3호분의 주인공 옆에 세워져 있는 절의 존재에 대하여 그다지 주목하지 않았다.

동수묘설에서 새로 주목한 것이 절(節)이다. 절은 고대 중원 왕조에서 황제나 왕이 하사하는 위세품이다. 주로 외국으로 파견되는 사신이나 전쟁터에 나가는 장군에게 수여되었는데, 이들은 절을 가지고 권한을 행사하였다. 안악3호분의 주인공 옆에 놓인 절은 동수의 관직 중에 나타나는 '사지절(使持節)'과 자연스럽게 연관된다. 사지절을 가진 자는 자신이 위임받은 권한으로서 녹봉 2,000석 이하의 관리를 죽일 수 있는 자격이 있었다고 한다. 문제는 안악3호분의 주인공 옆에 놓인 절이 누구에게 받은 것이냐 하는 데 있다. 그런데 무덤의 주인공이 수여받은 절을 자신의 옆에 두고 이를 주변에 과시하는 장면은 안악3호분의 주인공을 고구려왕으로 비정하기 어렵다는 사실을 암시한다. 왜냐하면 이 당시 각지에서 독립한

그림12 | 안악3호분에 나타난 절의 모습(위: 주인공 옆, 아래: 주인공 수레 뒤)

여러 정치집단은 각기 절을 제작·수여하고 있다는 시대적 상황을 고려해 볼 때, 고구려왕은 오히려 절을 수여할 만한 위치에 있었기 때문이다. 또한 절과 유사한 성격을 띠고 있는 것 중에 당(幢)이란 의장물이 있다. 안악3호분에는 모두 5개소에서 당이 나타나고 있다. 당은 절보다 한 단계 아래의 신분 계급이 소지하는 위세품이다. 본래 당은 중원 왕조에서 천자가 수여하는 물건이었다. 그런데 4세기 무렵에 이르러서는 중원 왕조의 정치적인 혼란으로 인하여 각지에서 정권을 잡은 세력가들이 천자의 이름을 빌어 당을 수여하였다. 그들은 당을 주변 국가나 세력집단에 수여해줌으로써 그 정권의 정통성이나 자신의 존재를 주변에 과시하였다. 이 시기 고구려는 급격한 영역 확장으로 자신의 세력권으로 편입한 다양한 세력에게 당과 같은 위세품을 수여하여 통치 수단으로 활용하였을 가능성이 있다.

이상에서 살펴본 것처럼 안악3호분의 주인공 문제는 다양한 방면에서 논쟁이 진행되었다. 주인공을 누구로 결정하느냐에 따라서 4세기 고구려사의 전개 과정에 대한 이해는 확연하게 달라진다. 고구려왕이라면 고구려가 낙랑군·대방군 지역을 직접 지배했다는 해석이 가능하다. 반면에 동수라면 고구려의 이 지역 지배는 직접지배보다 간접지배였다는 관점에 무게가 실린다.

학계는 이 지역의 지배 문제를 염두에 두고서 다양한 논의가 진행되었다. 주인공에 대한 학계의 일반적인 견해는 동수를 주인공으로 해석한다. 또한 이러한 입장에도 학자마다 해석의 차이가 있다. 고구려와 동수의 정치적 관계를 어떻게 해석하느냐는 크게 세 가지 견해로 요약할 수 있다. 첫째는 고구려와 동수와의 관계가 독립적이었다고 이해한다(金元龍, 1961; 武田幸男, 1978). 즉, 고구려에 대해서 동수는 이 지역에서 독립적이고 자치적인 상태였다고 이해한다. 둘째는 동수가 낙랑군·대방군 고지에 배치된 것은 고구려의 일정한 영향력하에서 나타난 현상이라고 이해한다

(李成市, 1992; 김미경, 1996; 공석구, 2000; 여호규, 2009). 하지만 고구려의 영향력이라는 측면에서도 학자마다 차이가 있다. 자치적인 상황 속에서 어느 정도 고구려의 영향력을 인정하는 견해(공석구, 2004), 고구려가 막부제를 활용하여 이 지역을 지배했다는 견해(임기환, 1995) 등이 있다. 셋째는 고구려의 직접지배를 연상케 하는 입장이다(안정준, 2013).

이와 같은 학계의 견해 중에서 합리적인 것은, 고구려가 낙랑군·대방군 고지를 장악한 이후 즉시 이 지역에 대한 행정력을 수반한 직접지배방식을 취했다고는 생각되지 않는다. 고구려는 이 지역의 사회·문화적 특수성을 감안하여 지역의 토착세력 또는 망명인을 이곳에 배치하여 지배하도록 하는 간접지배방식을 취했던 것으로 이해하고 있다. 좀 더 직접적인 지배에 대해서는 고구려 관직과 중원 왕조의 관직이 함께 기록된 덕흥리벽화무덤을 통해서 추적할 수 있다.

(2) 덕흥리벽화무덤(□□씨 진무덤)

덕흥리벽화무덤은 대동강 하류에 위치한 남포시 지역에서 1976년 12월에 발견, 조사되었다. 이 무덤이 세상에 널리 알려진 것은 1978년 일본의 『アサヒ グラフ』 및 『毎日 グラフ』에 벽화 사진이 일부 소개되면서부터였다. 무덤 안에는 생활풍속을 주요 제재로 한 다양한 벽화와 더불어 무덤 주인의 묘지명이 구체적으로 서술되어 있다. 이에 따르면 무덤 주인은 성씨 부분이 지워져 알 수 없지만 이름이 진(鎭)이란 인물로 알려졌다. 진에 대하여 구체적인 정보를 알게 된 것은 무덤 벽면에 다양한 글자가 먹으로 쓰여 있는 것(묵서명)을 해독하게 되면서부터이다. 벽면에 쓰인 글씨는 대체로 다음과 같다.

□□군 신도현 도향 중감리 출신으로서 석가모니부처의 제자인 □□씨

진(이름)은 건위장군 국소대형 좌장군 용양장군 요동태수 사지절 동이교위 유주자사라는 벼슬을 역임하였다. 진의 나이 77세에 죽어서 영락 18년(408년, 고구려 연호) 12월 25일에 무덤을 완성하였다. 관을 옮기는 날에 주공이 땅을 봐주고, 공자가 택일하였으며, 무왕이 시간을 선택해 주었다. 일시가 좋아서 장례 이후부터는 부유함이 7세손까지 미치고, 자손이 번창하여 그 벼슬이 제후와 왕에까지 이르게 될 것이다. 무덤을 만드는 데 수많은 노력이 들었고, 날마다 소와 양을 잡아 술과 고기, 밥, 반찬을 다 먹지 못할 정도였다. 아침식사로 먹을 간장을 한 창고 분량이나 두었다. 이를 기록하여 후세에 전하며, 이 무덤이 영원하기를.[29]

이 기록은 무덤 주인공의 출신지, 역임한 관직, 무덤을 만든 연대(고구려 광개토왕의 연호인 영락 18년, 408년)로 구성되어 있다. 이 무덤이 학자들의 관심을 끈 것은 글자 중에 고구려 광개토왕이 제정했다고 알려진 영락(永樂)이라는 고구려 연호가 함께 쓰여 있다는 점이었다. 이와 같은 먹글씨의 존재는 고구려사의 또 다른 이면을 드러내는 것이어서 학자들이 주인공의 국적을 주목하게 되었다. 문제는 주인공이 고구려인인가, 아니면 망명객인가로 집약되었다.

① 무덤 주인의 국적

무덤 주인의 국적은 덕흥리벽화무덤에 대한 역사·고고학적인 상황을 이해하는 데 중요하다. 그 단서는 무덤 벽면에 먹글씨로 "□□군 신도현

---

29 □□郡信都縣都鄉中甘里 釋加文佛弟子□□氏鎭 仕爲建位將軍國小大兄左將軍龍驤將軍遼東太守使持節東夷校尉幽州刺使 鎭年七十七薨焉以永樂十八年太歲在戊申十二月辛酉朔二十五日乙酉 成遷移玉柩 周公相地 孔子擇日 武王選時 歲使一良 葬送之後 富及七世 子孫繁昌 仕宦日遷位之侯王 造藏萬功 日煞牛羊 酒肉米餐 不可盡掃 旦食鹽敲飾一椋 記示後世 寓寄無彊.

도향 중감리(□□郡信都縣都鄕中甘里)"라는 내용에 있다. 이 글씨는 주인공의 출신지를 기록한 것이다. 그런데 이 중에서 '신도현(信都縣)'에 대한 정보는 뜻밖에도 『고려사』에 나타난다. 『고려사』 지리지에 '가주 본 고려 신도군(嘉州本高麗信都郡)'이라는 기록이 있다. 여기에 기록된 '본 고려'가 고구려를 뜻하는 것이냐, 아니면 고려를 뜻하는 것이냐에 따라 논쟁이 있었다. 무덤의 주인공을 고구려인으로 해석하는 입장에서는 고구려로 해석하였고, 망명인설을 주장하는 입장에서는 고려로 해석하고 있다.

고구려인설은 주로 북한 학자들이 주장하고 있다. 이 문제에 대해서는 김용남이 처음 견해를 표명하였다(김용남, 1979). 그는 신도현을 평안북도의 운전, 박천 지역 일대라고 비정하여 그를 고구려인으로 해석하였다. 이를 근거로 무덤 주인의 관직까지 모두 고구려의 것으로 해석하고는 무덤 주인이 살았던 4세기 말~5세기 초에 이르러 고구려의 통치제도는 상당히 정비되어 있었다고 해석하였다. 더욱이 무덤 주인이 역임한 유주자사 관직에 대하여, 이는 "고구려가 한때 요하 유역에서부터 만리장성을 넘어 하북성 북부를 지나 산서성 북부에 이르는 넓은 지역에 유주를 설치하고 통치하였다는 것을 보여주고 있다"고까지 해석하였다. 이러한 주장은 같은 해에 출간된 『조선전사』 3에서 구체화되어 북한 학계의 공식 견해로 자리 잡게 되었다. 즉 『조선전사』 제4장 「요동회복·영토의 확장」 제2절 「유주지역에로의 진출. 주, 군, 현의 설치」에서 그 내용을 설명하고 있다. 이를 간략히 요약해 보면 무덤 주인의 출신지로 기록되어 있는 '□□군 신도현(□□郡信都縣)'을 『고려사』 지리지 북계조에 보이는 '가주 본 고려 신도군(嘉州本高麗信都郡)' 기록과 연관시켜 이를 평안북도 운전군, 박천군 지역으로 비정하였다. 그런데 여기서 지적하지 않을 수 없는 점은 '□□郡 信都縣'이라는 먹으로 쓴 글자와 '가주 본 고려 신도군'이라는 『고려사』 지리지 기록이 어떻게 동일시될 수 있을까 하는 것이며, 또 이에 대한 구

그림13 | 덕흥리벽화무덤 안의 모습(동북아역사재단, 2009)

체적인 해명도 결여되어 있다는 것이다. 어쨌든 무덤 주인이 유주자사라는 관직을 역임한 것을 근거로 하여 그를 유주(幽州)의 행정적인 책임자로 해석하고는 고구려가 370년경 전연 왕조의 멸망으로 인하여 혼란에 빠진 북중국 일대로 진격하여 확보된 넓은 영토를 지키기 위하여 광계(廣薊: 현 중국 하북성 지역) 지역에 유주의 행정 치소를 설치하고는 이 지역을 13개 군, 75개 현의 행정구역으로 편성하여 통치하였다고 주장하였다.

북한에서는 『덕흥리 벽화무덤 발굴조사보고서』를 간행하였다(사회과학원, 1981). 여기서 기존의 고구려인설에 대한 주장을 좀 더 구체화시켰다. 이 보고서에서 주영헌은 덕흥리벽화무덤을 다른 고구려 고분벽화 및 인접 지역의 묘제와 비교하여 결론을 도출하고 있다. 즉 신도라는 지명은 중원 지역에도 고구려에도 있지만, 묘제로 보아 고구려에 소재한 지명으로 해석하는 것이 보다 타당하다고 한다. 박진욱은 덕흥리벽화무덤 안에 그려진 '13군 태수내조도(13郡太守來朝圖)'와 유주 관할 13군 75현의 명문 내용에 대한 상황을 근거로 삼아 이를 중원의 역대 왕조에서 설치한 유주의 군현 수와 일일이 비교하여 상호 차이점을 도출하고는 이를 결국 고구려 독자의 행정구역인 유주라고 해석하였다. 그는 나아가 고구려의 북중국 지배와 연관된 유주의 설치 시기를 370년부터 376년까지로 보았고, 그 범위를 요하 일대에서 하북성 북부와 산서성 북부의 동쪽에까지 미치는 것으로 비정하였다. 이는 기존의 고구려 대외관계사에 대한 인식체계와는 판이하게 다른 것으로, 실로 고구려로서는 획기적인 영토 확장이었다고 할 수 있을 것이다. 1987년 북한의 손영종은 『고려사』 지리지 기록에 보이는 '본 고려'의 실체가 왕건의 고려가 아니라는 점을 논증해 나갔다. 결국 『고려사』 지리지의 '본 고려'가 고구려를 의미할 가능성과 함께 고구려의 멸망 이후인 7세기 말엽 의주 지방을 중심으로 세워진 또 하나의 '고려'일 가능성을 제기하였다.

이에 대한 비판은 다케다 유키오(武田幸男, 1989)와 공석구(1990)에 의해 제기되었다. 손영종(1991)은 이들 비판에 대한 반대 비판을 시도하였는데(손영종, 1991) 그것은 주로 다케다 유키오의 주장에 대한 반박이었다고 할 수가 있다. 그는 먼저 『고려사』 지리지에 기록된 '본 고려'에 대하여 이는 『고려사』 찬자가 지리지의 형식적 통일을 기하기 위하여 기계적으로 작업한 것이 아니라 선행의 문헌기록을 참조하여 기록한 것이라는 전제에서 '본 고려'를 684년 의주 지방을 중심으로 건국된 새로운 고구려국으로 해석하였으며, 또 새 고구려국의 (행정) 지명들은 고구려의 (행정) 지명을 그대로 사용하였을 것으로 추정하고 있다. 이러한 손영종의 견해는 그해에 출간된 『조선전사』에도 그대로 반영되었다. 손영종의 재비판을 계기로 북한 학계에서는 7세기 말 새로운 고구려국의 존재를 구체적으로 언급한 논문이 나오고 있다. 이 고구려국의 존재에 대하여 손영종은 10세기 초엽에 이르기까지 평안남도와 평안북도 북부 그리고 압록강 중류 우안 지역을 포괄하여 지배한 실체로 파악하였다. 또한 장국종은 이를 발해에 예속된 이른바 '고려후국(高麗侯國)'으로 해석하고는, 이 고려후국이 처음에는 현 평안남도 성천 지방에 있다가 이후 압록강 중류 지역으로 이주해 간 세력으로 파악하였다(장국종, 1992).

그런데 이와 같은 연구결과는 무덤 주인의 국적 문제를 해결한 것이라기보다는 오히려 문제의식에서 벗어난 것이라고 하겠다. 설령 북한 학계의 주장을 인정하여 『고려사』 지리지의 '본 고려 신도군' 기록을 고구려의 멸망 이후에 세워진 새고구려국 또는 발해에 예속된 고려후국으로 해석한다고 하더라도, 이를 4세기 후반에서 5세기 초엽에 걸친 덕흥리벽화무덤에 기록된 내용인 "□□군 신도현 도향 중감리(□□郡信都縣都鄕中甘里)"와 서로 비교하여 일치시키고자 한다는 것은 시간적으로 부합하지 않는다. 어쨌든 이후 북한 학계에서는 무덤 주인의 국적 문제가 일단락된 듯하다.

망명인설은 대체로 한국, 일본, 중국 학자들이 주장하고 있다. 1976년 12월 덕흥리벽화무덤이 발견, 조사된 이후 세상에 널리 알려지게 된 것은 1978년 일본의 『アサヒ グラフ』 및 『毎日 グラフ』에 벽화 사진이 일부 소개되면서부터였다. 여기에 소개된 먹으로 쓴 묘지문은 우에하라 카즈(上原和)가 평양역사박물관에 진열된 설명문에 의한 것이라 한다. 이를 통해 북한 측에서는 위 명문 중 신도현에 보이는 '신도(信都)'라는 지명이 현 평북 운전군 가산에 해당되며, 따라서 무덤 주인을 고구려인이라고 해석하고 있음을 알게 되었다. 김원룡(1979)은 일본에서 발표된 자료를 검토하면서 신도현은 고구려의 지명이 아니라 중국 하북성 지역에 소재한 지명이라고 해석하고는 무덤 주인을 중국계 망명인이라고 주장하였다. 이후 일본인 다나카 도시아키(田中俊明)은 묘지문의 첫머리에 판독 불능의 상태로 남아 있는 '□□군 신도현(□□郡信都縣)'의 '□□군(□□郡)'에 대하여 중국의 현 하북성 지역(冀州)에 있었던 '안평(安平)'이었을 가능성을

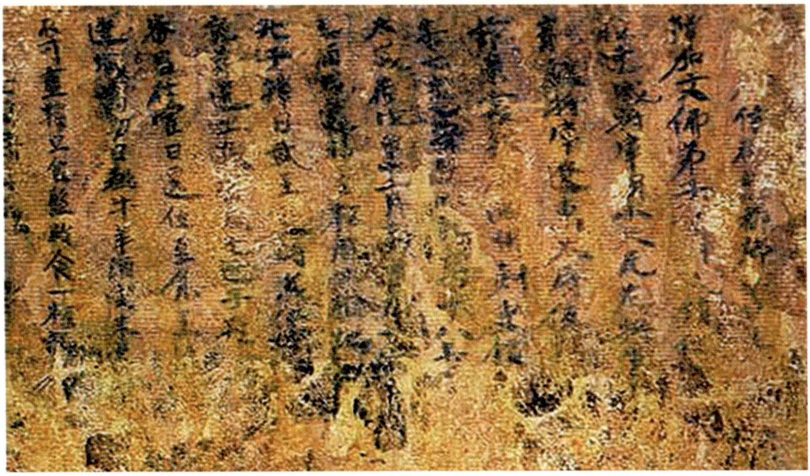

그림14 | 덕흥리벽화무덤 주인공의 이력을 설명한 먹글씨(동북아역사재단, 2009)

시사하고 있는데, 그 근거로서 『진서』 지리지 기록을 보면 신도현은 당시 기주에 소속된 안평국의 속현이었다는 점을 들었다. 중국 학자인 유영지(劉永智, 1983)와 강첩(康捷, 1986) 등은 무덤의 벽화나 문자자료에 보이는 중국적 요소를 강조하면서 무덤 주인이 중국인이라고 주장하였다. 특히 강첩은 판독 불능 상태인 '□□郡'을 장락(長樂)으로 복원하였다. 장락은 중국 하북성 지역에 소재했던 당시의 행정구역 명칭이다. 또한 일본 학자인 사에키 아리키요(左伯有淸, 1987) 역시 주인공=중국인 설을 주장하였다. 그는 무덤 안에 쓰인 인명과 지명의 기록 방식이 고구려의 기록 방식과 차이가 있다는 점을 지적하였다. 다케다 유키오(武田幸男, 1989)와 공석구(1990)가 차례로 무덤 주인 진(鎭)=망명인설을 재확인하는 논문을 발표하였다. 다케다 유키오의 논지는 신도라는 지명과 『고려사』 지리지의 '본 고려' 기록에 대한 것이라 할 수 있겠다. 다케다 유키오는 신도=고구려지명설의 근거가 되는 『고려사』 지리지 기사를 포괄적으로 분석하였고, 결국 거기에 기록된 '본 고려'는 『고려사』 찬자가 다른 지역의 연혁

기사와 서술체제의 통일성을 기하기 위하여 고려시대에 제작된 별호를 지리지에 기계적으로 갖다 붙인 것으로 해석하였다. 요컨대 한국, 중국, 일본의 학자들은 덕흥리벽화무덤의 주인공을 중국인으로 해석하는 견해가 대세를 이루게 되었다.

② 무덤 주인의 관직

무덤 주인 진(鎭)이 역임한 관직은 그의 국적과 연결되어 있다. 그의 관직은 건위장군 국소대형 좌장군 용양장군 사지절 동이교위 유주자사(建威將軍國小大兄左將軍龍驤將軍使持節東夷校尉幽州刺史)라고 기록되어 있다. 고구려인설을 주장하고 있는 북한 학자들의 경우 이 관직을 고구려 관직으로 해석하고 있다. 이에 비해 망명인설을 주장하고 있는 학자들의 경우 이 관직을 망명해 오기 이전의 관직과 망명해 온 이후의 관직으로 구분하려는 경향이 있다. 벽면에 쓴 먹글씨는 영락(永樂)이라는 광개토왕이 제정한 연호를 채용하여 연대(408년)를 표기하였다. 이는 주인공 진과 고구려와의 정치적 관계를 암시하는 것으로서 관심을 끌게 되었다. 그러고 보니 무덤의 주인공이 역임한 관직 중에 고구려의 관직으로 보이는 국소대형[30]과 고구려의 요동 지방 지배를 상징하는 요동태수, 유주자사라는 관직을 띠고 있었다.

학계에서 벌어진 논쟁을 요약하여 정리하면 대체로 다음과 같다. 주인

30 국소대형이란 관위의 예는 중원 왕조에서는 찾아볼 수 없고 고구려의 관직에서 추정해 볼 수가 있다. 따라서 이것이 종래 진을 고구려인으로 주장하는 근거의 하나가 되어 왔다. 한편 소대형이란 관위는 고구려에서도 동일한 유례가 확인되지 않는다. 단지 『주서』 고려전에 기록된 고구려의 관위를 설명하는 내용 중에 '태대형, 대형, 소형, 태대사자, 대사자, 소사자'와 같은 기록에서 소대형의 존재 가능성을 추정해 볼 수 있다. 이들 관직은 고구려 초기부터 존재하였던 형이나 사자 등의 관직이 분화되어 나타난 것으로 추정하고 있다. 한편 평안북도 태천군 농오리에 소재하고 있는 고구려산성의 성벽에 쓰인 명문 중에 '前部小大使者'라는 구절이 있어 소대사자라는 관직의 존재가 확인되었다.

공 진의 관직은 그가 평생 역임한 관직을 순서대로 나열해 놓은 것으로 추정된다. 관직을 전체적으로 살펴보면 성격상 행정적인 측면과 군사적인 측면에서의 권한과 책임을 각기 규정하고 있으며 이 두 가지 측면이 유기적으로 결합되어 있다. 이 점은 당시 중원에서의 관직 수여 경향과 맥락을 같이한다고 볼 수 있다. 따라서 진의 관직은 성격상 그 분류가 가능해지는데, 건위장군→국소대형 또는 좌장군→용양장군·요동태수→사지절 동이교위 유주자사 등으로 구분해 볼 수가 있다. 여기서 국소대형이란 관직명이 뜻하는 성격에 따라 건위장군·국소대형→좌장군→용양장군·요동태수→사지절 동이교위 유주자사와 같이 볼 수도 있다. 이 점은 국소대형이라는 관직에 대한 검토를 통하여 해결할 문제겠지만, 진이 중원 지역에서 들어온 이주민이라는 점과 국소대형이란 고구려계 관직을 사용한 점에서 볼 때, 진이 망명해 올 당시에는 비교적 높은 신분의 인물이었음을 생각할 수 있다. 따라서 국소대형 이전의 관직인 건위장군이 망명해 오기 이전에 진이 사용했던 관직일 가능성도 가지고 있다. 국소대형은 고구려의 관위 중 6등급 정도에 해당한다. 따라서 진에게 수여된 관직을 고위급이라 하기는 어렵다.

한편, 칠보행사도의 인물 주변에 쓰인 '중리도독(中裏都督)'이라는 묵서를 무덤의 주인공 진과 연결시켜 고구려의 근시직(近侍職)에 해당한다고 해석하는 견해(이문기, 1999; 2003)도 있다. 하지만 중리도독 인물상은 무덤 주인공 진과는 다른 인물로 해석하는 것이 옳다는 견해도 있다. 후자의 견해가 타당해 보인다.

3. 고구려의 낙랑군·대방군 지역 지배

고구려는 4세기 이후 급속한 영역 확장을 이루었고, 이 과정에서 다양한 문화적 배경을 가진 종족을 영역권 안에 포함하게 되었다. 특히 고구려는 낙랑군·대방군 지역을 장악하면서 이 지역에 대한 지배를 모색하였다. 그런데 고구려의 이 지역 지배가 어떻게 이루어졌는지 『삼국사기』를 비롯한 문헌기록에는 구체적으로 나타나지 않아 해석에 어려움이 있다. 단지 당시 상황을 간접적으로 이해할 수 있는 자료를 소개한다.

① 고구려 왕 사유(斯由)가 보병과 기병 2만 명을 거느리고 치양(雉壤)에 와서 주둔하며 군사를 시켜 민가를 약탈하였다. 왕이 태자에게 군사를 주어, 지름길로 치양에 이르러서 불시에 공격하여 그들을 격파하고, 적병 5,000여 명의 머리를 베었다. _『삼국사기』 백제 근초고왕 24년(369년)

② (백)제왕(근초고왕)이 군사 3만 명을 이끌고 와서 평양성을 공격하였다. 이에 (고국원)왕은 군사를 내어 막다가 화살에 맞아 이달 23일에 돌아갔다. _『삼국사기』 고구려 고국원왕 41년(371)

① 자료는 고구려와 백제가 처음으로 서로 마주한 장면을 기록한 것이다. 고구려 고국원왕이 군대를 이끌고 치양에 와서 백제군과 격돌한 것을 기록하였다. 치양은 오늘날 황해남도 배천군(白川郡) 지역에 해당한다. 고구려왕이 이끄는 중앙군이 배천 지역까지 진출했다는 의미를 부여할 수 있다. 그것은 4세기 중엽을 전후하여 백제와 고구려의 중간지대에 세력을 가지고 있던 낙랑군·대방군의 잔존세력에 대한 영역 확장을 어느 정도 마무리한 데 따른 상황을 설명한다.

② 자료는 고구려와 백제의 국왕이 평양성에서 싸우다 고국원왕이 전

사한 기록이다. 이 자료는 백제 근초고왕이 북진하여 평양 지역까지 진출하였음을 말해준다. 이를 통해 낙랑군·대방군의 잔존세력이 상황에 따라 각기 백제와 고구려의 정치적 영향력하에 있었음을 추정해 볼 수 있다. 나아가 고구려와 백제 사이에서 정치적 갈등을 겪었을 낙랑군·대방군의 잔존세력들의 모습까지도 유추해 볼 수 있을 것이다.

이와 같은 상황을 염두에 두고서 옛 낙랑군·대방군에 대한 고구려의 지배 과정 및 상황을 검토해 보기로 하자.

1) 무덤자료의 변화상과 고구려

고구려의 낙랑군 지역 지배는 평양의 대성산 주변 지역에 상당수 분포되어 있는 고구려 적석총을 통해 연상해 볼 수 있다. 그 이전 시기 낙랑군·대방군이 있던 일부 지역(신천군, 봉산군, 안악군, 평양시)에는 중원 왕조의 전통적인 무덤 양식인 벽돌무덤을 사용하고 있는 토착세력집단이 낙랑군·대방군이 멸망한 이후 100여 년가량이나 존속하고 있었다. 이 집단은 우리 삼국과는 다른 문화전통을 가지고 있던 집단이었다고 생각한다. 이들은 각기 독자적인 세력을 형성하고는 중원 왕조(서진·동진·후조·전진·후연)의 연호를 채용함으로써 서로의 정치적 관련성을 암시하였다. 또한 비록 허구화된 관직이긴 하지만, 중원 왕조의 고위관직을 자칭함으로써 주변에 자신의 존재를 부각시키려 하였다.[31]

이와 같은 벽돌무덤을 축조하던 이 지역에 변화가 나타났다. 벽돌무덤

---

31 이와 같은 토착세력집단의 대표적인 사례는 평양지역에 있던 동리라는 인물을 통해 이해할 수 있다. 353년에 묻힌 그는 '요동·한·현도태수'라는 관직을 역임하였다. 그는 평양지역에 있던 토착 호족세력으로서 허구화된 고위관직을 자칭하여 주변에 자신의 세력을 과시하려 한 인물이었다. 그는 또한 동진과의 정치적 상관관계를 상징하는 동진의 연호인

의 전통에다가 석재가 혼입되기 시작한 것이다. 처음에는 천장 부분을 석재로 활용하더니 점차 무덤의 상층부를 석재로 사용하는 경우가 나타났다. 석재를 이용하여 무덤을 만드는 양식은 일찍부터 고구려 적석총에서 사용되었다. 따라서 이를 통해 고구려가 평양 지역에 영향을 끼치는 상황을 추정해 볼 수 있다.[32] 대방군 지역에서는 이와 같은 무덤의 변화 양상에 더하여 4세기 중엽부터 대형 석실봉토분이 나타나게 되었다. 물론 4세기 중엽이라면 당시 국내성 지역의 무덤 양식인 적석총과 비교해 볼 때 고구려라기보다는 요동 지역의 영향이라고 해석하는 것이 타당할 것이다.

표2는 축조 연대가 분명한 자료로, 벽돌무덤에서 석실봉토분으로 변해가는 과정을 추적해 볼 수 있다. 이 자료를 통해 이 지역에 살았던 사람들의 상황을 어느 정도 유추해 볼 수 있다. 그 상황을 이해하는 데 기준을 제공해 주는 단서는 357년에 해당하는 안악3호분이다. 안악3호분은 석실봉토분으로 축조되었다. 하지만 무덤 주변에 뒷채움용으로 벽돌이 사용되었다. 벽돌무덤 축조 전통이 유지되고 있었던 것이다. 요서 지역에서 이주해 온 무덤의 주인공 동수는 동진의 연호, 중원 왕조 계통의 관직을 사용하였다. 무덤 안에는 현실생활을 유추해 볼 수 있는 다양한 벽화를 그렸다. 이와 같은 사례는 이 지역에서 석실봉토분 축조의 이른 사례로 평가되고 있다. 나아가 4세기 중엽부터 5세기 초에 축조된 태성리3호분, 안악3호분, 덕흥리벽화무덤과 같은 대형 석실봉토분은 요동 지역에서 유행했던 전통이 이 지역으로 유입된 것이라는 해석이 일반적이다(岡崎敬, 1963).

안악3호분은 동진의 연호를 채용하였다. 연호의 사용은 자신의 정치적

영화(永和)를 채용하였다.

32 북한에서는 1982~1984년에 걸쳐 평양시의 낙랑구역에서 발굴조사를 진행하였는데, 벽돌무덤 199기와 함께 13기의 고구려 석실무덤을 조사하였다고 한다(리순진, 2001).

표2 낙랑군·대방군 고지의 연대가 알려진 무덤 자료

구분	서읍태수 장씨무덤	대방태수 장씨무덤	동리묘	안악 3호분	덕흥리벽화무덤
축조 연대	342	348	353	357	408
무덤 형태	벽돌무덤 (돌천장)	벽돌무덤 (돌천장)	벽돌무덤 (상단부 석축)	석실봉토분, 벽화	석실봉토분, 벽화
신분	서읍태수	사군 대방태수 무이교위	요동·한·현도태수	사지절 도독제군사 평동장군 호무이교위 낙랑상 창려·현도·대방태수 도향후	건위장군 국소대형 좌장군 용양장군 요동태수 사지절 동이교위 유주자사
성명	장씨	장씨	동리	동수	□□씨 진
출신지	서읍군	어양군		유주 요동(군) 평곽(현) 도향 경상리	□□군 신도현 도향 중감리
연호	후조	?	동진	동진	고구려
출토지	안악군	봉산군	평양시	안악군	남포시

소속을 드러내는 것이라서 유의해서 살펴볼 필요가 있다. 이와 유사한 연호 채용 사례는 동리묘에서도 발견된다. 그 뿐만 아니라 이 지역에서 동진의 연호를 사용한 또 다른 벽돌무덤이 다수 발견되고 있다. 서읍태수무덤의 경우에는 후조의 연호를 사용하여 자신의 정치적 성향을 드러냈다. 이처럼 이 지역에는 후조의 연호를 채용한 또 다른 발견 사례도 있다. 이들은 낙랑군·대방군 고지에 살면서 거리상으로 멀리 떨어져 있는 중원 왕조의 연호를 채용한 것이다.

또한 이들은 중원 왕조의 관직을 비롯하여 다양한 관직을 사용하였다. 이들이 사용한 관직의 대부분은 현실적인 측면에서 그 관직이 가지는 실제적 효용성을 인정하기 어려운 것이 대부분이다(공석구, 2000). 이들은 왜 이런 관직을 사용했을까? 아마도 이들은 이 지역에서 살면서 이와 같은 행위를 하는 것이 유리하다고 판단하였을 것이다. 이 지역의 사회·문화적 기반이 그렇게 하는 것이 본인에게 유리하거나 아니면 적어도 그렇게 해도 무방할 정도의 상황이었음을 말해준다. 그들이 직면한 현실에 따라 각자의 정치적 성향을 드러낸 것이라 하겠다.

표2에 제시한 5개의 사례는 불과 60여 년 동안에 나타난 고고자료의 변화상이다. 그들이 살았던 근거지를 비교해보면 그렇게 먼 거리가 아니다. 특히 대방태수 장씨무덤과 안악3호분의 경우는 거리 차이가 불과 수십 km 이내에 해당한다. 이들 4명은 모두 비슷한 시기에 서로 멀지 않은 거리에서 살았다. 이들은 서로의 존재 사실을 알았을 가능성을 배제하기 어렵다. 어쩌면 이들은 살아가는 과정에서 만났을지도 모른다.

서읍태수 장씨무덤과 대방태수 장씨무덤의 경우는 비교 검토해 볼 필요가 있다. 양자는 중원에서 이주해 온 인물(서읍태수: 서읍, 대방태수: 낙랑군·대방군)임을 내세워 자신의 출자의식을 표명하였다. 하지만 이들은 서읍태수라는 중원계 관직(후조)을 표명하거나, 현지 관직인 대방태수를 표명하였다. 무이교위 장씨가 내세운 대방태수 관직은 그의 세력이 재지세력에 기반한 것임에 비하여, 서읍태수 장씨의 경우는 서읍이라는 이주민 집단을 기반으로 하였을 것으로 추정된다. 이는 상당한 차이라 할 수 있겠다. 그것은 아마도 이들 지역이 내포하고 있는 정치·사회적 환경이 달랐기 때문일 것이다.

또한 서읍태수 장씨무덤과 안악3호분의 경우는 근거지가 불과 5~6km 가량 떨어져 있다. 안악3호분 주인공인 동수는 336년에 이곳에 이주한 인물이어서 서읍태수 장씨와 만났을 가능성이 높다. 그런데 이들은 각기 다른 형태의 무덤에 묻혔다. 표2에 드러나듯이 이주민들의 무덤을 통해 묘제상의 변화를 확인하였다. 이는 이 지역의 무덤 양식이 전형적인 벽돌무덤에서 석실봉토분으로 이행하는 과정을 보여주는 것이라고 생각된다. 전통성이 강한 묘제의 급격한 변화는 이 지역에서 발생하고 있는 급격한 사회·문화적 변화상을 말해준다. 이와 같은 변화상의 이면을 한두 가지 생각해보자. 첫째로, 벽돌무덤을 축조하는 과정에서 많은 인력과 경비, 전문적인 기술 등을 필요로 한다. 그런데 건축학적인 측면에서 벽돌무덤을 완벽하게 축조하기 어려울 정도의 기층사회가 붕괴된 상황을 반영하였을 가능성도 생각해 볼 수 있다. 둘째로, 무덤의 상층부에 석재가 혼입되는 현상은 이 지역에 불어닥친 정치·사회적 영향력과 관련이 있을 것이다. 이와 같이 묘제의 변화가 나타나게 된 배경에 고구려가 있음을 생각해보는 견해(王培新, 2003)는 자연스러운 해석일 것이다.

이와 같은 상황을 통해 이 지역의 사회·문화적 현상을 유추해보자. 고구려는 중국계 이주민을 배치하였지만, 이 지역에 남아 전하는 사회·문화적 특수성을 감안하였다. 이주민들이 독자적으로 연호나 중원 왕조의 관직을 사용하는 것을 용인하였다. 그 배경은 고구려의 지방통치정책과도 관련되었다고 생각된다. 이 지역의 현실적인 여건상 그들의 독자적인 활동 공간을 어느 정도 용인해주었던 것이다. 그 결과 중국계 이주민들은 지역적 특수성에 따라서 각기 자신이 가지고 있던 정치·사회적 배경을 향유하였던 것으로 생각된다. 이후 점차 가중되는 고구려의 남진에 따른 정치적 영향력은 이들의 무덤 양식까지 변화시키기에 이르렀고, 결국 고구려에 통합되는 과정을 거쳤을 것이다.

2) 벽화 주제의 변화상과 고구려

옛 낙랑군·대방군이 있던 일부 지역(신천군, 봉산군, 안악군, 평양시)에는 4세기 중엽을 전후하여 벽돌무덤에서 석실봉토분으로 교체되었다. 석실봉토분 안에 벽화가 있는 무덤이 등장한 것이다. 벽화무덤을 검토하기 위해서는 기준 연대의 설정이 중요한데, 이를 대표하는 것은 357년의 안악

표3 낙랑군·대방군 고지의 벽화무덤 비교

구분	안악 3호분	덕흥리 벽화무덤	약수리 벽화무덤	대안리1호분	진파리4호분
축조 연대	357	408	5세기 전반	5세기 중엽	6세기 전반
벽화 주제	생활풍속도	생활풍속도	생활풍속도+사신도	생활풍속도+사신도	사신도
행렬도	회랑(대행렬도)	행렬도	행렬도	행렬도	없음
천장 그림	연꽃	연꽃	?	?	별자리
무덤 구조	앞방, 널방, 곁방	앞방, 널방	앞방, 널방	앞방, 널방	널방
출토지	안악군	남포시	남포시	대안군	평양시

3호분이다. 이 지역의 벽화무덤은 5세기 중엽 이후부터 제작 방식이나 벽화 주제 등이 전반적으로 바뀌는 현상을 보이고 있다.

표3은 벽화무덤의 축조 방식이 여러 방 양식에서 외방 양식으로 변해가는 과정을 나타내주고 있다. 또한 벽화의 주제가 생활풍속도→생활풍속도+사신도→사신도로 변해가는 과정을 나타내주고 있다. 이 관계를 좀 더 추적해보자. 고구려벽화무덤의 제작 시기는 크게 세 시기로 구분되는데, 제1시기는 3세기 말에서 5세기 초엽에 걸치는 시기로 다실분에 생활풍속이 주로 그려지는데, 그 기법은 습지벽화법(프레스코기법)이다. 제2기는 5세기 중엽에서 6세기 초엽에 걸치는 시기로서 다실분 또는 단실분에 생활풍속, 장식무늬, 사신도가 독자적으로 또는 뒤섞여서 그려지는데, 그 기법은 기존의 습지벽화법에 건지벽화법(쎄코기법)이 더해진다고 한다. 제3시기는 6세기 중엽에서 7세기 중엽에 걸친 시기로 단실분에 사신도가 거의 유일한 벽화 주제로 등장하는데, 돌 위에다가 직접 벽화를 그린다고 한다(전호태, 1998).

4세기대 벽화무덤에 나타나고 있는 외래적 요소로 볼 때 관료집단에 둘러싸인 초상화와 의장을 갖춘 행렬도를 표현한 벽화무덤의 주인공들은 당시 중원 지역의 정치적 혼란이라는 시대적 상황 속에서 여러 이유로 이주해온 집단이었으며, 일부는 종래부터 이 지역에 할거해오던 일부 세력집단에 의해 축조되었던 것으로 해석할 수 있다.

한편 초기 벽화무덤의 제재를 분석해보면 피장자의 정치·사회적 위상을 나타내는 의장을 갖춘 행렬도나 관료집단에 둘러싸인 초상화를 그리는 전통은 평양과 안악 지역에서 급속히 사라졌다. 평양 지역에서는 4세기 중엽으로 편년되고 있는 평양역전벽화무덤 이후로 나타나지 않는다. 그 다음 시기의 벽화무덤(고산리7호분, 5세기 전반), 순천 지역의 동암리벽화무덤(5세기 초) 단계에서는 생활풍속도를 주 제재로 하고 있으나 행렬도나 무덤 주인의 초상화 등이 보이지 않고 가정생활상, 수렵도 등이 주로 나타나고 있다. 고구려 세력의 평양 지역에 대한 본격적인 유입은 벽화무덤에 행렬도나 초상화가 사라지는 현상과 일정한 관련이 있는 것으로 생각된다. 이후에 나타나고 있는 낙랑군·대방군 지역 벽화무덤의 주요 제재 가운데 특히 불교와 관련된 몇 가지 요소, 일례를 들어 연꽃의 비중이 점차 높아지는 현상은 문헌적으로 392년 광개토왕에 의한 평양에 9개소의 사찰 창건(『삼국사기』 광개토왕 2년)과 같은 불교의 확산정책과 연결되어 있을 것이다. 이는 고구려 천하의식의 이 지역 확산 과정과 더불어 행렬도와 초상화와 같은 그림들이 더욱 위축될 수밖에 없는 배경이 되었다.

또한 안악 지역에서는 이와 같은 요소가 4세기 말을 전후하여 나타나지 않고 있다. 그 다음 단계의 5세기 후반 벽화무덤인 안악2호분에서는 연도 좌우에 문지기장수와 창을 잡은 무사 대열이 있으나 현실 내의 벽화에서는 이러한 요소가 나타나지 않으며, 비천상이나 여인이나 여러 아이들의 모습, 실내생활 등이 나타나고 있다. 이후 6세기 전반으로 편년되는 평정리벽화무덤에서는 산(山)과 같은 제재가 나타나는 정도이다. 안악 이남 지역에서 4세기 말경부터 이와 같은 요소가 나타나지 않는 것은 이 지역에 대한 고구려의 진출이 어느 정도 진행되었음을 의미한다. 이는 369년 고구려 고국원왕에 의한 대대적인 백제 공략(『삼국사기』 고국원왕 39년)과도 연관되어 있다고 파악하고자 한다.

한편, 평양 외곽부에 해당하는 대동강 하류의 강서 지역에서는 무덤 주인의 초상화, 행렬도를 그리는 전통이 타 지역보다 늦게까지 잔존하고 있는 현상을 볼 수가 있다. 408년에 축조된 덕흥리벽화무덤은 비록 고구려와의 정치적 예속관계에 놓여 있었지만, 무덤 주인공의 초상화와 대행렬도 등의 요소는 안악3호분과 유사한 모습을 보이고 있다. 덕흥리벽화무덤보다 비슷하거나 좀 늦은 시기로 편년되고 있는 팔청리벽화무덤, 감신총 등에서도 비슷한 양상을 볼 수가 있다. 또한 벽화의 제재가 생활풍속도에 사신도가 결합되어 동시대 또는 그 이후 단계로 편년되고 있는 약수리벽화무덤(5세기 초엽), 대안리1호분(5세기 중엽), 쌍영총(5세기 후반) 등에서 이러한 요소를 일부 발견할 수가 있다. 강서 지역에서 나타나고 있는 이와 같은 현상은 이 지역의 특수한 정치적 상황과 연관시켜 검토할 문제일 것이다. 하지만 현 단계로서는 고구려가 유입해오는 중원 지역의 이주민들을 계속 이 지역으로 옮겨서 살게 했던 것으로 해석하고자 한다.[33]

이 지역에서도 6세기 이후부터 이와 같은 요소가 자취를 감추게 된다. 이후 이 지역에서는 생활풍속도의 경우에 행렬도나 초상화 대신 다른 요소들이 등장하고 있다. 즉 무덤 주인의 가정생활이나 정신세계 또는 장식문이나 사신도 등이 등장하고 있다. 이는 무덤 주인의 정치·사회적 위상

---

33 이와 관련하여 현 남포시 지역으로 옮겨진 덕흥리벽화무덤의 주인공인 진(鎭)집단은 385년 유주와 기주 지역 유이민의 고구려 유입사건(『삼국사기』 고국양왕 2년)과 연결되었을 가능성이 있다. 또 472년의 백제 개로왕이 북위에 보낸 국서(『삼국사기』 개로왕 18년) 내용에 나타나는 '낙랑제군(樂浪諸郡)'은 고구려 영역 안에 존재하고 있었던 낙랑 세력의 존재와도 연관이 있지 않을까 생각해본다.

과 연관되는 것으로 무덤 주인의 권력을 상징하는 동수의 경우, 왕에 버금가는 행렬도나 초상화와 같은 제재를 그릴 수 없는 사회적 분위기 때문이었을 것이다. 6세기 중엽 이후의 벽화무덤은 무덤 주인의 현실세계를 표현하던 종래 경향에서 벗어나 내세관을 표현한 사신도가 거의 유일한 제재로 자리 잡게 된다. 이는 동시기 중원 왕조 벽화무덤의 변천상과는 구별되는 고구려 독자적인 표현에 해당한다.

이처럼 낙랑군·대방군 지역에서 5세기 중엽 이후부터 고구려벽화무덤의 제작방식이나 제재 등이 전반적으로 바뀌게 되는 현상은 고구려의 평양 천도와 연관이 있다고 생각된다. 고구려가 이 지역으로의 천도를 전후하여 가까운 지역부터 율령을 바탕으로 한 직접지배를 추진해나갔고, 이는 기존의 행렬도, 초상화를 그리는 사회적 분위기에 대한 정치·사회적 제약으로 작용하였을 것으로 추정한다.

3) 낙랑군·대방군 지역의 지배방식

고구려는 낙랑군·대방군 지역을 어떻게 지배하였을까? 앞에서 살펴본 내용을 정리하면서 고구려의 이 지역 지배 과정을 알아보기로 하자. 고구려는 4세기 초반 이후 비약적으로 확대된 영역을 관리하기 위하여 여러 가지 형태의 통치 방안을 강구하였을 것이다. 고구려의 이 지역 지배는 단계별로 진행되었을 것이라 생각된다. 사실 학계는 낙랑군·대방군 지역에 대한 고구려의 영향력을 이해하는 방식에서 다양한 관점과 견해가 제출된 상태이다. 이를 간략하게 소개한다면, 하나는 토착세력, 중원계 망명인 집단과 고구려와의 정치적 관계가 직접적이기보다는 간접적이었다고 이해하는 견해이다. 간접지배를 했다는 입장이다. 또 다른 견해는 양자의 관계가 보다 직접적이었다고 이해하는 견해이다. 직접지배를 했다는 입장이다. 이것은 앞서 제시한 무덤 자료에 나타난 명문을 분석하는 과정에서 나타난 해석의 차이라고 할 수 있다. 고구려가 낙랑군·대방군 지역을 어떻게 지배했는지는 일률적으로 평가하기 어렵다. 이 지역을 둘러싼 역사의 전개 과정에서 상황에 따라 지배방식의 변화가 있었다고 파악하는 것이 합리적이라고 생각한다.

벽돌무덤, 대형석실봉토분에 나타난 양상으로 볼 때 고구려는 처음에 이 지역의 정치·사회적 특수성을 인정하는 지배방식을 택하였다고 생각된다. 이 지역은 오래전부터 중원 왕조의 율령적 통치체제에 적응해왔던 중원계 이주민들이 많이 거주하고 있었다. 따라서 이들에게 고구려의 관습법 내지는 율령을 적용시켜 지배하기에는 상당한 무리가 따를 수밖에 없다. 결국 고구려가 선택할 수 있는 최선의 방법은 지배방식을 탄력적으로 운영하는 방식이었다.

고구려는 이 지역에 세력권을 확대해 나가는 과정에서 직접통치를 강행하지 않고, 또한 기존의 사회질서를 완전히 해체하지 않은 채 이들을 집단적·총체적으로 파악하면서 간접지배의 형태를 취하였던 것으로 추정된다. 이를 입증할 만한 고고학적인 증거는 낙랑군·대방군 멸망 이후에도 전통적 무덤 양식인 벽돌무덤 등이 여전히 축조되고 있었다는 데 있다. 다수의 벽돌무덤이 축조되었는데, 벽돌무덤의 주인공들은 각기 중원의 연호, 관직을 채용하여 정치적 연관성을 추구하려고 하였다.[34]

한편, 중원 지역의 정치적 혼란 상황은 낙랑군·대방군 지역에도 영향을 끼쳐 수많은 망명인이 몰려들었다. 이 지역은 당시 중원 지역에 비해

34 그중에 대표적인 사례를 소개하자면 평양 지역의 세력가였던 동리(佟利)이다. 그는 동진의 연호(永和 8년, 353년)를 채용하고 중국 계관직(요동·한·현도태수)을 사용하였다. 이로 볼 때 적어도 동리는 고구려보다는 동진과의 정치적 연관성을 추구하였던 것 같다. 하지만 그가 주변에 내세우고자 했던 다양한 관직 내용을 분석해보면 신뢰하기 어려운 측면도 나타난다.

정치·사회적으로 안정된 곳이었다. 대표적인 사례가 안악3호분 주인공인 동수이다. 안악 지역에 배치된 그는 동진의 연호(영화 13년, 357년)를 채용하고 중원 왕조 계통의 관직을 사용하였다. 호화스런 관직을 자칭하며 동진과의 정치적 연관성을 이 지역에 살고 있던 집단에게 알리려고 했던 것이다. 그 집단이란 고구려와는 문화적·종족적 계통을 달리하는 세력이었을 것이다. 특히 동수가 칭한 '낙랑상(樂浪相)'이란 관직은 당시 고구려는 물론 동진에도 없는 관직체계로서 이 지역에 있던 낙랑계의 잔존 주민집단을 의식하여 만들어낸 것이라고 할 수 있다. 만일 4세기 중엽 이 지역에 고구려의 행정적인 지배체제가 직접 관철되고 있었다면 동수와 같은 경우는 존재하기 어려웠을 것이다. 하지만 동수가 낙랑군·대방군 지역에 이주하게 된 정치적 배경에는 고구려의 힘이 작용하였다는 점을 외면하기 어렵다. 고구려는 요서 지역에 있던 전연의 고위관료로서 망명해 온 동수를 수도인 국내성 부근에 안치시킨 것이 아니라 당시 고구려의 변방이라고 할 수 있는 낙랑군·대방군 지역으로 이주시켰던 것이다. 그 이유는 이 지역의 정치·사회적 특수성에 기인한다. 고구려가 낙랑군·대방군 지역 좁게는 안악 지역을 장악하게 되면서 이 지역의 새로운 문화와 일부 이질적인 종족집단을 흡수하게 되었다. 고구려가 이 지역을 장악하기 위한 방법으로 채택한 것이 이 지역의 독자적 정치력을 어느 정도 거세하는 대신에 종래의 사회·문화적 전통을 그대로 유지하게끔 용인하였던 것으로 보인다. 이 지역에 있던 다양한 종족을 관리하는 차원에서 동수를 배치하였던 것으로 추정된다. 하지만 토착세력 또는 고구려가 이주시킨 망명인 집단은 고구려의 의도와 다르게 간접지배방식의 허점을 이용하여 각기 독자적인 세력을 형성하고 중원 정권과 관계를 유지하려고 하였다.

이처럼 고구려가 이미 점령한 낙랑군·대방군 지역에 대하여 철저한 통제력을 행사하지 않고 기존의 토착 호족세력을 중심으로 한 사회질서를 어느 정도 용인하면서 이 지역에 대한 간접적·소극적인 통제에 만족할 수 밖에 없었던 원인은 어디에 있을까. 그것은 4세기 중반에 이르기까지 북중국에서의 정치 상황 변화에서 찾아야 할 것으로 생각된다. 고구려는 북중국의 정치 상황에 편승하여 능동적으로 요동 지방 진출을 수행하였고, 이에 따라 상대적으로 낙랑군·대방군 고지에 대한 지배 통제에 소홀할 수 밖에 없었을 것이다.

고구려는 낙랑군·대방군 지역에 대한 보다 직접적인 지배체제로 전환하였다. 그 배경은 고구려 왕권 신장, 그리고 중원 및 요서 지방에서의 정치상황에 자신감을 가지게 되면서부터라 하겠다. 이러한 증거 자료는 평양 대성산 주변 지역에 분포되어 있는 상당수에 달하는 고구려 적석총을 통해 추정해 볼 수 있다. 또한 덕흥리벽화무덤을 통해 이해할 수 있다. 망명객으로서 대동강 하류의 남포시 지역에 정착한 진은 세력가로 성장하여 건위장군 국소대형 좌장군 용양장군 사지절 동이교위 유주자사라는 호화로운 중원계 관직을 주변에 과시하려고 하였다. 그렇지만 그는 광개토왕의 연호인 영락(영락 18년, 408년)을 채용하였다. 고구려 연호를 채택한 사실은 정치·사회·문화적으로 중요한 의미를 가진다. 그는 적극적으로 고구려와의 정치적 관련성을 내세우려고 하였던 것이다. 또한 그는 고구려로부터 관직을 수여받았다. 그가 받은 국소대형이란 관직은 고구려 관직체계에서 중간급의 위계에 해당하였다. 그가 고구려로부터 어느 정도 수준의 대접을 받았는지 이해할 수 있다. 이렇듯 357년 동수부터 408년 진에 이르는 기간 동안에 고구려의 이 지역 지배는 간접지배에서 직접지배 양상으로 전환되었음을 알 수 있다.

4세기 중엽 이후 고구려는 비약적으로 확대된 영역 그리고 유입해온 중원 왕조 이주민들을 통치하기 위하여 낙랑군·대방군 지역에 대한 포괄적이고 효과적인 편제 및 지배방식을 강구할 필요가 있었다. 이런 의미에서 소수림왕에 의한 불교 수용과 율령 반포는 중요한 의미를 가지고 있다.[35] 고구려로 유입해 온 중원 지역의 이주민들은 이와 같은 고구려의 불교정책과 더불어 고구려 사회에 동화되어 갔다고 생각된다. 또한 사회·문화적 배경이 상이한 이주민들에게 고구려의 관습법 내지는 독자적 율령을 적용시켜 지배하기에는 상당한 무리가 따를 수밖에 없을 것이다. 따라서 고구려는 고구려 영역 안의 모든 구성원에게 적용할 보편적 율령체계의 개발이 필요하였다. 중원으로부터 온 유이민도 이와 같은 고구려의 율령체계에 직접적인 적용 대상이 되면서 점차 고구려의 행정적 지배를 받게 되었다.

---

35 4세기 후반 이후 강력해진 왕권은 불교의 수용과 밀접하게 관련되어 있다. 고구려 왕실에서는 왕권의 절대성, 초월성을 논리적으로 뒷받침하는 보편적인 관념체계가 필요하였을 것이다. 불교는 고구려 왕실의 이와 같은 소망을 교리로 뒷받침할 수가 있었다. 고구려왕을 부처와 동일시하는 것이다. 현세의 왕권을 숙세인연(宿世因緣)의 인과응보로서 이해하고, 나아가 왕은 여래의 절대적 권위를 현세에서 구현하는 존재로서 인식하고 주장하려고 하였다. 또한 불교의 인과응보설, 업설은 길흉화복이 현세 개인의 행위, 즉 선악(善惡)에 의해 결정된다고 하는 보편적인 관념을 제시해 주었다. 나아가 윤회전생관은 현실의 신분적인 제약이나 사회적 차별을 극복할 수 있는 보편성을 제시해 주었다. 고구려 왕실에 의하여 도입된 불교는 왕실의 적극적인 후원하에 전파되었다. 이러한 시대적 배경 속에서 확립된 왕권에 따라서 고구려의 독자적 천하관이 형성되는 배경으로 작용하였다.

참고문헌

『고려사』·『삼국사기』·『삼국유사』·『구당서』·『삼국지』·『자치통감』·『진서』·『위서』.

『안악 제3호분 발굴』, 1958, 과학원출판사.
『美川王 무덤』, 1966, 고고학 연구실.

공석구, 1998, 『高句麗領域擴張史硏究』, 서경문화사.
국립문화재연구소·남북역사학자협의회, 2006, 『고구려벽화고분 보존실태 조사보고서』.
동북아역사재단, 2009, 『고구려유적의 어제와 오늘』, 동북아역사재단.
리순진·김재용, 2002, 『락랑구역 일대의 고분발굴보고』, 백산자료원.
사회과학원, 1981(1985년 수정 재판), 『덕흥리고구려벽화무덤』, 과학백과사전출판사.
사회과학원·력사연구소, 1991, 『조선전사』 3 중세편(고구려사), 과학백과사전출판사.
안정준, 2016, 『高句麗의 樂浪·帶方郡故地 지배연구』, 연세대학교 박사학위논문.
전호태, 2000, 『고구려고분벽화연구』, 사계절.
한인덕·김인철·송태호, 2002, 『평양일대의 벽돌칸 무덤. 삼국시기 마구에 관한 연구』, 백산자료원.

공석구, 2000, 「高句麗의 南進과 壁畵古墳」, 『韓國古代史硏究』 제20호.
______, 2004, 「高句麗에 流入된 中國系 人物의 동향 4~5세기 考古學 資料를 중심으로」, 『高句麗硏究』 18.
______, 2007, 「안악3호분의 주인공과 고구려」, 『백산학보』 78.
______, 2016, 「4세기 고구려 땅에 살았던 중국계 이주민」, 『고구려발해연구』 56.
______, 2019, 「요서지역으로 옮겨간 낙랑군의 추이」, 『백산학보』 115.
______, 2020, 「옮겨간 대방군과 남겨진 대방군」, 『백산학보』 117.

과학원출판사, 1958, 「평양역전2실분 발굴보고」, 『고고학자료집』 1.
김미경, 1996, 「高句麗의 樂浪 帶方지역 진출과 그 지배형태」, 『學林』 17.
김용남, 1979, 「새로 알려진 덕흥리 고구려 벽화무덤에 대하여」, 『역사과학』.
김용준, 1957, 「안악3호분의 연대와 그 주인공에 대하여」, 『문화유산』.
金元龍, 1961,「高句麗 古墳壁畵의 起源에 대한 研究」, 『眞檀學報』 21.
김원룡, 1979, 「高句麗 壁畵古墳의 新資料」, 『歷史學報』 81.
박진욱, 1990, 「안악3호분의 주인공에 대하여」, 『조선고고연구』.
손영종, 1987, 「덕흥리 벽화무덤의 주인공의 국적문제에 대하여」, 『역사과학』.
______, 1991·1992, 「덕흥리벽화무덤의 피장자 망명인설에 대한 비판(1)·(2)」, 『역사과학』.
안정준, 2013, 「高句麗의 樂浪 帶方 故地 영역화 과정과 지배방식」, 『한국고대사연구』 69.
여호규, 2009, 「4세기 高句麗의 樂浪·帶方 경영과 中國系亡命人의 정체성 인식」, 『韓國古代史研究』 53.
이동훈, 2010, 「冬壽의 出自로 본 高句麗의 낙랑군지배」, 『白山學報』 88.
임기환, 1995, 「4세기 고구려의 樂浪·帶方地域 경영」, 『歷史學報』 147.
전호태, 1998, 「회화」, 『한국사』 8, 국사편찬위원회.
장국종, 1992, 「덕흥리벽화무덤의 주인공과 유주의 소속문제에 대하여」, 『조선고고연구』.
전주농, 1959, 「안악『하무덤』(3호분)에 대하여그 발견 10주년을 기념하여」, 『문화유산』.
정인성, 2010, 「대방태수 張撫夷墓의 재검토」, 『한국상고사학보』 69.
한인덕, 1990, 「평양일대의 벽돌칸 무덤에 관한 연구」, 『고고민속론문집』 12.

岡崎敬, 1963, 「安岳3號墳(冬壽墓)の研究」, 『史淵』 93.
高久健二, 2009, 「樂浪 帶方郡塼室墓の再檢討」, 『國立民俗博物館研究報告』 151.
谷豊信, 1996, 「樂浪郡と漢代の山東」, 『中國仙人のふるさと-山東省文物展-』, 山口縣萩美術館·浦上記念館.
武田幸男, 1978, 「廣開土王碑 から みた 高句麗の領域支配」, 『東洋文化研究所 研究紀要』 78, 東京大 東洋文化研究所.
________, 1989, 「德興里 壁畵古墳 被葬者の出自と經歷」, 『朝鮮學報』 130.
孫永鐘, 1990, 「東アジア古代史 特に5世紀を前後する時期の歷史研究における問題點」,『東アジアの再發見五世紀を中心に』, 讀賣新聞社·アジア史學會.
野守建 榧本龜次郎, 1933,「永和九年在銘古蹟調査報告」,『昭和七年度古墳調査報告』.
王培新, 2003,「公元2-4世紀西北朝鮮磚室墓初步研究」,『邊疆考古研究』.
劉永智, 1983,「幽州刺使墓考略」,『歷史研究』.
李成市, 1992,「東アジアの帝國と人口移動」,『アジアからみた古代日本-新版·古代の日本2-』, 角川書店.
趙俊杰·王新英, 2011,「4世紀西北朝鮮地區主要民族集團的動向與勢力格局」,『邊疆考古研究』.
左伯有淸, 1987,「德興里 高句麗 壁畫古墳の墓誌」,『日本古代中世史論考』.

7장

요동 진출과 요동 지역 지배

이성제 | 동북아역사재단 한국고중세사연구소장

오늘날 중국 요령성(遼寧省) 동남의 환인(桓仁)과 집안(集安)을 중심지로 한 고구려는 요동군(遼東郡) 및 현도군(玄菟郡)과의 항쟁을 거쳐 성장하였다. 이들 한 군현을 서쪽으로 몰아내는 형태로 진출이 이어진 결과, 고구려는 광개토왕(廣開土王)대에 이르러 요하(遼河) 이동 지역을 확보하고 요하를 자연 국경선으로 삼을 수 있었다. 이후 요동 지역은 고구려가 요하 저편으로부터 밀려들어오는 중국 세력을 가로막는 최전선이 되었다. 또한 요동을 고구려가 확보함으로써 중원 왕조의 동방 거점은 서쪽으로 후퇴하여 줄곧 요하 이서의 용성(龍城: 현재의 朝陽)에 머물게 되었다. 이로써 고구려는 요하를 경계로 삼아 서방으로부터의 여러 위협에 대처하면서 동북아시아 세계의 한 축으로 자리 잡을 수 있었다.

고구려가 요동 지역에 대한 지배권을 확보하기까지, 요동군과 현도군은 고구려의 성장을 가로막은 걸림돌이었다. 특히 현도군은 군현의 설치 목적 자체를 고구려에 대한 통제에 두고 있었고, 그 기능이 약화되자 요동군이 그 역할을 떠맡았다. 고구려는 현도군의 외곽을 이룬 현성(縣城)들을 탈취하면서 요동으로 진출하였다. 고구려가 요동의 중심지로 나아가는 가도(街道)의 초입에 이른 것은 고국원왕(故國原王) 5년(335년)의 일이었다. 제3현도군 군치를 차지한 뒤 신성(新城)을 쌓음으로써 혼하(渾河) 유역[1]에 도달했던 것이다. 그러던 고구려의 요동 진출이 일단락된 것은 광개토왕대에 이르러서였다. 이때에 와서 고구려는 요동의 수부(首府)였던 양평(襄平: 현재의 遼陽市)[2]을 차지하였고, 요동반도 전역을 통제 아래 둘 수 있었다. 이는 고구려의 요동 진출이 지속적으로 시도되었음에도 그 과정이 순조롭지 못했음을 알려준다. 어떤 과정을 거쳐 고구려가 요동 지역을 확보하게 되었는가를 살피기 위해, 우선 요동 지역의 정세에 대한 이해가 필요하다.

이 글에서는 고구려 중기에 해당하는 4세기 초 서진(西晉)이 요동을 차지하고 있던 시기부터 살펴볼 것이다. 고구려의 요동 진출과 관련하여 주요한 상대는 선비모용씨(鮮卑 慕容氏)가 세운 전연(前燕)과 그 뒤를 이은 후연(後燕)이었다. 고구려는 이들에 대해 군사적 대결과 함께 외교적 교섭으로 상대하였다. 즉, 요동을 둘러싸고 치열한 공방전이 벌어지는 한편으로 양측은 책봉(冊封)·조공(朝貢) 관계를 맺었다. 어떤 국면에서 고구려가 상대에 조공하였으며, 고구려왕을 책봉했던 전연과 후연의 의도는 어

1 제3현도군 군치 고구려현의 위치에 대해서는 요령성(遼寧省) 무순시(撫順市)의 노동공원고성(勞動公園古城, 永安臺古城)으로 보는 견해가 유력하지만, 그 동쪽의 동주소갑방고성(東洲小甲邦古城)이나 무순 서쪽의 상백관둔고성(上伯官屯古城)으로 보기도 한다. 어느 설을 따르더라도 혼하 유역에 자리잡고 있다는 점에서는 차이가 없다(田中俊明, 1996). 신성은 무순시 혼하 북안의 고이산성(高爾山城)이라 보고 있는데, 이곳은 요동평원과 동부 산악지대의 접경지대로 고구려에서 요동 방면으로 나아가거나, 요동에서 고구려로 들어올 때 거치는 전략적 요충지였다(여호규, 1995).

2 요양에는 근래까지 명대(明代) 요동도사(遼東都事)의 진성(鎭城), 청대(清代) 요동부성이었던 요양구성(遼陽舊城)이 남아 있었다. 요양 백탑(白塔)의 동쪽에 작은 하천이 있는데, 요양구성의 서벽 해자에 해당한다. 이 구성과 한대(漢代) 이래의 양평현성 그리고 고구려의 요동성이 거의 같은 위치에 있었다는 견해가 있었다. 그러나 구성 동벽의 아래층에서 후한대 벽화묘가 발견되어, 적어도 전한시대 양평현성은 구성과 규모를 달리했음을 알 수 있다. 또한 『한원(翰苑)』에 인용된 『고려기(高麗記)』에는 고성의 남문에 후한 요동태수 경기(耿夔)의 비(碑)가 매몰되어 있다고 언급하고 있어, 그 고성(후한대 현성)이 고구려 요동성과는 다르다는 것을 보여준다(東潮·田中俊明, 1995).

디에 있었는지를 살펴, 당시 요동에 대한 양측의 역관계를 이해할 수 있는 것이다. 한편, 양측의 공방은 요동 지역의 주요 지점에서 벌어지곤 하였다. 이 점에서 이들의 지리적 위치와 함께 해당 지점이 요동의 향방에서 어떠한 의미를 갖고 있었는지에 대한 지식도 필요하다.

1. 요동 지역의 정세와 고구려의 진출 과정

후한(後漢)시기 요동군은 낙랑군(樂浪郡)의 배후기지로서 역할을 수행(權五重, 1992)하는 한편, 고구려를 상대한 현도군을 배후에서 지원하였다. 국내성(國內城)에 도읍한 고구려는 이들을 상대하며 국가적 성장을 이루어 나갔다. 4세기 초, 고구려는 낙랑군과 대방군 지역을 차지하고 요동 진출을 본격화하였다. 이 무렵 혼란에 빠져 있던 요동의 정세도 고구려의 진출에 기회가 되었다.

한편, 서진(西晉)은 요동·요서 지역에 평주(平州)를 설치하고 평주자사(平州刺史)·동이교위(東夷校尉)에게 관할하게 하였다. 그러던 서진의 통제력은 내분과 5호(胡)의 반란이 이어지면서 붕괴하였고, 요동 지역의 정세도 급변하였다. 309년 요동태수 방본(龐本)이 동이교위 이진(李臻)을 주살한 뒤 제거되는 혼란이 일어났고, 새로 평주자사·동이교위가 된 최비(崔毖)는 혼란을 수습하지 못하였다. 이 틈을 타고 세력을 키워 혼란에 빠진 요동 지역의 질서를 회복한 세력이 모용선비(慕容鮮卑)였다.

모용선비가 점차 강성해지자, 최비는 고구려·우문부(宇文部)·단부(段部) 등 주변세력들과 연합하여 모용부를 정벌하였으나 실패로 끝났다. 319년 최비는 고구려로 망명하였고, 모용외(慕容廆)가 아들 인(仁)을 요동에 두어 관부(官府), 시가지와 마을이 평온해졌다는 『자치통감(資治通鑑)』

기록은 모용선비가 요동을 확보했음을 알려준다. 이로써 고구려는 모용선비와 직접 대치하게 되었다(田中俊明, 1997).

이보다 앞서 고구려는 311년(미천왕 12년) 서안평(西安平)[3]을 공격하여 차지하였다. 또한 현도군에 대한 공세를 이어나가, 335년에는 제3현도군 군치와 인접한 곳에 신성을 쌓았다. 요동반도의 동쪽, 현재의 무순(撫順)·단동(丹東)까지 확보한 고구려는 이곳을 거점으로 삼아 요동 방면으로의 진출을 꾀할 수 있었다.

고구려가 군사를 보내 요동 공략에 나서는 한편, 동수(冬壽)·봉추(封抽) 등의 망명자를 받아들인 것은 모용선비를 자극하였다.[4] 화북을 장악하고 있던 후조(後趙)와의 연결을 꾀하기 위해 330년과 332년에 사절을 보냈던 것도 그러하였다. 모용외는 모용한(慕容翰)과 모용인(慕容仁)을 양평과 평곽(平郭)[5]에 주둔시켜 고구려의 서진을 가로막았고, 그 뒤를 이은 모용황(慕容皝)은 연왕(燕王)을 칭하고 339년 신성을 공격하여 고구려를 위협하였고, 모용각(慕容恪)을 평곽에 두었다. 모용각이 평곽을 진수하며 여러 차례 고구려의 공격을 막아내었다는 기록(『자치통감』 권96)은 모용씨가 요양에 더하여 현재의 개주(蓋州)를 요동의 새로운 거점으로 운용했음을 보여준다(李成制, 2012).

---

3 현재 요령성 단동시의 동쪽으로, 애하(靉河)가 압록강으로 합류하는 곳의 하중도에 위치한 애하첨촌토성(靉河尖村土城)이 그 현성으로 추정된다. 이곳에서는 '安平樂未央' 명문의 와당이 출토되었다. 동서 약 500m, 남북 약 500m의 방형 판축 성벽이었다. 서안평현을 확보한 고구려는 이곳을 하나의 거점으로 이용하였다. 고구려 기와가 흩어진 채 발견되었고 '안평성' 명문의 토기도 나왔다. 『한원』에 인용된 『고려기』에도 안평성이라는 언급이 보인다(東潮·田中俊明).

4 이러한 양국 관계를 이용하여, 후조는 군량을 고구려에 운반해두고 모용부를 칠 계획을 세우기도 하였다.

5 『한원』에 인용된 『고려기』에는 "평곽성은 지금 건안성(建安城)이라 부른다, 나라의 서쪽에 있다. 본래 한의 평곽현이다"라고 하였다. 요령성 개주의 현성 아래층에서 한대 고성이 발견되어 이곳을 평곽현으로 보고 있다(東潮·田中俊明, 1995).

마침내 모용황은 342년 "손쉬운 상대인 우문부와 달리 고구려는 늘 틈을 엿보고 있어 중원 진출에 앞서 반드시 제압해야 할 상대"라는 모용한의 건의에 따라 5만 5,000여명의 병력을 동원, 고구려를 급습하였다(『자치통감』 권97). 이때 모용황은 '평탄하고 넓은' 북도(北道)로 주력이 침입해 올 것이라는 고구려의 예상과 달리, 4만 명의 정병을 이끌고 '좁고 험한' 남도(南道)로 침입해 와 고구려의 허를 찌르는 전략을 구사하였다.[6] 주력을 북도로 보낸 고구려군은 모용황군을 상대하지 못하고 목저성(木底城)[7]

---

6 이 경로에 대한 기존 견해는 다양한데, 크게 세 가지로 정리된다. 첫째 요양에서 태자하(太子河) 산간로를 거슬러오는 경로를 남도, 혼하를 거쳐 소자하(蘇子河) 연안로로 이어지는 경로를 북도로 보는 견해이다(今西春秋, 1935; 田中俊明, 1997; 임기환, 1998). 둘째 혼하를 거슬러오다가 혼하와 소자하의 합류점에서 소자하로 빠져 집안에 이르는 길을 남도, 합류점에서 혼하 상류로 계속 직진하다가 통화(通化)에서 남쪽으로 진로를 바꿔 집안에 이르는 길을 북도로 보는 견해이다(箭內亙, 1913; 손영종, 1989; 여호규, 1995; 공석구, 2007). 셋째 혼하에서 소자하로 들어와서 신빈현(新賓縣) 왕청문진(旺清門鎭)에서 남도와 북도의 경로가 갈라진다는 견해이다(王綿厚·李健才, 1990).

이러한 '남·북도'가 어느 구간을 가리키는 것인가의 문제와 관련하여, 몇 가지 이해가 전제되어야 할 것이다. 우선 이 노선은 전연이 고구려로 진군하려 할 때의 남·북도라는 것이지, 결코 고구려의 남·북도는 아니라는 점이다. 이 노선이 곧 왕도 집안을 중심으로 뻗어있던 고구려의 간선이라고 이해해서는 곤란하다. 또한 교전이 이 두 노선상에서 일어날 것이라고 양국 모두 인식하고 있었다는 점이다. 이러한 점을 염두에 두고 『자치통감』 등의 관련 사료를 이해할 필요가 있다.

이렇게 볼 때 두 번째와 세 번째 견해는 남·북도의 경로를 고구려 영내에서 찾고 있다는 점에 특징이 있다. 그런데 이 경우 전연의 침공은 신성을 확보한 뒤에 전개된 것으로 보아야 하나, 사료상 그러한 모습을 찾기 어렵다. 늦어도 고구려 영내에 들어서기 이전의 어느 지점에서 군을 나누었다고 보인다. 전연의 작전은 고구려가 두 경로에 대한 비중을 달리하고 있다는 판단 아래 고구려의 본대를 피해 허를 찌르겠다는 것이었다. 그렇지만 고구려 영내 깊숙한 곳까지 전군이 함께 진군한다는 것은 어느 곳이든 고구려군과 정면으로 마주하게 될 가능성이 높다는 점에서 작전의 의도와 다르게 된다.

양국이 북도를 주 경로라고 본 것은 이 노선이 전연과 고구려를 잇는 통상적인 교통로임을 시사한다. 양평에서 신성을 거쳐 혼하를 지나 소자하로 들어가는 길이며 과거 관구검(毌丘儉)이 고구려를 공격해 올 때 이용한 통로이기도 하다. 이러한 이해 아래, 양측이 잘 알고 있었던 또 하나의 통로를 그 남쪽에서 찾는다면 태자하를 따라 이어지는 경로가 남도가 되는 것이다(田中俊明, 1997; 임기환, 1998).

한편, 『진서(晉書)』·『위서(魏書)』에는 남도와 북도 대신 '南陜'과 '北置'가 보이는데, 이를 특정한 지점으로 보고 남·북도로 들어가는 기점으로 이해하기도 한다(『자치통감』 권97 胡三省注). 그러나 지형상의 특징을 언급한 『자치통감』 문장의 원뜻과는 일치하지 않는 설명이다(王綿厚·李健才, 1988).

7 『위서』·『진서』에는 남도로 들어온 전연군이 목저성에서 고구려군과 교전했음을 전한다.

에서 크게 패하였고, 왕도마저 함락당하였다. 전연군은 고구려 도성을 파괴하고 왕의 어머니와 왕비를 비롯, 남녀 5만여 구를 포로로 잡아 퇴각하였다.

이로써 고구려는 전연에 대해 열세에 놓이게 되었고, 요동 진출은 중단되었다. 그런 만큼 342년 전역(戰役)이 가진 의미를 이해하는 것은 당시 정세와 이후 양국 관계를 살피는 데 긴요하다. 우선 전연의 전략적 목표가 어디에 있었는가 하는 점이다. 고구려 제압과 함께 부여(夫餘)에 대한 지배권을 회복할 의도가 있었다(여호규, 1995)고 보기도 하나, 북도로 침입한 전연의 병력은 1만 5,000명으로 이 목표를 감당하기에 부족한 규모였다. 연왕 모용황과 모용한·모용패(慕容霸) 등의 제장이 이끌었던 남도군에 비해 북도의 장수는 장사(長史) 왕우(王寓) 한 사람만 보인다는 점에서도 그러하다. 전연군의 최우선 목표는 고구려를 제압하는 데 있었고, 부여 문제는 논외의 일이었다.

고구려 공격을 계획할 때 전연의 여러 장수들은 북도로의 진군을 바랐으나, 모용한은 고구려도 대군이 북도로 올 것이라 여겨 북도를 중시하고 남도를 가볍게 보고 있다고 지적하였다. 전연과 고구려 모두 북도가 평탄

이 기록의 위치에 대한 이해는 이 전역에 대해 상세한 내용을 기재한 『자치통감』에도 없는 사실이라는 점에서 남·북도의 경로를 파악하는 데 중요한 단서가 된다. 남도에서의 교전지라는 점에서 목저성은 남도에 있었다. 또한 남소성과 함께 신성도(新城道)로 연결되고 있었다는 점이 그 위치에 대한 기본 정보가 된다. 647년 당군이 신성도를 거쳐 남소성과 목저성을 차례로 공격하였으며, 667년 당군이 신성을 거쳐 남소성·목저성·창암성(蒼巖城)을 떨어뜨리고 천남생(泉男生)군과 합류했던 것이다. 한편, 신빈현 목기진(木奇鎭)이 명대의 요충지였고, 목저와 음이 유사하다는 점에서 이곳에 목저성이 있었다는 견해가 많은 지지를 얻어왔다. 여기에 남협(南陜)을 남도의 기점으로 해석하고 혼하와 소자하의 합류지점이 그곳에 해당한다고 여겨, 목기진 일대의 여러 성곽 중 하나라고 본 견해도 있다(여호규, 1995). 이들은 이를 전제로 삼아 소자하 연안로를 남도의 구간으로 본다. 그러나 남도를 태자하 노선이라고 보면, 목저성은 육도하(六道河) 상류와 혼강(渾江) 유역 사이에 있어야 한다. 또한 신성-남소성-목저성-창암성-국내성의 경로상에 놓여 있다는 조건에도 부합해야 한다. 고검지산성(高儉地山城)이 태자하 상류에서 육도하 상류로 이어지는 곳에 위치하고 있고, 구로성(舊老城)은 이도하(二道河)를 통해 소자하 상류로 이어지는 경로에 있다는 점에서 후보지가 될만하다(田中俊明, 1997; 임기환, 1998).

한 경로여서 대군이 통과하기에 적합하다고 인식하고 있었던 것이다(田中俊明, 1997). 이러한 상식을 깼다는 점에서 전연이 구사한 전술이 성공을 거둘 수 있었던 것이다(임기환, 1998).

북도로 보낸 병력은 남도로의 공격을 감추기 위한 양동작전의 일환이었고, 그 임무는 북도로 올라올 고구려군을 상대하여 정예군의 남도 진출을 조력하는 데 있었다. 모용한은 혹시 북도군의 작전에 차질이 빚어지더라도 남도군이 고구려의 왕도를 무너뜨린 뒤라서, 복심이 제거된 사지가 꼼짝할 수 없듯이 고구려의 저항은 없을 것이라고 단언하였다(이성제, 2008).

또 하나, 고구려군이 북도에서 거둔 승리가 이 전역의 결과를 어떻게 이끌었는가 하는 점이다. 종래의 연구는 이 문제에 크게 관심을 보이지 않았다. 모용한의 기대와 달리, 전연의 북도군이 전멸하면서 전황은 유동적으로 변하였다. "고구려를 평정하여 … 배후에 대한 걱정을 없앤 뒤에야 중원을 도모할 수 있을 것"이란 모용한의 언급으로 보아, 왕이 직접 나선 이 전역에서 전연이 기대한 바는 고구려에게 궤멸적인 타격을 입히는 데 있었다. 그렇지만 북도군의 전멸로 인해 모용황은 고구려를 궁지에 몰아넣고서도 회유해야 했고, 고국원왕의 무반응에 급기야 회군을 결정하기에 이르렀던 것이다. 북도에서의 전투는 전연 측에게 눈앞에 둔 승리를 포기하게 만들었고, 고구려는 패망의 기로에서 벗어날 수 있었다(이성제, 2008).

이듬해 고국원왕은 왕제(王弟)를 보내 신하를 칭하고 미천왕(美川王)의 시신을 돌려받았다. 반면 전연은 345년 남소성(南蘇城)[8]을 빼앗아 병력을

8 남소성은 남소수(南蘇水)라는 이름에서 유래하였다. 혼하의 지류인 소자하가 남소수였으므로 남소성은 소자하 연안에 위치하였다. 그 구체적 위치로는 무순현 장당향(章黨鄕) 고려영자촌(高麗營子村)의 철배산성(鐵背山城), 철령(鐵嶺) 최진보산성(催陣堡山城), 신빈현 상협하진(上夾河鎭) 오룡산성(五龍山城), 신빈 영릉진(永陵鎭) 구로성(舊老城)이 거론되고 있다. 앞의 두 견해는 『한원』에 인용된 『고려기』의 "남소성이 … 잡성(雜城) 북쪽 70리 산 위에 있다"는 기록에서 '잡성'과 '북쪽'을 '신성·동북'이나, '신성의 북쪽'으로 교감하고, 이를

배치하며, 고구려에 대한 압박을 이어나갔다. 결정적 승리를 거두지 못한 대신 선왕의 시신과 왕모를 인질로 삼아 고구려를 구속하겠다는 전연의 새로운 방책이었다. 이듬해 1월에는 모용각(慕容恪)이 길림(吉林) 지역에서 서쪽으로 옮겨와 있던 부여를 공략하였다. 이러한 군사행동은 시종일관 모용각이 지휘했다는 점에서 일련의 작전이었고, 북부여에서 전연군을 저지했다는 〈모두루묘지(牟頭婁墓誌)〉 기록으로 보아 길림 지역까지 공략 대상이 되었다. 전연의 목적은 고구려가 지배하고 있던 부여까지 차지하려는 데 있었다(武田幸男, 1989; 여호규, 1995).

349년 석호(石虎)의 죽음으로 후조(後趙)가 혼란에 빠지자, 전연은 본격적인 중원 진출을 시도하여 352년 후조를 멸하고 화북을 차지하였다. 황제를 칭한 모용준(慕容儁)은 이듬해 수도를 요서의 용성(龍城)에서 중원의 계(薊)로 옮겼다. 이에 대해 고구려는 355년 볼모를 보내고 조공하며 왕모를 돌려보내줄 것을 요청하였고, 고국원왕을 영주제군사(營州諸軍事)·정동대장군(征東大將軍)·영주자사(營州刺史)로 삼고 낙랑공(樂浪公)·고구려왕에 봉한다는 전연의 책봉이 이어졌다(『진서(晉書)』 110). 고구려로서는 군사적 열세에 대한 타협이자 왕모를 데려오기 위한 불가피한 조치였다. 전연의 입장에서는 남방으로 진출하기 위해 고구려라는 배후 위협을 덜 필요가 있었다(徐榮洙, 1981). 양국은 책봉·조공 관계를 맺어 불

근거로 남소성의 위치를 살폈다는 데 특징이 있다. 다만 신성의 북쪽이라면 남·북도의 경로에서 벗어나게 되어 최진보산성으로 보는 견해에는 문제가 있다. 철배산성설은 "남소성은 남협의 동쪽에 있다"는 호삼성주(『자치통감』 권97)를 입론의 출발점으로 삼고 있으나, 호주의 이해에는 동의하기 어렵다. 남·북도에 대해 지형상의 특징을 언급한 『자치통감』 문장의 원뜻과 일치하지 않기 때문이다. 또한 철배산에서 조사된 산성은 4,612.5m 둘레 복곽식(複廓式)산성으로, 후금(後金) 누르하치가 대대적으로 개축한 계번성(界藩城)이다. 고구려 성벽은 그 동위성(東衛城)의 동벽 아래층에서 발견되었다. 이로써 이곳에 고구려산성이 있었음은 분명하지만, 계번성 자체를 고구려산성으로 볼 수는 없다고 여긴다. 신성과 목저성 사이의 구간에 있었다는 점에서 고이산성과 구로성(고검지산성) 사이에 위치하여 소자하 연안로의 출입을 틀어막고 있는 오룡산성이 남소성일 가능성이 높다고 본다.

안정한 관계를 정리했던 것이다.

이때의 책봉·조공 관계에 대해 일회성 형식적 외교관계에 불과했다고 보기도 하나(全海宗, 1966; 江畑武, 1968; 徐榮洙, 1981), 이때 성립한 양국 관계를 통해 고구려는 전연과의 관계를 안정적으로 매듭지을 수 있었다(여호규, 200). 왕모를 인질로 삼은 전연에 대한 고구려의 대응은 수동적일 수 밖에 없었다. 남소성 공략과 뒤이은 부여 침공은 전연의 전략이 효과적이었음을 보여준다. 책봉·조공 관계의 성립으로 고구려는 전연의 군사적 위협에서 비로소 벗어날 수 있었던 것이다. 이러한 관계 속에서 전연이 멸망하는 370년까지 대립이나 군사적 충돌을 보여주는 기록은 보이지 않는다(여호규, 2000).

전진(前秦)이 전연을 무너뜨리고 화북 일대를 장악하자, 요동태수 한조(韓稠)는 전진에 항복하였다. 요동 지역의 전연 세력도 전진의 차지가 되었던 것이다. 고구려는 전연의 망명자 모용평(慕容評)을 받아들이지 않고 전진에 넘기고 우호관계를 맺었다. 양국의 우호는 전진의 부견(苻堅)이 비수(肥水)전역에서 동진(東晋)에 대패하여 붕괴하는 383년 무렵까지 이어졌다.

비수전역의 결과 전진이 급격히 쇠락하자, 부견에게 투항해 있던 모용수(慕容垂)는 384년 후연(後燕)을 건국하였다. 후연은 과거 전연의 영역을 회복하여, 이듬해 2월에는 요서의 용성을 수복하고 대방왕(帶方王) 모용좌(慕容佐)를 주둔시켰다(『자치통감』 권105). 한편, 고구려의 요동 진출도 재개되었다. 고국양왕은 385년 6월 4만 명의 병력을 동원하여 요동군과 현도군을 떨어뜨리고 남녀 1만여 명을 포로로 잡았다.

이로써 요동 지역은 고구려의 차지가 된 듯했지만, 11월 모용농(慕容農)이 이끈 후연군의 반격으로 고구려는 요동을 잃고 말았다. 385년 요동 지역을 차지하기 위해 벌인 양국의 쟁탈전은 후연의 승리로 일단락되었다. 요동 지역을 차지한 후연은 모용좌를 용성에서 평곽으로 전진 배치하였다. 용성에는 모용농을 두어 '도독유평이주북적제군사(都督幽·平二州·北狄諸軍事)'하게 함으로써 요동의 모용좌를 후방에서 지원하였다(『자치통감』 권106; 李成制, 2012).

서진의 붕괴와 같은 중원의 정세 변화는 동북 끝에 위치한 요동에도 영향을 미쳤다. 서진을 대신하여 선비모용부의 전연이 요동을 차지하였고, 전진과 후연이 그 뒤를 이었던 것이다. 고구려의 요동 진출은 이들 세력과의 관계에 따라 중단과 재개의 국면을 오갔다. 서진의 몰락부터 고구려가 요동 지역을 확보하기까지, 고구려의 요동 진출 과정을 이해하기 위해서는 중국사의 전개 과정, 특히 요동 지역을 차지한 여러 세력의 부침과 지역 지배 양상 등에 대한 이해가 필수적인 것이다.

고구려가 신성을 쌓아 요동 진출의 거점으로 삼은 뒤, 요동을 차지하고 있던 서진과 그 후속 세력은 한대 이래 요동의 중심지인 양평과 함께 평곽을 거점으로 삼아 고구려를 상대하였다. 모용외가 모용한과 모용인을 보내 양평과 평곽을 진수케 하였고, 385년 고구려를 몰아내고 요동을 탈환한 후연이 요동태수를 두고 모용좌를 평곽에 배치했던 조치 등은 그 좋은 예이다. 이런 양상으로 보아 344년 전연의 국내성 함락이나 385년 고구려의 요동 확보는 세력권 간의 일시적 신축이었고, 요동을 둘러싼 쟁탈전은 신성에서 혼하 하류를 거쳐 양평에 이르는 축선과 태자하를 지나 평곽에 이르는 노선상에서 탄력적으로 전개되었다고 보지 않으면 안된다. 광개토왕의 요동 확보 과정은 이러한 공방전의 지리적 범주를 염두에 두고 이해해야 하는 것이다.

2. 고구려·후연의 관계와 영락 5년조 기사의 이해

고구려가 요동 지역을 확보하게 된 것은 언제쯤이었을까? 이에 대한 학계의 논의는 크게 보아 두 가지 입장으로 구분된다. 하나는 영락 5년(395년) 이전에 요동 지역을 장악했다고 보는 견해이고(徐榮洙, 1981; 武田幸男, 1989; 田中俊明, 1996; 공석구, 2003; 篠原啓方, 2005; 井上直樹, 2012; 임기환, 2013), 다른 하나는 400년 혹은 402년 이후가 되어서야 그것이 가능했다고 보고 있다(여호규, 2005; 李成制, 2012). 그런데 이들 견해는 모두 〈광개토왕비(廣開土王碑)〉 영락 5년조 기사와 『양서(梁書)』 고구려전의 광개토왕 책봉 기사를 논의의 출발점으로 삼고 있다는 특징을 보인다. 이 점에서 여러 논의의 특징과 한계를 살피기 위해서는 이 두 자료가 어떤 성격의 기사인지 이해하는 것이 중요하다.

한편, 고구려가 요동을 확보했다는 것이 구체적으로 어떤 상태를 의미하는가에 대한 합의가 필요하다고 본다. 고구려가 요하를 건너 후연의 숙군성(宿軍城)·연군(燕郡)을 공략했던 일을 두고, 그 영역이 요하 이서에까지 미치게 되었다고 볼 수는 없다고 생각한다. 이들 사건이 의미하는 바는 양국의 공방전이 벌어지고 있던 범위가 서쪽으로는 요하 이서까지 이르고 있었음을 보여주는 것 이상이 될 수 없다.

그렇다면 그 동쪽의 범주 역시 이러한 시각에서 살펴야 하는 것은 아닐까? 407년 광개토왕과 북연왕 고운(高雲)이 우호관계를 맺기 전까지 양국의 공방전은 쉬지 않고 이어졌다. 400년에는 후연군이 신성과 남소성을 함락하기도 했다. 이런 상황에서 요동반도 전역을 고구려가 손에 넣었다고 한들, 그것은 어디까지나 일시적 점거 혹은 진출이지, 지배권을 연상시키는 확보라고는 볼 수 없다. 즉 고구려가 요동을 확보하고 지배권을 굳히게 된 시점은 어디까지나 407년 무렵이라고 보아야 한다.

이와 관련하여 앞에서 살핀 고구려와 여러 세력 간의 각축 양상을 보면, 385년 요동군·현도군 공략으로 고구려는 요동 지역을 차지할 수 있었지만, 곧 이은 후연의 반격으로 물러나야 하였다. 고구려는 요동을 확보하기 위해 우선 팽팽하던 균형을 깨고 후연을 압도해야 했던 것이다. 그렇다면 어느 시점에 고구려가 요동을 확보하였는지와 관련하여, 판단의 주요한 잣대 하나를 둘 수 있겠다. 즉 385년 이후 양국 관계의 추이를 놓고 힘의 우위가 어느 쪽에 있었는가를 살펴볼 필요가 있는 것이다.

후연은 요동군·현도군을 회복한 뒤, 양평에 요동태수를 두고 평주자사를 용성에서 평곽으로 옮겼다(『자치통감』 권106). 이것은 평주의 치소를 요서에 두고 요동군·현도군을 관장하던 과거와 달리, 요하 이동으로 평주자사를 전진 배치했음을 알려준다. 예상되는 고구려의 진출에 맞서 이 지역을 지켜내려는 적극적인 조치였던 셈이다. 이러한 모습은 후연이 요동군·현도군 회복의 임무를 달성한 모용농을 복귀시키지 않고 용성을 거점으로 '유평이주북적(幽·平二州·北狄)'을 도독(都督)케 하였다는 사실에서도 확인된다. 그에게 후연의 동북방을 안정시키는 역할을 맡겼던 것이다(井上直樹, 2012). 모용농이 '도독유평이주북적제군사' 하게 됨에 따라, 평주자사 모용좌는 그 예하에 배속되었다. 평곽의 평주자사는 '도독유평이주북적제군사'의 지원을 등에 업고 고구려를 상대할 수 있었던 것이다(李成制, 2012).

이 조치가 의미하는 바는 과거 고구려와 전연 간의 공방전을 상기해보면 더욱 분명해진다. 전연 건국의 토대를 놓은 모용외가 요동을 차지한 뒤 요동성과 평곽을 진수하게 되자, 고구려의 요동 진출이 가로막혔고, 그 뒤를 이은 모용황에게는 왕도 국내성을 함락당하는 커다란 피해를 입은 바 있었다. 이러한 전대의 경험을 살려 후연은 평주자사와 요동태수를 전진 배치하는 군사력 강화의 조치로써 고구려를 상대했던 것이다. 그런 만큼 고국원왕대 입은 피해의 기억이 남아 있었을 고구려가 느낀 위협 정도는 상당했을 것으로 여겨진다(李成制, 2012).

그러던 모용농은 389년 정월 모용융(慕容隆)으로 교체되었다. 그가 후연을 둘러싼 정세를 이유로 서남 방면으로의 전출을 요청하였고, 모용수가 허락했던 것이다(『자치통감』 권107). 이때의 교체로 후연의 동방정책에 변화가 있었다거나 고구려의 적극적인 공세가 가능했다고 보기도 한다(井上直樹, 2012). 모용융의 역량이 그 형인 농에 미치지 못해, 소극적으로 대처하는 바람에 고구려의 서진이 가능했다는 것이다.

그러나 요갈(遼碣) 지역이 안정되었다는 언급으로 보아, 모용융의 재임기간(389~395년) 중, 요서·요동지방에는 별다른 정세 변화가 일어나지 않았다고 보인다. 모용농이 세운 규범을 이어받아 더 체계화했다(因農舊規 脩而廣之)는 평가로 보더라도, 용성을 중심으로 평곽과 양평 두 방향에서 고구려를 상대한다는 전략이 유지되고 있었음을 짐작할 수 있다. 특히 모용융이 도독제군사한 관할범위에는 평주가 들어 있어, 고구려를 상대하는 책임도 승계하고 있었음을 알 수 있다(李成制, 2012).

한편, 모용농과 모용융을 이곳에 보냈다는 사실은 당시 후연이 요동을 비롯한 동북방 지역을 얼마나 중시했는가를 보여준다. 이 둘은 후연에서 모용수의 뒤를 이어 난세를 헤쳐 나갈 재목으로 지목될 정도의 인물이었다(『자치통감』 권108). 더욱이 모용농이 전출을 요청하면서 이유로 삼았던 서남 지역의 불안정처럼 후연을 둘러싼 정세는 여전히 불투명하였다. 후연은 쓰임새가 적지 않았을 상황임에도 이들을 보내 요서·요동 지역의 영유를 확고히 하려 했던 것이다(李成制, 2012).

후연이 할 수 있는 최선의 인선으로 요동을 진수하고 있던 만큼, 고구려가 틈을 노릴 수 있는 기회는 적었다. 반면 후연으로 보아서는 이들의 장기간 진수가 필요할 만큼 동북방의 정세가 유동적이었다는 점도 분명하다. 395년 5월 후연이 거국적으로 북위 공격군을 편성하면서도(『자치통감』 권108) 용성의 모용융과 그 휘하 병력을 제외했던 연유도 여기에 있었다(李成制, 2012).

그런데 이처럼 평곽을 전진기지로 삼아 고구려의 진출을 가로막았던 후연의 동방정책은 머지않아 위기에 봉착하였다. 무엇보다도 참합파(參合陂)의 패전[9]이 결정적인 계기가 되었다. 특히 대군을 편성했음에도 불구하고 패했다는 사실은 북위를 단번에 멸할 수 있다고 여겼던 후연에게 충격 그 자체였을 것이다. 모용융과 휘하 병력이 용성을 떠나 북위 공격군에 편성된 것은 396년 1월의 일이다(『자치통감』 권108). 아껴두었던 용성의 병력과 모용융까지 동원할 정도로 후연이 참합파에서 입은 피해는 상당했고, 그런 만큼 설욕하려고 전력을 기울였던 것이다.

이처럼 모용융과 휘하 병력이 용성에서 빠져나감으로써 후연의 전력에 변화가 생겼다. 이 점에서 고구려가 서진하기에는 절호의 기회일 수도 있었지만, 후연은 북위 공격군의 편성에 따른 공백을 메우는 조치를 병행하여 그 가능성을 차단하였다. 모용융을 대신하게 된 이는 모용회(慕容會)였다. 모용수가 태자 모용보에게 후사로 삼으라고 유언으로 남길 정도로 중임(重任)에 걸맞는 인물이었다. 모용회는 '녹유대사(錄留臺事)·영유주자사(領幽州刺史)' 내지 '북정대장군(征北大將軍)·유평이주목(幽·平二州牧)'의 직으로 용성을 진수하였다(『자치통감』 권108). 전임자의 임무를 대신하게 된 만큼, 그가 맡았던 권한을 이어받았다고 본다면 요동·현도 2군을 포함한 평주도 그가 관할했다고 여겨진다.

---

9 이때의 패전으로 후연은 정예병 대부분을 상실했고, 10만 명에 가까운 대군 중 생환자는 1,000여 명에 불과하였다. 이로써 후연의 기세는 크게 꺾였다(『자치통감』 권108; 臺灣三軍大學, 1972).

북위와의 전쟁에서 후연은 결국 패배하지만, 이때의 공격은 꽤 성공적으로 전개되었다. 북위왕 탁발규(拓跋珪)가 도주할 마음까지 먹을 정도로 후연군의 공세는 매세운 것이었다. 그러던 전세에 변화를 준 것은 갑작스러운 모용수의 죽음이었다. 후연군은 모용수의 죽음을 감추고 수도인 중산(中山)으로 귀환하여 발상(發喪)하였고, 396년 4월 모용보(慕容寶)가 즉위하였다.

같은 해 8월, 북위는 대군을 보내 후연 공격에 나서 중산을 압박하였다. 40만 명을 동원했다는 북위의 공세에 후연은 하북(河北)의 여러 성을 잃고 중산(中山)·업(鄴)·신도(信都) 세 곳만 겨우 보존하는 형편이었다(『자치통감』 권108). 그런 가운데, 397년 2월에는 후연 내부에서 모용보를 살해하고 모용린(慕容麟)을 옹립하려는 반란이 일어났고, 3월 모용보는 용성으로 천도할 것을 결정하였다. 용성을 지키고 있던 모용회는 이 기회를 틈타 반란을 시도하였고(『자치통감』 권109), 모용보는 북위에 빼앗긴 하북을 되찾기 위해 여러 차례 군대를 일으키는 등 무리를 거듭하다가 결국 398년 시해당하고 만다(『자치통감』 권110).

이처럼 396년 모용보의 즉위를 전후하여 후연은 북위의 군사적 위협에 맞서야 했고, 안으로는 권력 다툼이 이어졌다. 이런 점에서 볼 때, 후연이 더이상 고구려와의 군사적 대치관계를 유지하기 곤란했을 것이라는 점은 충분히 추측할 수 있다. 양국이 적대관계를 뒤로 하고, 후연의 광개토왕 책봉이라는 책봉·조공 관계를 맺게 된 데에는 이러한 사정이 있었던 것이다.

다만 모용보대에 후연이 하북을 잃고 내부의 권력 투쟁으로 급속히 쇠락해간 것은 사실이지만, 이러한 결과를 염두에 두고 396년 무렵의 정세를 재단하는 것은 온당한 판단이라 보기 어렵다. 모용보가 모용회를 후계로 삼지 않아 그의 모반을 불러왔고 중산을 고수하지 않고 포기하여 민심을 수습할 기회를 놓치는 등의 실책이 없었다면, 전쟁의 승패는 오히려 뒤

바뀔 수 있었다는 평가(臺灣三軍大學, 1972)가 이를 말해 준다. 요서·요동에 대한 후연의 지배력은 적어도 396년 무렵까지 변함이 없이 강고하게 유지되었던 것이다. 이 점에서 후연의 쇠락을 근거로 고구려의 서진이 이 시기에 가능할 수 있었다고 보는 견해는 성립하기 어렵다. 나아가 이러한 견해를 토대로 400년 이후 양국의 공방전과 경로를 살피는 것은 재고의 여지가 있다고 여겨진다.

이제 〈광개토왕비〉 영락 5년조 기사를 살펴보자.

> 영락 5년 을미(乙未)에 왕은 패려(稗麗)가 귀복(歸服)하지 않은 까닭에 친히 군대를 이끌고 가서 토벌하였다. 부산(富山)과 부산(負山)을 지나 염수(鹽水)에 이르러 그 3개 부락 600~700영(營)을 격파하니, 노획한 우마와 양떼의 수가 이루 다 헤아릴 수 없었다. 이에 왕이 행차를 돌려 양평도(襄平道)를 지나 동으로 후성(候城), 역성(力城), 북풍(北豊), 오비□(五備□)로 와서 영토를 시찰하고, 수렵을 한 뒤에 돌아왔다.

이 기사는 395년에 광개토왕이 거란족의 일부인 패려를 정벌하고 양평도 등의 경로를 거쳐 귀환하면서 영토를 순수했다는 내용이다. 여기서 양평도의 '양평'은 진대 이래의 명칭을 그대로 사용한 것으로, 양평도는 양평을 중심으로 하는 교통로를 가리킨다(여호규, 2005).[10] 그러면 광개토왕이 귀환길에 역성·북풍 등을 경유하게 되는 양평도는 어디일까? 이 경로

10 양평을 '望平'이라 판독하고(武田幸男, 1989; 田中俊明, 1996) 그 비정지인 철령시(鐵嶺市) 신대자진고성지(新臺子鎭古城址)로 보기도 한다. 다만 비문의 기록이 일개 지명이 아니라 '○○道'라고 하여 중요한 거점을 중심으로 한 교통로를 지칭하고 있음을 고려하면, 망평도는 어울리지 않는다. 한대 이래 요동의 가장 중요한 거점인 양평이야말로 ○○도라는 표현에 가장 적합한 곳이라 할 수 있기 때문이다.

를 어떻게 이해하는가에 따라 당시 고구려의 요동 지역 지배의 양상을 다르게 볼 수 있기 때문이다.

양평은 요동군의 치소였으며, 후성·역성·북풍은 현도군과 요동군의 속현이었던 곳이다. 역성이 어디인가는 알 수 없지만, 후성은 심양시(瀋陽市) 노성구(魯城區) 고궁(古宮) 고성지가 유력하다(田中俊明, 1997). 북풍은 3세기 위(魏)의 요동군 속현이었으며, 240년에는 문현(汶縣)·북풍(北豐縣) 유민이 산동(山東)반도로 이주한 일이 있어서(『삼국지』 위서)에서 요동반도 서부로 본다(武田幸男, 1989). 이 점에서 광개토왕이 이들 지역을 경유하여 귀환했다는 것은 이 무렵 고구려가 요하 이동 지역 모두를 차지하고 있었다고 보는 근거의 하나가 되고 있다.

그런데 이들 경유지를 근거로 고구려가 요동을 차지하고 있었다고 보기에는 어색한 점이 있다. 우선 양평도는 중국 내지 및 요서에서 양평에 이르는 길이 아니라, 고구려 왕도나 경내에서 양평에 이르는 어느 경로를 가리킬 것이다(임기환, 2013). 그런데 『삼국사기』에는 장수왕 26년(436년) 고구려가 영입해온 북연왕(北燕王)을 평곽에 두었다가 북풍으로 옮겼다는 기사가 있다. 당시 북위가 풍홍의 송환을 요구하고 있었고, 또 그가 고구려의 대우에 불만을 갖고 있었던 상황으로 보아, 요하 가까이의 평곽에서 옮겼던 지역은 요동 내지일 가능성이 높다(임기환, 1998; 李成制, 2012).[11]

---

11 역성은 후연의 요동군에 소속된 현이었다(『晉書』 권14, "遼東國. 襄平〈東夷校尉所居〉·汶·居就·樂就·安市·西安平·新昌·力城"). 역성의 소재지를 알려주는 기록은 없지만, 다른 속현의 위치를 감안하여 짐작해 볼 수 있다. 즉 문현은 현재의 해성시(海城市) 기목한성(析木漢城), 거취현은 요양시(遼陽市) 동남(東南) 양갑촌(亮甲村) 동안(東岸)의 고성, 안시현은 영구시(營口市) 영수구한성(英守溝漢城), 서안평은 단동시(丹東市)의 애하첨고성지(靉河尖古城址), 신창은 요양 남쪽의 안산(鞍山) 남부 양유하(楊柳河) 구보촌(舊堡村) 부근의 고유지(古遺址)로 비정된다(孫進己·馮永謙, 1989). 위치를 알 수 없는 낙취현을 제외하면, 양평 이하의 속현 모두가 요양 남쪽에 소재하고 있었음을 알 수 있다. 역성의 위치도 대략 여기에 있었다고 보인다(李成制, 2012).

이렇게 보면 광개토왕은 요동반도 중부 일대를 거쳐 귀환한 것으로, 그 경로 자체만으로는 요동 전역을 고구려가 차지하고 있었는지 여부는 불분명하다. 즉 이 기사에 의거하여 고구려가 요동 지역을 차지하고 있었다고 확정할 수는 없다(李成制, 2012; 임기환, 2013).

그러면 어째서 광개토왕은 요동반도 중부지역을 경유하는 경로로 귀환했던 것일까. 이 기록의 의미에 대해 처음 지적한 연구는 전연대부터 요동 경영의 중심이었던 양평과 평곽이 광개토왕의 경유지에서 빠져 있다고 지적하고, 고구려가 아직 요동 전역을 장악하지 못하고 있었기 때문이라고 본다(李成制, 2012). 즉 "양평도를 지나 동으로 …"라는 문장은 왕의 행렬이 양평을 경유하지 않고 그 중간 지점 어딘가로 들어와 동쪽의 후성으로 나아간 것을 의미하며, 북풍에서 조금만 서진하면 닿았을 평곽이 경유지에 보이질 않는다는 것이다. 한편, 고구려가 요동을 차지하고 있었다는 입장에서 양평이 고구려의 영역이 아니었다면 양평도로 표현할 이유가 없으며, 평곽을 거치지 않았던 것은 고구려 입장에서는 그 지정학적 가치가 후연과 다를 수 있기에 이를 후연이 평곽을 차지하고 있었던 증거로 보기 어렵다는 견해도 있다(임기환, 2013).

양평도를 어떻게 해석할 것인가의 문제는 돌려놓더라도, 왕의 순행로에 평곽이 들어가지 않았다는 사실은 유의할 필요가 있다. 앞서의 지리 조건으로 보아 북풍은 평곽으로 나아가는 경로상에서 동쪽에 위치한다. 더욱이 평곽은 전연 이래 고구려의 서진을 가로막은 적의 거점이었다. 확보한 영토를 시찰하고 돌아온다는 의미를 부각시키는 데 더할 나위 없는 곳이다. 그럼에도 광개토왕이 이런 곳을 빼놓고 정치·군사전략면에서 비중이 덜한 지역을 거쳐 귀환한 연유에 대해 더 고찰해 보아야 한다고 생각한다.

3. 396년 후연과의 책봉·조공 관계 성립과 그 의미

395년 무렵 요동 지역은 고구려의 차지가 되어 있었다는 이해와 관련하여, 또 하나의 근거 자료가 되는 것이 『양서(梁書)』 고구려전이다. 즉 "(모용)수가 죽고, 아들 보가 즉위하여, (고)구려왕 안(安)을 평주목(平州牧)으로 삼고 요동·대방 2국왕에 봉하였다. [이에] 안이 비로소 장사(長史)·사마(司馬)·참군(參軍)의 관을 두었다. 이후 [고구려는] 요동군을 차지하였다"라는 기록이 그것이다.

이 기록은 모용보가 광개토왕을 책봉한 내용으로, 고구려가 요동을 차지하고 있는 현실을 후연이 인정한 조치라고 해석했던 것이다. 여기에서 이 기록이 전해의 〈광개토왕비〉 영락 5년조 내용과 함께 고구려가 요하 이동 지역을 차지하고 있었다고 판단하는 데 결정적인 자료가 되어 왔음을 알 수 있다.

이 책봉은 모용보가 396년 4월에 즉위했다는 『자치통감』 기록으로 보아, 그의 즉위에 즈음하여 이루어진 책봉이라 보인다(井上直樹, 2012). 이 기록은 385년 요동을 둘러싸고 양국이 교전한 이래, 처음 등장하는 교섭 기록이며 후연이 고구려왕을 책봉하였음을 전하고 있다는 점에서 눈여겨보아야 할 자료라고 여겨진다.

많은 연구들이 이때의 책봉은 후연이 일방적으로 행한 것으로 고구려가 조공사절을 보냈는가의 여부와 상관 없다고 보고 있다. 모용보의 즉위는 후연이 북위와의 대결에서 수세에 몰리기 시작했던 무렵의 일이었다. 그러므로 그에 수반한 책봉도 이러한 불리한 정세와 관련되었을 것이라고 여긴 것이다. 하지만 이때의 책봉을 후연의 일방적 행위였다고 보기에는 석연치 않은 점이 있다.

우선 지적해야 할 문제는 중국 왕조가 일방적으로 책봉을 행한 경우에 상대국의 의향과 관계없이 이루어지곤 했지만, 그것은 새로운 왕조의 개국(開國) 시기에 한정되어 나타나며, 왕조의 성립을 기념하고 자축하는 의미에서 행해진다는 점이다(金鍾完, 1995). 이에 반해 모용보의 즉위는 부황 모용수의 뒤를 이은 것으로 신왕조의 개국에 해당하지 않는다. 일방적으로 책봉을 행한 경우라고 볼 수 없는 것이다.

또한 모용보가 즉위하면서 행한 책봉이기에 고구려의 의사와 무관했다는 견해도 수긍하기 어렵다. 당시 후연이 처한 상황으로 보아, 모용보는 즉위를 자축하고 기념할 계제가 아니었다. 반격에 나선 북위의 대군을 상대하며 내부 안정을 꾀해야 하는 등 대내외적 위기가 그 앞에 놓여져 있었다. 그런 만큼 그의 즉위에 수반해서 행해진 조치는 그 대책 차원에서 이해되어야 한다.[12]

그러므로 모용보가 광개토왕을 책봉한 조치는 위기의 국면에서 나온 대책의 하나로 책봉을 내세운 대고구려외교라고 볼 수 있다. 후연은 북위라는 강적을 상대하기 위해 동방의 안정이 필요했고, 대고구려외교로서 고구려와의 관계를 개선하고자 했던 것이다. 그런데 이 문제는 후연이 고구려왕을 책봉하고 관계 개선을 기대한다고 해서 이루어질 성질의 것이 아니었다.

모용보가 광개토왕을 책봉했다는 것은, 후연이 385년 이래의 적대관계 대신 양국 관계가 개선되기를 바랐음을 알려준다. 하지만 그것은 광개토왕이 후연의 책봉을 인정해야만 이루어질 수 있는 것이었다. 그렇지 않다면, 즉 후연의 의도에 고구려가 화답하지 않는다면 양국 관계의 개선은 무망할 수밖에 없었다. 그러므로 관건이 되는 광개토왕의 의향과 무관하게

12 모용보는 즉위하면서 모용덕(慕容德)과 모용농(慕容農)을 각각 도독6주제군사(都督6州諸軍事)로 삼고 업(鄴)과 진양(晉陽)을 진수케 하였다(『자치통감』 권108).

후연이 일방적으로 책봉했다고 보기 어렵다(李成制, 2012).

그 근거는 『양서』의 기록 속에서 확인된다. 여기에서 고구려의 반응을 볼 수 있기 때문이다. 책봉 기사에 이어 광개토왕이 이때에 비로소 장사·사마·참군의 관(官)을 두었다는 대목이 그것이다. 이는 장사·사마·참군의 관원, 즉 막료를 두게 되었다는 것으로, 막부의 개설을 의미한다(金翰奎, 1997). 이때의 막부는 후연이 책봉으로 수여한 '도독모주제군사(都督某州諸軍事)', '모장군(某將軍)'의 자격으로 열게 되었던 것이다. 광개토왕은 후연의 책봉을 수용했던 것이다.

그러면 관계 개선이라는 새로운 양국 관계에 대해 고구려의 입장은 어떻게 표현될 수 있었을까. 후연의 입장이 책봉호 수여로 나타났다는 점에서 이에 짝하는 고구려의 행동이 있었다고 보아야 할 것이다. '책봉·조공 관계'라는 용어에서 알 수 있듯이, 책봉과 조공이 짝해야만 제도적 외교관계를 이룰 수 있었다. 그렇지 않고서는 일방적인 견사와 선언에 불과하였다(金翰奎, 1999). 그러므로 후연의 책봉에 짝을 이루는 고구려의 사절 파견이 있었음을 짐작할 수 있다. 즉 위 기록은 책봉과 조공을 통해 양국 간에 책봉·조공 관계라는 새로운 관계가 성립되었다는 중요한 사실을 전하고 있다.

한편, 양국 관계의 개선이 과연 후연에게만 필요했던 것일까. 양국의 적대적 관계가 부담스럽기는 고구려도 마찬가지였다. 이 무렵 백제와의 공방전이 쉴 새 없이 벌어지고 있었다는 사실이 이를 말하여 준다.[13] 이러

13 386년 백제가 청목령에서 서해안까지 관방시설을 설치하였고, 8월에는 고구려가 백제를 공격하였다. 이듬해 9월 관미령에서 백제군이 말갈에 패하였다. 389년 9월 백제가 고구려 남변을 공격해왔고, 이듬해 6월에는 도곤성이 백제군에 함락되었다. 391년에는 말갈이 백제 도현성을 함락하였다. 392년 고구려는 4만 명의 군대로 석현 등 10성을 함락하고 10월에는 관미성을 빼앗았다. 393년 백제가 관미성 수복에 나섰으나 실패하였다. 394년 7월 백제가 수곡성에서 고구려군과 교전하였다. 395년 패수에서 양군이 교전하여 고구려가

한 모습은 385년 이후 396년까지 후연과의 관계를 보여주는 기록이 전혀 보이지 않는 양상과 대조적인 것이다. 고구려가 직면해 있던 현안 가운데 백제와의 대결이 보다 시급한 문제였음을 보여준다(井上直樹, 2012). 이 점에서 고구려는 요동의 확보도 중요하지만, 우선은 백제의 위협에 상대하기 위해 역량을 집중할 필요가 있었다. 광개토왕이 후연의 책봉을 수용하여 책봉·조공 관계를 성립시켰던 까닭이 여기에 있다(李成制, 2012). 이와 관련하여 책봉에 앞서 고구려가 조공사절을 후연에 보냈을 가능성이 높다고 본다(공석구, 2003; 여호규, 2006).

그러면 이렇게 성립된 양국 관계의 구체적 내용은 어떤 것일까. 많은 연구가 이때의 책봉으로 후연은 고구려가 요하 이동의 지역을 차지했음을 인정하게 되었다고 본다. 모용보의 즉위에 따른 수작(受爵)에 의해 광개토왕은 후연의 외신(外臣)이 되어 그 책봉체제 아래 편입되었고, 요동·대방이국왕으로서 요하 이동 일대에 군림하는 것이 인정되었다(武田幸男, 1989)는 것이다. 즉 이 견해에 따르면 양국이 다투었던 요동 지역은 이미 고구려의 차지가 되어 있었고, 후연의 책봉은 이를 추인(追認)하는 조치였다. 후연이 책봉호로 수여한 '요동대방이국왕(遼東·帶方二國王)'·'평주목(平州牧)'은 고구려의 요동 영유를 인정하는 관작으로 파악되었던 것이다.

하지만 『양서』에 보이는 책봉호가 고구려의 요동 영유를 인정하는 관작인지에 대해서는 검토의 여지가 있다. 우선 관련 기사는 후연이 고구려왕에게 수여한 책봉호 전부라고 여길 수 없기 때문이다. 무엇보다 '도독모주제군사(都督某州諸軍事)'·'모장군(某將軍)'의 관과 장군호가 기재되지 않고 있다는 점에서 그러하다. 중국 남북조시대 주자사(州刺史)는 장군직

승리하였고, 11월 패수에서 또 다시 백제가 패하였다.

을 겸령(兼領)함과 동시에 사지절(使持節)·지절(持節)·가절(假節) 혹은 도독제군사·감군(監軍)·도독군사(都督軍事) 등의 가호(加號)를 갖게 되었다. 이 가운데 사지절 등은 장군이 군주로부터 독자적 권한을 위임받았음을 의미한다. 도독제군사 등은 장군이 독자적 권한으로 통감(統監)할 수 있는 군사지구를 규정한다(金鍾完, 1995; 金翰奎, 1997). 그리고 이러한 지절·도독은 책봉을 통해 인접 국가의 군주에게도 수여되었다. 여기에서 책봉에는 독자적 통치권이 인정됨과 동시에 그것을 행사할 수 있는 관할범위가 명시되었음에 주의할 필요가 있다.

그러므로 '도독모주제군사'는 지배권이 행사되는 지배범위를 규정한다는 점에서 책봉호의 중요한 요소였다. 후연이 396년 고구려가 요동을 차지하고 있던 상황을 인정하게 되었다면 그것은 '도독제군사'의 내용으로 수여되었어야 마땅하다. 하지만 『양서』 기록에 이 부분이 빠져 있다는 점에서, 이 기록은 후연이 고구려왕에게 수여한 책봉의 내용 전부가 아니라 일부를 전하고 있음을 알 수 있다.

『양서』 고구려전의 광개토왕 책봉 기사는 후연 모용보가 수여한 책봉호 전부가 아니라 일부에 불과한 불완전한 기록이다. 그러면 원래의 책봉 내용은 무엇이었을까. 이와 관련하여 이 기사에는 '도독영주제군사(都督營州諸軍事) 정동대장군(征東大將軍)' 등이 생략되어 있다는 지적은 매우 중요하다(金翰奎, 1997). 즉 396년 책봉은 355년 전연의 황제 모용준이 고구려 고국원왕에게 수여한 책봉을 전제로 한 가관(加官)이나 진작(進爵)하게 될 때 앞서 받은 관작이 생략된 경우에 해당한다. 396년의 책봉에서 추가된 것(가관)이 평주목(平州牧)이며, 종래의 고구려왕에서 요동·대방 2국왕으로 왕호의 변화가 있었던 것이다.

이때의 책봉으로 후연은 광개토왕을 정동대장군에 임명하고 도독제군사로서 '영주'의 군사지휘권·민정권을 인정하였다. 그런데 여기에서의 관할권은 355년의 책봉에서 이미 보이는 것으로, 광개토왕대의 변화된 정세를 반영한 것이라고는 볼 수 없다. 반면 그동안 고구려의 요동 영유와 관련있다고 보아왔던 '평주목'의 '평주'가 도독제군사에 관할구역으로 명시되지 않고 있다는 점은 주의를 요한다. 도독제군사의 권한과 범위로 보아서 평주에 대한 고구려왕의 지배권은 군사적 권한 없이 주목으로서의 민정권만 수여된 것으로 나타나고 있기 때문이다.

고구려가 396년 이전 언제인가 요하 이동의 지역을 차지하게 되었고, 후연의 책봉이 이를 인정하는 조치였다면, 그 책봉에는 평주를 도독제군사한다는 내용이 들어가 있어야만 하였다. 그럼에도 불구하고 이 같은 내용이 책봉 내용에 보이질 않는다는 사실에서 이때의 책봉을 근거로 고구려가 요동 지역을 차지하고 있었다고 확정하는 것은 곤란해 보인다. 달리 말하면 396년의 책봉은 고구려의 요동 영유를 인정하는 조치가 아니라 다른 내용의 것이 아닐까 하는 것이다.

이와 관련하여 후연 모용보가 광개토왕에게 수여한 책봉호에 가관된 평주목은 어떤 사정에서 나온 것일까. 앞에서 살핀 바와 같이 모용융·모용회는 평주를 도독제군사하였다. 다만 이때의 평주가 후연이 설정한 원래의 관할범위 모두였을까에 대해서는 회의적인 생각이 든다. 그 까닭은 광개토왕의 책봉호 가운데 평주목이 들어가 있기 때문이다. 후연의 책봉이 355년 전연의 책봉을 승계하는 한편 평주목을 가관했다는 것은 이전의 고구려와 다르게 변모한 광개토왕대의 성장을 감안한 조치였을 것이다. 비록 일시적인 점거로 그쳤지만, 385년 고구려가 요동·현도 2군을 차지했던 것처럼, 평주 관내 요하 이동의 영역이 고구려에 속했던 적도 있었다. 이로 보아 후연 모용보가 광개토왕에게 평주목을 포함한 책봉호를 수여했다는 것은 평주의 영역, 좀더 구체적으로 말하면 평주 관내 요하 이동 지역을 후연과 고구려가 분점(分占)하고 있다는 현실을 인정한 것이라고 이해된다. 그리고 앞에서 살핀 영락 5년조의 기사는 이러한 분점의 상황을 드러내고 있는 실례가 된다(李成制, 2012).

그런데 양국의 책봉·조공 관계는 그리 오래가지 못하였다. 400년 2월에 후연이 다시 대대적인 공세에 나섰던 것이다. 그리고 이렇게 재개된 공방전은 다음 자료에서 볼 수 있듯이 7년여 동안 다섯 차례나 이어졌다.

① (400년) 봄 정월 고구려왕 안이 후연을 섬기는 데 예를 소홀히 하니 … 후연왕 모용성(慕容盛)이 직접 군사 3만을 이끌고 기습하였다. 표기장군(驃騎將軍) 모용희(慕容熙)를 선봉장으로 삼아 신성과 남소성 2곳을 함락하여 700여 리의 영토를 개척하고 [그곳의] 5천여 호를 옮겨 갔다. _『자치통감』 권111

② (402년) 5월 … 고구려가 숙군성(宿軍城)을 공격하여, 후연 평주자사 모용귀(慕容歸)가 성을 버리고 도주하였다. _『자치통감』 권112

③ (404년) 이때 고구려가 [후연의] 연군(燕郡)에 쳐들어와 백여 명을 살략하였다. _『진서』 권124

④ (405년) [후연왕] 모용희가 고구려를 정벌하며 왕후 부씨(符氏)를 따르게 했다. 충차(衝車)와 땅굴로 요동성을 공격하였다. 희가 말하기를 적의 성을 함락할 것을 기다려 내가 왕후와 함께 연(輦)을 타고 들어갈 것이니, 장사들은 먼저 입성하지 말라고 하였다. 그 틈을 타 성안에서 방어를 재정비하니 후연군이 성을 공격하였으나 함락할 수 없었다. 때마침 비와 눈이 많이 내려, 사졸이 많이 죽었다. 모용희는 결국 군대를 이끌고 돌아왔다. _『진서』 권124

⑤ (405년) 12월 후연왕 모용희가 거란(契丹)을 기습하였다. … 의희(義熙) 2년(406년) 봄 정월 후연왕 희가 형북(陘北)에 이르러 거란의 무리[가 많음]를 두렵게 여겨 귀환하고자 하였으나 부씨가 따르지 않았다. 무신일

> 치중을 버리고 가볍게 무장한 병력으로 고구려를 기습하였다. …2월 … 후연군이 3,000여 리를 행군하여 병사와 말 중 지치거나 얼어 죽은 자가 길에 즐비하였다. 고구려 목저성을 공격하였으나 함락하지 못하고 돌아왔다. _『자치통감』 권114

후연군의 공격으로 신성·남소성이 함락되고 5,000여 호의 고구려인이 끌려갔으며, 406년에는 목저성이 공격을 받기도 하였다. 405년의 공방전은 후연 모용희가 요동성을 공격해왔다가 실패한 것으로 보아, 이 무렵 요동 지역의 최대 거점인 요동성은 고구려가 차지하고 있었던 것으로 보인다. 한편, 『자치통감』에는 400년 3월 "양평령(襄平令) 단등(段登) 등이 반란을 꾀하였다가 주살되었다"는 기록이 보인다. 이 기록이 해당 시점 양평의 상황을 보여준다는 점에 주목해보면 아직 요동의 수부는 후연이 장악하고 있었고, 이러한 혼란을 틈타 고구려가 요동으로 진출할 수 있었다고 볼 수도 있다(여호규, 2005). 반면 반란 주모자가 요동태수가 아닌 양평령이라는 점에서 이 사료가 과연 요동의 상황을 보여주는 것일까라는 의문도 가능하다(임기환, 2013).

문제는 405년의 요동성 공방전이 있었다고 하여 고구려가 요동 전역을 확보하고 있었다고 보아도 좋은가 하는 점이다. 400년 신성·남소성을 함락한 후연군이 5,000여 호를 끌고 갔다는 것은 후연군의 공세로 혼하 상류를 넘어 소자하 일대의 고구려 영내까지 피해가 미치고 있었음을 보여준다. 후연의 목저성 공략은 이러한 양상이 적어도 406년까지 지속되고 있었음을 알려주는 것이다. 그렇다면 405년의 요동성 공방전 기록도 고구려가 요동성을 확보하고 있었다는 결정적인 근거가 되기는 어렵다고 본다. 신성·남소성을 함락한 후연군이 400년 이후에도 이 지역을 유지했다고 보지는 않는다는 점에서 그러하다.

또 하나의 문제는 후연군이 신성·남소성을 공략했다는 점에서 평곽이나 양평이 후연의 수중에 있었다거나, 고구려군이 숙군성(宿軍城)과 연군(燕郡)을 공격했다고 하여 그 출발지를 요동성으로 보아도 좋은가 하는 점이다. 숙군성은 현재의 요령성 북진시(北鎭市) 일대(箭內亙, 1913; 孫進己·馮永謙, 1989), 연군은 의현(義縣)(松井等, 1913; 王綿厚·李健才, 1990)이라는 요하 서편 지역이었다. 이 점에서 요하 이서 지역을 고구려가 공격했다는 것은 고구려가 요동을 장악하지 않고는 불가능했다고 보는 것이다.

그러나 양국의 출격로가 요동성이나 평곽을 반드시 경유했던 것은 아니다. 그러한 모습을 보여주는 실례가 406년 후연의 목저성 공략이다. 405년 12월 후연 모용희는 거란 공격에 나섰다가 그 무리가 많음을 알고 목표를 바꿔 고구려의 목저성을 공격하였다. 거란의 거주지가 대략 시라무렌하(西拉木倫河)와 노합하(老哈河) 합류 지역이라고 보면, 모용희의 후연군은 요서 북부 지역으로부터 고구려 영내 깊숙이까지 들어왔던 셈이 된다. 3,000여 리의 장거리를 치중도 없이 행군했다는 점에서 무모한 작전임에 틀림없지만, 여기에서 궁금한 점은 어떤 경로를 이용했을까 하는 점이다.

영락 5년조의 정벌 대상이었던 패려(稗麗)는 거란의 일부로, 광개토왕은 요하 상류를 거치는 경로를 통해 원정에 나섰다. 그렇다면 이 경로를 경유하여 숙군성과 의현 공격도 가능하고, 역으로 후연의 군사작전도 가능한 것이다(임기환, 2013). 양국은 최전선에서의 직공 대신 거란 방면으로의 우회로를 택해 상대 진영의 배후를 찌르는 전략을 구사했던 것이다. 실제로 645년 당이 고구려를 침공해왔을 때, 이세적(李世勣)은 요하 상류를 건너 무순(撫順)의 현도성(玄菟城)을 급습하였는데, 이때 당군이 이용한 경로가 바로 요하 상류로 우회하는 노선이었다.[14]

이렇게 볼 때 400~406년 양국의 공방전 기록을 통해 거란 방면을 경유한 구체적인 경로를 규명하는 것도 앞으로의 연구과제일 것이다. 아울러 408년 광개토왕이 북연왕 고운에게 사절을 보냈다는 사실에 주목할 필요가 있다고 생각한다.

> 고구려가 북연에 사자를 보내 [북연왕 고운(高雲)을] 종족(宗族)에 올려주니, 북연왕 운이 시어사(侍御史) 이발(李拔)을 보내 답례하였다.[15]

고운은 고구려 유민으로 공을 세워 모용보의 양자가 되었던 이로, 바로 전해 모용희가 시해되자 왕으로 추대되었다. 그런 그에게 광개토왕이 우호의 뜻을 보냈고, 북연이 응하면서 양국이 우호하게 되었다는 것이 그간의 이해였다. 하지만 어떻게 적대관계였던 양국이 우호하게 되었는가에 대해서는 살핀 바가 없었다. 이와 관련하여 단서가 되는 것은 원문의 '敍宗族'일텐데 '종족의 예를 베풀어'(李丙燾, 1983)라고 풀어서는 그 의미가 분명치 않다. 고운은 왕위에 오르자 곧바로 모용의 성을 버리고 본래의 고씨로 바꾸었다고 한다. 이렇게 성씨를 회복한 고운을 광개토왕이 종족에 올려주었다는 것은, 그를 고씨 왕가의 계보에 넣어준 것을 뜻한다고 보인다. 고운이 답례의 사절을 보냈던 것도 이러한 연유에서였던 것이다.

광개토왕의 사절 파견은 모용희가 죽고 고운이 즉위했던 후연 측의 동향을 고구려가 주시하고 있었음을 보여준다(井上直樹, 2012). 그가 성씨를 회복했다는 정보에 따라 광개토왕은 그를 왕가의 계보 안에 넣어주는 조치로서 우호 의사를 밝힐 수 있었던 것이다. 여기에서 고구려가 고운의

---

14 『冊府元龜』 卷117 帝王部 親征2, 唐太宗 貞觀19年, "四月 戊戌朔 李勣師自通定濟遼水 至玄菟所經烽戍皆下之. 高麗大駭 城邑各閉門不敢出. 壬寅 王道宗率衆數千 至新城 …."

15 『資治通鑑』 卷114 晉紀36 安帝 義熙4年, "(三月) 高句麗遣使聘北燕 且敍宗族 北燕王雲遣侍御史李拔報之."

북연에 대해 적극적인 외교를 전개했음을 엿볼 수 있다. 남방의 백제를 상대하고 있던 고구려로서는 후연과의 공방전이 곤혹스러운 것이었다고 여겨진다. 그것은 후연의 공세를 감당하기 어려워서였다기보다는 백제전선과 연동하여 힘을 나누어야 했기 때문이었다. 또한 후연은 요동성·목저성 전투에서 볼 수 있듯이, 전략적 판단보다는 즉흥적이고 무모하다 싶은 군사작전을 전개하였다. 어느 면으로 보나 상대하기 곤란한 적수였던 것이다. 광개토왕이 고운의 즉위에 관심을 보이고 관계 개선의 기회로 삼으려 했던 연유를 여기에서 짐작할 수 있겠다.

북연왕 고운의 즉위를 계기로 한 적극적인 외교의 결과, 고구려는 서쪽의 북연과 우호할 수 있었고 이후 요동 지역에 대한 지배권도 다질 수 있게 되었다. 이로써 고구려의 요동 진출은 일단락되었고, 요동 지역은 고구려의 서변으로 자리 잡게 되었다.

참고문헌

權五重, 1992, 『樂浪郡 硏究』, 일조각.

金鍾完, 1995, 『中國南北朝史硏究-朝貢·交聘關係를 중심으로-』, 일조각.

金翰奎, 1997, 『古代東亞細亞 幕府體制硏究』, 일조각.

朴時亨, 1966, 『광개토왕릉비』, 사회과학원.

이병도 역주, 1983, 『삼국사기』, 을유문화사

공석구, 2003, 「고구려와 모용'연'의 갈등 그리고 교류」, 『강좌 한국고대사』 4, 가락국사적개발연구원.

______, 2007, 「고구려와 모용'연'의 전쟁과 그 의미」, 『동북아역사논총』 15.

金翰奎, 1999, 「7~8世紀 東아시아 世界秩序의 構造的 特性과 그 運營體制의 技能」, 『震檀學報』 88.

篠原啓方, 2005, 「高句麗的國際秩序의 成立과 展開」, 고려대학교 박사학위논문.

李成制, 2012, 「4세기 말 高句麗와 後燕의 관계」, 『韓國古代史硏究』 68.

______, 2015, 「高句麗와 北朝의 冊封朝貢關係-領護東夷中郎將·領護東夷校尉의 授受와 그 의미-」, 『東洋學』 58.

徐榮洙, 1981, 「三國과 南北朝交涉의 性格」, 『東洋學』 11.

손영종, 1989, 「고구려의 남도·북도와 환도성의 위치에 대하여」, 『역사과학』 1989-3·4.

余昊奎, 1995, 「3세기 후반~4세기 전반 고구려의 교통로와 지방통치조직-南道와 北道를 중심으로-」, 『韓國史硏究』 91.

여호규, 2000, 「4세기 동아시아 국제질서와 고구려 대외정책의 변화-對前燕關係를 중심으로-」, 『역사와 현실』 36.

______, 2005, 「광개토왕릉비에 나타난 고구려의 대중인식(對中認識)과 대외정책」,

『역사와 현실』 55.

______, 2006, 「高句麗와 慕容燕의 朝貢冊封關係 연구」, 『한국 고대국가와 중국왕조의 조공·책봉관계』, 고구려연구재단.

이성제, 2008, 「부여와 고구려의 관계사에서 보이는 몇 가지 쟁점」, 『부여사와 그 주변』, 동북아역사재단.

林起煥, 1998, 「高句麗前期 山城 研究-高句麗 山城의 기초적 검토(1)-」, 『國史館論叢』 82.

임기환, 2000, 「3세기~4세기 초 魏·晉의 東方政策」, 『역사와 현실』 36.

______, 2013, 「고구려의 요동 진출과 영역」, 『高句麗渤海研究』 45.

田中俊明, 1996, 「高句麗의 北方進出과 「廣開土王碑文」-北方疆域形成史에 있어서 廣開土王時代-」, 『高句麗研究』 2.

全海宗, 1966, 「韓中 朝貢關係考」, 『東洋史學研究』 1.

井上直樹, 2012, 「廣開土王의 對外關係와 永樂 5年의 對契丹戰」, 『韓國古代史研究』 67.

臺灣 三軍大學 編, 1972, 『中國歷代戰爭史』 5, 軍史譯文出版社.

孫進己·馮永謙 主編, 1989, 『東北歷史地理』 제2권, 黑龍江人民出版社.

王綿厚·李健才, 1990, 『東北古代交通』, 瀋陽出版社.

朱大渭·張文强 1998, 『中國軍事通史』 8(兩晉南北朝軍事史), 軍事科學出版社.

東潮·田中俊明, 1995, 『高句麗の歷史と遺跡』, 中央公論社.

武田幸男, 1989, 『高句麗史と東アジア-「廣開土王碑」研究序說-』, 岩波書店.

江畑武, 1968, 「四~六世紀の朝鮮三國と日本」, 『朝鮮史研究會論文集』 4.

今西春秋, 1935, 「高句麗の南北道と南蘇·木底」, 『青丘學叢』 22.

那珂通世 1915, 「高句麗古碑考」, 『那珂通世遺書』, 大日本圖書.

稻葉岩吉, 1913, 「漢代の滿洲」, 『滿洲歷史地理』 1, 南滿洲鐵道.

箭內亙, 1913, 「南北朝時代の滿洲」, 『滿洲歷史地理』 第1卷.

田中俊明, 1997, 「高句麗前期·中期の遼東進出路」, 『朝鮮社會の史的展開と東アジア』, 山川出版社.

8장

남진과 한강 이남 지역 지배

김기섭 | 한성백제박물관 관장

4세기~6세기에 고구려는 남쪽 영토를 넓히려 노력하였다. 4세기 초에 대동강 유역의 낙랑군을 멸망시키고 그 남쪽의 대방군까지 제압하였으며, 4세기 중엽에는 대방군이 통치하던 지금의 황해도 지역에서 백제와 영유권 전쟁을 벌였다. 그리하여 4세기 후반에 고국원왕(331~371년)이 평양성(平壤城)에서 백제의 근초고왕이 이끄는 3만 군을 맞아 싸우던 중 화살에 맞아 죽는 일이 발생하였다. 이로써 고구려 왕실은 백제에 큰 원한을 갖게 되었다.

4세기 중·후엽에 고구려와 백제가 군사적으로 충돌한 지점은 대개 지금의 황해도 지역이지만, 구체적으로 두 나라의 영토 경계가 어디였는지는 분명치 않다. 백제사 연구자의 다수는 『삼국사기』 백제본기 온조왕 13년조의 기사를 이용해 4세기 무렵 백제의 북방 경계선을 예성강 유역으로 추론하는 경향이 있으며, 소수는 대동강 유역을 한때 경계선으로 보기도 한다.

4세기 말엽, 고구려는 요동 지역을 공격할 때 군사 4만 명을 동원할 정도로 군사력이 성장하였다. 이에 고구려는 백제를 공격하여 남방 영토를 넓히고 신라에 대한 정치적 영향력을 확대시켰으며, 이에 고구려-신라 연합과 백제-가야-왜(倭) 연합이 대치하는 국제관계가 형성되었다. 이 무렵 고구려는 우수한 무기로 중무장한 군대를 앞세워서 한강 유역의 백제 왕도(王都)를 위협하고 볼모를 받아낼 정도로 백제를 군사적으로 압도하였다. 이에 관한 내용이 〈광개토왕비〉에 새겨져 있으나, 사료의 특성상 서술자의 관점이 일방적이고 표현도 과장되었다는 점을 감안해야 한다.

고구려의 5세기는 79년을 재위한 장수왕(413~491년)의 시대라고 해도 과언이 아니다. 장수왕은 전반기에 도읍을 평양으로 옮기며 남방정책에 힘을 쏟았고, 신라의 왕위 계승에 깊이 관여할 정도로 영향력을 행사하였다. 이에 백제와 신라가 서로 사신을 주고받으며 고구려의 남진에 대항하려 하였지만, 후반기에 장수왕이 군사 3만 명을 이끌고 남쪽으로 내려가 백제 왕도 한성(漢城)을 함락시키고 개로왕을 잡아 죽였다. 큰 타격을 입은 백제는 금강 유역의 웅진(熊津)으로 도읍을 옮기고 왕실을 다시 세웠으나, 한동안 내분에 시달리는 등 대내외적으로 고전하며 고구려에 직접 도전하지 못하였고, 신라도 왕궁을 명활산성으로 옮기고 방어에 골몰하였다.

고구려는 새로 획득한 한강 유역과 그 주변 지역에 군현(郡縣)을 설치하는 등 통치조직을 구성하였다. 특히 충주 지역에 국원성(國原城)을 설치한 것으로 알려지는데, 이는 고구려가 충주 지역을 남방의 지배거점으로 개발하여 북방의 국내성(國內城)에 대응시키려 하였다고 볼 수 있다. 이에 〈충주고구려비〉를 고구려가 한강 유역 통치 의지를 천명하기 위해 5세기 후반 또는 그 이후에 세운 비석으로 보는 견해가 많다.

6세기 전반기에 고구려 왕실은 왕위 계승을 두고 큰 내분을 겪었다. 옛 수도인 환도성을 기반으로 한 외척세력과 현재 수도인 평양의 외척세력이 충돌하여 환도성의 외척세력이 패배하였고, 그 와중에 2,000명이 살해당했다는 기록이 있을 정도이다. 이처럼 내부 정세가 어수선하던 시기에 고구려는 한강 유역에서 백제·신라의 연합 공격을 받았다. 그리하여

551년 한강 하류 지역의 6개 군(郡)은 백제에게 빼앗기고, 상류 지역 10개 군은 신라에게 빼앗겼다.

1. 고국원왕의 남진정책과 시련

331년 봄, 고구려의 미천왕이 죽자 아들인 태자 사유(斯由)가 즉위하였는데, 그가 제16대 고국원왕(故國原王)이다. 이 무렵 고구려의 북서쪽 몽골고원과 서쪽 요하 유역에서는 선비족(鮮卑族)의 모용부(慕容部)가 한창 세력을 키우고 있었다. 333년에 선비대선우로 즉위한 모용황(慕容皝)은 337년경 스스로를 연왕(燕王)이라고 부르며 동진의 승인까지 얻게 되자 모용부의 나라 연(燕, 前燕)과 고구려의 경쟁이 더욱 심해졌다. 마침내 339년에 전연의 군대가 고구려를 침략해 신성(新城)에까지 육박했다가 고국원왕의 맹세를 듣고 퇴각했으며, 이듬해인 340년에 고구려의 세자가 전연의 조회에 신하로서 참석하였다. 그러나 342년에 고국원왕이 환도성으로 거처를 옮기며 전쟁에 대비하자, 전연이 곧바로 고구려를 침략하였다. 전연의 군대는 고구려군을 격파하고 환도성까지 함락시킨 뒤 고국원왕의 어머니 주씨(周氏)와 왕비, 미천왕의 시신, 그리고 남녀 5만여 명을 인질로 잡아 돌아갔다. 이에 고국원왕은 343년 봄에 아우를 전연으로 보내 신하를 칭하면서 조회에 참석하고 진기한 물건 1,000여 점을 바쳤다고 한다. 348년에 전연왕 모용황이 죽고 아들 모용준(慕容儁)이 즉위하자 이듬해에 고국원왕은 전연의 동이호군(東夷護軍)이었다가 죄를 짓고 고구려에 망명해 있던 송황(宋晃)을 전연에 보냈으며, 355년 겨울에는 전연에 인질과 조공을 바치니 모용준이 고국원왕의 어머니를 돌려보내면서 고국원왕을 '정동대장군(征東大將軍) 영주자사(營州刺史) 낙랑공(樂浪公) 고구려왕(高句麗王)'에 임명하였다. 이후 고구려와 전연에 관한 기록은 한동안 보이지 않는다. 고구려를 제압한 전연은 중국 화북지역으로 진출하여 352년에 후조(後趙)를 멸망시키고 서쪽의 전진(前秦)과 함께 그 영역을 나눠가졌다. 이로써 전연은 요동·요서 지역과 하북·하남·산동·산서 지역을 장악한 대제국이 되었으며, 370년 전진에게 병합될 때까지 요동 지역을 호령하게 된다.

고국원왕은 전연과의 현안 문제를 어느 정도 해결해 평화를 유지할 수 있게 된 355년경부터 남쪽의 옛 낙랑·대방 지역에 대한 지배체제를 강화하기 시작했다(이인철, 2000). 이는 한강 유역을 중심으로 한창 성장하고 있던 백제와의 군사적 충돌을 예고하는 것이었다. 『삼국사기』에 따르면, 고구려 군대와 백제 군대가 369년 가을에 지금의 황해도 지역에서 격돌하였다. 고국원왕이 직접 군사 2만 명을 거느리고 백제 영역인 치양(雉壤) 일대를 공격한 것이다. 『삼국사기』 고구려본기에는 고국원왕이 군사 2만 명을 이끌고 백제를 정벌하다가 치양에서 졌다고 간단히 기재되어 있으나, 같은 책 백제본기에는 조금 더 상세히 기록되어 있다. "고구려왕 사유(斯由)가 보병과 기병 2만 명을 이끌고 치양에 와서 진을 치고 군사를 나누어 민가를 침탈하였다. 왕이 태자를 보내니 군사를 거느리고 지름길로 치양에 이르러 급히 쳐서 깨뜨리고 5,000여 명을 잡았다"는 것이다. 치양은 지금의 황해도 배천(白川)이다.

369년경 고구려의 남방 영토가 어디까지였는지는 정확히 알 수 없다. 관련 기록이 전혀 없고 유적 조사성과도 아직 매우 부족하기 때문이다. 다만, 고구려가 313년에 낙랑군을 공격해 소멸시키고 이듬해에는 대방군까지 소멸시켰다는 통설에 비추어보면 4세기 초엽 고구려 영토가 지금의 황해도 지역에 이르렀다고 볼 수 있다. 지금의 황해도 봉산 지역에 치소를 두었던 대방군의 경우, 4세기 후엽까지 전축분(塼築墳)이 지속적으로 조영된 점에 주목하여 314년 이후에도 고구려가 직접 통치하지 못하고 그 지역에 거주해온 옛 군현 지배층과 중국계 망명인들이 상당히 독립적인 세력을 한동안 유지했다고 보기도 하지만(岡崎敬, 1964; 공석구, 1998), 학계 통설은 대방군 소멸 이후에도 한동안 중국계 작호를 사용한 토착세력 및 망명인들이 고구려의 통제를 받는 예속적 정치세력이었다는 것이다(임기환, 2004; 김미경, 2007; 안정준, 2016). 그렇다면 369년경 고구려와 백제의 영토 경계는 지금의 황해도 봉산(사리원)과 연안(배천) 사이 정도로 볼 수 있는데, 자연지형에 주목하면 서흥-평산-해주로 이어지는 멸악산맥을 기준으로 북쪽은 고구려 영토, 남쪽은 백제 영토였을 개연성이 있다.

그런데 백제사 연구자 중에는 4세기 중엽 백제의 북방 영토를 지금의 예성강까지라고 추정하는 이가 적지 않다. 그것은 『삼국사기』 백제본기 온조왕 13년 8월조의 "사신을 마한에 보내 천도하였음을 알리고 드디어 강역(疆域)을 정하였는데, 북쪽으로는 패하(浿河)에 이르고, 남쪽은 웅천(熊川)을 한계로 삼으며, 서쪽으로는 큰 바다에까지 가고, 동쪽으로는 주양(走壤)에 이르렀다"라는 기록에 주목하고, 북쪽의 패하라는 지명에 특별한 의미를 부여하기 때문이다. 즉, 패하는 지금의 예성강을 가리킨다는 지명 고증(이병도, 1976; 노중국, 2018)을 기반으로 그것이 백제 시조 온조왕본기에 실린 이유는 백제 역사상 북쪽 영토의 최대 판도였기 때문이라고 해석하는 것이다. 패하를 대동강으로 보는 견해(도수희, 1980)와 임진강으로 보는 견해(酒井改藏, 1970)도 있으나, 통설은 예성강이라는 견해이다.

패하를 예성강에 비정하는 주요 근거는 황해도 평산 지역을 지나는 예성강의 이름이 한때 패강(浿江)이기도 했다는 것이다. 『동국여지승람(東國輿地勝覽)』 황해도 평산도호부(平山都護府) 산천(山川)조에는 예성강을 '저탄(猪灘)'이라고도 하고 '패강'이라고도 했다는 기록이 있다. 신라 하대에 예성강의 평산 일대에는 패강진(浿江鎭)이 설치된 적이 있으며, 예성강 주변과 그 서쪽 지역에 패강도(浿江道)와 패서도(浿西道)가 설치된 적도 있다. 그런데 패강이라는 이름은 신라 하대부터 사용되었으며, 패하(浿河)·패수(浿水)와 같은 곳인지는 분명하지 않다. 기록이 저마다 달라서 실제 위치가 달랐거나 그 위치가 시대 및 영역 변화에 따라 바뀌었을 개연성이 있는 것이다. 그래서 대동강의 지류인 재령강·서흥강·황주천 등에 주목하기도 한다(김기섭, 2000). 더욱이 예성강은 북쪽에서 발원하여 남쪽으로 흘러 황해로 유입되는 강이기 때문에 백제의 북쪽 영토 한계선으로 삼기에는 방향이 잘 들어맞지 않는 문제점도 있다.

이처럼 4세기 중엽까지 고구려와 백제의 영토 경계는 분명하지 않다. 그럼에도 불구하고 4세기 중엽에 두 나라의 영토가 맞닿았다는 사실은 369년 치양전투를 통해 확인할 수 있다. 그리고 그로부터 2년 뒤인 371년 겨울 10월에 백제의 3만 대군이 고구려의 평양성을 공격하였다. 이때 고국원왕은 직접 군사를 이끌고 평양성을 지키다가 날아오는 화살에 맞아 그달 23일에 죽었으며 고국(故國)의 들에 장사지냈다는 기록이 『삼국사기』 고구려본기에 실려 있다. 고국원왕이 전사한 평양성을 황해도 재령군의 장수산성 인근으로 보는 견해도 있지만(채희국, 1982; 손영종, 1990) 근거가 분명하지 않으며, 대개 청암리토성·낙랑토성·의암동토성 등 대동강 유역의 토성에 주목한다(민덕식, 1989; 김지희, 2016; 기경량, 2017; 임기환, 2018; 권순홍, 2019). 그렇다면 고구려와 백제의 전투 지점이 2년 만에 예성강 유역에서 대동강 유역으로 120km 이상 이동한 것으로서, 고구려의 남방 영토 경계가 백제의 공세에 밀려 북쪽으로 대폭 후퇴하였음을 시사한다.

고국원왕의 아들로서 뒤를 이어 즉위한 제17대 소수림왕(小獸林王)은 372년 여름 6월에 전진(前秦)에서 불교 승려 순도(順道)와 불상·불경을 받아들이고 태학(太學)을 세웠으며, 373년에 율령(律令)을 처음으로 반포하는 등 체제를 정비하였다. 그리고 375년 가을 7월에 백제의 수곡성(水谷城)을 공격하였는데, 흔히 황해도 신계군 다율면에 비정되는 곳이다. 이곳은 남쪽으로 흐르는 예성강의 최상류지역이지만, 대동강의 지류로서 서쪽으로 흐르는 황주천의 최상류지역이기도 하다. 그렇다면 지금의 황해도 동북부 지역이 백제 영토였다는 뜻인데, 377년 겨울에 백제 근구수왕이 군사 3만 명을 이끌고 고구려 평양성을 공격했다는 『삼국사기』 기록은 이 무렵 고구려 영토가 북쪽으로 후퇴하여 백제와의 경계가 대동강 유역에서 가까웠음을 시사한다.

4세기 중엽 고구려와 백제의 경계 지점을 유추하는 데 중요한 실물자료로서 황해도 황주 지역에서 출토된 백제토기가 주목된다. 서울대학교 박물관은 완형 굽다리접시(高杯)를 비롯해 황해도 황주의 토성리(土城里)에서 출토되었다고 전하는 약 30개체분의 토기를 소장하고 있는데(소장품 등록번호 1008호), 그중 2점은 고구려토기편이고, 나머지는 굽다리접시(3점)·뚜껑(3점)·시루(3점)·계란모양토기(3점)·항아리(15점)·소반(1점) 등 한강 유역의 생활유적에서 흔히 출토되는 전형적인 백제토기이다. 제작연대는 분명치 않으나 대략 4세기 중엽에서 후엽에 걸치는 시기로 추정한다(최종택, 1990; 1998). 토기는 소지하고 이동할 수 있는 물품이기에 그 의미를 단언하기 어렵다. 그러나 4세기 중·후엽의 백제토기가 대동강 하류지역에서 출토되었다는 사실은, 한때 백제가 대동강 부근, 황해도 일대에서 주둔하며 군사활동을 벌였다는 것으로 해석할 여지가 충분하다.

결국 고국원왕이 추진한 남진정책은 백제의 저항과 반격에 부딪혀 소득이 크지 않았으며, 오히려 371년 백제의 공격을 맞아 고국원왕이 평양성전투에서 전사함으로써 큰 시련을 초래하였다. 이 무렵 고구려와 백제의 전투가 종종 대동강 유역에서 벌어졌다는 것은 옛 대방군 지역에 대한 고구려의 지배력이 아직 확립되지 않았음을 나타낸다.

2. 광개토왕의 영토 확장과 백제의 굴복

384년, 소수림왕이 재위 14년 만에 죽었는데, 아들이 없었으므로 아우 이련(伊連)이 즉위하였으니, 제18대 고국양왕(384~391년)이다. 고국양왕은 즉위한 이듬해인 385년 여름 6월에 군사 4만 명으로 요동 지역을 습격해 요동군과 현도군을 빼앗고 남녀 1만 명을 사로잡아 돌아왔다. 전년 겨울에 전진이 동진을 공격했다가 크게 진 뒤 부견의 부하였던 모용수(慕容垂)가 업(鄴) 부근에서 독립해 후연(後燕)을 세우면서 요동 지역이 어수선해지자 그 틈을 노린 것이다. 그러나 고구려는 같은 해 겨울에 요동군과 현도군을 다시 후연에게 빼앗겼다. 서방 진출이 여전히 쉽지 않자, 고국양왕은 386~390년까지 남쪽으로 백제와의 전쟁에 집중하였다. 『삼국사기』 고구려본기에는 386년 가을 8월, 389년 가을 9월, 390년 가을 9월 등 3회에 걸쳐 고구려와 백제의 전투 기사가 실려 있는데, 지명이 아니라 '변경' 등으로 표현하였으므로 전투 지점을 정확히 알 수 없다. 그런데 같은 책 백제본기에는 백제 진사왕 2년(386년) "봄에 나라 안 사람으로 나이 15세 이상을 징발하여 국경을 방비하는 관문을 설치하였는데, 청목령(靑木嶺)에서부터 북쪽으로는 팔곤성(八坤城)에 닿았고, 서쪽으로는 바다에 이르렀다"는 기록이 있다. 청목령과 팔곤성의 위치는 정확히 알 수 없으나, 청목령을 지금의 개성 지역에 비정하는 것이 통설이다. 그렇다면 고국양왕 때 고구려의 남방 영토가 더욱 넓어져서 지금의 황해도 지역을 모두 장악했다고 볼 수 있다.

소수림왕과 고국양왕을 거치면서 고구려의 남방 영토만 넓어진 것은 아니었다. 정치·외교적 영향력 범위는 더욱 넓어졌다. 특히 신라에 대한 외교적 영향력이 매우 커졌는데, 377년과 382년 두 차례에 걸쳐 고구려 사신이 신라 사신을 전진(前秦)에 데려갈 정도로 두 나라의 관계가 가까워졌다. 이는 당초 백제와 우호관계를 맺었던 신라가 입장을 바꾼 것이어서 더욱 흥미롭다. 『삼국사기』에 따르면, 366년 봄 3월에 백제가 사신을 신라에 보내 예방했으며, 368년 봄 3월에는 백제 근초고왕이 신라 나물왕에게 좋은 말 2필을 보내주었다고 한다. 이 무렵 백제는 신라는 물론 가야(加耶)·왜(倭)로도 사신을 보내 우호관계를 맺으려 노력하였는데, 이는 모두 정치·군사적으로 남쪽을 안정시키고 지원세력으로 만들어 북쪽 고구려에 적극 대항하려는 의도로 보인다(김기섭, 2020). 그리고 이러한 근초고왕의 노력이 고구려에 대한 군사적 우위라는 성과를 만들어냈다고 볼 수 있다. 그런데 377년과 382년에 연달아 신라가 고구려를 통해 전진에 사신을 보냈다는 것은 백제 근초고왕이 죽은 뒤 신라의 외교적 입장이 바뀌었음을 시사한다. 그리하여 『통전(通典)』·『태평어람(太平御覽)』·『태평환우기(太平寰宇記)』·『통지(通志)』 등에 "나라가 작아서 혼자서는 사신을 보내지 못한다"라는 기록을 남길 정도로 국제사회에서 신라는 고구려의 지원을 받는 존재로 인식되고 있었다.

『삼국사기』에는 신라가 나물(奈勿)마립간 26년(381년)에 사신 위두(衛頭)를 전진에 보내 토산물을 바쳤다는 기록이 있으며, 『태평어람』에는 "건원 18년(382년)에 신라국왕 누한(樓寒)이 사신 위두를 보내 미녀를 바쳤다"는 기록이 있다. 신라가 어떻게 전진에 사신을 보낼 수 있었는지 자세한 기록이 없지만, 고구려 사신이 갈 때 데려갔다는 것이 통설이다. 그리하여 4세기 말~5세기 초에는 고구려가 신라의 왕위 계승에도 관여할 정도로 신라사회에 막강한 영향력을 행사하게 된다. 『삼국사기』에 따르면 392년에 나물마립간이 "고구려가 강성하므로 이찬 대서지(大西知)의 아들 실성(實聖)을 볼모로 삼았"는데, 401년 가을에 실성이 신라로 돌아왔으며, 이듬해(402년) 봄에 나물마립간이 죽자 왕위에 올랐다고 한다. 나물왕이 조카인 실성을 고구려에 인질로 보냈으며, 그로부터 9년 뒤에 실성이 신라에 돌아오자마자 왕위에 올랐다는 사실은 신라사회에서 고구려의 정치적 영향력이 매우 커졌음을 의미한다. 따라서 4세기 중엽의 백제-신라 우호관계는 4세기 말엽에 급격히 깨지고 대신 고구려-신라 연합체제가 형성되었다고 할 수 있다.

바야흐로 고구려와 신라의 우호관계가 강화되고 있던 391년 여름 5월에 고국양왕이 죽고 아들 담덕(談德)이 즉위하였다. 그가 제19대 광개토왕(廣開土王)인데, 〈광개토왕비문〉에 따르면 즉위할 때 나이가 18세였다. 『삼국사기』 고구려본기에는 392년에 고국양왕이 죽고 아들 광개토왕이 즉위했다고 잘못 기록되어 있지만, 〈광개토왕비〉와 『삼국사기』 백제본기의 전쟁 기사에 따르면 광개토왕이 즉위한 해는 391년이다. 『삼국사기』 고구려본기에는 광개토왕이 즉위하자마자 가을 7월에 남쪽으로 백제를 공격해 10성(城)을 빼앗고, 북쪽으로 거란을 공격해 남녀 500명을 사로잡았으며, 거란에 잡혀갔던 고구려 백성 1만 명을 데려왔다고 기록되어 있다. 그런데 〈광개토왕비문〉에는 그런 내용이 없고 영락(永樂) 5년(395년)에 비려(稗麗)를 토벌해 3개 부락 600~700영(營)을 격파하니 소·말·양이 이루 헤아릴 수없이 많았다는 기록만 있다. 영락은 광개토왕의 연호이고, 비려는 거란을 가리킨다.

고구려 광개토왕 2년(392년), 백제 진사왕 8년(392년)에 고구려는 백제를 대대적으로 공격하여 많은 영토를 빼앗았다. 『삼국사기』 백제본기에는 진사왕 8년 "가을 7월에 고구려왕 담덕(談德)이 군사 4만 명을 이끌고 북쪽 변경을 쳐들어와서 석현성(石峴城) 등 10여 성을 함락시켰는데, 왕은 담덕이 군대를 잘 부린다는 소문을 듣고 나아가 막지 못하였으며 한수(漢水) 북쪽의 여러 부락을 많이 빼앗겼다"는 기록이 있다. 같은 사실을 고구려본기에는 광개토왕 원년 "가을 7월에 남쪽으로 백제를 쳐서 10성을 빼앗았다"고 간단히 적어놓았는데, 이는 사건의 연대와 경과 및 결과에 대한 내용이 부정확한 것이어서 대개 무시하고 백제본기의 기록을 이용한다.

392년 겨울 10월에 광개토왕이 백제의 관미성(關彌城)을 빼앗았다. 『삼국사기』 고구려본기에 따르면, 관미성은 사면이 가파르고 바닷물로 둘러싸인 곳이므로 광개토왕이 군사를 7개 무리로 나누어 공격해서 20일 만에 빼앗았다고 한다. 관미성은 〈광개토왕비〉에 '각미성(閣彌城)'으로 적혀 있는데, 그 위치에 대해서는 약간의 논란이 있었다. 조선 후기의 지리학자 김정호(金正浩)는 그의 저서 『대동지지(大東地志)』에서 "오두성(烏頭城)은 임진강과 한강이 합치는 곳에 위치하며, 본래 백제의 관미성으로 둘레 2,072척이다. 사면이 가파르기에 오직 동쪽에서만 산기슭으로 나아갈 수 있고, 3면은 바닷물로 둘러싸여 있다"라고 하였다. 이후 관미성을 강화도(江華島)·교동도(喬桐島)의 산성에 비정하거나 예성강 중류 지역 관미령(關彌嶺)에 비정하는 견해도 제기되었으나, 임진강과 한강의 들머리에 위치한 파주 오두산성(烏頭山城)에 비정하는 설이 유력하다(윤일녕, 1990).

백제 진사왕은 관미성을 빼앗긴 뒤 곧바로 구원(狗原)으로 사냥을 떠났으며 10일 만에 구원 행궁에서 죽었다. 『삼국사기』 기록에는 암살당했다는 말이 없지만 평범하지 않은 죽음이다. 『일본서기』에는 "이 해에 백제 진사왕이 즉위하여 귀국(貴國)의 천황에게 무례하였다. 그래서 키노츠노노스쿠네(紀角宿禰), 하타노야시로노스쿠네(羽田矢代宿禰), 이시카와노스쿠네(石川宿禰), 츠쿠노스쿠네(木菟宿禰)를 보내 그 무례함을 꾸짖었다. 이에 백제국이 진사왕을 죽여 사죄하니 키노츠노노스쿠네 등이 아화(阿花)를 왕으로 세우고 돌아왔다"는 기록이 있다. 『일본서기』 특유의 황국사관으로 왜곡한 부분을 걷어내면, 실상은 침류왕의 맏아들이자 진사왕의 조카인 아신왕이 쿠데타를 통해 즉위한 일을 기록한 것이라고 할 수 있다(김기섭, 2000). 고구려 광개토왕의 활발한 군사활동이 백제에 영향을 미쳐서 진사왕이 암살되고 아신왕이 즉위하는 큰 정치 변동을 유발한 것이다. 이에 대한 관점을 바꾸어서 백제 내부가 분열하고 북중국 지역 및 몽골 지역의 정세가 혼미했기 때문에 광개토왕의 백제 공격이 성공할 수 있었다고 보기도 한다(신정훈, 2018).

393년 가을 8월, 백제 아신왕은 고구려에게 빼앗긴 땅을 되찾기 위해 군사 1만 명을 보내 관미성을 공격했다가 실패하였다. 『삼국사기』 백제본기에는 아신왕이 "관미성은 우리 북쪽 변방의 요충인데, 지금 고구려가 차지하고 있어 가슴 아프다"면서 외삼촌 진무(眞武)에게 군사 1만 명을 주고 공격하게 하였으나 고구려가 굳게 지키고 군량 지원이 원활하지 못하므로 물러났다는 내용이 자세하게 실려 있다. 그런데 같은 사건을 고구려본기는 "가을 8월에 백제가 남쪽 변경을 쳐들어왔으므로 장수에게 명령해 물리쳤다"고 매우 간단히 기술하였다. 그리고 "평양에 9개의 사찰을 세웠다"는 기록을 덧붙여 놓았다. 기록의 '구사(九寺)'를 9개의 사찰이 아니라 절이름으로 보기도 하지만, 이때 광개토왕이 평양에 9개의 불교 사찰을 세웠다는 것이 학계의 일반적인 해석이다(신동하, 1988). 고대의 불교 사찰은 주요 교통로 및 인력 공급과 관련된 부분이 많으므로, 평양 9사 건립은 광개토왕이 평양 지역을 거점으로 남하정책을 굳건히 추진하겠다는 의지를 표현한 것으로도 해석할 수 있다.

394년 가을 7월, 백제 군사가 수곡성 아래까지 쳐들어갔다가 고구려에게 졌다. 이 전투를 『삼국사기』 백제본기는 "고구려와 수곡성 아래에서 싸웠는데 졌다"고 간단히 적었는데, 고구려본기는 "백제가 쳐들어오니 왕이 날랜 기병 5,000명을 거느리고 맞받아쳐서 이겼다. 나머지 적들이 밤에 도주하였다"고 하여 조금 더 자세하며, 뒤이어 8월에는 나라 남쪽에 7성을 쌓아 백제의 침략에 대비했다고 하였다. 바야흐로 백제는 그동안 빼앗긴 북쪽 영토를 회복하려고 애쓰고, 고구려는 굳건히 대응하는 상황이라고 할 수 있다.

395년 가을 8월, 백제 아신왕이 좌장 진무 등에게 고구려를 치게 했는데, 고구려왕 담덕이 몸소 군사 7,000명을 이끌고 패수(浿水)가에서 진을 치며 막는 바람에 백제가 크게 져서 군사 8,000여 명이 죽거나 사로잡혔다. 이때의 패수를 흔히 정황을 고려하여 예성강으로 추론하는데, 앞서 나온 패하(浿河)와 같은 곳인지 다른 곳인지 분명하지 않다. 여하튼 백제 아신왕은 겨울 11월에 패수전투의 패배를 되갚으려고 직접 군사 7,000명을 이끌고 한수(漢水)를 건너 북진하다가 청목령(靑木嶺) 아래에서 큰 눈을 만나 군사들이 많이 얼어 죽자 군대를 돌려 한산성(漢山城)으로 돌아와서 군사를 위로했다고 한다.

『삼국사기』 백제본기에 따르면, 398년 가을 8월에도 백제 아신왕이 고구려를 치려고 군사를 내어 한산 북쪽의 목책에 이르렀는데, 그날 밤 큰 별이 병영 안에 떨어져 소리가 나니 왕이 매우 꺼리어 전쟁을 중지하였다. 이듬해인 399년 가을 8월에는 왕이 고구려를 치려고 군사와 말을 크게 징발하니 전쟁에 동원되지 않으려 신라로 도망하는 백성이 많아 호구가 줄었다고 한다.

이처럼 광개토왕이 즉위한 뒤 해마다 벌인 고구려와 백제의 전투에서 번번이 고구려가 크게 승리하였다. 당시 고구려군은 갑옷과 투구를 몸에 걸친 채 손에는 활과 긴 창을 들고 개마(鎧馬)를 탄 중장기병(重裝騎兵)이 앞에 서고, 그 뒤로 역시 활과 창을 든 경기병(輕騎兵), 그리고 갑옷과 투구로 무장하고 활·쇠뇌·창·도끼·칼 등의 무기를 든 보병으로 구성되었는데, 이러한 무장 상태는 백제·가야에 비해 우수한 것이었다(이인철, 2000). 이로 인해 백제의 북방 영토가 줄어든 것은 물론이고 백제 군사들의 사기도 크게 떨어졌다. 391년에 진사왕이 광개토왕의 용병술이 뛰어나다는 말을 듣고 직접 대항하지 못한 일, 395년 아신왕이 직접 군사를 이끌고 출동했다가 큰 눈을 만나 되돌아온 일, 398년 아신왕이 몸소 군사를 이끌고 출동했다가 큰 별이 병영에 떨어지자 되돌아온 일, 399년 백제가 고구려를 치려고 군사와 말을 징발하니 백성들 중 상당수가 신라로 도망간 일 등은 고구려의 군사력에 압도되어 백제 군사의 사기가 크게 떨어져 있었음을 나타낸 것으로 볼 수 있다. 이에 백제 아신왕은 397년 가을 7월에 한수 남쪽에서 크게 사열하고, 398년 9월에는 왕도에 사는 사람들을 모아 서쪽 돈대(西臺)에서 활쏘기를 익히게 하였는데, 군사들의 사기를 진작시키려는 의도로 볼 수 있다.

백제는 외부의 군사적 도움을 받으려는 노력도 적극적으로 추진하였다. 397년 여름 5월에 아신왕이 "왜국과 우호를 맺고 태자 전지(腆支)를 볼모로 보냈다"는 『삼국사기』 기록이 대표적인 사례이다. 이에 대해서는 흔히 백제가 고구려의 군사적 압박에서 벗어나기 위해 왜국에 군사를 보내달라고 요청하기 위해 태자를 보냈다고 해석하거니와 고구려의 군사적 위협이 워낙 강력하여 태자를 보호하기 위해 왜국에 잠시 피난시켰다고 해석하기도 한다. 또, 백제 아신왕이 왜국과의 연대를 강화하기 위해 10세 안팎이던 어린 태자 전지를 왜 왕실의 여인 팔수(八須)와 혼인시키려고 왜국으로 보낸 일을 볼모로 기록한 것이라고 보기도 한다(김기섭, 2005). 이후 백제와 왜국의 관계는 더욱 긴밀해졌다. 402년 5월에 사신을 왜국으로 보내 큰 구슬을 구하니, 이듬해 봄 2월에 왜국의 사신이 왔고, 아신왕이 이를 맞아 특별히 후하게 위로했다고 한다.

그런데 『삼국사기』 고구려본기와 백제본기에 모두 실려 있는 기록, 곧 392~395년에 일어난 고구려와 백제 사이의 치열한 전쟁과 이후의 미묘한 움직임은 전혀 또는 거의 〈광개토왕비문〉에 실려 있지 않다. 그 대신 문헌기록과 달리 〈광개토왕비문〉에는 396년에 큰 전쟁이 일어났으며, 결국 백제왕이 무릎 꿇고 사죄했다는 글이 실려 있다. 〈광개토왕비〉에 새겨진 글자는 대개 표1과 같이 판독한다.

중국 길림성(吉林省) 집안시(集安市) 태왕향(太王鄕) 구화리(九華里) 대비가(大碑街)에 위치한 〈광개토왕비〉는 광개토왕이 죽은 지 2년 뒤인 414년 9월 29일 건립한 높이 6.39m, 폭 1.3~2m 크기의 사각기둥 모양 안산암질 용결 래피리응회암(welded lapilli tuff) 비석으로서, 예서(隸書)체의 한자 1,775자가 4면 44행에 새겨져 있다. 제1면 11행 449자, 제2면 10행 387자, 제3면 14행 574자, 제4면 9행 365자이며, 글자 크기는 세로 9~12cm, 가로 10~12cm이다. 한 행의 글자는 기본적으로 41자이지만, 제1면의 6행, 제2면의 9행과 10행, 제4면의 1행 등은 글자를 적게 새겨 넣어 모두 합쳐 1,775자를 새긴 것으로 추정한다. 그중 140여 글자는 전혀 알아볼 수 없다.

비문 내용은 크게 3단락으로 나뉜다. 첫 단락은 제1면 6행까지 고구려 왕조의 유래와 광개토왕의 생애에 관한 내용이고, 둘째 단락은 제3면 8행 15자까지 광개토왕의 군사활동에 관한 내용이며, 마지막 단락은 왕릉을 지키는 사람들과 법령에 관한 내용이다. 사료적 가치는 모든 단락이 다 높지만 광개토왕의 활동에 비해 문헌기록이 워낙 적은 탓에 둘째 단락에 대한 관심이 조금 더 높은 편이다. 판독하기 어려운 글자도 주로 둘째 단락에 많다. 판독문 가운데 남쪽 관련 사항을 번역하면 다음과 같다.

① 백잔(百殘)과 신라는 예로부터 속민이므로 조공해왔다. 그런데 왜(倭)가 신묘년에 (바다를) 건너와 백잔을 격파하고 신라를 □□하여 신민으로 삼았다. 그래서 6년 병신에 왕이 몸소 □군을 이끌고 잔국(殘國)을 토벌하였다. 군이 □□□하여 영팔성, 구모로성, 각모로성, 간저리성, □□성, 각미성, 모로성, 미사성, □사조성, 아단성, 고리성, □리성, 잡진성, 오리성, 구모성, 고모야라성, 혈□□□□성, □이야라성, 전성, 어

표1 광개토왕비문

면	행	비문
Ⅲ면	1	□□□□□□□□□□□□□□□□□□□□□□□□□□□□□□辭□□□□□□□□□□□潰
Ⅲ면	2	□□□□安羅人戍兵昔新羅寐錦未有身來論事□國罡上廣開土境好太王□□□寐錦□□僕勾
Ⅲ면	3	□□□□朝貢十四年甲辰而倭不軌侵入帶方界□□□□石城□連船□□□王躬率□□從平穰
Ⅲ면	4	□□□鋒相遇王幢要截盪刺倭寇潰敗斬煞無數十七年丁未敎遣步騎五萬□□□□□□□□□師
Ⅲ면	5	□□合戰斬煞蕩盡所獲鎧鉀一萬餘領軍資器械不可稱數還破沙溝城婁城□住城□城□□□□□
Ⅲ면	6	□城廿年庚戌東夫餘舊是鄒牟王屬民中叛不貢王躬率往討軍到餘城而餘□國駭□□□□□□□
Ⅲ면	7	□□王恩普覆於是旋還又其慕化隨官來者味仇婁鴨盧卑斯麻鴨盧椯社婁鴨盧肅斯舍鴨盧□□□
Ⅲ면	8	鴨盧凡所攻破城六十四村一千四百守墓人烟戶賣句余民國烟二看烟三東海賈國烟三看烟五敦城
Ⅲ면	9	民四家盡爲看烟于城一家爲看烟碑利城二家爲國烟平穰城民國烟一看烟十訾連二家爲看烟俳婁
Ⅲ면	10	人國烟一看烟卌三梁谷二家爲看烟梁城二家爲看烟安夫連廿二家爲看烟改谷三家爲看烟新城三
Ⅲ면	11	家爲看烟南蘇城一家爲國烟新來韓穢沙水城國烟一看烟一牟婁城二家爲看烟豆比鴨岑韓五家爲
Ⅲ면	12	看烟勾牟客頭二家爲看烟求底韓一家爲看烟舍蔦城韓穢國烟三看烟廿一古模耶羅城一家爲看烟
Ⅲ면	13	炅古城國烟一看烟三客賢韓一家爲看烟阿旦城雜珍城合十家爲看烟巴奴城韓九家爲看烟臼模盧
Ⅲ면	14	城四家爲看烟各模盧城二家爲看烟牟水城三家爲看烟幹氐利城國烟一看烟三彌鄒城國烟一看烟
Ⅳ면	1	七也利城三家爲看烟豆奴城國烟一看烟二奧利城國烟一看烟八須鄒城國烟二看烟五百
Ⅳ면	2	殘南居韓國烟一看烟五太山韓城六家爲看烟農賣城國烟一看烟七閏奴城國烟二看烟廿二古牟婁
Ⅳ면	3	城國烟二看烟八瑑城國烟一看烟八味城六家爲看烟就咨城五家爲看烟彡穰城廿四家爲看烟散那
Ⅳ면	4	城一家爲國烟那旦城一家爲看烟勾牟城一家爲看烟於利城八家爲看烟比利城三家爲看烟細城三
Ⅳ면	5	家爲看烟國罡上廣開土境好太王存時敎言祖王先王但敎取遠近舊民守墓洒掃吾慮舊民轉當羸劣
Ⅳ면	6	若吾萬年之後安守墓者但取吾躬巡所略來韓穢令備洒掃言敎如此是以如敎令取韓穢二百廿家慮
Ⅳ면	7	其不知法則復取舊民一百十家合新舊守墓戶國烟卅看烟三百都合三百卅家自上祖先王以來墓上
Ⅳ면	8	不安石碑致使守墓人烟戶差錯唯國罡上廣開土境好太王盡爲祖先王墓上立碑銘其烟戶不令差錯
Ⅳ면	9	又制守墓人自今以後不得更相轉賣雖有富足之者亦不得擅買其有違令賣者刑之買人制令守墓之

면	행	원문
Ⅰ면	1	惟昔始祖鄒牟王之創基也出自北夫餘天帝之子母河伯女郎剖卵降世生而有聖□□□□□□命駕
	2	巡幸南下路由夫餘奄利大水王臨津言曰我是皇天之子母河伯女郎鄒牟王爲我連葭浮龜應聲卽爲
	3	連葭浮龜然後造渡於沸流谷忽本西城山上而建都焉不樂世位天遣黃龍來下迎王王於忽本東罡履
	4	龍頁昇天顧命世子儒留王以道興治大朱留王紹承基業遝至十七世孫國罡上廣開土境平安好太王
	5	二九登祚號爲永樂大王恩澤洽于皇天武威振被四海掃除□□庶寧其業國富民殷五穀豊熟昊天不
	6	弔卅有九晏駕棄國以甲寅年九月廿九日乙酉遷就山陵於是立碑銘記勳績以示後世焉其詞曰
	7	永樂五年歲在乙未王以稗麗不□□人躬率往討過富山負山至鹽水上破其三部洛六七百營牛馬群
	8	羊不可稱數於是旋駕因過襄平道東來□城力城北豊五備□遊觀土境田獵而還百殘新羅舊是屬民
	9	由來朝貢而倭以辛卯年來渡□破百殘□□新羅以爲臣民以六年丙申王躬率□軍討伐殘國軍□□
	10	□攻取寧八城臼模盧城各模盧城幹氐利城□□城閣彌城牟盧城彌沙城□舍蔦城阿旦城古利城□
	11	利城雜珍城奧利城勾牟城古模耶羅城頁□□□□城□而耶羅城瑑城於利城□□城豆奴城沸□□
Ⅱ면	1	利城彌鄒城也利城太山韓城掃加城敦拔城□□□城婁賣城散那城那旦城細城牟婁城于婁城蘇灰
	2	城燕婁城析支利城巖門□城林城□□□□□□□利城就鄒城□拔城古牟婁城閏奴城貫奴城彡穰
	3	城曾□城□□盧城仇天城□□□□□其國城殘不服義敢出百戰王威赫怒渡阿利水遣刺迫城□□
	4	□穴□便圍城而殘主困逼獻出男女生口一千人細布千匹跪王自誓從今以後永爲奴客太王恩赦□
	5	迷之愆錄其後順之誠於是得五十八城村七百將殘主弟幷大臣十人旋師還都八年戊戌教遣偏師觀
	6	帛愼土谷因便抄得莫□羅城加太羅谷男女三百餘人自此以來朝貢論事九年己亥百殘違誓與倭和
	7	通王巡下平穰而新羅遣使白王云倭人滿其國境潰破城池以奴客爲民歸王請命太王恩慈矜其忠誠
	8	□遣使還告以□計十年庚子教遣步騎五萬往救新羅從男居城至新羅城倭滿其中官軍方至倭賊退
	9	□□背急追至任那加羅從拔城城卽歸服安羅人戍兵□新羅城□城倭寇大潰城□
	10	□□盡□□□安羅人戍兵新□□□□其□□□□□□□言

리성, □□성, 두노성, 비□□리성, 미추성, 야리성, 태산한성, 소가성, 돈발성, □□□성, 누매성, 산나성, 나단성, 세성, 모루성, 우루성, 소회성, 연루성, 석지리성, 암문□성, 임성, □□□□□□□리성, 취추성, □발성, 고모루성, 윤노성, 관노성, 삼양성, 증□성, □□로성, 구천성, □□□을 공격해 빼고 그 도성을 □하였다. 백잔이 의로움에 복종하지 않고 감히 나와 수없이 싸우니 왕이 크게 노하여 아리수를 건너 선발대를 보내 성에 다가서고 □□하여 성을 에워쌌다. 이에 잔주(殘主)가 괴롭고 급해지자 남녀 생구(生口) 1,000명과 고운 베 1,000필을 내어 바치며 왕에게 무릎 꿇고 스스로 맹세하기를 지금부터 영원히 노객(老客)이 되겠다고 하였다. 태왕이 앞의 어지럽힌 잘못을 은혜로이 용서하고 뒤의 순종하는 정성을 새겨두었다. 이에 58성 700촌을 얻고 잔주의 아우와 대신 10인을 거느리고 군사를 돌려 도읍으로 돌아왔다.

② 9년 기해에 백잔이 맹세를 어기고 왜와 화통하였다. 왕이 평양으로 행차하여 내려가니 신라가 사신을 보내 왕에게 아뢰길 "왜인이 국경에 가득하여 성과 연못을 부수고 노객을 백성으로 삼으려 하니 왕께 돌아와 명령을 기다립니다"라고 하였다. 태왕이 은혜롭고 자애롭게 그 충성을 갸륵히 여겨 □ 사신을 보내 돌아가서 계책을 알리게 하였다.

③ 10년 경자에 교를 내리셔서 보병과 기병 5만을 보내 신라를 구원하게 하였다. 남거성을 거쳐 신라성에 이르니 왜가 그 안에 가득하였다. 관군이 바야흐로 도착할 즈음에 왜적이 물러났는데, □□ 뒤를 급히 쫓아 임나가라 종발성에 이르니 성이 곧 귀복하였다. 안라인 수병이 신라성 □성을 □하고 왜구가 크게 무너지니 성□□□이 다 □□□하고 안라인 수병이 □□□안라인 수병에게 □□□□하였다. 옛날에는 신라 매금이 직접 와서 일을 의논한 적이 없었는

데, 국강상광개토경호태왕이 □□□□하여 매금이 □□ □□□□조공하였다.

④ 14년 갑진에 왜가 질서를 지키지 않고 대방지역에 침입해 □□□ □석성을 □□하고 배를 이어 □□□하니 왕이 몸소 □□를 이끌고 평양에서부터 □□□하여 군대가 서로 부딪쳤다. 왕의 군대가 길을 끊고 싹쓸어버리니 왜구가 궤멸하였다. 참살한 것이 무수히 많았다.

⑤ 무덤을 지키는 사람들[守墓人烟戶]은 매구여 백성은 국연(國烟) 2, 간연(看烟) 3이며, 동해가는 국연 3, 간연 5이며, 돈성 백성은 4집 모두 간연으로 하고, 우성은 1집을 간연으로 하고, 비리성은 2집을 국연으로 하고, 평양성 백성은 국연 1, 간연 10이며, 자련은 2집을 간연으로 하고, 배루인은 국연 1, 간연 43이며, 양곡은 2집을 간연으로 하고, 양성은 2집을 간연으로 하고, 안부련은 22집을 간연으로 하고, 개곡은 3집을 간연으로 하고, 신성은 3집을 간연으로 하고, 남소성은 1집을 국연으로 한다. 새로 온 한예는 사수성은 국연 1, 간연 1이고, 모루성은 2집을 간연으로 하고, 두비압잠한은 5집을 간연으로 하고, 구모객두는 2집을 간연으로 하고, 구저한은 1집을 간연으로 하고, 사조성한예는 국연 3, 간연 21이며, 고모야라성은 1집을 간연으로 하고, 경고성은 국연 1, 간연 3이며, 객현한은 1가를 간연으로 하고, 아단성과 잡진성은 합쳐서 10집을 간연으로 하고, 파노성한은 9집을 간연으로 하고, 구모로성은 4집을 간연으로 하고, 각모로성은 2집을 간연으로 하고, 모수성은 3집을 간연으로 하고, 간저리성은 국연 1, 간연 3이며, 미추성은 국연 1, 간연 7이며, 야리성은 3집을 간연으로 하고, 두노성은 국연 1, 간연 2이며, 오리성은 국연 1, 간연 8이며, 수추성은 국연 2, 간연 5이다. 백잔 남쪽의 한은 국연 1, 간연 5이며, 태산한성은 6집을 간연으로 하고, 농매성은 국연 1, 간연 7이며, 윤노성은 국연 2, 간연 22이며, 고모루성은 국연 2, 간

연 8이며, 전성은 국연 1, 간연 8이며, 미성은 6집을 간연으로 하고, 취자성은 5집을 간연으로 하고, 삼양성은 24집을 간연으로 하고, 산나성은 1집을 국연으로 하고, 나단성은 1집을 간연으로 하고, 구모성은 1집을 간연으로 하고, 어리성은 8집을 간연으로 하고, 비리성은 3집을 간연으로 하고, 세성은 3집을 간연으로 한다.

비문 ①에 따르면, 고구려 광개토왕이 "6년 병신년(396년)에 몸소 □군을 이끌고 잔국을 토벌하니" 백제 아신왕이 "남녀 생구 1,000명과 고운 베 1,000필을 내어 바치며 … 지금부터 영원히 노객이 되겠다고 맹세하고" 왕의 "아우와 대신 10인을" 볼모로 바쳤다고 한다. 그런데 고구려가 백제로부터 58성 700촌을 빼앗은 것은 396년 한 해에 일어난 일이 아니라 392년부터 396년까지 5년간의 성과를 모두 합한 것일 개연성이 높다(武田幸男, 1978; 이기동, 1986; 이도학, 1988). 앞에서 보았듯이, 『삼국사기』에 따르면, 고구려 광개토왕이 백제로부터 관미성(각미성)을 뺏은 것은 392년 겨울 10월이었다. 그리고 비문에서는 잔주(백제 아신왕)가 396년에 "지금부터 영원히 노객이 되겠다"고 맹세해놓고 399년에 왜와 화통했다고 하였지만, 『삼국사기』에는 아신왕이 397년 가을 7월에 "한수 남쪽에서 크게 사열하고" 398년에 고구려를 공격하려고 아신왕이 몸소 군대를 이끌고 나섰다가 도중에 돌아온 일이 적혀 있다. 비문은 어디까지나 고구려의 주변국에 대한 침략행위를 천하관(天下觀)으로 정당화하고(양기석, 1983; 노태돈, 1988; 이인철, 2000) 광개토왕의 행적을 영웅담으로 만들기 위한 것이므로 많은 사실을 극적으로 과장하였을 개연성이 있다. 〈광개토〉가 5세기 초에 세워졌다고 해서 그 비문 내용이 12세기 중엽에 편찬된 『삼국사기』 기록보다 반드시 정확하다고는 말할 수 없다는 뜻이다.

그런 점에서 보면 비문 ①의 "백잔과 신라는 예로부터 속민이므로 조공해왔다. 그런데 왜가 신묘년에 (바다를) 건너와 백잔을 격파하고 신라를 □□하여 신민으로 삼았다. 그래서 6년 병신에 왕이 몸소 □군을 이끌고 잔국을 토벌하였다"는 표현은 역사왜곡에 가까운 매우 과장된 것이다. 우선 백제를 백잔(百殘)이라 하여 마치 흉악한 도둑무리인양 표현함으로써 백제에 대한 극도의 적개심을 드러냈다. 그러면서 마치 백제가 예부터 고구려에 조공해온 복속국인 것처럼 기술하였는데, 이는 불과 20여 년 전 광개토왕의 할아버지인 고국원왕이 평양성에서 백제군이 쏜 화살에 맞아 죽었다는 사실조차 덮어버리려는 역사왜곡으로서 고구려의 백제 공격을 정당화하려는 명분에 불과하다(浜田耕策, 1974; 서영수, 1982).

비문 ①의 왜곡은 왜(倭)가 신묘년(391년)에 바다를 건너와서 백제와 신라를 신민으로 삼았다는 데에서 정점을 이룬다. 그랬기 때문에 고구려 광개토왕이 병자년(396년)에 정의로운 군대를 발동하여 백제를 공격했다는 논리이다. 이는 처음부터 끝까지 고구려의 주관적 상황 인식으로서 전쟁 발발의 책임을 상대에게 돌리려는 자기합리화에 불과하여 비문 내용 자체로도 논리적 모순을 드러낸다. 만약 신묘년에 왜가 바다를 건너와 고구려의 오랜 복속국인 백제와 신라를 신민으로 삼았다면, 병자년에 고구려는 왜를 공격했어야 한다. 그런데 엉뚱하게도 백제를 공격한 것이다.

논리적 모순이 일어난 이유에 대한 해석은 두 갈래로 나뉜다. 한 갈래는 비문 ①의 글자 판독과 해석이 잘못되었을 가능성이다. 그렇다면 앞에서 부자연스럽다고 생각한 해석법에 다시금 주목해야 한다. 다른 한 갈래는 고구려가 의도적으로 백제를 낮추고 왜를 부각시켰을 가능성이다. 고구려는 백제를 나라 이름조차 제대로 불러주기 싫어 백잔이라고 표현하였다. 그런 백제와 친밀한 왜의 군사외교활동을 한껏 과장함으로써 백제를 저급한 도둑무리의 졸개처럼 만들었다는 것이다. 백제-가야-왜를 악의 축으로 만들고 그중 가장 먼 곳에 위치한 왜를 절대악으로 규정함으로써 상황을 과장하고 광개토왕의 공적을 부풀리려는 의도적 왜곡인 셈이다.

〈광개토왕비〉에서 왜라는 글자는 적어도 8회 이상 나온다. 그중 일부를 위작으로 보기도 하지만(이형구·박노희, 2014) 대개 왜(倭) 4회, 왜구(倭寇) 2회, 왜인(倭人)과 왜적(倭賊) 각각 1회씩으로 파악한다. 이러한 명칭은 백제를 가리켜 백잔(百殘) 4회, 잔주(殘主) 2회, 잔(殘) 1회, 잔국(殘國) 1회 등으로 표현한 것과 비슷하지만 백제에 대한 적개심보다는 낮은 편이다. 반면, 신라와 임나가라는 이름 그대로 담담히 적어놓았다. 비문 ③의 "안라인 수병"을 '신라인 수비병을 배치했다'는 뜻으로 해석하는 견해(王健群, 1985; 鈴木英夫, 1987; 高寬敏, 1990; 김태식, 2000; 백승옥, 2005)와 '안라국(安羅國)의 수비병'을 가리킨다고 보는 견해(末松保和, 1956; 김석형, 1966; 천관우, 1977; 이영식, 1985; 연민수, 1987; 武田幸男, 1985; 田中俊明, 1992; 山尾幸久, 1989)가 있는데, 안라(安羅) = 아라가야(阿羅加耶)라면 이름 그대로 담담히 적어놓은 사례가 1개 더 늘어난다.

비문은 이름만으로도 고구려의 주적(主敵)이 누구인지를 분명히 드러냈다. 고구려에게 백제가 주적이며 왜는 주적을 힘써 돕는 해적 무리로 인식한 것이다. 가야에 대해서는 편을 갈라 표현하지 않았으나 전쟁터가 가야 지역에까지 이르렀는데도 가야왕에 대해 언급하지 않은 점, 『일본서기』에서 가야 여러 나라 중 하나인 탁순국(卓淳國)이 백제와 왜를 연결하는 교통로로 묘사된 점 등을 감안하면 고구려의 소극적 반대세력으로 분류했을 개연성이 있다.

그렇다면 왜와 가야는 백제를 어떤 방식으로 도왔을까? 비문에는 적혀 있지 않으나, 『삼국사기』 백제본기의 아신왕 8년(399년)에 "백성들이 (고구려와의) 전쟁에 시달리자 신라로 많이 도망 가니 호구가 줄었다"는 기사, 아신왕 12년(403년) "봄 2월에 왜국의 사신이 왔다. 왕이 맞아 위로하였는데 특별히 도타웠다. 가을 7월에 군사를 보내 신라의 변경을 쳤다"는 기사를 참고해 추정할 수 있다. 즉, 신라가 백제의 정세 불안에 편승해 이득을 얻으며 비문 ②, ③에서처럼 고구려와 군사연합체계를 형성하자 백제는 가야와 왜를 이용해 신라를 공격하며 견제한 것이다.

비문 ②, ③에서 신라를 침입한 왜와 비문 ④에서 대방 지역을 침입한 왜가 같은 세력인지는 알 수 없다. 400년에 남쪽 신라에서 고구려군에게 궤멸된 뒤 4년 만에 다시 서북쪽 대방 지역에 침입했다가 고구려군에게 궤멸된 것이라면 〈광개토왕비〉의 왜는 통일된 국가의 군대가 아니라 약탈을 목적으로 한 해적집단이라는 견해도 있다. 왜인이 백제의 군사적 관심지역에만 출몰했다는 것은 백제가 왜를 움직였다는 뜻이라고 해석하기도 한다.

당시 백제를 도운 왜군의 병력은 대략 500~1,000명 규모였을 것으로 보인다(김현구, 1993). 동원된 병력이 적은 이유는 군사를 수송하는 선박의 규모 및 항해술 수준과 관련이 깊기 때문이다. 『삼국사기』에는 405년에 태자 전지가 8년 만에 왜에서 귀국할 때 왜왕이 군사 100명을 보내 호위했다는 기록이 있다. 또, 『일본서기』 웅략기(雄略紀)에는 479년 왜에 있던 동성(東城)이 백제왕으로 즉위하기 위해 귀국할 때 왜왕이 규슈(九州)에 위치한 츠쿠시국(筑紫國)의 군사 500명을 보내 호위케 했다는 기록도 있다. 그러므로 4세기 무렵에 이미 군사 3만~4만 명을 동원하는 고구려·백제의 군사력에 비한다면 왜군이 한반도에서 실질적인 물리력을 행사하기는 어려웠을 것이다. 아마도 백제의 요청에 따라 동원된 왜군은 배를 타고 신속하게 이동하며 해변에서 가까운 지점의 고구려 시설을 급습하는 방식으로 백제를 도왔을 것이다.

404년(甲辰) 왜의 대방 지역 침입은 백제의 사주에 의한 것으로 보인다. 백제가 고구려와 직접 충돌하기보다 왜·가야 등 주변 지원세력을 활용하는 방식으로 작전을 변경한 이유 중 하나는 고구려를 직접 자극하지 않으려는 의도가 있었던 것은 아닐까? 비문 ①에 실린 고구려의 인질정책이 나름의 성과를 거둔 것으로 볼 수도 있다.

〈광개토왕비〉에는 백제에서 잡혀온 사람들이 "새로 온 한예(新來韓穢)"라고 적혀 있다. 사수성(沙水城), 모루성(牟婁城), 두비압잠한(豆比鴨岑韓), 구모객두(勾牟客頭), 구저한(求底韓), 사조성한예(舍蔦城韓穢), 고모야라성(古模耶羅城), 경고성(炅古城), 객현한(客賢韓), 아단성(阿旦城), 잡진성(雜珍城), 파노성한(巴奴城韓), 구모로성(臼模盧城), 각모로성(各模盧城), 모수성(牟水城), 간저리성(幹氐利城), 미추성(彌鄒城), 야리성(也利城), 두노성(豆奴城), 오리성(奧利城), 수추성(須鄒城), 백잔 남쪽의 거한[百殘南居韓], 태산한성(太山韓城), 농매성(農賣城), 윤노성(閏奴城), 고모루성(古牟婁城), 전성(瑑城), 미성(味城), 취자성(就咨城), 삼양성(彡穰城), 산나성(散那城), 나단성(那旦城), 구모성(勾牟城), 어리성(於利城), 비리성(比利城), 세성(細城) 등이 이에 해당한다. 여섯 곳의 이름 끝에는 한(韓)이라는 종족 특징을 특별히 밝혀 놓았고, 그중 한 곳에는 예족도 함께 밝혀 놓았다. "백잔 남쪽의 거한"은 '백제 남쪽에 거주하는 한'으로 해석하는 것이 보통이지만, '거(居)'한이 '진(辰)'한 또는 '마(馬)'한의 글자 모양과 비슷해서 글자를 잘못 새겨 넣었을 가능성도 있다. 이들은 아마도 마한 사람으로서 백제에 흡수되었다가 396년 백제 아신왕이 고구려 광개토왕에게 항복하며 남녀 1,000명을 바칠 때 고구려에 전리품으로 보낸 사람들일 것이다.

백제에서 잡혀온 사람 중 상당수는 왕실무덤을 지키고 청소하는 일을 했다. 맡은 일에 따라 국연(國烟)과 간연(看烟)으로 나뉘었으며, 국연 30호, 간연 300호로서 국연 1호당 간연 10호를 연계하는 방식으로 구성되었다(김현숙, 1989). 국연과 간연의 역할에 대해서는 크게 두 가지로 나누어볼 수 있는데, 국연은 무덤을 직접 지키며 지휘·관리하는 사람이고, 간연은 그것을 보조하거나 국연의 생계 부담을 나누어 지는 사람이라는

그림1 | 광개토왕비(동북아역사재단)

견해(武田幸男, 1979·1989; 조인성, 1988; 김현숙, 1989; 조법종, 1995; 이인철, 1996), 그리고 국연은 본래 각 지역에서 지배층이었던 사람이고 간연은 그에 속했던 사람이며 국연이 무덤 주변에 거주하며 관리하는 동안 간연은 지방에서 농업생산을 통해 뒷받침했다는 견해(박시형, 1966; 손영종, 1986; 임기환, 1994; 김락기, 2006)이다.

〈광개토왕비문〉에서는 서쪽 후연과의 전쟁 기록을 찾기 어렵다. 『삼국사기』 고구려본기에 후연(後燕)과의 갈등·전쟁 기록이 많은 점에 비추어보면 참 이상한 일이다. 『삼국사기』에 따르면, 399년 봄에 후연왕 모용성(慕容盛)이 고구려왕의 예절이 오만하다면서 군사 3만 명을 이끌고 습격해 신성(新城)과 남소성(南蘇城)을 함락시키고 700여 리를 넓힌 뒤 5,000여 호를 옮겨 놓고 돌아갔다고 한다. 401년에는 광개토왕이 군사를 보내 숙군성(宿軍城)을 공격하니 후연의 평주자사 모용귀(慕容歸)가 성을 버리고 달아났다는 기록이 있다. 403년 겨울에도 군대를 내어 후연을 침공했다고 한다. 그리고 『삼국사기』에는 404년 봄 정월에 후연왕 모용희(慕容熙)가 직접 요동성을 공격했다가 실패하고 돌아갔다는 기록, 405년 겨울 12월에 모용희가 거란을 습격하려고 출동했다가 거란 무리가 많은 것이 두려워 되돌아가던 중 무거운 짐을 버리고 가볍게 무장한 채 고구려 목저성(木底城)을 공격했으나 실패했다는 기록, 407년 봄 3월에 북연으로 사신을 보내 종족(宗族)의 정을 베풀자 북연왕 운(雲)이 사신을 보내 답례하였다는 기록 등이 있다. 그러나 〈광개토왕비문〉에는 이런 내용이 보이지 않는다.

다만, 영락 8년(398년)에 군사를 보내 백신(帛愼) 지역을 순시하고 가태라곡(加太羅谷)의 남녀 300명을 잡아왔으며, 이후 조공을 받게 되었다는 내용이 적혀 있다. 백신은 숙신(肅愼)을 가리킨다. 영락 9년(399년)에는 "백잔이 맹세를 어기고 왜와 화통하므로 왕이 평양으로 행차했는데, 그때 신라가 사신을 보내 왜인이 국경에 가득차서 성을 부수니 … 구원을 요청"하였고, 영락 10년(400년)에는 보병과 기병 5만 명을 신라로 보내 남거성(男居城)부터 신라성(新羅城)까지 가득찬 왜적을 물리치고 추격해 임나가라(任那加羅) 종발성(從拔城)까지 함락시켰다고 한다. 영락 14년(404년)에는 왜가 대방 지역에 침입하였으나 왕이 직접 평양을 거쳐 가서 왜구를 궤멸시켰다는 내용이 적혀 있다. 영락 17년(407년)에는 보병·기병 5만 명을 보내 적을 분쇄하고 갑옷 1만여 벌과 군대에서 쓰는 기계를 무수히 얻었으며, 사구성(沙溝城)·누성(婁城) 등을 깨뜨렸다고 하였는데, 비문의 글자가 훼손되어 대상이 누구인지 분명치 않다. 사구성을 『삼국사기』에 나오는 백제 사구성(沙口城)과 같은 곳으로 보고 백제를 공격한 것이라는 설이 있지만(王健群, 1985; 이도학, 2006; 노태돈, 2020), 갑옷 1만 벌과 군

용기계를 언급한 것을 보면 후연과의 전쟁일 개연성이 있다. 영락 20년(410년)에는 동부여를 토벌하자 모두 항복하였으며 왕의 교화를 사모해 미구루(味仇婁)압로(鴨盧)를 비롯한 여러 압로가 따라왔다고 적혀 있다. 압로는 집단의 수장을 가리킨다.

광개토왕은 391~412년까지 22년을 재위하는 동안 고구려 영토를 많이 확장하였다. 그래서 그가 죽은 뒤 시호가 국강상광개토경평안호태왕(國岡上廣開土境平安好太王)으로 〈광개토왕비〉에 새겨져 있다. 국강상(國岡上)은 광개토왕이 묻힌 곳을 가리키고, 광개토경(廣開土境)은 영토를 많이 넓혔다는 뜻이며, 평안(平安)은 세상을 편안하게 만들었다는 뜻이고, 호태왕(好太王)은 호왕(好王)과 태왕(太王)을 합친 말로서 위대한 왕이라는 뜻이다. 그러니까 그를 기리는 이름은 '영토를 많이 넓히고 세상을 편안하게 만들고 나라언덕(國岡)에 묻힌 위대한 임금'인 것이다. 그런데 비문에 따르면 그의 이름에 걸맞은 영토 확장 업적은 대체로 남쪽의 백제를 군사적으로 제압하고 굴복시킨 일과 관련이 깊다. 특히 백제로부터 58성 700촌을 빼앗고 남한강 유역을 거쳐 신라·가야 지역까지 진격하는 교통로를 확보함으로써 이후 고구려 군대가 한반도 남부 지역에서도 활발히 활동하게 되는 기반을 조성하였다.

3. 고구려의 남방정책과 신라의 움직임

412년 겨울, 광개토왕이 죽고 그의 맏아들 거련(巨連)이 19세에 즉위하였으니, 제20대 장수왕(長壽王)이다. 장수왕은 79년을 재위하고 98세이던 491년에 죽었으므로 '오래 살았다'는 뜻의 장수라는 시호를 얻었다. 『삼국사기』에서는 앞 시기의 고구려왕들과 달리 즉위한 이듬해(413년)를 원년(元年)으로 표시하였는데, 이유를 밝히지 않았지만 장수왕도 광개토왕처럼 연호를 사용했기 때문인 듯하다.

장수왕에 관한 기록은 많지 않다. 『삼국사기』에 실린 기록의 대부분은 중국 대륙의 북위(北魏) 및 송(宋)과의 교류 기사이고 남쪽 방면의 백제·신라 관련 기록은 매우 적다. 이는 장수왕이 재위한 5세기에 고구려의 남방 영토가 가장 많이 팽창한 실상과 부합하지 않는 것일 뿐더러 고구려와 신라의 정치·군사적 관계가 매우 복잡다단하게 전개된 실상과도 부합하지 않는 것이다.

장수왕이 즉위하던 무렵, 고구려는 신라의 왕위 계승을 좌우할 정도로 신라사회에 미치는 영향력이 막강하였다. 이는 고구려의 소수림왕-고국양왕-광개토왕, 신라의 나물왕-실성왕으로 이어지며 더욱 깊어진 두 나라 사이의 정치·외교·군사적 유대의 결과이지만, 장수왕 즉위 초 신라에서 눌지왕의 즉위에 얽힌 일화는 당시 한반도 내의 국제정세를 잘 나타내준다.

『삼국사기』에 따르면, 402년에 즉위한 실성이사금은 "3월에 왜국과 우호를 통하고 나물왕의 아들 미사흔(未斯欣)을 볼모로 삼았다"고 한다. 실성은 "나물이 자기를 외국에 볼모로 보낸 것을 원망해 그의 아들을 해쳐 원한을 갚고자 하였다. 사람을 보내 고구려에 있을 때 서로 알고 지내던 사람을 불러 몰래 이르길 '눌지(訥祗)를 보거든 죽이라' 하고, 마침내 눌지를 (고구려로) 가라고 명령해서 도중에 만나게 하였는데, 고구려 사람이 눌지를 보니 외모와 정신이 맑고 우아하여 군자다운 모습이 있는지라 마침내 '그대의 국왕이 나에게 그대를 해치라 하였는데, 지금 그대를 보니 차마 해칠 수 없다'고 말하고 돌아갔다. 눌지가 그것을 원망하더니 돌아와 왕을 죽이고 스스로 왕위에 올랐다"고 한다.

이 이야기는 실성왕과 마찬가지로 눌지왕도 고구려의 도움을 얻어 즉

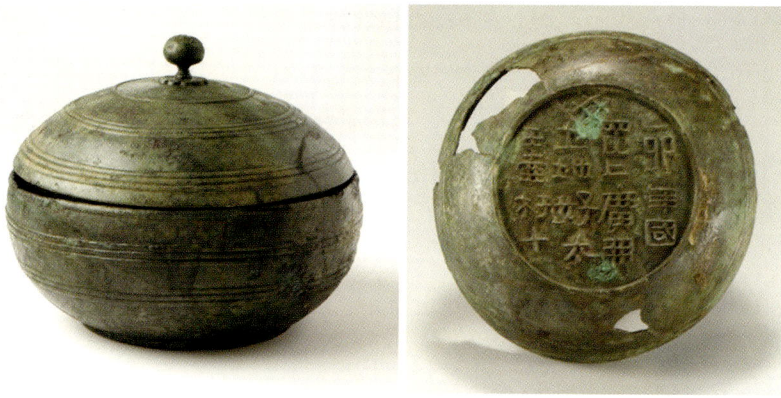

그림2 | 경주 호우총 출토 주발

위했을 개연성을 시사한다. 『삼국사기』에는 실성이사금이 412년에 나물왕의 둘째아들 복호(卜好)를 고구려에 볼모로 보냈고, 눌지마립간이 즉위한 다음해인 418년에 복호가 나마(奈麻) (박)제상(堤上)과 함께 돌아왔다고 적혀 있다. 『삼국유사』에는 눌지왕 3년(419년)에 고구려 장수왕이 눌지의 아우 보해(寶海)를 초청했다가 억류하자 삽라군 태수 김제상(金堤上)이 변장하고 가서 함께 도망쳐왔다고 적혀 있다. 어디에도 눌지가 고구려에 볼모로 갔다는 기록은 없으나 눌지왕의 즉위 과정을 실성왕의 즉위 과정에 비추어 보면, 실성왕 초기에 눌지가 고구려에 볼모로 갔을 개연성을 배제할 수 없다. 이에 실성왕이 처음에는 눌지를 고구려에 볼모로 보냈다가 나중에 복호로 교체했다고 보기도 한다.

한편, 1946년 경주 호우총(壺杅塚: 노서동140호분) 발굴조사에서 그릇 밑바닥에 "乙卯年國岡上廣開土地好太王壺杅十"이라는 글자가 새겨진 주발(周鉢)이 출토되었다. 을묘년은 광개토왕이 죽고 3년 뒤인 415년에 해당하므로, 호우(壺杅)는 광개토왕을 기념해 만든 청동그릇임을 알 수 있는데, 이것이 금동관, 금귀고리, 금팔찌, 금·은반지, 유리구슬목걸이, 은제

허리띠, 용고리자루큰칼, 말갖춤, 흑칠가면 등 최고급 유물들과 함께 출토되었으므로, 5세기 초 고구려에 볼모로 갔던 인물 또는 그 후손의 무덤으로 추정하기도 한다. 그러나 호우총에서 출토된 토기는 6세기 초에 제작된 것이어서 호우 제작 연대와 다르다는 것이 학계의 통설이다. 누군가 조상에게서 호우를 물려받아 쓰다가 무덤에 부장했다는 것이다. 여하튼 424년 봄 2월 신라 사신의 고구려 예방은 거의 조공에 가까운 정치적 의미를 띠었을 것으로 볼 수 있다.

이런 가운데 5세기 초엽인 427년에 고구려는 도읍을 국내성에서 평양으로 옮겼다. 압록강 유역에서 대동강 유역으로 중심지를 옮긴 것이다. 천도 이유에 대해서는 바야흐로 중국에서 북위가 강성해지고 있어 서방 진출이 쉽지 않고 오히려 국내성이 위험할 수 있다는 점, 평양은 고조선부터 낙랑군까지 중심지였기에 기반시설과 유능한 인력이 풍부하다는 점, 압록강 유역보다 대동강 유역의 자연환경이 농업·교통 등 여러 면에서 유리하다는 점, 국내성 지역의 인구 및 시설 밀도가 너무 높아져 도시 발전에 한계가 나타나기 시작했다는 점, 도읍을 옮김으로써 기존 5부 중심의 사회질서를 약화시키고 국왕 중심의 새로운 국가질서를 세울 수 있다는 점, 새로운 도시를 만드는 과정에서 왕실의 정치·경제적 이익을 최대화하고 왕의 권위를 확립할 수 있다는 점, 남쪽으로 백제를 누르고 신라에 대한 영향력을 높이기에 유리하다는 점 등을 흔히 꼽는다(서영대, 1981; 임기환, 2007; 문은순, 2008; 장종진, 2011; 권순홍, 2019).

도읍을 옮기는 것은 나라의 기반질서를 바꾸는 것이므로 매우 긴 준비작업이 필요하다. 특히 사람들의 지역적 토착성과 집단성이 강하고 교통·건설장비·기술력이 부족했던 고대사회에서 근거지를 바꾸는 데에는 더 많은 시간이 필요하다. 그런 점에서 고구려의 평양 천도는 392년 광개토왕이 평양에 9개의 절을 창건했을 때 이미 예견된 일이었으며, 장수왕이 그 유지를 받들어 시행한 과감한 정치적 결단이라고 할 수 있다. 평양 천도의 의의를 고조선의 정통성 계승 및 한 문화가 강하게 남아있는 낙랑·대방 지역에서의 문화변동이라는 측면에서 이해하기도 하지만(박성봉, 2002), 정복지역을 구분하여 직접지배와 간접지배라는 이중지배방식으로 통치하던 방식을 직접통치방식으로 일원화하는 계기로 보기도 한다(이동훈, 2019). 그리고 광개토왕의 정복활동이 낳은 가장 큰 성과로서 고구려사 발전과 특성 형성에 지대한 영향을 끼친 획기적 사건으로 평가하기도 한다(노태돈, 2020).

그런데 고구려의 평양 천도는 이제까지 고구려에 예속하던 신라 사회에 위기감을 불러일으킨 듯하다. 갑자기 신라가 고구려의 적국인 백제와 우호적으로 교류하기 시작한 것이다. 『삼국사기』 신라본기에는 433년 "가을 7월에 백제가 사신을 보내 화친하기를 요청하니 따랐다"는 기록과 434년 "봄 2월에 백제왕이 좋은 말 2필을 보내고, 가을 9월에 또 흰 매를 보내오니, 겨울 10월에 왕이 황금과 밝은 구슬로 백제에 보답하였다"는 기록이 있다. 이때의 신라왕은 눌지마립간이다. 백제왕이 신라에 보낸 좋은 말 2필과 흰 매는 모두 군사를 상징하는 것이므로, 427년 고구려가 평양으로 천도하자, 위기를 느낀 백제·신라 두 나라가 433년에 동맹을 결성했다고 보고, 이를 나제동맹(羅濟同盟)으로 부르기도 한다(노중국, 1981; 김병주, 1984; 양기석, 2013). 그러나 450년 가을에 고구려 변방 장수가 실직(悉直; 강원 삼척)에서 사냥하다가 신라 군사의 공격을 받고 죽은 사건 때문에 분쟁이 일어났다는 기록, 대개 5세기 중·후반에 건립된 것으로 추정되는 〈충주고구려비〉에서 고구려가 신라를 형제국가로 표현하고 신라 땅에서 병사를 모았다고 한 대목, 신라에 고구려 정예군사 100명이 주둔하고 있었다는 『일본서기』 웅략기(雄略紀) 8년(464년)조의 기록 등은 모두 433년보다 뒤에 일어난 일이기에 특별한 설명이 필요하다. 특히 『일본서기』 기록은 비록 천황중심사관(황국사관)의 영향으로 왜곡된 부분이 상당하여 기록 이면에 숨은 사실을 알아내기 쉽지 않지만, 한때 고구려 군사가 신라 땅에 주둔했다는 사실, 신라가 이웃 나라의 도움을 받아 고구려 세력을 몰아냈다는 사실 등이 반영된 것으로 보인다. 그런데 이런 일이 왜의 유라쿠(雄略) 재위기간인 5세기 중엽에 일어났다면, 433년 백제 비유왕(毗有王)과 신라 눌지왕 사이의 화친을 동맹(또는 연합)이라고 표현하기는 어려워진다(정운용, 1996; 박진숙, 2000; 정재윤, 2001; 유우창, 2006). 그러나 학계에서는 대체로 『일본서기』 기록의 편년이 부정확한 경우가 적지 않으므로 연대를 신라가 백제에 지원군을 파견한 455년 이전으로 조정하거나 여러 해에 걸쳐 일어난 일을 한꺼번에 적어놓은 것으로 이해하는 경향이 있다(김현구 외, 2002; 김현숙, 2005; 박경철, 2007; 장창은, 2008). 그리하여 신라가 433년에 백제와 특별한 우호관계를 맺었으나 이후에도 한동안은 고구려의 강성한 군사력 때문에 백제와 적극적인 군사 연합활동을 벌이지 못한 것으로 해석한다.

고구려와 신라 사이의 전쟁 기록은 454년부터 나타난다. 그해 가을 7월에 고구려가 신라의 북쪽 변경을 침범했다는 기록이 『삼국사기』 신라본기와 고구려본기에 모두 실려 있다. 신라본기에는 이듬해인 455년 겨울 10월에 고구려가 백제를 침입하자 신라왕(눌지마립간)이 군사를 보내 구원했다는 기록도 있다. 가을 9월에 백제에서 비유왕이 죽고 맏아들 개로왕(蓋鹵王)이 즉위한 직후인데, 고구려본기와 백제본기에는 전쟁 기록이 없고, 신라본기에만 실려 있다. 이에 나제동맹이 455년에 개시되었다는 견해(정운용, 1996), 그보다 늦은 475년경에 시작되었다는 견해(유우창, 2009; 김병곤, 2011) 등이 제기되었다. 그만큼 5세기 중엽에는 이미 예전처럼 고구려가 일방적으로 우세한 상황이 아니었으며(정운용, 1989), 고구려와 신라, 그리고 백제와 신라 사이의 관계에는 모호한 측면이 다분하였던 것이다.

458년 가을 8월에 신라에서 눌지마립간이 죽고 자비마립간이 즉위하였다. 고구려 장수왕은 468년 봄 2월에 말갈 군사 1만 명을 보내 신라의 실직주성(悉直州城)을 쳐서 빼앗았다고 한다. 469년 가을 8월에는 백제 개로왕이 군사를 보내 고구려의 남쪽 변경을 쳤으며, 겨울 10월에 쌍현성(雙峴城)을 수리하고 청목령(靑木嶺)에 큰 목책을 설치했다고 한다. 백제와 신라의 왕이 모두 바뀌었으나 고구려에 대한 적대적 태도는 바뀌지 않은 것이다. 이는 고구려의 남방 진출 의지와 추진력이 여전히 강력했기 때문일 것이다. 그런 만큼 백제와 신라의 군사연합은 계속되었을 개연성이 높다.

4. 고구려의 남진과 백제 왕도 함락

고구려 장수왕은 465년 봄 2월부터 거의 해마다 북위(北魏)로 사신을 보냈다. 466년에는 북위의 문명태후(文明太后)가 고구려 장수왕에게 딸을 헌문제(獻文帝)의 후궁으로 시집보내라고 요구하기도 했으나, 장수왕은 여러 가지 핑계를 대며 불편한 관계를 만들지 않고 회피하였다. 이후 고구려는 매년 봄 2월 또는 3월에 북위로 사신을 보내 조공하였으며, 이러한 노력에 힘입어 고구려의 서쪽 경계는 평온을 유지하였다.

중국 방면으로는 평화를 유지하던 무렵에 고구려의 창끝은 남쪽을 향하였다. 『삼국사기』에 따르면, 장수왕 56년(468년) 봄에 고구려가 말갈군 1만 명을 동원해 신라 북쪽의 실직성(悉直城)을 쳐서 빼앗았으며, 같은 해 가을 9월에 신라가 하슬라(何瑟羅)의 15세 이상인 자들을 징발해 이하(泥河)에 성을 쌓았다고 한다. 이 기록은 실직을 지금의 삼척, 하슬라를 지금의 강릉에 비정하는 지리관에 비추어 영토 범위를 설명하기 쉽지 않다는 점 때문에 약간의 논란이 있지만(장창은, 2014), 고구려와 신라의 관계가 점점 악화되고 있었음을 나타낸다.

백제는 이러한 상황을 이용해 고구려의 남진을 저지하려 하였다. 그래서 469년 가을 8월에 고구려의 남쪽 변경을 공격하였으며, 겨울 10월에는 쌍현성을 수리하고 청목령에 큰 목책을 설치해 고구려의 공격에 대비하였다. 이처럼 신라와 백제가 차례로 변경에서 고구려 군사와 충돌하며 관방시설을 쌓은 것은 그만큼 고구려 세력이 남쪽으로 진출하려는 기류가 강했기 때문으로 볼 수 있다.

472년에는 봄 2월과 가을 7월, 특별히 2회에 걸쳐 고구려가 북위에 사신을 보내 조공하였으며, 이때부터 공물을 2배로 늘렸다고 한다. 이는 같은 해에 백제 개로왕이 북위에 조공하고 북위 군사를 백제로 보내주면 함께 무도한 고구려를 쳐서 징벌하겠다는 내용의 표(表)를 올렸기 때문일 것이다. 백제 개로왕은 북위에 보낸 표에서 자신의 딸을 효문제(孝文帝)의 후궁으로 보내고 아들도 신하로 보내겠다고 제안하면서 하루바삐 고구려를 협동공격하자고 적극적으로 북위를 종용하였다. 6년 전 고구려 장수왕이 딸을 헌문제의 후궁으로 시집보내라는 북위의 요구에 응하지 않은 점을 은근히 되새긴 제안이었다. 그러나 북위 효문제는 고구려가 최근 예절을 잘 지키고 특별히 잘못한 바도 없으니 공격하는 것은 마땅하지 않고 고구려에게 백제를 침공하지 말라고 엄준히 경고하겠다는 답장만 보낼 뿐이었다. 그리고 북위 사신이 백제로 가는 길을 고구려가 가로막고 통과시켜주지 않는데도 군사적으로 대응하지 않았다. 이에 실망한 백제 개로왕이 북위를 원망하며 조공외교를 끊어버렸다는 기록이 『삼국사기』 백제본기에 실려 있다.

아무런 소득 없이 끝난 백제와 북위 사이의 외교는 고구려를 자극하였다. 그리하여 475년 가을 9월에 장수왕이 군사 3만 명을 이끌고 백제를 침략해 왕도 한성을 함락시키고 개로왕과 그의 가족을 모두 죽였으며, 남녀 8,000명을 사로잡아갔다. 『삼국사기』 백제본기에는 고구려군이 한성을 에워싸고 7일 밤낮으로 공격하면서 불을 놓아 성문을 불태우니 마침내 백제 개로왕이 수십 명의 기병을 거느리고 문을 나서 서쪽으로 달아나다가 고구려군에게 붙잡혔으며 아차성(阿且城) 아래로 끌려간 뒤 죽었다고 적혀 있다. 그리고 장수왕이 백제를 공격하기 전 바둑을 잘 두는 불교 승려 도림(道琳)을 간첩으로 보내 개로왕으로 하여금 성벽과 제방을 크게 쌓고 궁궐·누각·무덤 등을 화려하게 짓도록 꾀여 백제의 국가재정과 민심을 어지럽게 만들었다는 내용의 설화가 장황하게 실려 있다.

설화에 따르면, 개로왕은 고구려군이 쳐들어온다는 말을 듣고 아들 문주(文周)에게 "나는 마땅히 사직(社稷)을 위해 죽겠지만 네가 이곳에서 함께 죽는 것은 유익함이 없다"고 하면서 목협만치(木劦滿致)·조미걸취(祖彌桀取)와 함께 남쪽으로 피난하게 했다고 한다. 문주왕 즉위년조에는, 개로왕이 문주로 하여금 신라에 구원을 요청하게 하여 문주가 군사 1만 명을 얻어 돌아왔는데, 고구려 군사는 비록 물러갔으나 성이 파괴되고 왕이 죽었으므로 문주가 마침내 왕위에 오르고 겨울 10월에 웅진(熊津)으로 도읍을 옮겼다는 기록이 있다. 같은 책 신라본기에는 자비마립간 17년(474년) 가을 7월에 고구려왕 거련이 몸소 군사를 거느리고 백제를 공격하자 개로왕이 아들 문주를 보내와 도움을 요청하므로 왕이 군사를 내어 구원하였으나 구원병이 이르기도 전에 백제가 함락당하고 백제왕도 역시 살해되었으며 이듬해 봄 정월에 왕이 명활성(明活城)으로 거처를 옮겼다고 적혀 있다.

이에 대한 기록은 내용이 저마다 조금씩 다르다. 『삼국사기』 신라본기는 고구려의 백제 침공 시점을 474년으로 잘못 기재하였고, 같은 책 백제본기는 제21대 개로왕의 아우인 제22대 문주왕을 아들로 잘못 기재하였다. 백제본기에는 문주가 신라로부터 군사 1만 명을 얻어 한성으로 돌아왔다가 폐허에서 즉위한 뒤 웅진으로 천도한 것처럼 서술되어 있으나 신라본기는 "구원병이 이르기도 전에 백제는 이미 함락되고 경(개로왕)도 살해당하였다"고만 하여 느낌이 사뭇 다르다. 이 때문에 고구려가 백제의 왕도 한성을 함락시킨 뒤 그곳을 장악하고 지배했다는 견해와 고구려군이 한성을 함락시킨 뒤 평양으로 되돌아갔다는 견해가 대립하고 있다. 통설은 고구려가 475~551년까지 약 76년간 한강 유역을 지배했다는 것이지만(이기백, 1978; 김영심, 2003; 노중국, 2004; 노태돈, 2005; 김수태, 2006; 강종훈, 2006; 임기환, 2007; 이도학, 2009; 여호규, 2013; 전덕재, 2018), 475년에 고구려가 백제 왕도 한성을 함락시킨 뒤 퇴각했으며, 한강 유역 또는 한강 남쪽 지역은 줄곧 백제 영토였다는 견해(박현숙, 2001; 김병남, 2002; 임범식, 2002; 문안식, 2006; 정운용, 2015), 백제가 고구려에게 한강 유역을 빼앗긴 것은 475년이 아니라 성왕 때인 529년 무렵이라는 견해(최창빈, 1989; 김영관, 2000), 475년에 백제가 고구려에게 한강 유역을 빼앗겼지만 동성왕 또는 무령왕 때 되찾았다는 견해(양기석, 1979; 박찬규, 1991; 서영일, 2005; 김현숙, 2003; 주보돈, 2006; 장창은, 2014; 백미선, 2018)도 있다.

그런데 서울 구의동과 아차산 일대에서 20여 개의 고구려 보루(堡壘) 유적이 발견되었고, 백제 왕도 한성의 일부였던 몽촌토성에서도 5세기~6세기의 고구려 도로·건물지·집수지 등이 발견되었다. 지금까지 몽촌토성에서 출토된 수백 점의 고구려토기류는 일상생활용기보다 의례용기라는 특징이 두드러지며, 구의동보루, 홍련봉 1·2보루, 아차산보루군, 용마산보루군 등 아차산 일대의 고구려 보루에서 출토된 수천 점의 철기류 및 토기류는 이곳에 장기간 고구려 군대가 주둔하였음을 시사한다(최종택, 2013). 모두 475년 이후 고구려가 줄곧 한강 유역을 직접 장악했을 개연성을 높여주는 고고자료라고 할 수 있다.

연천 호로고루(瓠蘆古壘)·당포성(堂浦城)·은대리성(隱垈里城)·무등리 2보루·전곡리 목책, 양주 천보산 2보루 등 고구려가 5세기~6세기에 쌓았을 것으로 추정되는 한강 북쪽의 군사시설은 아차산보루군과 함께 고구려군의 남하 경로를 시사한다. 그리고 청원 남성골산성, 대전 월평동산성 등 금강 유역의 고구려식 목책유구는 5세기 말엽 고구려의 군사활동 범위 및 영토가 금강 유역에 이르렀음을 시사한다(차용걸, 2003; 양시은, 2010, 2013). 진천 대모산성에서도 고구려 토기가 출토되었다. 이 밖에 임진강유역의 연천 신답리·강내리의 고분군과 춘천 천전리, 성남 판교·창곡동, 용인 보정동·신갈동, 화성 청계리, 충주 두정리 등 한강 유역에 폭넓게 분포한 고구려계 굴식돌방무덤(橫穴式石室墓)은 5세기 후엽부터 고구려가 한강 유역을 경영했다는 통설의 강력한 근거 자료이다.

고구려의 침입으로 백제 왕도가 함락되고 백제 왕실이 몰살당하자, 신라의 자비마립간(慈悲麻立干)은 476년 봄 정월에 거처를 명활성으로 옮겼다. 고구려의 침입에 대비한 것이다. 『삼국사기』 신라본기에는 자비마립간 18년(475년) "봄 정월에 왕이 명활성으로 옮겨 거처하였다"고 적혀 있지만, 이는 백제의 왕도가 함락된 뒤의 일이므로 자비마립간 19년(476년)으로 고쳐야 한다. 479년 봄 2월 3일에 자비마립간이 죽고 소지마립간(炤智麻立干)이 즉위하였다. 소지마립간은 488년 봄 정월에 월성으로 거처를 옮겼다. 장장 13년간이나 명활산성이 왕성으로 쓰인 것이다. 그만큼 신라 왕실은 오랫동안 고구려의 침입을 걱정하고 긴장하였던 것이다. 이후 신라와 고구려 사이에서는 우호적인 교류 기록을 찾을 수 없다. 반면, 신라와 백제는 왕실 간 혼인을 통해 우호관계를 더욱 돈독히 하였다. 493년 봄 3월, 백제 동성왕(東城王)의 요청에 따라 신라가 이벌찬 비지의 딸을 시집보냄으로써 신라 출신 백제 왕비가 처음 탄생하였다. 고구려의 남진정책은 자연스럽게 백제와 신라의 유대를 강화시킨 것이다.

5. 고구려의 한강 유역 지배와 충주고구려비

5세기에 고구려가 한강 유역을 경영했다는 것을 입증하는 대표적인 사례는 〈충주고구려비(忠州高句麗碑)〉이다. 비면 높이 144cm, 너비 55cm 크기의 4면 비인데, 글자 마모가 심해 앞면과 한쪽 옆면에서만 글자를 확인하였으며, 그마저도 내용이 분명하지 않다. 글자는 예서체에 가깝고 크기가 지름 3~5cm 정도이다. 지금까지 판독된 글자는 대체로 표2와 같이 정리할 수 있다.

〈충주고구려비〉에 제액(題額)이 있었다는 의견이 적지 않다. 구체적으로는 '고려건흥사년(高麗建興四年)', '△△칠년(七年), '영락칠년세재정유(永樂七年歲在丁酉)' 등을 추정 판독한 바 있는데, 영락 7년(397년)으로 읽으면 4세기 말 광개토왕 때 비석을 세웠다는 뜻이 되고 나머지는 5세기 또는 6세기 초를 염두에 둔 견해이다. 공간이 좁아 제액을 새기지 않았을 것이라는 의견도 있다. 비석 건립 시기에 대해서는 광개토왕대설, 421년 무렵설, 449~450년설, 481년설, 문자명왕대설(5세기 말~6세기 초) 등 학설이 다양하다(여호규, 2019). 449년에 장수왕이 태자 공(共)을 우벌성(于伐城)으로 보내서 신라 매금 눌지마립간에게 의복을 내려주는 의식을 치르게 했던 일을 손자인 문자명왕 때 비석을 세우면서 새겨 넣었다고 해석하기도 한다.

비문 해석은 매우 까다롭다. 비문에 고려대왕(高麗大王)·대사자(大使者)·발위사자(拔位使者)·대형(大兄)·주부(主簿) 등의 글자가 있어 고구려가 세운 비석임은 분명하지만, 언제 누가 왜 비석을 세웠는지에 대해서

표2 충주고구려비문

옆면(오른쪽)			옆면(왼쪽)							앞면									
	2	1	7	6	5	4	3	2	1	10	9	8	7	6	5	4	3	2	1
	□壬子□□伐□□□□□□□□□□□□□□□□□	□公□□□□衆殘□□□□□□□□□不□□使□□	□□□□□古牟婁城守事下部大兄耶□	□□□□□□方□故□沙□斯色□□古鄒加共軍至于	□□□□□□□□□上有□辛酉□□□□東夷寐錦土	□□□□□□□□□□□□□□□□□□□□□□□	□□□□□□辛酉□□□□十□□□□□大王國土□	□□□□□□□□班功□□□□□□□□節人□□□	□□□中□□□□城不□□村舍□□□□□□□□□	□□奴□□□□盖盧共□募人新羅土內衆人拜動□□	□□□境□募人三百新羅土內幢主下部拔位使者補奴	夷寐錦上下至于伐城教來前部太使者多亏桓奴主簿□	大位諸位上下衣服來受教跪營之十二月廿三日甲寅東	夷寐錦遝還來節教賜寐錦土內諸衆人□□□□王國土	用□賜之隨□節□□奴客人□教諸位賜上下衣服教東	向□上共看節賜太霍鄒□食□東夷寐錦之衣服建立處	奴主簿貴德□□□安□□去□□到至跪營□太子共□	上下相和守天東來之寐錦忌太子共前部大使者多亏桓	五月中高麗大王祖王公□新羅寐錦世世爲願如兄如弟

는 학설이 매우 다양하다. 우선, 앞면 첫째 줄 '고려대왕조왕공(高麗大王祖王公)'을 '고려태왕조왕령(高麗太王祖王令)', '고려대왕상왕공(高麗大王相王公)' 등 달리 판독하는 견해가 적지 않은데, 이에 따라 해석이 전혀 달라질 수 있다. 해석도 '고려대왕의 조왕과 공', '고려대왕인 조왕과 공', '고려대왕의 조왕 공', '고려대왕과 조왕 공', '고려태왕인 조왕의 명령' 등으로 다양하며, 고려대(태)왕과 할아버지왕(조왕)을 서로 다른 사람으로 보더라도 광개토왕과 고국원왕, 장수왕과 소수림왕, 문자명왕과 장수왕 등 그 차이 폭이 매우 크다. 고려대(태)왕을 광개토왕으로 보면 비석을 세운 시점은 대략 4세기 말~5세기 초에 해당하며, 문자명왕으로 보면 5세기 말~6세기 초에 해당한다. '조왕령(祖王令)'으로 판독한 경우에는 '영(令)'을 명령, 율령, 사람 이름 등 여러 다른 해석이 있다. 대체로 비문의 첫 줄에 대

해서는 "5월에 고려대왕의 조왕과 공(또는 고려대왕과 조왕 공)이 신라매금(新羅寐錦)과 대대로 형처럼 아우처럼 되어 위와 아래에서 서로 하늘의 도리를 잘 지키길 원해 동쪽으로 왔다"고 해석한다.

앞면 둘째 줄에서는 '매금기(寐錦忌)'와 '태자공(太子共)'을 어떻게 해석할 것인지에 대한 논란이 있다(이용현, 2020). 먼저, '매금기'에서 '기(忌)'를 동사 '꺼리다'로 해석하면 신라 매금이 중원 지방에 오기를 꺼려 하여 5월 중에 오지 않았고 12월에야 왔다는 뜻이 된다. '공경하다'로 해석하여 '신라 매금이 공손히 응했다'고 보기도 한다. 가장 일반적인 해석은 기(忌)를 신라 매금의 이름으로 보는 것이다. 이때의 신라 매금을 눌지마립간(417~458년) 또는 소지마립간(479~500년)으로 추정하는 것이 보통이지만, 〈충주고구려비〉를 광개토왕대에 세웠다고 한다면, 나물마립간(356~402년) 또는 실성마립간(402~417년)도 대상이 될 수 있다. '태자공'의 '공(共)'에 대해서는 부사 '함께'로 해석하는 견해가 있으며, 일반적으로는 옆면 여섯 번째 줄의 고추가공(古鄒加共)과 함께 고구려 태자의 이름으로 본다. "매금 기, 태자 공, 전부 대사자 다우환노, 주부 귀덕…"처럼 여러 사람의 직함과 이름을 나열한 대목으로 보는 것이다.

앞면 열 번째 줄의 개로(盖盧)를 백제 제21대 개로왕의 개로(蓋鹵)를 가리키는 것으로 보기도 한다. 만약 그렇다면 비문은 5세기 말엽 이후에 작성한 셈이 되지만, 일반적으로는 개로를 신라토내당주(新羅土內幢主), 곧 신라땅에 주둔하고 있던 고구려 군대의 지휘관 이름으로 해석한다.

앞면 여덟 번째 줄에 적힌 우벌성(于伐城)에 대해서는 신라 서라벌성(徐羅伐城)의 약칭이라는 설, 충주 지방에 위치한 성이라는 설, 지금의 경북 영주 순흥 지역에 설치한 이벌지현(伊伐支縣)의 성이라는 설 등이 있다. 옆면(왼쪽) 일곱 번째 줄에 적힌 고모루성(古牟婁城)은 〈광개토왕비〉에 광개토왕이 백제에게서 뺏은 58성 중 하나로도 적힌 것인데, 경기 포천 고모리산성(古毛里山城)설 및 반월산성(半月山城)설, 충남 덕산설, 충북 음성 고산성(高山城)설, 충북 충주설, 한강 하류 지역설, 남한강 상류 지역설, 북한강 유역설 등이 있다(장창은, 2014).

비문 속에 '대왕의 국토(大王國土)', '매금의 땅(寐錦土)', '신라땅 안의 뭇사람(新羅土內衆人)', '신라땅 안의 당주(新羅土內幢主)' 등 영토 표시와 연관된 기술이 여러 번 나오는 것을 근거로 고구려가 신라와 관련한 영역 경계를 확정하고 그에 수반되는 문제를 매듭지은 것을 기념해 비석을 세운 것으로 추정하는 견해도 있다. 그에 따르면 고구려왕은 신라왕을 '동이 매금(東夷寐錦)'으로 표현함으로써 천손국인 고구려가 주변국인 신라에서 조공을 받는 방식의 상하 서계화된 국제질서 및 고구려 중심의 천하관을 구현해 내었다고 한다(노태돈, 1999).

이와 같은 비문 내용은 신라를 고구려에 복종하는 나라로 본다는 점에서 〈광개토왕비문〉과 다를 바 없지만, 신라를 속민(屬民)으로 표현하지 않았다는 점, 고구려왕과 신라왕의 관계를 형제로 표현했다는 점에서 신라의 처지를 한결 존중한 글이라고 할 수 있다. 그래서 〈충주고구려비〉를 5세기 중엽 고구려의 영향권에서 점점 이탈하고 있는 신라를 회유·포섭하여 예전 관계로 회복하려는 고구려의 마지막 노력이 낳은 결과물로 보기도 한다(장창은, 2014).

『삼국사기』 지리지(2)에는 "중원경(中原京)은 본래 고구려 국원성(國原城)이었는데, 신라가 평정하여 진흥왕이 소경(小京)을 설치하였다. … 지금의 충주이다"라는 구절이 있다. 국원성이 다른 기록에서는 미을성(未乙省), 탁장성(託長城), 완장성(薍長城) 등으로 적혀 있기도 하다. 551년 신라와 백제가 한강 유역에서 고구려를 몰아내었고, 553년에 신라가 한강 유역을 독차지하였다. 그리고 557년에 진흥왕이 국원성을 국원소경(國原小京)으로 바꾼 것이다. 신라가 충주 지역에 국원소경을 설치할 수 있었던 것은 고구려가 구축한 정치·경제·사회문화적 시설 기반을 신라가 그대로 활용했기 때문이라고 할 수 있다. 그러므로 고구려가 한강 유역을 장악한 뒤 충주 지역에 지배거점인 국원성을 설치하였고, 그곳에 고려대왕이 내려와 신라 매금을 만났으며, 그때의 일을 기록한 것이 바로 〈충주고구려비〉일 개연성이 있다. 이에 국원성이라는 이름은 국내성의 국강(國罔)에 대응하는 것이므로, 평양 천도(427년) 이전에 고구려가 충주 및 남한강 상류 지역을 장악했을 것으로 추정하기도 한다(이도학, 1988; 정운용, 1989; 장준식, 1998; 박현숙, 2010). 그러나 장미산성을 비롯한 충주 및 남한강 상류 지역의 고고학적 지표는 5세기 중엽까지 백제의 지배력이 여전히 강고했던 것으로 나타난다(서영일, 2003; 차용걸·이규근, 2006; 이규근, 2008; 국립중원문화재연구소, 2011; 장창은, 2014).

491년 겨울 12월, 고구려 장수왕이 죽고 손자인 문자명왕이 즉위하였다. 문자명왕은 고추대가 조다(助多)의 아들로서 이름은 나운(羅雲, 羅運)이다. 이듬해인 원년(492년) 봄 3월에 북위가 사신을 보내 문자명왕을 고구려왕으로 책봉하고 세자를 조공사절로 보내라고 요구했으나, 문자명왕은 병이 있다면서 거절하고 종숙을 보냈다고 한다. 494년에는 봄 2월에 부여왕이 항복해왔으며, 가을 7월에 신라와 살수(薩水: 충북 괴산) 들판에서 전쟁하였다. 이때 신라군이 져서 물러나 견아성(犬牙城)을 지키자 고구려군이 포위하였는데, 백제가 군사 3,000명을 보내 신라를 도왔으므로 고구려군이 후퇴했다고 한다. 495년 가을 8월에는 고구려군이 백제 치양성(雉壤城)을 포위하자 신라가 구원군을 보내 백제를 도왔다. 남쪽으로 진격하는 고구려에 대항하여 백제·신라의 군사연합이 굳건히 유지되고 있었던 것인데, 문자명왕 재위 내내 상황은 바뀌지 않았다.

문자명왕은 519년에 죽었으며, 뒤이어 아들 안장왕(519~531년)과 안원왕(531~545년)이 차례로 즉위하였다. 그런데 『일본서기』에는 531년

3월에 "고려가 그 왕 안(安)을 시해하였다"는 기록이 있다. 『삼국사기』에는 안장왕의 이름이 흥안(興安)이며 재위 13년(531년) 여름 5월에 죽었다는 기록이 있다. 『일본서기』 권19 흠명기(欽明紀) 6년조(사료 ①)와 7년조(사료 ②)에는 다음과 같은 기록도 있다.

① 이 해에 고려가 크게 어지러워 죽임을 당한 자가 많았다. [백제본기에 이르길 "12월 갑오에 고려국 세군과 추군이 궁궐 문에서 싸웠다. 북을 치며 싸웠는데, 세군이 지고 군사를 3일 동안 풀지 않자 세군의 자손을 모두 잡아 죽였다. 무술에 박국(狛國)의 향강상왕이 죽었다"고 하였다.]

② 이 해에 고려가 크게 어지러워 무릇 싸우다 죽은 자가 2천여 명이다. [백제본기에 이르길 "고려가 정월 병오에 중부인 아들을 왕으로 세웠는데, 나이가 8세이다. 박왕(狛王)은 3명의 부인이 있었다. 정부인은 아들이 없고, 중부인은 세자를 낳았는데, 외할아버지가 추군이다. 소부인도 아들을 낳았는데, 외할아버지가 세군이다. 박왕의 병이 심해지자 세군과 추군이 각자 그 부인의 아들을 세우려 하였다. 그래서 세군의 죽은 자가 2,000여 명이다.]

위의 기록에서 박국(狛國)은 '이리의 나라'라는 뜻으로서 백제가 고구려를 미워하여 부른 별명이다. 고구려가 백제를 백잔이라고 부른 것과 같다. 향강상왕(香岡上王)은 안원왕(531~545년)을 가리킨다. 그러므로 ①과 ②의 '이 해'는 안원왕이 죽은 545년을 가리킨다. 『삼국사기』에는 545년에 특별한 일 없이 안원왕의 맏아들인 양원왕(545~559년)이 즉위한 것으로 적혀 있다. 그런데 양원왕은 이름이 평성(平成)으로서 안원왕 3년(533년)에 이미 태자가 되었고 그로부터 12년 뒤인 545년에 즉위하였으므로 『일본서기』에서 말한 중부인의 아들이 즉위할 때의 나이 8세와는 전혀 들어맞지 않는 인물이다. 『일본서기』에 나오는 고구려의 왕위 계승

다툼은 오히려 557년 여름에 양원왕이 왕자 양성(陽成)을 태자로 삼았고, 같은 해 겨울에 환도성 간(干) 주리(朱理)가 반역했다가 죽임을 당했으며, 559년 봄에 양원왕이 죽자 태자(평원왕)가 즉위했다는 『삼국사기』 기록과 견줄 수 있다. 옛 수도인 환도성을 기반으로 한 외척세력과 현재 수도인 평양의 외척세력이 왕위 계승을 둘러싸고 충돌하여 환도성의 외척세력이 패배했다는 것이다.

이처럼 국내정세가 어수선하던 시기에 고구려는 한강 유역에서 백제·신라의 연합공격을 받았다. 551년 백제가 먼저 한강 하류 지역을 공격하고 이어서 신라가 상류 지역을 공격하였다. 이에 고구려는 하류 지역의 6군을 백제에게 빼앗기고, 상류 지역의 10군을 신라에게 빼앗겼다. 그 뒤 고구려의 국내정세가 안정을 되찾자 평원왕(559~590년)은 한강 유역을 되찾으려 노력하였는데, 그 내용이 『삼국사기』 온달(溫達)열전에 설화 형태로 실려 있다. 그러나 589년 남조의 진(陳)이 멸망하고 수(隋)가 중국 대륙을 통일했다는 소식이 이듬해에 고구려로 전해지자 군사를 훈련하고 군량을 쌓아서 방어할 계책을 세우느라 고구려는 더이상 한강 유역에 신경쓸 수 없게 되었다.

참고문헌

孔錫龜, 1998, 『고구려 영역확장사 연구』, 서경문화사.

국립중원문화재연구소, 2011, 『고대도시유적 중원경』.

김기섭, 2000, 『백제와 근초고왕』, 학연문화사.

______, 2020, 『21세기 한국고대사』, 주류성.

김석형, 1966, 『초기조일관계사연구』, 사회과학원출판사.

______, 1988, 『고대한일관계사』, 한마당.

김현구, 1993, 『임나일본부연구-한반도남부경영론비판-』, 일조각.

김현구·박현숙·우재병·이재석, 2002, 『일본서기 한국관계기사 연구(Ⅰ)』, 일지사.

김현숙, 2005, 『고구려의 영역지배방식 연구』, 모시는사람들.

노중국, 1988, 『백제정치사연구』, 일조각.

______, 2018, 『백제정치사』, 일조각.

노태돈, 1999, 『고구려사 연구』, 사계절.

______, 2020, 『고구려 발해사 연구』, 지식산업사.

박시형, 1966, 『광개토왕릉비』, 사회과학원출판사.

손영종, 2000, 『고구려사의 제문제』, 사회과학원.

신정훈, 2018, 『고구려 광개토왕의 정치와 외교』, 혜안.

양기석, 2013, 『백제의 국제관계』, 서경문화사.

여호규, 2014, 『고구려 초기 정치사 연구』, 신서원.

王健群(임동석 譯), 1985, 『廣開土王碑硏究』, 역민사.

이기동, 1996, 『백제사연구』, 일조각.

이도학, 2006, 『고구려 광개토왕릉비문 연구』, 서경문화사.

이동훈, 2019, 『고구려 중·후기 지배체제 연구』, 서경문화사.

이병도, 1976, 『한국고대사연구』, 박영사.

이인철, 2000, 『고구려의 대외정복 연구』, 백산자료원.
이형구·박노희, 2014, 『광개토대왕릉비』, 새녘출판사.
장준식, 1998, 『신라중원경연구』, 학연문화사.
장창은, 2008, 『신라 상고기 정치변동과 고구려 관계』, 신서원.
______, 2014, 『고구려 남방 진출사』, 경인문화사.
차용걸·이규근, 2006, 『충주 장미산성-1차 발굴조사보고서-』, 중원문화재연구원.
千寬宇, 1991, 『加耶史研究』, 일조각.
최종택, 2013, 『아차산 보루와 고구려 남진경영』, 서경문화사.

강종훈, 2006, 「삼국사기 백제본기의 사료계통과 그 성격」, 『한국고대사연구』 42.
______, 2014, 「5~6세기 삼국 간 국경의 변동에 관한 제설의 검토」, 『대구사학』 116, 대구사학회.
______, 2018, 「신라의 입장에서 본 나제동맹」, 『백제와 신라의 소통 나제동맹』, 경상북도문화재연구원·충청남도역사문화연구원.
고광의, 2019, 「충주 고구려비 판독문 재검토」, 『충주 고구려비 발견 40주년 기념 학술회의』, 동북아역사재단.
권순홍, 2019, 「고구려 도성 연구」, 성균관대학교 박사학위논문.
기경량, 2017, 「고구려 왕도 연구」, 서울대학교 박사학위논문.
김기섭, 2005, 「5세기 무렵 백제 渡倭人의 활동과 문화 전파」, 『왜5왕 문제와 한일관계-한일관계사연구논집 2-』, 경인문화사.
______, 2018, 「4~5세기 백제의 대신라 외교정책과 그 영향」, 『백제와 신라의 소통 나제동맹』, 경상북도문화재연구원·충청남도역사문화연구원.
______, 2018, 「선사시대·고대의 서울 연구 동향」, 『서울과 역사』 100, 서울역사편찬원.
김락기, 2006, 「고구려 수묘인의 구분과 입역방식」, 『한국고대사연구』 41, 한국고대사학회.
김미경, 2007, 「고구려 전기의 대외관계 연구」, 연세대학교 박사학위논문.
김병곤, 2011, 「고구려의 평양천도에 대한 신라의 양단책」, 『사림』 40, 수선사학회.
김병남, 2002, 「백제 웅진시대의 북방 영역」, 『백산학보』 64.
김병주, 1984, 「나제동맹에 관한 연구」, 『한국사연구』 46, 한국사연구회.
김수태, 2006, 「백제 성왕대의 변경-한강유역을 중심으로-」, 『백제연구』 44.

김영관, 1998, 「삼국쟁패기 아단성의 위치와 영유권」, 『고구려연구』 5, 고구려연구회.
김영심, 2003, 「웅진·사비기 백제의 영역」, 『고대 동아세아와 백제』, 서경문화사.
김지희, 2016, 「고구려 고국원왕의 평양 이거와 남진」, 서울대학교 석사학위논문.
김태식, 2000, 「광개토왕릉비문의 임나가라와 안라인수병」, 『한국고대사논총』 6, 가락국사적개발연구원.
김현숙, 1989, 「광개토왕릉비를 통해 본 고구려수묘인의 사회적 성격」, 『한국사연구』 65, 한국사연구회.
______, 2003, 「웅진시기 백제와 고구려의 관계」, 『고대 동아세아와 백제』, 서경문화사.
______, 2009, 「475~551년 한강유역 영유국 논의에 대한 검토」, 『향토서울』 73, 서울특별시사편찬위원회.
노중국, 1981, 「고구려·백제·신라 사이의 力관계 변화에 대한 일고찰」, 『동박학지』 28.
______, 2004, 「한성백제의 몰락과 수도 이전」, 『향토서울』 64.
______, 2018, 「4~6세기 나제동맹의 성격과 의미」, 『백제와 신라의 소통 나제동맹』, 경상북도문화재연구원·충청남도역사문화연구원.
노태돈, 1988, 「5세기 고구려인의 천하관」, 『한국사시민강좌』 3, 일조각.
______, 2005, 「고구려의 한성지역 병탄과 그 지배 양태」, 『향토서울』 66.
도수희, 1980, 「백제지명연구」, 『백제연구』 11, 충남대학교 백제연구소.
문안식, 2006, 「백제 한성기 北界와 南界의 변천」, 『백제연구』 44, 충남대학교 백제연구소.
문은순, 2008, 「고구려의 평양천도 연구」, 한국학중앙연구원 박사학위논문.
민덕식, 1989, 「고국원왕대 평양성의 위치에 관한 시고」, 『용암 차문섭교수 화갑기념사학논총』, 신서원.
박경철, 2007, 「麗羅전쟁사의 재검토」, 『한국사학보』 26, 고려사학회.
박성봉, 2002, 「호태왕 고구려 남진정책의 의의」, 『광개토태왕과 고구려 남진정책』, 학연문화사.
박진숙, 2000, 「백제 동성왕대 대외정책의 변화」, 『백제연구』 32, 충남대학교 백제연구소.
박찬규, 1991, 「백제 웅진초기 북경문제」, 『사학지』 24, 단국대학교 사학회.
박현숙, 2001, 「웅진천도와 웅진성」, 『백제문화』 30, 공주대학교 백제문화연구소.
______, 2010, 「5~6세기 삼국의 접경에 대한 역사지리적 접근」, 『한국고대사연구』 58.

백미선, 2018, 「웅진시대 백제의 한성」, 『서울과 역사』 99, 서울역사편찬원.
백승옥, 2005, 「광개토왕릉비문의 왜관계기사에 대한 연구사」, 『광개토대왕비와 한일관계』, 경인문화사.
서영대, 1981, 「고구려 평양천도의 동기-王權 및 中央集權的 支配體制의 强化과정과 관련하여-」, 『한국문화』 2, 서울대학교 한국문화연구소.
서영수, 1982, 「廣開土大王陵碑文의 정복기사 재검토」, 『역사학보』 96, 역사학회.
서영일, 2003, 「한성 백제의 남한강수로 개척과 경영」, 『문화사학』 20, 한국문화사학회.
______, 2005, 「5~6세기 신라의 한강유역 진출과 경영」, 『박물관기요』 20, 단국대학교박물관.
손영종, 1986, 「광개토왕릉비문에 보이는 수묘인연호의 계급적 성격과 립역방식에 대하여」, 『력사과학』 1986-3.
______, 1989, 「고구려의 남도·북도와 환도성의 위치에 대하여」, 『력사과학』 1989-3·4.
신동하, 1988, 「고구려의 사원조성과 그 의미」, 『한국사론』 19, 서울대학교 국사학과.
안정준, 2016, 「고구려의 낙랑·대방군 고지 지배 연구」, 연세대학교 박사학위논문.
양기석, 1979, 「웅진시대의 백제지배층연구」, 『사학지』 14, 단국대학교 사학회.
______, 1983, 「4~5C 高句麗 王者의 天下觀」, 『湖西史學』 11, 호서사학회.
______, 2002, 「고구려의 충주지역 진출과 경영」, 『중원문화논총』 6, 충북대학교 중원문화연구소.
양시은, 2010, 「고구려의 한강유역 지배방식에 대한 검토」, 『고고학』 9-1, 중부고고학회.
______, 2013, 「高句麗 城 硏究」, 서울대학교 박사학위논문.
여호규, 2013, 「5세기 후반~6세기 중엽 고구려와 백제의 국경 변천」, 『백제문화』 48.
______, 2019, 「충주 고구려비의 단락 구성과 건립 시기」, 『충주 고구려비 발견 40주년 기념 학술회의』, 동북아역사재단.
연민수, 1987, 「광개토왕릉비문에 보이는 왜관계 기사 검토」, 『동국사학』 21, 동국대학교 사학회.
유우창, 2006, 「5세기대 '나제동맹'의 성립과 가라국」, 『釜大史學』 30, 부산대학교 사학회.
______, 2009, 「5~6세기 나제동맹의 전개와 가야의 대응」, 『백산학보』 46, 백산학회.
윤일녕, 1990, 「관미성위치고-광개토왕비문·삼국사기·대동지지를 바탕으로-」, 『북악사론』 2, 국민대학교 국사학과.

이규근, 2008, 「장미산성 축조에 관한 검토」, 『중원문화재연구』 2, 중원문화재연구원.
이기동, 1986, 「광개토왕릉비문에 보이는 백제관계기사의 검토」, 『백제연구』 17, 충남대학교 백제연구소.
이기백, 1978, 「웅진시대 백제의 귀족세력」, 『백제연구』 9.
이도학, 1988, 「永樂6年 광개토왕의 南征과 國原城」, 『孫寶基博士停年紀念 韓國史學論叢』, 지식산업사.
______, 2009, 「백제 웅진기 한강유역 지배문제와 그에 대한 인식」, 『향토서울』 73.
이성제, 2019, 「충주 고구려비의 건립 목적과 배경」, 『충주 고구려비 발견 40주년 기념 학술회의』, 동북아역사재단.
이영식, 1985, 「가야제국의 국가형성문제-가야연맹설의 재검토와 전쟁기사 분석을 중심으로-」, 『백산학보』 32, 백산학회.
이용현, 2020. 「충주 고구려비 忌·共의 재해석」, 『고려사학보』 80, 고려사학회.
이인철, 1996, 「광개토호태왕비 수묘인연호조를 통해 본 고구려의 남방경영」, 『광개토호태왕비 연구 100년(하)』, 고구려연구회.
임기환, 1994, 「광개토왕비의 국연과 간연」, 『역사와 현실』 13, 한국역사연구회.
______, 2004, 「고구려와 낙랑군의 관계」, 『한국고대사연구』 34, 한국고대사학회.
______, 2007, 「고구려 평양 도성의 정치적 성격」, 『한국사연구』 137, 한국사연구회.
______, 2007, 「웅진시기 백제와 고구려 대외관계 기사의 재검토」, 『백제문화』 37, 공주대학교 백제문화연구소.
______, 2018, 「고구려 전기 도성 관련 기사의 재검토-기사의 원전 계통을 중심으로-」, 『역사문화연구』 65.
임범식, 2002, 「5~6세기 한강유역사 재고-식민사학의 병폐와 관련하여-」, 『한성사학』 15, 한성사학회.
장종진, 2011, 「5세기 전후 국제정세와 고구려 평양천도의 배경」, 『한국고대사연구』 61, 한국고대사학회.
장창은, 2010, 「5~6세기 고구려의 남하와 한강유역의 영역향방」, 『백산학보』 88.
전덕재, 2018, 「4~7세기 백제의 경계와 그 변화」, 『백제문화』 58.
정운용, 1989, 「5세기 고구려 세력권의 南限」, 『사총』 35, 고려대학교 역사연구소.
______, 1996, 「나제동맹기 신라와 백제 관계」, 『백산학보』 46, 백산학회.
______, 2015, 「신라의 성장과 한강지역 지배」, 『서울 2천년사-⑥삼국의 각축과 한

강-』, 서울역사편찬원.
정원철, 2011, 「고구려 남도·북도와 고구려 산성의 축성」, 『동국사학』 50.
정재윤, 2001, 「웅진시대 백제와 신라의 관계에 대한 고찰-나제동맹에 대한 비판적 검토-」, 『호서고고학』 4·5합집, 호서고고학회.
정찬영, 1966, 「평양성에 대하여」, 『고고민속』 1966-4.
조법종, 1995, 「광개토왕릉비문에 나타난 수묘제연구」, 『한국고대사연구』 8, 한국고대사학회.
조인성, 1988, 「광개토왕릉비를 통해 본 고구려의 수묘제」, 『한국사시민강좌』 3, 일조각.
주보돈, 2006, 「5~6세기 중엽 고구려와 신라의 관계-신라의 한강유역 진출과 관련하여-」, 『북방사논총』 11, 동북아역사재단.
차용걸, 2003, 「충청지역 고구려계 유물 출토유적에 대한 소고-남성골유적을 중심으로-」, 『호서지방사연구』, 경인문화사.
채희국, 1965, 「평양성(장안성)의 축성 과정에 대하여」, 『고고민속』 1965-3.
천관우, 1977, 「복원가야사(중)」, 『文學과 知性』 29, 문학과지성사.
崔鍾澤, 1990, 「黃州出土百濟土器例」, 『한국상고사학보』 4.
______, 1998, 「고고학상으로 본 고구려의 한강유역진출과 백제」, 『百濟研究』 28, 충남대학교 백제연구소.
최창빈, 1989, 「4~6세기 전반기 삼국통일정책 실현을 위한 고구려의 투쟁」, 『력사과학논문집』 14, 과학백과사전종합출판사.

王綿厚·李健才, 1988, 『東北古代交通』, 瀋陽出版社.

梁志龍, 1995, 「高句麗南北道新探」, 『社會科學戰線』 1995-1.
魏存成, 1985, 「高句麗初,中期的都城」, 『北方文物』 1985-2.
張福有, 2004, 「高句麗平壤東黃城考」, 『東北史地』 2004-5.

末松保和, 1956, 『任那興亡史』, 吉川弘文館.
武田幸男, 1989, 『高句麗史と東アジア』, 岩波書店.
山尾幸久, 1989, 『古代の日朝關係』, 塙書房.
田中俊明, 1992, 『大加耶連盟の興亡と任那』, 吉川弘文館.

岡崎敬, 1964, 「安岳第三號墳(冬壽墓)の研究-その壁畫と墓誌銘を中心として-」, 『史淵』93, 九州史學會.
高寛敏, 1990, 「永樂十年,高句麗廣開土王の新羅救援戰について」, 『朝鮮史研究會論文集』27.
管政友, 1891, 「高麗好太王碑銘考」, 『史學雜誌』24(2-11).
鈴木英夫, 1987, 「加耶·百濟と倭-「任那日本府」論-」, 『朝鮮史研究會論文集』24, 朝鮮史研究會.
今西春秋, 1935, 「高句麗の南北道と南蘇·木底」, 『青丘學叢』22.
武田幸男, 1978, 「廣開土王陵碑文辛卯年條の再吟味」, 『井上光貞還曆記念 古代史論叢-上』, 吉川弘文館.
________, 1979, 「廣開土王碑からみた高句麗の領域支配」, 『紀要』78, 東京大學東洋文化研究所.
________, 1985, 「四~五世紀の朝鮮諸國」, 『シンポジウム好太王碑-四·五世紀の東アジアと日本』, 東方書店.
浜田耕策, 1974, 「高句麗廣開土王陵碑文の研究-碑文の構造と史臣の筆法を中心として-」, 『朝鮮史研究會論文集』, 朝鮮史研究會.
酒井改藏, 1970, 「三國史記の地名考」, 『朝鮮學報』54.

찾아보기

ㄴ

ㅂ

ㅈ

ㅌ

ㅍ

ㅎ

고구려통사 3

고구려 중기의 정치와 사회

초판 1쇄 인쇄 2020년 12월 10일
초판 1쇄 발행 2020년 12월 30일

엮은이 동북아역사재단 한국고중세사연구소
펴낸곳 동북아역사재단

등록 제312-2004-050호(2004년 10월 18일)
주소 서울시 서대문구 통일로 81 NH농협생명빌딩
전화 02-2012-6065
팩스 02-2012-6189
홈페이지 www.nahf.or.kr
표지디자인 역사공간
제작·인쇄 역사공간

ISBN 978-89-6187-598-1 94910
978-89-6187-595-0 (세트)

• 책값은 뒤표지에 있습니다. 잘못된 책은 바꾸어 드립니다.